"十四五"职业教育国家规划教材

高等职业教育新形态一体化教材

U0888675

YOU'ER YUAN BANJI GUANLI

幼儿园班级管理

(第三版)

主　编　李慧英

副主编　郭官旺　付丽和　袁　勇　梁玉华

中国教育出版传媒集团

高等教育出版社·北京

内容提要

本书是"十四五"职业教育国家规划教材，高等职业教育新形态一体化教材。

本书主要内容包括：幼儿园班级管理概述、幼儿园班级管理的过程、幼儿园班级管理的内容、幼儿园托班班级管理、幼儿园小班班级管理、幼儿园中班班级管理、幼儿园大班班级管理、幼儿园混龄班级管理、幼儿园特色班级建设，基本涵盖了幼儿园班级管理需要的知识点与技能点。

本书本着"理论够用、实践为重、能力为先"的原则，较为全面、系统地介绍了有关幼儿园班级管理的理论知识，并列举了大量幼儿园一线教师的实践案例，呈现幼儿园真实的班级管理情况，便于学生掌握幼儿园班级管理的实践操作技能，顺利实现从学生到教师的转变。

本书可作为高等职业院校、职业本科院校、应用型本科院校及中等职业学校学前教育专业、早期教育专业、婴幼儿托育服务与管理专业教材，也可供学前教育工作者参考。

本书配套建设有教学课件，教师可以发送邮件至 gaojiaoshegaozhi@163.com 获取。

图书在版编目（CIP）数据

幼儿园班级管理 / 李慧英主编. -- 3版. -- 北京：高等教育出版社，2024.4

ISBN 978-7-04-061859-4

Ⅰ.①幼… Ⅱ.①李… Ⅲ.①幼儿园-班级-学校管理-高等职业教育-教材 Ⅳ.①G617

中国国家版本馆 CIP 数据核字（2024）第 046867 号

策划编辑 张庆波　　责任编辑 张庆波　　封面设计 李沛蓉　　版式设计 李彩丽
责任绘图 李沛蓉　　责任校对 刘丽娴　　责任印制 沈心怡

出版发行 高等教育出版社
社　　址 北京市西城区德外大街4号
邮政编码 100120
印　　刷 涿州市星河印刷有限公司
开　　本 787mm×1092mm　1/16
印　　张 21
字　　数 470千字
购书热线 010-58581118
咨询电话 400-810-0598

网　　址 http://www.hep.edu.cn
　　　　 http://www.hep.com.cn
网上订购 http://www.hepmall.com.cn
　　　　 http://www.hepmall.com
　　　　 http://www.hepmall.cn
版　　次 2015年10月第1版
　　　　 2024年4月第3版
印　　次 2024年8月第3次印刷
定　　价 45.00元

物 料 号 61859-00

前　言

党的二十大报告提出,“教育、科技、人才是全面建设社会主义现代化国家的基础性、战略性支撑”“强化学前教育”“完善学校管理”。学前教育是国民教育体系的重要组成部分,关系学前儿童身心健康和终身发展,关系国家和民族的未来。大力发展学前教育事业,做好幼儿园管理工作尤为重要。

幼儿园班级管理是幼儿园管理的一项核心内容,教育目标的达成,教育思想、教育理念的实现,都要通过班级管理体现。在遵循教育基本规律的前提下,不同的教育理念造就不同的班级管理模式和班级管理风格。

幼儿园班级管理的内容有不同的划分维度。按照班级管理的要素来划分,幼儿园班级管理的内容应包括对班级的人、财、物、信息等方面的管理;按照管理的过程来划分,幼儿园班级管理的内容应包括一日常规的管理、教学过程的管理、教学效果的管理(教学评价)等。这两个划分维度各有所长。本书内容结合两个划分维度来编排,以期涵盖幼儿园班级管理的所有主要内容。

第三版具有如下鲜明的特点:

第一,坚持立德树人。本书遵循“育人的根本在于立德”的原则,积极探索培养什么人、怎样培养人、为谁培养人这个教育的根本问题。结合幼儿园班级管理的最新研究成果和我国幼儿园教育事业的发展现状,在内容组织和案例选取上做更新,扎实推进习近平新时代中国特色社会主义思想进教材、进课堂、进头脑,融价值塑造、知识传授、能力培养为一体。

第二,理论联系实际,突出实践性。教材将知识、能力和正确价值观的培养有机结合,突出对实践动手能力的培养。本书收集了丰富翔实的幼儿园实践案例,为高职高专学生动手能力的培养提供了素材,也为学生增加对幼儿园的感性认识提供了丰富、直观的材料。

第三,为满足学生参加教师资格证考试的需要,增加了教资考试模拟习题。

第四,随着我国幼儿教育事业的发展,2—3岁幼儿托育逐渐为家长和幼儿教育机构重视。为适应这种变化,增加了“单元四　幼儿园托班班级管理”。

本书编写人员既有来自师范院校、职业学院的教师,也有来自幼儿园的一线教师和园长。集宁师范学院教育科学学院李慧英担任主编;乌兰察布职业学院郭官旺、内蒙古师范大学继续教育学院付丽和、安阳幼儿师范高等专科学校袁勇、运城幼儿师范高等专科学校梁玉华担任副主编;南京审计大学金审学院教师教育学院田春,乌兰察布市第二幼儿园郭永环,乌兰察布市直幼儿园窦海鹰、阳泉师范高等专科学校王晓云参与教材编写。具体分工是:单元一由付丽和编写，单元二由梁玉华编写，单元三由李慧英编写，单元四由王晓云编写，单元五由田春编写，单元六由郭永环编写，单元七由窦海鹰、郭官旺编写，单元八由郭官旺编写，单元九由袁勇编写。全书整体框架设计由编写组成员共同讨论确定，全书统稿工作由主编负责。

本书在编写过程中，自始至终得到了编写组成员所在院校、幼儿园领导和教师的热情关心与大力支持。特别是集宁师范学院曹宇教授和乌兰图雅副教授给予极大的鞭策与帮助，在此表示诚挚的谢意！还要感谢北京师范大学教育学部学前教育研究所张燕教授对本书编写提出了宝贵意见！

本书在编写过程中参考、引用、借鉴了许多国内外学者的研究成果，书中均一一做了注明，在此一并表示衷心的感谢。

编写人员为了写好本书做了最大的努力，但疏漏与不足之处在所难免，敬请广大读者不吝批评指正，以便不断修订完善。

编　者

2024 年 3 月

目　录

单元一　幼儿园班级管理概述

知识目标

1. 理解幼儿园班级的结构、特征和功能。

2. 理解幼儿园班级管理的目标、原则和方法。

能力目标

1. 能够运用幼儿园班级管理相关理论知识，分析现有幼儿园班级管理中的问题。

2. 设计一份某年龄段幼儿身心健康发展的班级管理计划。

素养目标

1. 在幼儿园班级管理中践行社会主义核心价值观，弘扬爱国主义思想。

2. 树立立德树人理念，遵守教师职业道德规范，热爱学前教育事业，依法执教，关爱幼儿，争做“四有”好老师。

知识导图

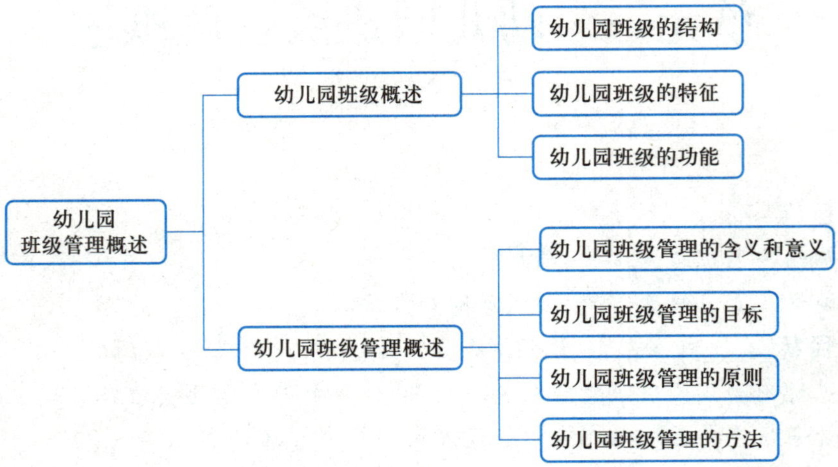
幼儿园
班级管理概述
幼儿园班级概述
幼儿园班级的结构
幼儿园班级的特征
幼儿园班级的功能
幼儿园班级管理概述
幼儿园班级管理的含义和意义
幼儿园班级管理的目标
幼儿园班级管理的原则
幼儿园班级管理的方法

案例导入

一分钟行动[①]

在全园卫生检查日，为了增强孩子们的卫生意识和责任感，我决定让孩子们做些力所能及的卫生工作。我对孩子们说："今天施医生要来检查我们活动室的卫生，如果卫生合格会奖给我们红旗。为了使我们的活动室时刻保持整洁，我们可以做些什么呢？"孩子们纷纷表示自己要参加劳动，为搞好班级卫生做贡献。看到孩子们这么踊跃，我就给他们分配了任务。两个孩子一组，有的负责整理图书，有的负责整理拼图，有的负责整理积木……我要求他们在一分钟内完成任务。孩子们一开始觉得一分钟完成不了任务。我告诉他们，每个人分配到的任务都不多，只要认真做，是肯定能完成的。在我的鼓励下，许多孩子在一分钟内完成了任务。接下来，我们一起检查了活动室的各个角落。在检查的过程中，有的孩子建议将放玩具的篮子摆成横排，这样看上去更整齐；有的孩子建议将美工区里经常使用的材料放在柜子上面，这样取放更方便……于是，孩子们又进行了一次整理，这次整理的速度更快。

我们把这次整理活动室的工作叫作"一分钟行动"。经过讨论，大家一致认为，"一分钟行动"可以在早上的区域活动后、午睡前以及离园前进行。

这是一个幼儿园班级管理的典型案例，我们可以从中看到一些幼儿园班级管理的基本要素。本案例涉及幼儿园班级管理的人员结构，班级管理的意义、目的和原则等。在幼儿园班级管理中，教师和幼儿都是班级管理的主体，让幼儿参与班级管理既是幼儿主体性的体现，也是班级管理的重要原则，有助于对幼儿责任感的培养和集体荣誉感的建立。从这个案例中，你还能挖掘出哪些班级管理的信息？如果你是这位老师，你还会在什么地方加以改进？

对于刚入职的幼儿教师来说，最大的问题不是教育知识和教育技能的缺乏，而是如何管理好一个班集体。在我国幼儿教师教育课程体系中，我们注重的是对幼儿教师的教育理论和教育技能的培养，而对幼儿教师的班级管理能力培养重视不足，致使很多幼儿教师不知道如何将班级管理的各种要素综合起来计划、组织、决策和协调，以实现教育目标和班级管理目标。

班级管理是幼儿教师主要的工作任务之一，是幼儿园最核心、最基础的管理工作，既是一门充满科学和艺术的学问，又是一项充满挑战和智慧的工作。幼儿园的班级管理工作直接影响着班集体各项活动的顺利开展，决定着班级保教工作的质量，从而影响幼儿的健康成长；同时能反映出园所的整体管理水平和精神面貌。因此，幼儿园班级管理技能是学前教育专业学生必须掌握的技能。

班级是幼儿学习和生活的主要场所。教师作为班级管理工作的主要执行者，需要具有计划、组织、协调和指导等能力，能结合幼儿教育理论和管理理论，恰当合理地安排和分配班级的

---

① 朱晓燕.一分钟行动[J].幼儿教育，2001，(5)：30.

人、事、物、时间和信息，将班级管理的基本原则和方法落实在幼儿的一日生活之中。能从日常的管理工作中积累经验，总结规律，将本班的管理工作做“活”，发挥班级管理的功能，促进幼儿的发展。

基础理论

第一课 幼儿园班级概述

班级是幼儿园的基本组织单位，是幼儿共同生活、学习和开展活动的场所，也是幼儿园开展教育教学活动的重要载体和平台。一个拥有良好风气的班级，对于幼儿的健康成长具有非常重要的意义。班级建设与管理是幼儿教师的一项重要工作。虽然不同风格的教师会形成不同风格的班级，但是班级建设的基本理论是相同的。因此，学习好班级管理的知识对于学前教育专业学生特别重要。

班级管理的误区

1. 班级管理是幼儿教师的工作，与家长无关。
2. 班级管理就是安全管理，幼儿不出事儿就可以了。
3. 班级管理没有什么理论可言，可以按照教师自己的理解进行管理。
4. 教育小孩子，用不了多高的文化水平。

……

我们是不是也有这样一些误区呢？

一般来讲，所谓班级包括两个方面，“班”和“级”。“班”是指一群人组成的集体，而这群人是同一“级”的；“级”有学生的发展水平之意。“班”和“级”是统一的，“班”是由于“级”而产生的，“级”是“班”的依据。幼儿园主要招收3—6岁的幼儿，根据幼儿的年龄大小分成小、中、大班进行班级管理。现在，也有幼儿园采取混龄班的形式开展幼儿教育，而且这种班级管理的形式正在被越来越多的人所接受。不管是哪种形式的分班，班级都是开展保育和教育的基本单位，是幼儿园班级管理的对象。认识和理解幼儿园班级的结构、特征和功能是有效进行班级管理的前提。

本课主要介绍幼儿园班级的结构、特征和功能。通过对本课的学习，可以理解班级管理的基本理论，包括班级管理的意义、目标、原则和方法。

一、幼儿园班级的结构

班级是幼儿园的基本单位，是幼儿园实施保教工作的重要场所，包括三个方面：人员结构、组织结构和物质结构。

（一）人员结构

班级的人员包括保教人员和幼儿，两者在一日生活中相互交往、共同参与活动，形成平等的人际交往关系。同时家长也会不同程度地参与到班级的管理当中，家长和教师以促进幼儿的发展为共同目标联系在一起。家长是教师的重要合作者，在幼儿园教育过程中，家长也起到非常重要的作用。只有家长和幼儿教师通力合作，才能使幼儿教育活动顺利进行。所以，幼儿教师要善于同家长沟通，共同完成教育教学目标。

1. 班主任

幼儿园班主任是幼儿园教育的重要职位，通常是指在每个班级进行课程设计、班级管理以及对幼儿进行日常生活照顾的老师。班主任要具备一定的素质和能力，承担班级管理的职责。

（1）班主任要贯彻落实党的教育方针，遵守法律法规。班主任要学习贯彻习近平新时代中国特色社会主义思想，不断增进对党的创新理论的政治认同、思想认同、理论认同、情感认同，能够在教书育人实践中践行社会主义核心价值观。

（2）班主任要加强道德修养。班主任要有良好的道德修养，努力创设一个相互尊重、平等和谐、民主团结的育人环境和良性的竞争环境，具体应做到以下几点：

① 待人接物要以“和”为贵，宽容大度，严于律己。这是班主任最主要，也是最基本的素质修养。

② 要有自信心，要承担责任，也要经常自我反省。

③ 要谦虚好学，以欣赏的眼光看待别人，要学习别人的优点，改正自己的缺点。与同事共同建立平等、和谐、民主的工作环境，相互学习、相互促进、共同提高。

④ 班主任要带头遵守新时代幼儿园教师职业行为十项准则。

（3）班主任要树立正确的服务意识。班主任要树立为家长、幼儿、班级、幼儿园服务的意识。班主任一方面是班级领导者之一，另一方面又是幼儿园的一名普通教师，对班级工作要有任劳任怨、无私奉献的精神；要通过自己的行为和态度，影响同班的教师、保育员，为幼儿更好地提供服务；要热情服务于幼儿和家长，要让本班的每个幼儿在原有的基础上取得进步，让家长感到满意。只有树立了这种服务意识，才能真正地发扬民主，让每一位幼儿和教师都能够当家作主，共创良好的班级环境；才能建立平等的、融洽的、亲切的、互相尊重的家园关系、师师关系、师幼关系，让师幼都能够感觉到班级的温暖。

（4）班主任要具备一定的组织协调能力。班主任的工作性质决定了要扮演好双重角色，既要组织、协调好教师，又要教育、管理好幼儿。其一，班主任要做好本班教师的领头人，带领大家一起做好本班的各项工作，对出现的问题要及时协调解决，使大家思想统一、方向一致。一方面，“该出手时就出手”。如家长来园，班主任首先要与家长做好交流工作，增进家、园之间的了解；对出现的问题，班主任要积极解决，而非推卸责任。另一方面，“该放手时就放手”，要充分信任每一位教师，让她们敢于说出自己的意见和想法，谁的意见合理就采用谁的。其二，要有一定的教育教学能力，与本班教师一道，共同做好班级各方面的工作，促进幼儿全面和谐地发展。

（5）在日常工作中，做到“大分工，小合作”。合作不是不分彼此，也不是界限太清，而是在明确各自职责的前提下，在分工的基础上，每个人都能优质、高效地完成自己的工作，并在完成班级工作目标的前提下，互帮互助，相互配合。每项活动的成功都是本班教师和幼儿共同努力的结果。

2. 保教人员

（1）保教人员的职责。保教人员包括专任教师和保育员。《幼儿园工作规程》（2016 版）

（以下简称《规程》）中明确提出幼儿教师和保育员的职责，他们虽然有分工，但都是为幼儿的保育和教育服务的，共同承担班级的保教管理工作。《规程》第 41 条中规定，教师对本班工作全面负责，主要职责包括：

（一）观察了解幼儿，依据国家有关规定，结合本班幼儿的发展水平和兴趣需要，制订和执行教育工作计划，合理安排幼儿一日生活；

（二）创设良好的教育环境，合理组织教育内容，提供丰富的玩具和游戏材料，开展适宜的教育活动；

（三）严格执行幼儿园安全、卫生保健制度，指导并配合保育员管理本班幼儿生活，做好卫生保健工作；

（四）与家长保持经常联系，了解幼儿家庭的教育环境，商讨符合幼儿特点的教育措施，相互配合，共同完成教育任务；

（五）参加业务学习和保育教育研究活动；

（六）定期总结评估保教工作实效，接受园长的指导和检查。

幼儿园保育员的主要职责在《规程》中第 42 条规定如下：

（一）负责本班房舍、设备、环境的清洁卫生和消毒工作；

（二）在教师指导下，科学照料和管理幼儿生活，并配合本班教师组织教育活动；

（三）在卫生保健人员和本班教师指导下，严格执行幼儿园安全、卫生保健制度；

（四）妥善保管幼儿衣物和本班的设备、用具。

（2）保教人员的配备。我国对于幼儿园班级保教人员的配备有相关的法律和政策规定，在《幼儿园教职工配备标准（暂行）》中提出，全日制幼儿园每班配备 2 名专任教师和 1 名保育员，或配备 3 名专任教师；半日制幼儿园每班配备 2 名专任教师，有条件的可配备 1 名保育员。寄宿制幼儿园至少应在全日制幼儿园基础上每班增配 1 名专任教师和 1 名保育员。单班学前教育机构，如农村学前教育教学点、幼儿班等，一般应配备 2 名专任教师，有条件的可配备 1 名保育员。对所辖社区或村级幼儿园（班）负有管理和指导职责的中心幼儿园，应根据实际工作任务和需要增配巡回指导教师。招收特殊需要儿童的幼儿园应根据特殊需要儿童的数量、类型及残疾程度，配备相应的特殊教育教师，并增加保教人员的配备数量。教师和保育员在分工的基础上合作，共同负责对幼儿生活的照顾、班级计划的制订、一日活动的组织、物质环境和心理环境的创设与营造等。

（3）保教人员结构的发展趋势。近年来我国幼儿园保教人员结构呈现出一些变化，主要体现在年龄结构、性别结构、学历层次、资质要求上。从年龄结构来看，幼儿园保教人员趋于年轻化，尤其是新建幼儿园的保教人员年龄层次出现断层，以年轻教师为主。社会发展需要学前教育，政府通过一系列政策和文件保证学前教育的发展，如《国家中长期教育改革和发展规划纲要（2010—2020 年）》《国务院关于当前发展学前教育的若干意见》等，学前教育迎来了发展的春天，越来越多的年轻人愿意从事幼儿教育事业。

在性别结构上，幼儿教育不再是女性专属的职业了，男性幼儿教师的比例在逐渐增加。在经济合作与发展组织（Organization for Economic Co-operation and Development，简称 OECD）国家中，男性保教人员的平均比例为 4%，美国男性从事幼儿教育的比例较高，大约 10%。幼儿园男性加入保教人员的增加，有助于培养幼儿的勇敢、果断等阳刚之气，也有助于提高幼儿园管理的效率。

《规程》对教师和保育员的学历做出了明确规定：幼儿园教师必须符合《教师资格条例》规定，具备幼儿师范学校毕业或以上学历；保育员应当具备高中毕业以上学历，并接受过幼儿保育职业培训。随着社会进步，人们对幼儿教育质量的要求越来越高，保教人员在外在要求和职业竞争中不断提高自己的学历水平，专科学历占主体，本科学历增长最快，还出现了少量的研究生，他们的科学育儿知识和教育技能都在不断提升。

此外，对保教人员的资质要求也越来越严格，越来越专业化，上岗必须持有教师资格证，并且教师资格打破终身制，实行五年一注册制度，对教师的师德、教学能力和水平、参加继续教育的学时数和质量进行考核，对教师师德的考核实行一票否决制，考核不合格的教师将不能继续注册。幼儿教师这一职业失去了铁饭碗，有助于激励在职教师接受继续教育，在实践中不断提高教育能力。

3. 幼儿

我国托幼机构以幼儿园为主，招收3—6岁的儿童。国外托幼机构的类型较多，比如日本的保育院和幼稚园，美国的日托中心、保育学校、幼儿园、初级学校①等，招收的幼儿年龄范围更广，幼儿的年龄范围为出生至8岁。从家庭走进幼儿园，幼儿开始尝试集体生活，是第一次社会化的过程。幼儿是幼儿园教育的对象，是班级人员结构的重要组成部分。幼儿园如果没有幼儿，就无法形成班级，班级管理更无从谈起。幼儿的学习和生活自理能力还不够高，班级活动要遵循教育对象即幼儿发展规律，应在人与人的平等交往与对话中促进幼儿发展。《幼儿园教育指导纲要（试行）》（以下简称《纲要》）中提出："幼儿园教育应尊重幼儿的人格和权利，尊重幼儿身心发展的规律和学习特点，以游戏为基本活动，保教并重，关注个别差异，促进每个幼儿富有个性地发展"。因此，幼儿不仅是班级管理的对象，而且还是班级管理的参与者。班级保教人员要在尊重幼儿发展水平、生活经验、学习方式、认知风格等个体差异的基础上，因材施教，使每一个幼儿在班级中都能获得尊重和发展。

（1）幼儿园编班与人数。幼儿园一般在秋季招生，班上有空缺名额时再随时招生。根据幼儿年龄进行分班的幼儿园占多数，3—4岁幼儿编为小班，4—5岁幼儿编为中班，5—6岁幼儿编为大班。一些幼儿园采取混龄编班的形式，目的是发挥年龄差的优势，让幼儿们彼此之间能感受到兄弟姐妹之情；而有些在农村地区的混龄班主要与人口分布稀散和教师缺乏有关。另外，在我国农村地区还存在着学前班，招收的幼儿是6岁左右的，相当于大班。虽然我国有相关文件提出小学和幼儿园不得附设学前班，但是在农村和中小城镇依然存在大量的学前班，其出现的原因是多种多样的，有招生因素的影响，也有学生年龄的问题等。

《规程》对幼儿园班级规模有明确规定，提出"小班25人，中班30人，大班35人，混合班30人，学前幼儿班不能超过40人。寄宿制幼儿园每班幼儿人数酌减"，提倡"幼儿园规模应以有利于幼儿身心健康、便于管理为原则，不宜过大。"班级规模在城乡存在很大的差异。大城市即使入园紧张，大部分幼儿园也能按照国家规定的比例招收；一些经济欠发达的地方，幼儿

---

① 初级学校是指以6—8岁儿童为教育对象的学校，相当于我国小学低年级，但是属于幼儿教育服务的对象。

园班级规模过大，达到 40 人甚至更多，致使活动空间拥挤，安全隐患增多，教师精力不济，难以照顾到幼儿个体需要。

（2）幼儿发展特点。保教人员作为班级管理的主要力量，需要在了解幼儿特点的基础上有针对性地开展班级保教和管理工作。根据幼儿年龄分班有助于教师根据每一个年龄阶段幼儿的整体特点开展活动，但是幼儿的发展具有个体差异性，每一个幼儿的需求和特点是不同的，需要教师实施有针对性的指导。幼儿们来自不同的家庭，都深深地烙上了家庭的痕迹，在班级中展示着不同的个性。此外，社会作为幼儿成长的外部环境，其变化也影响着幼儿的成长。

教师作为儿童成长的支持者、合作者、引导者，需要了解儿童的发展规律，并且随时关注影响幼儿发展的因素，充分利用有利的因素，尽可能控制不利的因素。在了解幼儿特点的基础上，本着“以幼儿为本”的原则，积极与家庭合作，尊重幼儿在发展水平、能力、经验、学习方式等方面的个体差异，努力使每一个幼儿都能获得进步和成功。

4. 家长

保教人员和家长以“幼儿健康发展”为目的达成了统一战线，家长和保教人员一样，都是班级人员结构中的一员，共同促进幼儿的成长。家长与幼儿有着天然的血缘关系，情感更亲切，对幼儿的特点和需求也是最敏感的。父母是孩子的第一任教师，伴随着他走过成长的各个阶段。家庭教育具有托幼机构无法比拟的优势，它是一种存在于生活中的教育，随时随地都可以开展，针对性更强，也更容易以情动人，因材施教；它是一种潜移默化的教育，父母的一言一行都在向幼儿传递着教育，影响深远；它还是一种终身教育，伴随着幼儿一生的成长。有很多家长认为，教育幼儿是教师的事情，与自己无关，意识不到自己参与幼儿园班级活动的意义。《中华人民共和国家庭教育促进法》中强调，父母或者其他监护人应当树立家庭是第一个课堂，家长是第一任老师的责任意识；应当与中小学校、幼儿园、婴幼儿照护服务机构、社区密切配合，积极参加其提供的公益性家庭教育指导和实践活动，共同促进未成年人健康成长。家长一定要认识到，与幼儿园共同教育幼儿是父母不可推卸的责任，要运用合理的方法对未成年人进行教育。因此，教师需要走近家长，把家长拉进幼儿园班级管理中，让家长积极参与幼儿园班级活动，承担起教育的责任。《规程》中指出：“幼儿园应主动与幼儿家庭配合”“共同担负幼儿教育的任务”“建立幼儿园与家长联系的制度”，家长委员会“帮助家长了解幼儿园的工作计划和要求，协助幼儿园工作”等。可见，让家长成为幼儿园班级管理的成员是每一个保教人员的责任，同时也应成为班级管理的重要工作内容。

要让家长参与班级管理，需要做到以下几点：首先，教师要对家长的特点进行研究，了解家长的育儿期望和需求，向家长宣传科学保育和教育幼儿的知识与方法，帮助家长解决在育儿过程中遇到的困难，与家长建立良好的互动关系。

其次，教师要本着尊重、平等、合作的原则，与家长保持经常性联系，“应认真分析、听取家长对幼儿园教育与管理工作的意见与建议”，有效地发挥家长在班级管理中的作用。

最后，成立家长委员会，发挥班级骨干家长的力量，让他们带动其他家长加入和参与，协助教师做好班级管理工作，共同承担教育幼儿的任务。特别是一些师资力量比较薄弱的非正规学前教育组织，利用骨干家长的力量可以在某种程度上弥补师资力量不足的缺陷。

（二）组织结构

组织作为名词，是指一群人为了实现共同的目标并制订共同遵守的制度而结合在一起的团队；作为动词，是指安排、协调组合人、事、物等要素的一种动态过程。班级是一个小的社会组织，由固定的人员、共同的目的、常规制度组成，班级人员为达成目的而协调组合各方面的要素。幼儿园班级的组织结构一般有三种形式：班集体、小组和个体。

1. 班集体

班集体是幼儿园班级最基本的组织形式，也是我国幼儿园开展教育活动的主阵地。班集体是指由班级的全部幼儿一起参与进行的、有统一目的与要求的活动形式，它适合于规定所有幼儿都必须掌握的内容，以及一些社会性常识和规则等。以班集体的形式组织活动，教师在统一的时间内能使所有幼儿按照统一的步调从事相同的活动，能够较快捷、较省力地实现班级管理目标，这是一种高效的组织形式。同时，班集体有助于培养幼儿的集体意识、组织纪律性和个体控制能力。幼儿教师应充分利用班集体的力量，对幼儿进行引导和教育，使班集体在班级管理中体现统一性和组织性，构建和谐民主的班集体。班集体的缺点在于班集体由所有幼儿共同组成，幼儿多，教师难以注意到和满足每一个幼儿的需求，难以给予幼儿自由探索、自由创造的机会，不利于幼儿个性的发挥。班集体在我国的幼儿园班级管理中仍然是一种基本组织形式，适合于我国目前幼儿多、教师少这一基本现状。为了弥补班集体形式的不足，可以通过在班级设立区、角对集体活动加以延伸和补充。

2. 小组

教师根据幼儿的能力、兴趣或是实际活动的需要等，把幼儿分成两个或两个以上的小组，分别给每一组分配任务，完成一定的教育目标。小组也是班级的基本组织形式之一，小组的成员较少，可以分成固定小组和随机小组。幼儿在用餐、排队等生活环节中，小组的成员以固定为主，在教育活动、自由活动中随机小组偏多。根据活动的需要对幼儿进行灵活的、随机的分组，可以由教师指定，也可以是幼儿自由组合。教师指定小组成员时，一般是根据活动对象和幼儿能力、特点进行互补搭配，有助于幼儿之间的相互学习和帮助；自由组合小组是幼儿基于自愿组成的，例如区角活动，有助于培养幼儿的自主学习能力和积极主动性。通常，小组人数以4~5人为宜，便于教师与幼儿的互动，便于教师更加细致地照顾幼儿，敏锐地察觉幼儿的需求并适时提供指导和帮助，做到因材施教。在小组活动中，组内成员间的互动也会随之增加，有助于培养幼儿的合作意识。在运用小组形式时，教师需要注意：首先要观察和了解班级每一个幼儿的特点、兴趣、能力等个体差异，以此为前提，将幼儿按能力强弱搭配来分组，发挥互帮、互助作用；其次是以同伴、朋友的身份参与到幼儿活动中去，观察幼儿的活动水平，倾听幼儿的想法，适时引导和帮助幼儿。

3. 个体

班级是由一个个的个体组成的。同一班级幼儿通常处于同一年龄段，但每一个个体的发展水平、经验、兴趣、能力、认知风格等会存在差异。班级活动在面向全体幼儿的同时，也要有意识地针对班级特殊儿童（包括能力强的、能力弱的、特殊需要的等），制订活动目标和要求，进行个别交往和互动。在一对一的交往中，幼儿能够感受到来自教师的关心和鼓励，获得心理上的安全感；也为幼儿的个体自由活动提供了机会；同时还有助于增强教师对幼儿行为的理解。在对幼儿个体进行管理中，教师需要注意两个方面的事项：一是要尊重幼儿个体差异，发挥幼儿的自主性，给予幼儿个体活动的空间和自由；二是用班级常规约束幼儿个体行为，使幼儿能够适应集体生活，成为班级中的一员。

（三）物质结构

幼儿园班级的物质结构是指幼儿园为了保障班级活动的顺利开展所需要的活动空间、活动设备设施、物质材料等物质环境，它是班级管理的物质基础，在一定程度上影响班级管理的效果。

1. 活动空间

由教师和幼儿组成的班级需要在一定的空间范围内开展班级活动和实现班级功能。要为幼儿提供足够的室内外活动空间，以确保活动的质量。

活动室是幼儿生活和学习的主要场所，包括幼儿休息区、集体活动区、自选活动区、盥洗室、厕所等。活动室以向南或向东为宜，空气能自然流通，以自然光为主，且光照充足；以温暖、柔和的色彩为主，给幼儿以家的感觉；人均面积不低于 2 m^2，如果面积过小容易引起幼儿情绪不稳和冲突碰撞。有条件的幼儿园可以单独设立各种功能室。

《幼儿园工作规程》要求幼儿园应有与其规模相适应的户外活动场地。《托儿所、幼儿园建筑设计规范》（JGJ30—2016）修订版中规定，“幼儿园每班应设专用室外活动场地，人均面积不应小于 2 m^2”，保证儿童能够充分活动身体，有利于身体健康。户外活动空间要根据当地条件和幼儿园状况进行绿化和美化，努力做到四季有花赏，四季有绿叶。在户外场地上尽量创造条件开辟沙地、动物饲养角和种植园等，让幼儿直接接触大自然和动植物。如果幼儿园户外场地不够，可以因地制宜，充分利用社区活动空间开展户外活动。

活动空间的使用和管理方面要注意：开窗通风，保证活动空间空气流通；维持活动室的清洁卫生，让幼儿参与到活动空间的管理中来；定期检查和维修活动室，如天花板、墙壁的油漆是否脱落，地板是否有残留污垢等，消除安全隐患；开展户外活动之前，先清理场地上的不安全因素，如树枝、碎玻璃片等。

2. 活动设施设备

《规程》明确规定：“幼儿园应配备适合幼儿特点的桌椅、玩具架、盥洗卫生用具，以及必要的教具、玩具、图书和乐器等。寄宿制幼儿园还应配备儿童单人床。幼儿园的教具、玩具应有教育意义并符合安全、卫生要求。幼儿园应因地制宜，就地取材，自制教具、玩具。”各个班级的户外活动空间应配备游戏和体育活动的设施设备。

➢ 班级要有充足的桌椅，可以有不同形状，但是桌椅的高矮应与幼儿的身高相适宜；幼儿午睡的床以木质的为佳，长度应根据幼儿身高设置，要为班级个头特别高的幼儿另外设置合适的小床；保证班级使用流动水，做到一人一巾一杯，放在幼儿方便取放的地方，每天消毒。

➢ 班级要配备一定数量的图书，人均 1～3 册，定期更换和更新；教师与幼儿一起制订图书使用规则。图书应适合幼儿的年龄特点和个别需要，内容尽量涵盖各种主题；可以添置录音机、纸、笔、电脑等以丰富阅读图书的活动；可以添置沙发、靠垫等以营造温馨、安静的阅读环境。

➢ 户外活动场地可以分区设计。传统游戏区，陈放独立的游戏玩具，如滑梯、跷跷板、攀登架等；现代游戏区，如多功能组合游戏设备；当代游戏区，如自然环境以及可移动的、用废弃材料制作的玩具等。户外活动设施设备需要定期检查和维修；多利用自然因素开展户外活动，让幼儿接触自然环境；鼓励幼儿克服困难，培养勇敢、坚强等品质。

➢ 班级布置要有中国地图、国旗、国徽，潜移默化培养幼儿朴素的爱国主义情感。

3. 物质材料

幼儿在班级生活和学习中离不开具体的物质材料。物质材料主要是班级为幼儿从事各种活动所提供的物品、工具、器具等，如区角活动材料。活动室一般会创设很多区域，如角色区、语言区、美工区、建构区、科学区等，幼儿可以根据自己的兴趣选择活动区域，比较自主、自由、轻松。活动区物质材料的性质、数量应与班级幼儿的年龄相一致，小班材料种类不求多，但每一种材料的数量要多，训练幼儿感官的材料要多一些；中大班材料要丰富，以操作性、探索性材料为主，让幼儿与材料互动。材料的选择要与班级教育活动相联系，带有一定的目的性；要定期更换，并让幼儿成为活动区管理的主人。

二、幼儿园班级的特征

由于教育对象的特殊性，幼儿园班级与中小学班级不同，具有保育和教育的双重任务。它不仅是幼儿园组织教育活动的基本单位，也是幼儿园保育工作的基本单位，具有自己的特点。

（一）保教渗透性

我国幼儿园教育的基本原则是保教合一，教中有保，保中有教，保教相互结合、相互渗透。幼儿年龄小，生活不能自理，需要成人的照顾，班级通过合理安排幼儿的一日生活，指导和照顾幼儿的生活。保教活动是以班级为基础进行的，幼儿在班级的一日生活包括：入园、晨检、盥洗、早餐、谈话、早操、主题教育、户外游戏、午餐、午睡、餐点、户外活动、离园等。在一日的生活环节中既要注重身体保育方面的内容，又要渗透教育活动。保育和教育不是分开的而是融合在幼儿具体的生活中。例如，户外游戏，教师一方面要保障儿童的安全，观察儿童的情绪状态，及时提醒幼儿穿脱衣服等，另一方面要引导幼儿选择锻炼内容，促进幼儿身心均衡发展。

保教渗透性是幼儿园班级的主要特征。保教人员合理安排幼儿在园的一日生活，建立并执行班级生活制度，为幼儿的发展创设一个良好的、稳定的环境，培养幼儿良好的生活习惯和学习习惯，保证班级保教活动的顺利开展。

（二）生活节律性

班级为幼儿提供了共同生活的条件。幼儿园根据幼儿的身心发展特点和需要合理安排幼儿的生活，并把各个生活环节的顺序和时间固定下来，形成有规律性的生活节律，既能满足幼儿的生活需要，也有助于幼儿获得安全感。《幼儿园工作规程》中指出："幼儿园应当制订合理的幼儿一日生活作息制度。正餐间隔时间为 3.5~4 h。幼儿的户外活动时间在正常情况下每天不得少于 2 h，寄宿制幼儿园不得少于 3 h。高寒、高温地区可酌情增减。"因为幼儿的消化系统不完善，消化能力弱，一次食量不能多，且胃排空的时间为 3~4 h，所以幼儿园的就餐时间一般间隔短，少量多餐，在上、下午各有一次餐点。幼儿的运动系统、循环系统、呼吸系统发育尚未成熟，需要充足的户外运动，锻炼身体、呼吸新鲜空气，促进生长发育和机体生理功能的完善。

幼儿一日生活的安排除了要考虑幼儿自身的特点，还要考虑活动的性质、特点。将不同形式的活动交替安排，例如，先早操活动将幼儿机体功能调动起来后，安排主题教育活动，再安排户外自由活动，这样的动静交替、室内外交替、自由活动与集体活动的交替，既保证了幼儿对活动的兴趣和积极性，同时也避免了大脑的疲劳。

此外，幼儿生活的安排还需要考虑季节和气候的特点。夏季白天时间长，晚上时间短，幼儿的午睡时间可以适当延长，冬季则反之。对幼儿一日生活的顺序、时间和要求予以常规化，并坚持执行，既有助于保护幼儿的身体健康，也有利于培养幼儿形成良好的生活习惯。生活节律性也是保教人员做好班级工作的制度保障，能够让保教人员形成“动力定型”，从而有条不紊、高效率地完成保教工作。

（三）群体互动性

班级是由幼儿和若干名保教人员组成的小集体，这个小集体为班级人际互动提供了条件。班级的形成和功能的运转除了要有人员结构之外，还需要有与之互动的活动对象、活动材料、活动空间，因此群体的互动也包括人与外界物质世界的互动。

班级人际互动包括师幼互动和幼幼互动。教师与幼儿的互动，是一种在人格平等基础上的非对称性交往。教师要尊重幼儿，能够平等地、自由地、经常性地与幼儿交往，师幼的这种交往包含着教师对幼儿的指导和中国特色社会主义文化、社会规则的传递。在班级中，幼儿由各种活动牵引着，在活动中相互学习，互相交流和表达，形成了班集体意识，包括合作意识、民主意识、平等意识和公正意识。幼儿班级是一个交往的群体，幼儿与幼儿、幼儿与教师的互动形成了班级丰富多彩的生活。

幼儿的发展离不开具体的物质世界。皮亚杰认为，幼儿的发展是主体与客体相互作用的结果。幼儿的知识不是在书本上习得的，而是幼儿在与物的互动中获得的。在互动过程中，幼儿认识了客观物质的属性，了解了事物的相互关系，积累了丰富的感性经验，促进了幼儿的认知发展，也为幼儿入学做好了准备。

教师在班级的群体互动中起着主导作用，教师要有计划、有目的地创设良好的人际交往环境，鼓励幼儿大胆地表达和交流；协调好班级的人际关系，提供机会让幼儿解决同伴冲突，在解决的过程中掌握人际交往的技能，互相爱护，形成良好的班级氛围；提供有准备的环境和丰富的材料，引导幼儿自主探索、发现问题和解决问题，学会学习，形成思考的习惯等。

（四）班级渐成性

幼儿班集体的形成不是瞬间完成的，而是要经过一段时间的磨合，在各种活动中逐渐形成并稳定下来的。编班之初，幼儿园会根据保教人员的年龄、性格、专业能力等进行合理搭配，班级保教人员之间还需要经过一段时间的磨合，才能很好地完成班级工作。幼儿离开家庭进入幼儿园，与其他幼儿按照统一的生活常规活动。幼儿刚入园时很难适应集体生活，无法形成集体意识。幼儿需要经历一段时间的集体生活，才能逐渐熟悉班级环境，认识并与其他同伴友好相处，适应集体生活常规。幼儿在班级中的集体生活、共同游戏等为班级的形成提供了条件，“我是某某班的”“我和某某是一个班的”等都是幼儿置自己于班级中的一种社会认知。

幼儿班级的形成是一个渐进的过程，教师需要帮助幼儿和家长顺利度过入园分离焦虑期，引导幼儿尽快熟悉幼儿园环境、适应幼儿园生活，使幼儿产生集体意识。建立班级集体意识，有助于培养幼儿合作、分享、谦让、互助等品质，建立亲密的同伴关系；也有助于幼儿找到归属感，形成积极向上、具有凝聚力的优秀班级。

（五）管理单层性

幼儿园班级管理层级只有一层，即教师与幼儿之间的管理关系。单层性管理方式的特点是，管理的幅度（横向关系，指直接指导和领导的人多）比较大。在幼儿园班级管理中，教师是主导，管理直接，矛盾冲突少，信息传递迅速，可以提高班级管理的效率。同时，单层性管理方式也对保教人员提出了更高的要求。因为保教人员是班级管理的主体，他们的言语、教态、教育功能等都会对管理对象（即幼儿）产生重要的影响，并且这种影响不是换教师就可以解决的。

教师在班级管理中具有主导作用，并不等于忽视幼儿的主体地位。幼儿是活动的主体，教师组织活动的依据是幼儿的需求，落脚点是幼儿身心的健康发展。对于教师来说，要改变传统上施教者的观念，变成幼儿的合作者、支持者和引导者。要观察和理解幼儿，为幼儿自主学习创设条件、提供操作材料；要丰富幼儿教育知识，提高自身保教水平，全身心投入幼儿保教事业，用自身的人格魅力经营班级；要掌握一定的班级管理技能和技巧，提高班级管理的效率和质量。同时，教师应具有工匠精神，精益求精，不断提高班级管理水平。

三、幼儿园班级的功能

幼儿园班级是一个多功能的集体组织，在这个集体组织中幼儿学会生活、学会学习、学会做人、学会做事，其中班级承担着重要功能。苏联教育家克鲁普斯卡娅说过："只有在集体中，儿童的个性才能得到最充分、最全面的发展"。幼儿园班级与中小学班级的功能不一样，中小学班级着眼于社会要求和教育培养目标，而幼儿园班级则要更多考虑幼儿自身特点、发展规律，以便于将社会要求融入幼儿一日生活中，保教结合，使幼儿身心得到全面和谐发展。幼儿园班级的功能主要包含三个方面：生活功能、教育功能和社会功能。

（一）生活功能

生活功能是幼儿园班级最基本的功能，也是与其他教育阶段班级功能的区别。幼儿身心发展尚未成熟，一日的吃、喝、拉、撒、睡等生活活动需要得到细心照顾，同时需要在班级这个集体氛围中学会生活。幼儿园班级的生活功能具体包括身体锻炼、习惯养成和卫生保健三个方面。

1. 身体锻炼功能

幼儿身心发展尚未成熟，但是发展迅速、可塑性强，是建立物质基础的关键时期。幼儿需要成人精心保护和照顾。良好的生活环境，积极的身体锻炼，有助于幼儿的生长发育，能增强幼儿身体素质；有助于促进幼儿心理健康发展；有助于培养幼儿坚强、勇敢、合作等品质；有助于培养儿童的美感，比如优美的姿势、协调的动作等。幼儿教师需要掌握一定的幼儿生理发展知识，熟悉儿童动作技能的形成以及人体机能活动的变化规律等，需要科学合理地安排幼儿身体锻炼，以便于促进幼儿组织器官、动作技能的发展和幼儿身心的愉悦。

在制订幼儿户外活动和锻炼计划时，需要注意以下几个方面：

（1）全面性。在幼儿锻炼身体的过程中，要安排全面多样的活动，促进幼儿身体形态、身体机能、运动能力等各方面的均衡发展。在制订班级管理工作计划时，要考虑各种活动之间的相互关系，灵活运用多种形式和方法，激发幼儿的兴趣，保证身体的全面发展。

（2）适量性。幼儿在身体锻炼中要承受一定的生理负荷和心理负荷。幼儿身心发展不完善,骨骼软、关节易脱臼、心肺功能弱、神经系统控制能力差,如果运动负荷过大则损害身体健康,运动负荷过小则达不到锻炼身体的目的。在身体锻炼中要遵循人体机能的适应性规律和人体生理机能活动能力的变化规律,保持适量的运动负荷。教师需要了解各种体育活动的要求和特点,合理安排和搭配各种锻炼形式,运用动静交替、急缓结合等原则,还要根据季节和场地器械等调节运动量和组织形式。

幼儿在锻炼身体时,教师要把握好锻炼的时间、活动的难易程度、教育方法和教育态度等,让幼儿保持适量的身体和心理负荷,使幼儿实现身心和谐发展的目的。

(3) 简易性。幼儿阶段的身体锻炼主要是增强幼儿对体育活动的兴趣,在游戏中、生活中锻炼儿童的基本动作技能,比如走、跑、跳、投掷、平衡等,以及基本的体操动作,锻炼幼儿的身体形态。幼儿锻炼身体的动作应简单易学、游戏性强,适合幼儿的年龄特点。简易性,不等于服从于幼儿的发展水平,而是要在幼儿的最近发展区内促进幼儿身体的发展。在幼儿阶段面向全体幼儿的身体锻炼,不讲究运动的技术性,不教授专项运动和技术动作。

(4) 渐进性。小、中、大班幼儿的发展水平差异很大,在组织锻炼身体时要符合他们的年龄特点,遵循循序渐进的原则,给予幼儿一定的锻炼时间,不断提高锻炼的效果,达到锻炼身体的目的。教师在给幼儿安排体育活动内容时要由易到难、由简到繁,逐渐深化;运动量要根据人体生理机能活动变化规律由小到大,运用"适应—提高,再适应—再提高"螺旋上升的方式,使幼儿逐步地学习基本的动作技能,不断提高身体素质。

(5) 游戏性。幼儿阶段的身体锻炼与其他阶段的不同,主要是将身体锻炼的各项活动游戏化,激发幼儿对体育活动的兴趣和练习的主动性、积极性,从而能够有效地锻炼身体。幼儿年龄越小,越需要更多地运用游戏的方法。教师可以通过给幼儿准备玩具、头饰增加游戏性,比如"抓尾巴";可以通过融入竞赛性因素激发兴趣,比如,"看哪一组运得多";可以通过增加游戏情境发挥幼儿的想象,巩固幼儿已学过的动作;还可以让幼儿模仿某一形象化动作等。

2. 习惯养成功能

幼儿在班级中就餐、盥洗、睡觉、游戏、学习、户外活动等的各项活动要合理有序安排,使幼儿的一日生活常规化,使幼儿在一日生活的各项活动中养成良好的习惯,包括生活习惯(饮食、作息、卫生等)、交往习惯、学习习惯、安全习惯。这四项习惯,与联合国教科文组织提出的四项学会"学会生活、学会学习、学会做人、学会做事"是一致的。良好的习惯,有助于提高活动的效率,有助于培养幼儿在未来社会中的适应能力。曾经有位记者问诺贝尔物理学奖得主卡皮察:"您在哪所大学、哪个实验室里学到了您认为最主要的东西?"这位白发苍苍的老人沉思片刻后深情地说:"幼儿园。在幼儿园我知道了应将东西摆放整齐;不是自己的东西不能拿;好吃的东西要和大家分享;饭前要洗手……。"这一番话正说出了幼儿园班级的重要功能——习惯养成。

幼儿的良好习惯是在日常的生活实践中培养的,因此教师要充分利用生活中的各个环节渗透养成教育,培养幼儿良好的习惯。培养过程中需注意以下几方面。

(1) 科学安排幼儿一日生活。根据幼儿的年龄特点,将幼儿一日生活中各个环节的时间、顺序给予合理安排,并提出具体的指导要求。例如洗手,时间在入园时、饭前、便后。要求打开水龙头，冲冲一双手，关掉水龙头，搓上小香皂；搓搓手心、手背、手腕；打开水龙头，冲掉小泡泡，关掉水龙头，再用手绢擦擦手。这样有利于幼儿知道什么时间做什么事情，形成动力定型，从而使各种活动更有规律，让幼儿节省了神经细胞的功能消耗，从而食欲更好、入睡快、精力充沛、注意力集中，同时也使班级活动能够有条不紊地进行，达到事半功倍的效果。

幼儿大脑皮质功能发育不完善，调节能力弱，容易疲劳。在合理安排幼儿一日生活的基础上，需要不断地变化活动内容和方式，使幼儿大脑皮质的工作区和休息区不断轮换，保证幼儿的大脑神经细胞劳逸结合，维持高效率。

合理安排幼儿一日生活还要结合季节进行相应的调整，夏天幼儿午睡时间可以长一些。另外还要考虑家长接送的需要，将幼儿园的一日生活安排与家庭衔接起来。

(2) 坚持执行，积极与家长合作。一日生活形成定型，贵在坚持。班级生活常规制订后，不能随便变更，否则起不到好作用，也不利于幼儿行为习惯的养成。生活常规的“固定化”不仅仅是在幼儿园执行，在家庭中也要执行。很多幼儿在班级表现很好，能够自己吃饭、自己穿衣服、自己的东西自己整理、与同伴友好相处等。但是，回到家里就完全不一样了，吃饭要他人喂、睡觉要他人哄、物品要他人整理等。长此以往，儿童学会了见风使舵，双面性格。教师不仅要在班级严格执行一日生活常规，还需调动家长的积极性参与幼儿习惯的培养，让家长在家庭中配合执行幼儿园的一日生活常规，尤其是在节假日家长要安排好幼儿的一日生活，避免“星期一病”①，要从小培养幼儿良好的行为习惯。

(3) 关注个体，贯彻保教合一的原则。面向全体幼儿的生活常规和行为要求，不一定适合每一个幼儿的发展水平，需要教师对班级个别幼儿进行特殊照顾。比如对于生活自理能力弱的幼儿，教师需要更耐心，逐步地培养他们的生活自理能力；而对于生活自理能力强的幼儿，可以让他们照顾其他幼儿，培养他们服务他人的能力。

幼儿的良好习惯是在一日生活中养成的，将教育融入生活，在生活中进行教育。习惯的养成是一种生活教育，需要贯彻保教合一的原则。首先，保教人员要善于抓住生活中的细节，“遇物则诲，相机而教”；其次，保教人员之间需要相互合作，要求一致，共同做好班级管理工作；最后，在一日生活中要兼顾幼儿德、智、体、美、劳全面发展，做到动静结合、室内外结合，创设多样性的活动，提高幼儿的积极性。

3. 卫生保健功能

卫生保健工作是幼儿园一项重要的管理工作。国家出台了很多文件来规范和提高幼儿园的卫生保健工作，如《城市托儿所工作条例》《托儿所幼儿园卫生保健管理办法》等。卫生保健工作是实现幼儿园保教目标的重要内容，是幼儿身心和谐发展的重要保障。幼儿的各器官系统发育不成熟，身体免疫力弱，易感染疾病，还有可能相互传播。卫生保健工作通过培养幼儿良好的卫生习惯，提高幼儿的环境适应能力，增强幼儿抵抗疾病的能力，从而促进幼儿身体发育和保护幼儿稚嫩的生命。

卫生保健工作的根本任务是促进幼儿在集体生活条件下的身心健康，包括生理卫生保健和心理卫生保健，具体内容包括：

---

① 幼儿因节假日贪玩、贪食、晚睡等造成周一精神不振、消化不良、发烧感冒等。

➢ 根据儿童不同年龄特点，建立科学、合理的一日生活制度，培养儿童良好的卫生习惯；

➢ 为儿童提供合理的营养膳食，科学制订食谱，保证膳食平衡；

➢ 制订与儿童生理特点相适应的体格锻炼计划，根据儿童年龄特点开展游戏及体育活动，并保证儿童户外活动时间，增进儿童身心健康；

➢ 建立健康检查制度，开展儿童定期健康检查工作，建立健康档案。坚持晨检及全日健康观察，做好常见病的预防，发现问题及时处理；

➢ 严格执行卫生消毒制度，做好室内外环境及个人卫生。加强饮食卫生管理，保证食品安全；

➢ 协助落实国家免疫规划，在儿童入托时应当查验其预防接种证，未按规定接种的儿童要告知其监护人，督促监护人带儿童到当地规定的接种单位补种；

➢ 加强日常保育护理工作，对体弱儿进行专案管理。配合妇幼保健机构定期开展儿童眼、耳、口腔保健，开展儿童心理卫生保健；

➢ 建立卫生安全管理制度，落实各项卫生安全防护工作，预防伤害事故的发生；

➢ 制订健康教育计划，对儿童及其家长开展多种形式的健康教育活动；

➢ 做好各项卫生保健工作信息的收集、汇总和报告工作。

班级保教人员在执行卫生保健工作中需要注意：坚持以“预防为主”的方针，重视一日的晨、午、晚间检查，关注幼儿的身体状况和情绪状况；在幼儿园保健医生的组织下定期检查班级卫生工作，完善幼儿园各项卫生保健制度，并制订各种紧急预案；通过各种活动加强幼儿的自我保护意识和能力；幼儿园对保教人员、家长以及幼儿进行卫生保健知识、急救措施的宣传，使保教人员熟悉各种常见病、传染病的病症以及紧急处理办法。

资料吧

晨检的步骤

一问：问家长，了解幼儿回家后的健康状况，如精神、食欲、睡眠、大小便情况以及有无咳嗽等症状。

二摸：摸额头，摸幼儿的前额，粗知幼儿是否发烧，对可疑者测量体温。

三看：观察幼儿的精神、脸色是否正常，有无流泪、流鼻涕、眼结膜充血等现象，注意皮肤是否有皮疹（面、耳后、颈部）或水泡（手、足、口）。

四查：检查幼儿口袋中是否有可能造成创伤的小东西。

（二）教育功能

幼儿园班级工作以保教工作为中心，包括保育和教育两方面，目的是促进幼儿在身体、认知、情感、社会性等方面的全面和谐发展。教育在幼儿发展中起主导作用，它利用遗传、环境中的积极因素，控制不利因素，通过多种多样的活动，加强幼儿与周围环境的互动，从而促进幼儿认知能力的发展，培养幼儿的积极情感和道德品质，帮助幼儿获得在社会交往中所需的知识和技能，逐渐从自然人向社会人转化。

1. 认知发展功能

幼儿认知以具体形象思维为主，抽象逻辑思维处于过渡阶段；无意记忆和无意想象占主导，记忆量小，速度快，想象力丰富，充满好奇心；幼儿语言发展迅速等。可以说，幼儿期是人生中发展变化最为快速的时期，幼儿拥有巨大的学习潜力，是婴幼儿各项能力发展的关键期。例如，2—3 岁是幼儿口头语言发展的关键期，4 岁是幼儿语言发展的关键期，5 岁是幼儿掌握数概念的关键期等。

美国心理学家本杰明·布鲁姆的实验研究表明，幼儿期是人的智力发展的最佳时期。幼儿园以游戏为基本活动形式，通过丰富多彩的活动，培养幼儿的学习兴趣和好奇心，增进幼儿对外部世界的认识，在活动中促进幼儿认知的发展。例如，语言领域的图画故事，教师可以采用听赏、复述、角色扮演、故事改编等方式激发幼儿的兴趣，并利用图画故事培养幼儿的观察能力、想象力、语言表达能力以及逻辑思维能力，从而促进幼儿认知的发展。

教师在组织班级活动以促进幼儿认知发展的过程中要注意以下事项：

（1）认知发展的途径是多样的，教师除了要组织好正规的主题教育活动之外，还要善于抓住幼儿一日生活活动的教育价值。例如，户外投球活动，不仅能锻炼身体，还能发展幼儿敏锐的观察力和空间判断能力。

（2）不同年龄段幼儿的认知发展水平存在很大的差异，教师要了解幼儿发展的阶段性，在对幼儿进行认知教育时应有所侧重。例如，在指导幼儿认识动物时，小班的幼儿只要求认识某种动物的外部特征，中班的幼儿要求认识动物的生活习性，大班幼儿则要认识动物与生活环境、动物与人类的关系。

（3）教师作为教的主体，需要有广博的基础文化知识，需要不断地丰富自己的知识储备，随时准备接住幼儿抛来的球。

2. 情感发展功能

幼儿的情绪、情感不稳定，容易变化，表现为不同情绪能在短时间转化，如“破涕为笑”；幼儿的情绪易冲动，控制能力弱，年龄越小表现越明显；幼儿的情绪易受外部环境感染，例如，入园时见到其他幼儿哭也会跟着哭；幼儿情绪、情感外露，高兴、伤心、生气等情感都写在脸上，不会隐藏和掩饰。

《幼儿园工作规程》中指出：“幼儿的品德教育应以情感教育和培养良好行为习惯为主，注重潜移默化的影响，并贯穿于幼儿生活以及各项活动中。”幼儿情感教育是幼儿园德育教育的重要内容，并且情感教育是在幼儿生活及各项活动中施行的。幼儿园班级生活为幼儿的情绪、情感发展提供了教育的机会。在集体生活中，幼儿需要遵守班级常规，不能因为自己的情绪而破坏规则，需要控制情绪；情绪需要在合适的场合下用恰当的方式表现出来，比如集体活动时不能因为高兴而哈哈大笑，愤怒的情绪表达要在不迁怒、不伤害他人，不影响正常活动秩序的前提下发泄。

幼儿情感教育的核心内容是爱。《幼儿园工作规程》总则中指出，幼儿园保教工作的目标之一即为“萌发幼儿爱祖国、爱家乡、爱集体、爱劳动、爱科学的情感，培养诚实、自信、友爱、勇敢、勤学、好问、爱护公物、克服困难、讲礼貌、守纪律等良好的品德行为和习惯，以及活泼开朗的性格。”所以幼儿的情感教育首先应是爱的教育，教师应引导幼儿从关心和爱护身边的人、事、物开始，让幼儿在得到爱的同时，也奉献出爱；其次，幼儿情感教育要结合节日、创设主题进行，在不同节日活动中培养幼儿丰富的情感。例如国庆节、六一儿童节、五一劳动节、教师节、重阳节等，目的是培养幼儿热爱祖国的情感、体会劳动的光荣感、感受被呵护和关爱的快乐感、树立尊师重教及尊重老年人的思想观念等；幼儿情感教育不是说教，应注重方式方法，利用幼儿的"泛灵论"思维，通过游戏、故事等，培养幼儿的积极情感。

视频 五一国际劳动节主题活动

3. 社会性发展功能

幼儿教育的重要功能就是引导幼儿从自然人向社会人转化，而班级是进行社会性教育的主要场所。社会性发展主要是指幼儿如何认识自己、如何认识他人以及如何认识社会，这种认识能力对于正确规划自己，与他人和谐相处、融入社会生活起着积极的作用。社会性发展已经成为各个国家幼儿教育的重要内容。例如，美国把诚实、自信、集体意识、责任感作为学前教育的培养目标；日本强调和谐的人际关系，注重培养幼儿的团队意识；瑞典重视在集体中培养幼儿的个性。因此，幼儿社会性发展应成为我国幼儿教育的重要功能。

幼儿期是个体社会性发展的重要时期。幼儿在班级中与成人、与同伴的交往是社会性发展的重要途径，幼儿在人际交往中形成自我意识，进行自我控制，并把班级常规、人际交往的准则等内化为自己行为的一部分。幼儿社会性发展的具体内容包括：正确评价自己，有自信心，乐于参加活动；培养人际交往能力，乐意与人交往，学习互助、分享和合作；理解并遵守日常生活中的基本社会行为规则，具有责任感。

教师在培养幼儿社会性教育中要注意以下事项：

（1）教师在班级中开展社会性教育时要根据幼儿的社会认知水平和班级幼儿社会性发展的具体情况实施。小班教师引导的重点是让幼儿认识自己，摆脱以自我为中心，适应集体生活，遵守集体规则；中班教师引导的重点是让幼儿认识自己与同伴的关系，关心和帮助他人，乐于与同伴分享；大班教师引导的重点是让幼儿认识自己与社会的关系，学习人与自然和谐相处，爱护环境，善于合作，具有责任感等。

（2）幼儿社会性培养是一个潜移默化的过程，教师需要将社会性教育的内容渗透在各种活动和一日生活的各个环节之中，给幼儿创设一个充满关爱、理解和支持的心理环境，提供开展各种人际交往互动的条件，并以同伴、朋友的身份引导幼儿。

（3）幼儿社会性教育需要家园合作，双方要采取一致的教育态度和方法。教师需要做好家长的工作，协助家长在家庭中创设充满理性与爱的环境，指导家长开展家庭教育，促使家庭与幼儿园协调一致，共同促进幼儿社会性发展。

（三）社会功能

幼儿园班级的社会功能是指幼儿园班级对社会发展所起的作用，主要体现在对社会政治、经济、文化等方面的影响作用。班级对社会政治的作用体现在幼儿教育为国家和民族的意志统一培养合格的公民；班级对社会经济的作用主要体现在幼儿教育为现代化建设解放了劳动力，也为未来培养合格的劳动力；班级对社会文化的作用体现在幼儿教育是基础教育的有机组成部分，为继承、传播、创新文化服务。可以从服务家长和服务基础教育两方面来看待班级的社会功能。

1. 服务家长，指导家长科学育儿

幼儿园在工业革命时期出现，主要作用是解放家长，为幼儿提供简单的育儿服务。我国幼儿园具有双重任务：教育幼儿和服务家长。《规程》指出：“幼儿园同时为家长参加工作、学习提供便利条件。”我国幼儿园主要招收3岁及以上的幼儿，3岁以下幼儿的主要照看者是家长。幼儿到了3岁左右，基本的生活自理能力有了，家长开始把幼儿送入幼儿园，自己全身心投入工作。幼儿在班级生活、学习，受到保教人员细心全面的照顾，为家长减轻了育儿负担，为家长积极参与工作解除了后顾之忧。幼儿教师把家长从育儿的重担中解放出来，为现代化建设做好了后勤支援工作。

家长在育儿过程中会存在疑惑甚至是错误的教育观念和方法，需要保教人员向家长宣传科学育儿知识，引导家长正确育儿，家园合作，共同促进幼儿身心全面发展。

2. 服务基础教育，为终身教育奠基

《纲要》总则中提出：“幼儿园教育是基础教育的重要组成部分，是我国学校教育和终身教育的奠基阶段。”《规程》中也有类似的表述：“幼儿园是对3周岁以上学龄前幼儿实施保育和教育的机构。幼儿园教育是基础教育的重要组成部分，是学校教育制度的基础阶段。”

幼儿园班级活动具有基础性，为幼儿进入基础教育阶段服务，是为幼儿终身教育奠基的。

班级生活活动、教育活动是为基础教育服务的，这种服务性体现在：

（1）为幼儿入学培养良好的生活、学习等习惯，让幼儿具备基本的生活能力、学会学习，这些良好的习惯将使幼儿终身受益。

（2）为幼儿顺利进入小学进行认知、情感、社会性的启蒙教育积累了丰富的感性经验。

（3）为幼儿顺利融入小学班集体生活和学习提供了体验。

（4）为培养幼儿热爱自然、热爱祖国、热爱家乡、热爱劳动奠定良好的基础。

课堂实践训练

小雯平时在班上话不多，很听老师的话，遵守班级常规，我们都很喜欢她，但总感觉她身上缺了一点儿什么。有天下午妈妈来接她，当时班上没剩几个孩子了，我就和她妈妈聊了一会儿。我向小雯妈妈介绍了小雯这几天的情况，她妈妈听了很高兴，说：“这我就放心了。我们平时都很忙，没有时间教孩子，一直都是她姥姥看着她，孩子在家也很听话。我们在家里就告诉她要听老师话，和同学好好玩，表现好了，我和她爸就奖励她，有时周末带她去公园。”我问：“她回去后，和小区的小朋友们一起玩儿吗？”她妈妈说：“很少在小区里玩儿。和其他孩子玩儿吧，我们怕她不喜欢，就买了些书和玩具，让自己在家玩儿。”聊了一会儿后，小雯和妈妈一起回家了。

思考：

1. 结合你的工作经验，你觉得小雯身上缺少了什么？为什么少了这些东西？

2. 结合你们班的实际情况，分析你们班家长的特点，是否能把他们分下类？针对每一类提出家校联动教育措施。

第二课　幼儿园班级管理概述

幼儿的生活和教育是以班级为基本单位组织和实施的，班级组织与管理直接影响到幼儿的发展。班级管理是幼儿园管理的基本内容,幼儿园应重视班级管理工作,将班级管理工作作为促进幼儿园发展的手段,思考班级管理的意义,探讨班级管理的目的、原则和方法等,通过提高保教人员的班级管理水平来提升保教质量,促进幼儿的健康成长以及幼儿园事业的可持续发展。

一、幼儿园班级管理的含义和意义

(一) 幼儿园班级管理的含义

幼儿园班级管理是一门综合性学科,既要遵循幼儿教育的规律,又要符合科学管理的规律,在理解幼儿园班级管理之前,我们应先认识什么是管理。

1. 管理的含义

人类社会产生时,管理就应运而生了,例如,氏族部落内部人员的分工,隋唐以后的考试制度,以及现代企业的生产、财务管理等。我们日常生活中处处都有管理。那什么是管理呢?人类对管理进行系统研究的历史并不长,大约从 19 世纪末开始,西方很多管理学家对什么是管理提出了自己的看法,可谓仁者见仁、智者见智。

古典管理学派的代表人物法约尔认为:"管理是一种分配于领导人与整个组织成员之间的职能""管理就是实行计划、组织、指挥、协调和控制。"

行为科学管理学派的代表人物赫西·布莱查尔特认为:"管理是个人与群体共事,以达到组织的目标。"

现代科学管理学派的代表西蒙则将"决策的制订当作管理的同义词",认为"决策的制订贯穿管理的全过程,包括确定目标和实现目标的手段两方面"。

我国一些管理学家对管理也给出了自己的解释。

程正方认为:"管理是人类的一种有组织、有目的、有领导的活动方式,是组织活动不可缺少的组成部分。"

翟立林认为:"管理是通过组织计划来行动,把一个机构所拥有的人力、物力、财力充分运用起来,使之发挥最大效果,以达到机构的目标,完成机构的任务。"

我们认为,管理是管理人员通过确定目标、制订计划,把组织的人力、物力、财力统筹协调起来,使之发挥最大效益,最大限度地实现组织的发展目标。

2. 幼儿园班级管理的含义

根据对管理的理解,结合幼儿教育的特点,我们把幼儿园班级管理定义为:幼儿园班级管理是指班级保教人员充分利用幼儿园的人、财、物、时间、空间、信息等资源,以班级为单位通过计划、组织、实施、总结等环节,实现育人的目标。

在这一概念中,幼儿园班级管理包含了以下 5 个方面的意思:

(1) 班级管理的主体是人,包括保教人员和幼儿。

(2) 班级管理的对象是幼儿园的人、财、物、时间、空间、信息等资源,既可以是某单一要素,也可以是某些要素的组合。

(3) 班级管理的基本环节包括计划、组织、实施、总结。

(4) 班级管理的基本单位是各个独立的班级,但各个班级在管理上是相互联系,相互影响的。

(5) 班级管理是一项有目的、有系统的活动,最终目标是育人。

(二) 幼儿园班级管理的意义

幼儿园保教质量的提升需要充足的物质条件和优秀的教师队伍,这些物质条件和人力资源能否最大限度地发挥效益取决于班级管理水平。班级管理有助于协调幼儿园的人力、物力和财力,提高资源的使用效率;班级管理有助于提高班级保教质量,建立良好的班风班貌,培养幼儿积极向上的品质;班级管理的效果又反过来促进教师的成长,提高教师的保教水平和管理能力;最后班级管理也是幼儿园管理的基础工程,体现幼儿园文化,有助于幼儿园树立良好的公共形象,获得长远发展。

二、幼儿园班级管理的目标

班级管理目标是实现幼儿园班级保教目标的基本保证,它为保教人员的工作指明了方向,有助于班级保教工作的顺利进行,从而促进幼儿身心健康、和谐发展。从时间上看,班级管理有近期目标和长期目标。近期目标是维持班级秩序,保证保教活动的顺利进行;长期目标是为幼儿健康发展服务。从目标的指向上来看,班级管理目标可以分为儿童发展目标、教师发展目标和幼儿园发展目标。我们主要从目标的指向性来分析班级管理的目标。

(一) 保证幼儿身心健康和谐发展

班级管理的对象包括幼儿园的人、事、物,其中最重要的是人,尤其是幼儿。幼儿是一群身心发展迅速但还不完善的个体,他们的各项生理功能还不成熟。一方面,幼儿在幼儿园的主要任务不是学习,而是身体的成长、行为习惯的养成、兴趣的培养和经验的积累;另外一方面,幼儿的学习方式与中小学学生是不同的,幼儿是在生活中学习,在活动中获得发展的,一日生活中的各个环节都是幼儿的学习过程。幼儿园的一大任务就是教育和服务好幼儿,这项任务的完成更多的是以班级为单位,良好的班级管理能够促进幼儿良好的发展。

班级管理工作的主要执行人员是教师和保育员,保教人员的班级管理能力是直接影响幼儿发展的重要因素。一个管理水平高的教师带出来的班级与一个不具有管理能力的教师带出来的班级具有明显的差异。在前者的班级中,幼儿在参与活动时非常活跃,积极自信,班级荣誉感强,共同遵守常规;而在后者的班级中,幼儿虽然循规蹈矩但缺乏活力,参与活动时气氛比较沉闷,有些死板。这种差异主要是由保教人员的班级管理经验与理念、个人性格特征造成的。一些保教人员只根据多年的经验进行班级管理,终身学习的意识不够,尤其是对班级管理的理论和方法技能的学习薄弱;还有些保教人员传统教育意识浓厚,信奉“严师出高徒”,通过对幼儿行为的约束来管理班集体,而忘记了班级管理的根本目的——促进幼儿身心健康、和谐地发展。

班级管理的重要任务是在遵循幼儿生长规律的前提下,合理安排幼儿的一日生活和活动,培养幼儿适应社会生活的能力。但是,很多幼儿园和教师只重视教育活动对幼儿发展的影响,而忽视了班级一日生活的各个环节都是幼儿的学习过程。正式教育活动以外的班级生活都对幼儿发展起着潜移默化的作用,这种隐性课程对幼儿身心和谐发展具有更广泛、更深远的影响。在幼儿园班级管理中,要以“幼儿发展”作为根本的出发点,尊重每一个幼儿的需要和独特性,提供满足幼儿身体发展和心理发展需要的活动,培养幼儿拥有健康的身体、积极的生活态度、浓厚的学习兴趣。

(二)促进幼儿园可持续发展

一所幼儿园要想在社会上得到认可和支持,外在建筑和设施只是一个因素,优秀的教师队伍会吸引家长,但是最关键的是将幼儿园的这些要素合理地、科学地组织起来,以达到促进幼儿发展的目的,这就取决于幼儿园的管理水平。幼儿园管理以班级管理为基础,只有班级管理有成效,才能使幼儿园赢得社会认可,获得发展的空间。

幼儿园班级管理工作直接作用于幼儿,其管理水平影响着幼儿园的办园水平和生存与发展。很多园所领导关注的是托幼机构的宏观管理,注重教师队伍建设、注重幼儿园环境建设、注重家园工作等,并把这些作为园所教研的主题,认为这些才是影响幼儿园发展的主要因素,理所当然地认为班级管理比较简单,保教人员完全可以解决。其实不然。细小、琐碎的班级管理需要全园经常性地探讨,不断地发现问题,提出解决的办法,为保教人员提供具体的指导策略。

幼儿园应重视班级管理工作,要根据外部环境的变化和自身发展的目标,积极探索适合本园管理的模式。将班级管理工作进行全园式的研究探讨,不断提高保教人员的班级管理意识和班级管理水平,使班级管理工作人性化、规范化、高效化,从而实现保教质量的提升,促进幼儿的健康快乐成长以及幼儿园的可持续发展。

三、幼儿园班级管理的原则

原则是指说话、行事的准则和基本要求。幼儿园班级管理的原则,是指为了实现班级管理的目标,用来协调处理各种要素、各种关系的基本准则和基本要求。在班级管理实践中,管理原则起着指导班级各项工作的作用,保证班级管理过程的有效运转和班级管理目标的实现。具体来说,班级管理中要遵循以下四个基本原则:保教合一的原则、全员参与的原则、全面性原则和高效性原则。

(一)保教合一的原则

《幼儿园管理条例》中指出:"幼儿园应当贯彻保育和教育相结合的原则,创设与幼儿的教育和发展相适宜的和谐环境,引导幼儿个性的健康发展。"在《规程》中也明确提出了保教结合的原则。保教结合既是幼儿教育的基本原则,也是幼儿园班级管理的基本原则,还是幼儿园班级管理的特殊性原则。由于幼儿园教育对象的特殊性——幼儿的身心发展不完善,班级既是幼儿的活动场所,又是幼儿的生活场所。因此,幼儿园班级管理应该坚持保教结合的原则,在幼儿的生活活动中加强管理。

案例链接

幼儿尿裤子

下午户外活动时间,教师带着孩子们在玩游戏。玩得正起劲时,一个孩子跑过来小声说:"老师,我尿裤子了。"教师没好气地回复:"等会儿王老师(保育员)来了,你找他。"当时王老师去厨房取孩子的晚餐和餐具了。小孩玩了一会儿进教室后洗手吃饭,就把尿裤子的事情给忘记了。接孩子时间到了,家长发现裤子有点潮湿,就问孩子怎么回事。孩子说下午尿裤子了。家长一听很生气,给园长打电话问:“为什么孩子尿裤子不给换一下?我接孩子的时候也不说一声?”

思考:这种现象出现的原因是什么?会有什么样的影响?在你的工作中,有没有遇到过类似的现象?

小贴士

保教合一的原则在具体实践中存在的问题

1. 重教轻保

一些幼儿园对主题教育活动的重视程度远远大于对幼儿生活活动的重视程度。幼儿教师为了设计教育活动,会花大量时间查阅资料,准备玩教具,设计形式多样的环节,而在幼儿生活活动环节的设计上所花的时间和精力却不多。有的幼儿教师对班级管理不以为然,认为幼儿每天的生活都是那几件事——如厕、洗手、吃饭、午睡等,没有必要精心设计。没错,幼儿每天的生活都要经历这些环节,并且幼儿园一日生活常规化,到时间点就做相应的事。但是教育是复杂的,每一天幼儿的状态是不同的,每一个幼儿的发展水平是不同的,每一天的生活都是充满新奇的。因此,班级生活管理每天都是变化的,而不是日复一日地重复。

2. 保教分离

在一些幼儿园,教师和保育员职责分工明确且互不合作。教师认为他们的职责是管理教育活动,对保育工作视而不见;保育员对工作的定位是照顾幼儿的一日生活,教育是教师干的事情,因此造成了幼儿教育与生活分离,不符合幼儿学习的特点,也不利于幼儿发展。

教师不仅要能组织幼儿的教育活动,更要善于组织幼儿的班级生活,对幼儿一日生活的各个环节进行研究,分析各个环节中有哪些教育价值,能够在一日生活中渗透教育,将生活和教育融为一体,做到保中有教、教中有保,保教合一。例如盥洗环节,不仅是简单的一个生活环节,在这个环节中可以挖掘的教育内容包括:节约用水、轮流排队的习惯、卫生习惯等。此外还要注意的是,班级管理的工作不是教师一个人的责任,应由班级保教人员相互配合,协调一致,共同努力。

(二)共同参与的原则

在幼儿园班级管理中往往存在这样一个现象——教师是管理者和组织者,处于主导地位,幼儿和家长是被管理者,听从教师的指令。班级规章制度的制订是以教师为中心的,没有吸取幼儿和家长的意见。教师把班级管理的目的看作是为了维持正常的教学秩序而开展的,而不是基于儿童发展的需要,忽视了班级管理对幼儿发展的积极意义,从而造成了班级管理中教师唱独角戏的现象,教师既劳神又劳力且效果不佳。幼儿园班级的人员结构既包括教师和幼儿,也包括家长,他们共同构成了班级的管理者。随着幼儿教育领域中对班级管理的重视以及公平民主理念的深入人心,人们逐渐认识到,班级管理应该是一个团队的工作,应该由班级的所有成员共同组成，即教师、幼儿、家长共同参与班级管理，并且作为一个基本原则贯彻执行。因此，在班级管理中应以教师为主导，引导幼儿参与班级管理，并积极做好家长工作，把家长变成班级管理人员。

1. 以教师为主导，在参与中理解和满足幼儿的需要

教师和幼儿都是班级管理的主体。教师需要在尊重幼儿人格的基础上引导幼儿成长、锻炼幼儿身体、开发幼儿智力、培养幼儿良好的习惯和激发幼儿的学习欲望和兴趣。教师主导作用的发挥要以掌握幼儿身心发展的规律为前提，参与幼儿的活动，倾听幼儿的想法，理解幼儿的行为，并为幼儿的活动提供帮助，满足幼儿活动的需要。

以教师为主导，满足幼儿的需要，教师需要观察和了解幼儿，这是教师的基本职责。对幼儿的行为以及一日生活的各个环节进行研究，才能优化幼儿一日生活和教育过程，创设满足幼儿需求的环境，让幼儿在与环境的互动中获得发展。

2. 引导幼儿参与班级管理，树立幼儿的责任意识

1989 年 11 月 20 日，联合国大会通过了《儿童权利公约》，确定了儿童享有的数十种权利，其中最基本的权利有生存权、受教育权和全面发展权、受保护权和参与权。参与权是儿童的一项基本权利，它是指儿童有参加家庭、文化和社会生活，并就与其发展有关的事项提出自己意见的权利。幼儿作为班级的成员，拥有参与班级管理的权利，有权对班级环境的创设提出意见或亲自参与环境创设；有权对班级生活常规的建立、班级活动的组织发表意见；有权承担班级的活动，对自己的生活和行为进行自我管理等。

3. 注重家长的参与，发挥家园共育的作用

幼儿教育不是由托幼机构单方面承担的，也不是家庭一方面能够胜任的，只有两方面共同合作才能发挥功效。《纲要》重视家长的参与，明确指出："保教人员与家长配合，根据幼儿的需要建立科学的生活常规。培养幼儿良好的饮食、睡眠、盥洗、排泄等生活习惯和生活自理能力。"在《规程》中明确要求幼儿园成立家长委员会，让家长参与幼儿园管理。班级保教人员也越来越认识到家园合作的意义，家园合作不仅是让家长了解和配合幼儿园的工作，更重要的是借由家园合作巩固教育效果，共同促进幼儿发展。

此外，幼儿园班级管理的共同参与性原则还包括外部人员的参与，例如，园长、保教主任、保健医生等。幼儿园通过制订教师岗位职责、班级管理基本准则等对教师的班级管理工作提出要求，园所领导根据规定内容对各个班级管理工作进行检查、总结和评价，有助于发现班级管理中的问题，及时提出解决的办法，从而提高班级管理水平与效率。这些虽然是班级管理的一种外力，但在一定程度上影响着班级的各项管理活动，在班级管理过程中应充分倾听外部人员的管理意见，提高班级的管理水平。

（三）全面性原则

班级管理的全面性原则是指班级管理要面向全体幼儿，同时也要涉及管理的各个要素。管理的效益不是通过单个要素管理凸显的，而是通过所有要素的科学组合而发挥出来的，各要素之间是相互影响、相互制约的。幼儿园和保教人员要正确处理这些要素之间的关系，掌握驾驭这些要素的能力，才能发挥管理的效能。在管理要素中，人是最核心的要素。班级管理的重要原则就是要调动人的积极性，包括教师和幼儿；发挥人的主体性，让他们积极参与班级管理，建立良好的人际交往和工作氛围。物力和财力是班级管理和运行的

物质保障，对时间的合理利用与有用信息的及时提取是班级管理的助推力。这些要素都共同服务于幼儿园的根本任务，即促进幼儿发展。

小贴士

贯彻班级管理的全面性原则要注意的问题

1. 班级管理不仅是对班级的管理，也是对每个幼儿的管理

个体的社会化离不开集体，个体在集体中养成习惯，内化规则。在班级管理中要充分利用集体优势加强对幼儿个体的规范和管理，形成具有自我约束力的班风，使班级管理向自觉化发展。幼儿园按年龄阶段分班，以班为单位组织生活和学习。每一阶段幼儿的身心发展具有普遍的规律性，为教师安排一日生活、组织教育活动、开展身体锻炼提供了依据。教师在尊重幼儿发展规律的前提下，面向所有幼儿安排生活和活动，科学地、有效地管理班级，形成稳定的集体，促进所有幼儿共同发展。

每一个班集体都是由一个个具有独特个性、奇特想法的个体组成的。每一个幼儿所处的环境、遗传因素、性格特点都是不一样的。教师不能用整齐划一的模式进行管理。《纲要》总则中提出，幼儿园教育应尊重幼儿身心发展的规律和学习特点，充分关注幼儿的经验，引导幼儿在生活和活动中生动、活泼、主动地学习。幼儿园教育应重视幼儿的个别差异，为每一个幼儿提供发挥潜能、并在已有水平上得到进一步发展的机会和条件。《幼儿园工作规程》中也明确指出幼儿园教育要“遵循幼儿身心发展的规律，符合幼儿的年龄特点，注重个体差异”“面向全体幼儿，热爱幼儿，坚持积极鼓励、启发诱导的正面教育。”由此可见，班级管理应把所有的幼儿纳入管理视野，尊重幼儿的身心发展规律和个体差异，结合班级幼儿的实际情况，对全班幼儿进行管理，促进全班幼儿全面发展。

2. 班级管理不仅是对人的管理，也包括对物、财、时间、空间、信息的管理

教师既是班级管理的对象，也是班级管理的主体。在幼儿园班级管理中，管理者要尊重每一位教师的兴趣、能力、性格等的差异，关心每一位教师的成长和需求，结合本园教师队伍的特点，采用多样化的管理，制订适宜的教师管理策略，激发教师的工作热情，将教师发展与幼儿发展有机地结合在班级管理过程中，教师与幼儿共同工作。

在对待班级幼儿时，要尊重幼儿的主体性，鼓励和支持幼儿的活动，平等地对待每一个幼儿，肯定每一个幼儿自身的发展，避免对幼儿进行横向比较，让每一个幼儿都能在原有水平上获得发展。

此外，在班级管理中还要协调其他管理要素，如合理设计和布置活动室空间，提供充足的幼儿活动材料，定期对班级设施设备进行维护、维修等。时间管理是班级管理的一个重要因素，保教人员要合理安排幼儿的一日生活和活动，避免幼儿长时间的等待。有效的管理离不开信息。教师还要善于与家长沟通、与其他班级教师交流，多观察多阅读，从中提取有用的信息并运用于班级管理中，不断提高班级管理的水平。

（四）高效性原则

管理的目的是提高效率。班级管理的高效性是指:保教人员在进行班级管理的过程中,投入最少的人力、物力、财力和时间,使幼儿和园所获得更好的发展。

在幼儿园班级活动中,人力、精力、物力、时间都是有限的,如何使这些有限的资源发挥最大的功能是管理者面临的重要问题。很多幼儿园教师抱怨:一天有忙不完的活,做不完的事,弄得精疲力竭,还得不到领导的认可,问题就在于教师的班级管理和自我管理的效率低,精力和时间没有得到合理分配。还有一些幼儿园管理者也经常反馈,幼儿园资源缺乏影响到班级活动的开展。其实只要善于发现,班级活动的资源在生活中随处都有,物品的循环和再创造使用、废旧材料再利用等都可以节约班级活动的资源。

小贴士

提高班级管理的效率,最大限度地发挥资源的功能

1. 在物质资源上坚持勤俭节约,实现经济效益

随着我国经济的发展,社会和政府对幼儿教育的投入增加了,幼儿园的物质条件得到改善,但并不意味着我们可以浪费资源,追求豪华、高档的设施。幼儿园班级管理仍需坚持勤俭节约的作风,合理使用物质资源,减少资源的浪费,用最少的钱办最多的事,实现最大的经济效益。同时,幼儿园管理者还要调动教师的积极性,鼓励教师在班级管理过程中因地制宜使用生活中一切可以利用的资源,变废为宝,循环利用,降低成本,提高效益。

2. 规范一日生活,提高工作效率

管理的主体是人,教师是幼儿园班级管理的主体,班级管理效率的提高在于发挥教师的创造性,使教师能合理地使用资源,创造性地提高资源的使用率,更重要的是提高教师的工作效率。教师的工作具有全面性,涉及幼儿生活的方方面面,甚至有些琐碎和杂乱。教师应根据工作的轻重缓急,合理安排自己工作的先后顺序,制订合理的班级管理计划和一日生活常规,并予以贯彻落实,使班级管理工作常规化、程序化,达到提高工作效率的目的。

3. 采用科学管理的方法,提高管理质量

高效率的管理要有科学的管理方法,班级管理水平的高低与教师是否具备好的管理方法有直接关系。保教人员要认真学习管理理论和方法,并在实践中运用和总结,不断提高自己的管理水平,探索出一些行之有效的管理方法。园所领导也应加强对保教人员在班级管理方法技能上的指导,加强教师工作的计划性,提高保教人员的班级管理水平和质量。

四、幼儿园班级管理的方法

班级是一个有机的整体,具有多重功能,为幼儿的健康成长提供保障。教师作为班级的主要管理人员,管理方法技能直接影响着班级的氛围和儿童的成长,因此,班级管理方法技能应

成为幼儿教师的一项基本功。每一个班级的实际情况不同，教师要在自己的管理实践中总结管理经验，探索适合自己班级的管理方法。幼儿园班级管理的方法主要有：规则引导法、榜样激励法、目标导向法、情感沟通法等。

（一）规则引导法

幼儿园班级规模虽小，也要应用各项健全的规则引导儿童建立良好的行为。“无规矩不成方圆”，规则引导法是班级管理的一种最基本、最常用的管理方法。唐淑、虞永平的《幼儿园班级管理》中指出：“规则引导法是指用规则引导幼儿行为，使其与集体活动的方向和要求保持一致或确保儿童自身安全并不危及他人的一种管理方法。”我们在采用此观点后，结合自己的思考认为：“规则引导法是指用规则引导幼儿建立良好的行为，辅导并纠正幼儿不良的行为，使其行为符合班集体活动的统一要求，不干扰集体或他人活动以及不危及他人安全的一种管理方法。制订规则的目的主要体现在两个方面，一是建立符合社会要求的行为，二是用集体规则纠正幼儿不良行为。

幼儿班级规则有人际交往规则和活动互动规则。人际交往规则主要是指幼儿与幼儿交往、幼儿与教师交往的规则。以班集体为交往平台，幼儿习得与同龄人、与长辈交往的准则，建立良好的交往行为和习惯。活动互动规则主要是指幼儿与材料之间的互动、幼儿与环境之间互动的准则和要求，在活动互动规则中幼儿学会做事、学会学习。规则不是限制幼儿活动的自由，而是为活动的顺利开展提供制度保障，不管是哪一种规则，在制订和执行时需要考虑以下几个因素：

1. 规则的必要性和合理性

有的幼儿教师随意制订规则，制订后又没有很好地执行；或者制订的规则不合理，引起幼儿的反感和抵触，导致规则失去了权威性，幼儿“视而不见，听而不闻”，达不到预期的效果。必要的、合适的规则能够约束幼儿的行为，帮助幼儿建立亲社会性行为；而不合理的规则则会限制幼儿的自由，阻碍幼儿的发展。因此，在制订规则时首先要考虑这个规则是否有制订的必要，是否适合幼儿现有的能力和水平，是否能起到促进幼儿发展的作用。

2. 规则制订的参与性

规则是将一种外部力量作用于幼儿，如果幼儿能将“别人要我这样做”变成“我要这样做”的话，规则就会起到自我约束、自我管理的作用。如果幼儿参与了规则的制订，那他就会加深对规则的理解，一旦违反了规则也更愿意接受惩罚。所以，在班级规则制订的过程中，教师要多听听幼儿的意见，尊重幼儿的想法，让幼儿参与到规则的制订中来，这样制订的规则才会有约束力。

3. 规则表述简洁，内容易于操作

幼儿年龄小，注意力集中的时间短。活动时，教师要用简洁明了的语言表述规则，让幼儿一听就明白。很多刚入职的教师在组织活动时，总是担心幼儿听不懂要遵守的规则，就一遍又一遍地解释，结果适得其反。用简单清楚的语言表述规则，幼儿是能理解的。另外，规则的内容和要求要考虑幼儿现有的发展水平，要具有可操作性。

4. 规则的掌握要通过实践

幼儿对规则的掌握不同于成人，他们必须在实践活动中逐渐掌握。教师应在具体的情境下介绍规则，并在活动中提出规则的具体要求，使幼儿懂得规则执行的意义，明确自己行为造成的结果。有时教师制订的规则在执行中会遇到考虑不周全的地方，应与幼儿一起商量、讨论，使规则起到保证活动顺利开展的作用，同时也使规则成为幼儿行为的指南。

5. 规则执行的一贯性

规则一旦制订下来就应在所有适应的场景中运用，而不是可有可无或随意变动。如果在特殊情况下规则需要作出调整，教师必须向幼儿说明原因，否则规则就形同虚设，起不到应有的效果。规则的一贯性还体现在对待幼儿上，规则对每个幼儿的约束力应该是一视同仁、平等对待的。这样规则才有权威性，幼儿才会按章行事。

（二）榜样激励法

新行为主义代表者班杜拉认为，儿童是通过观察学习的，他们先观察榜样的行为，然后将其记在脑子里，并在适当的时候将这种行为表现出来。榜样激励法是指运用幼儿爱模仿、易受暗示的特点，为其树立榜样，引导幼儿以榜样的行为来规范自己的行为，从而达到班级管理的目的。幼儿年龄小，分辨能力弱，容易受到外界的影响。用榜样激励法极为适宜，这既是幼儿教育的内容，也是班级管理的优势，教师在班级管理中要善于利用幼儿心理发展的特点来引导幼儿建立亲社会行为。

幼儿易于在生活中模仿榜样的行为，但并不是所有幼儿感兴趣的人物、动物等都值得幼儿学习与模仿。幼儿心中的“榜样”并不一定是积极的、正向的。教师应帮助幼儿树立健康的、积极的、具体的榜样，要正确运用榜样激励法来规范幼儿的行为。榜样可以是中国历史长河中的英雄人物、时代楷模、劳动模范，也可以是身边的学习榜样。

小贴士

榜样激励法

1. 榜样应具有积极健康、形象具体、多样性特点

榜样是幼儿学习的对象。教师应和幼儿一起讨论幼儿心中榜样的行为，并知道行为的后果，从而建立学习的行为。这一时期的幼儿对具体形象的事物更加感兴趣，因此在选择榜样时也要选择具有典型性形象的人、事、物。每一个幼儿的喜好是不一样的，幼儿要学习的行为也是多样的，所以榜样的来源也应该是多样的，可以是生活中、故事中、动画片中熟悉的人物或动物等。

2. 班级中榜样应受到公认，具有权威性

班级树立的榜样，不管是人物还是动物，都应该是大家一致认可的，而不是教师单方面决定的。在选择榜样的过程中，教师要让幼儿观察榜样的行为结果，理解行为本身，并鼓励幼儿向榜样学习。教师可以根据活动的需要和幼儿的特点，尽可能让幼儿都有展示自己优秀行为的机会。例如，班级内小朋友勇敢的榜样、乐于助人的榜样、学习认真的榜样等，帮助幼儿树立信心，并能取长补短，不断发展自己。教师在幼儿心中最具有权威，是幼儿学习的榜样，教师应注意自己的一言一行，发挥言传身教的作用。

3. 及时对幼儿的行为予以反馈，忌横向比较

幼儿关注的是行为结果，而不是动机。幼儿看到榜样的行为结果受到表扬，所以自觉地在自己的行动中学习榜样。当幼儿自觉地以榜样的行为规范自己的行为时，教师要及时给予幼儿表扬，让幼儿感受到这种行为的结果，从而不断强化这种正向行为。教师对幼儿行为进行表扬的时候，要就事说事，表扬具体行为，让幼儿知道好在哪里，同时不要再一次提出更高的要求。像“孩子，你真棒！下次要做得更好”这样的表述是不合适的。此外，在利用榜样激励法时，不要拿幼儿与班级榜样进行横向比较，这样只会打击幼儿的信心，让幼儿对同伴产生嫉恨情绪，不利于幼儿同伴关系的建立。教师切忌在语言中出现类似“你看，某某坐得多端正，你再看看你，坐得歪七扭八的”这样的话语。

（三）情感沟通法

情感沟通法在我国古代就有运用。伟大的思想家孔子在教学中就充满丰富的情感色彩，其曰：“知之者不如好之者，好之者不如乐之者”，乐学是学习的最高境界。著名的教育家苏霍姆林斯基也曾说过：“我一千次确信，没有一种富有诗意的情感和审美的清泉，就不可能有学生的全面发展”。由此可见，情感沟通法符合人的知、情、意的内在统一性，是一种有效的教学方法和班级管理方法。在幼儿园班级管理中，情感沟通法是指教师根据幼儿情绪情感的特点，利用师幼之间、幼儿之间以及幼儿与物之间的情感来引导和规范幼儿行为的一种方法。

幼儿的情感丰富，极易受到暗示和感染。教师应以情感为切入点，关注每一个幼儿的需要，准确运用情感沟通法解决幼儿遇到的实际问题。这样有利于为幼儿的成长营造一个健康温馨的心理环境，从而优化班级管理，同时促进幼儿情感的发展。情感是主体对外界刺激所产生的心理反应，每一个主体对外界刺激产生反应的程度和方式都是不一样的，主观性较强，所以没有统一的运用程序和规则，这需要教师在观察和深入了解每一个幼儿的基础上，探寻一种适合幼儿个体的情感沟通方式。

小贴士

情感沟通法运用要点

1. 教师要树立人格魅力

在幼儿园中并不是每一位教师都能受到幼儿的喜欢，都能对幼儿的行为产生影响。教师有严厉型、亲和型、智慧型和放任型，幼儿喜欢的是亲和型和智慧型的教师。亲和型教师注重在日常生活中与幼儿进行情感沟通，相互信任，共同游戏；智慧型教师在此基础上，调动幼儿的积极性，并能机智地处理班级问题。教师要树立自己的人格魅力，恰当地运用情感沟通的方式（语言和肢体语言）引发幼儿的喜欢，与幼儿形成良好的师幼关系，从而使得幼儿在信任教师的基础上做出与教师期待一致的行为，从而达到有效的班级管理。

2. 观察幼儿的情感表现，理解幼儿的行为

《幼儿园工作规程》中对教师职责的第一条规定就是“观察了解幼儿”。教师只有在观察和了解幼儿的基础上才能制订出适宜的班级计划，采用恰当的管理方法。幼儿的情感是以幼儿的现实感受为基础的，教师不要主观地对幼儿的情绪及行为做出判断，而应与具体的情境联系起来，这样才能理解幼儿的行为。例如，一天晨间活动时，一个男孩偷偷地把金鱼缸的水换成了热水，等同伴和教师发现的时候金鱼已经浮上来了。教师问：“这是谁做的？”那个男孩一脸害怕地说：“我给金鱼换的热水。”老师耐心地问：“你为什么要给金鱼换热水？”小孩高兴地说：“因为天冷了，我怕金鱼冻着。”这位老师没有批评男孩，而是对全体幼儿说：“他发现天冷了，大家都需要保暖。他想让金鱼也暖和暖和，那今天我们一起看看金鱼是怎样过冬的吧。”幼儿从中感受到了教师的包容和理解，同时激发了幼儿学习和探索的兴趣。

教师要对幼儿的情感进行长期观察，发现幼儿情感产生和表达的特点，有针对性地解决幼儿的情感发展问题，激发幼儿积极的情感，引导幼儿建立积极向上的行为。

3. 经常对幼儿进行移情训练

幼儿年龄小，以自我为中心，总是从自己的角度来理解他人。同时幼儿的思维具有“泛灵论”的特点，在幼儿的眼中“鸟能言，兽能语”。教师利用幼儿思维的这种特点进行移情训练，使幼儿能站在他人的角度理解他人的行为，并能对他人的困难产生同情和助人行为，帮助幼儿建立良好的行为，有效地进行班级管理。

案例链接

树叶是树妈妈的头发

下午户外活动时，一个男孩摘了几片树叶，同伴告诉了老师。老师既没有马上批评这个男孩，也没有对这个男孩进行说教，而是对他说：“我拉你的头发，你会怎样？”男孩说：“疼。”老师借此引导孩子：“树叶是树妈妈的头发，你把树妈妈的头发扯下来了，你想想树妈妈会怎样？”男孩说：“树妈妈会疼的。”“那我们应该怎样做？”男孩羞愧地低着头说：“不扯树妈妈的头发。”“嗯，这次我们做错了，只要没有下次了，我相信树妈妈会原谅你的。”小男孩走到大树下，把树叶放在树根旁，对着大树说：“树妈妈，对不起，我不会再摘树叶了。”教师巧妙运用了幼儿的心理特征，循循善诱，引导幼儿认识到行为的不当，激发了幼儿的情感和内部动机，让幼儿产生爱护花草树木的行为。

思考：如果你遇到这样的事件，作为案例中的老师，你会怎样与幼儿进行情感沟通？

（四）随机生成法

教育来源于生活，幼儿教育是一种生活教育。著名教育家陶行知就提倡生活教育，他认为幼儿教育应以生活为中心，生活即教育，要在生活中对儿童进行教育。幼教专家陈鹤琴曾说过：大自然、大社会是活的课堂，是幼儿学习内容的来源。幼儿教师要善于抓住幼儿生活中的每一个细节对幼儿进行教育，引导幼儿的规范行为。随机生成法是指教师随机抓住幼儿生活

中偶然发生的事件，从中挖掘出教育价值对幼儿进行教育，引导幼儿树立良好行为的方法。然而幼儿在活动中容易受到各种因素的影响，随机性比较大，以至于会脱离教师预定的计划，如果教师一味受制于预定的班级计划，就会忽视生活中随机教育的契机。

小贴士

运用随机生成法进行班级管理的要点

1. 教师要具有敏锐的洞察力

随机生成法要求教师能够敏锐地捕捉到幼儿生活中的教育契机，结合幼儿心理发展规律，在真实的教育情境中适时调整原定的班级计划和管理办法，以保持幼儿对活动的兴趣，引导幼儿完成任务。教师的洞察力不是一朝一夕就能培养起来的，需要教师对幼儿的活动保持一颗好奇心和童心，参与到幼儿的活动中去，倾听幼儿的想法，用幼儿的眼光去看待事物，在实践中逐渐培养起来。

2. 随机生成法要能够因势利导

幼儿教育是复杂的，没有固定的方法。因为幼儿每天的生活都会发生各种各样的事情，每一个幼儿都是独特的，没有一种万能的方法能解决所有的实际问题。这就需要教师抓住生活中的教育契机，因势利导，完成教育的目标和班级管理的任务。例如，幼儿在游戏中由于没有遵守规则导致幼儿之间的碰撞，教师要利用这一事件，引导幼儿认识到遵守规则的重要性，使规则意识内化并转化为幼儿的行为，使幼儿在遵守规则的前提下享受活动的自由与快乐。

3. 随机生成法的使用要符合幼儿的兴趣爱好

随机生成法是通过生活中的小事对幼儿实施教育，使幼儿在看似随意中获得情感和认知上的体验。运用随机生成法的前提条件是所生成的内容应符合幼儿的兴趣爱好，这样才能发挥其价值。教师在运用随机生成法的时候要充分考虑幼儿的兴趣爱好，让幼儿积极主动地参与到活动中，使偶发事件成为教育契机。

以上的班级管理方法不是独立分开的。在某一问题的处理中会同时运用到几种方法，它们是相互融合、相互促进的。班级管理的实践中存在很多种班级管理方法。教育对象不同，教育情境不同，教育方法也就不同，并且随着教育理论的发展和教育经验的积累，班级管理的方法会不断发展和完善。

（五）情景创设法

《幼儿园工作规程》中指出，幼儿园要“创设与教育相适应的良好环境，为幼儿提供活动和表现能力的机会与条件。”这充分体现了环境对幼儿发展的重要性。班集体是幼儿成长与发展的场所，班级环境对幼儿健康成长具有潜移默化的教育作用。班级环境的布置要有意为之，本着有利于幼儿各方面发展的目的，有意识地创设环境，通过环境育人。在环境创设时，要体现班级活动主题，同时渗透中华优秀传统文化、爱国主义教育、环境保护等内容。

实践对接

1. 结合工作实践,以某天的工作为例,想一想,你用了多少时间设计教育活动,多少时间设计生活活动,多少时间记录教育日志?你计划怎样更好地贯彻保教合一的原则?

2. 有一天早上做操的时候,一名幼儿发现花坛边上有几只毛毛虫,大声叫:“老师,这里有毛毛虫。”老师正带着孩子们做操,就没有理睬这名幼儿。其他孩子都有一种想过去看一看的欲望,但是由于教师没有下令而不敢行动。那名幼儿继续地喊叫:“这儿有毛毛虫。”几名幼儿实在控制不住自己,偷偷地走了过去。他们围着毛毛虫看着、说着、笑着。他们投入的状态时刻牵引着做操幼儿的心,断断续续又有几名幼儿跑过去了,做操的幼儿越来越少了。老师生气了,把幼儿一个个叫过来做操。可孩子们是人在心不在啊,随意地比画着动作。

思考:此案例中的教师在班级管理上出现了什么问题?这样做会产生什么结果?如果是你遇到这样的情况,你会怎么处理?

思考与练习

1. 结合你的工作实践,谈谈班级管理的重要性。
2. 幼儿园班级管理的原则有哪些?
3. 你在班级管理中使用了哪些管理方法,如何使用的?

拓展阅读

有效的班级管理要点

1. 班级管理是一个持续的过程,不能一蹴而就,教师需要有耐心。

2. 教师需要尊重幼儿,与幼儿共同制定班级常规,并在幼儿的生活中提醒幼儿遵守班级常规;当常规被打乱时,要告诉幼儿应该怎么做。

3. 尽可能制定具体的规则以便幼儿能理解。跟四五岁的幼儿说:“在大厅里走的时候要管好小手。”或者说:“在教室里不能碰撞别人。”这要比跟他们说“控制自己”更有效。

4. 班级规则需要教师不断反复地讲给幼儿听,直到幼儿理解并掌握。实施规则时,要对所有幼儿一视同仁。

5. 教师的行为和应对技巧会影响幼儿,幼儿需要积极的示范。教师需要对自己的行为有清醒的认识,示范适宜的社会性行为。教师遇事冷静,即使在压力很大的情况下也能理性处理,幼儿都会做出反应并模仿这些行为。

6. 教师在每日到园后，仔细检查教室里和户外场地上潜在的危险，在幼儿到来之前排除安全隐患。例如，搬走教室里破损的、坐上去可能坏掉的椅子，把粗心的工人丢下的碎玻璃拿走。

7. 主动倾听能极大地促使家长参与到班级管理中来，无论是现在还是今后的几年。

8. 幼儿需要有管理自身行为的机会，帮助他们选择喜欢的活动并坚持下去，对幼儿的全面发展很重要。

——摘自 Laverne Warner，Sharon Anne Lynch.《幼儿园班级管理技巧 150》. 曹宇译.

单元二　幼儿园班级管理的过程

知识目标

1. 了解幼儿园班级管理过程中各环节的概念、意义。
2. 掌握幼儿园班级管理计划的制订及应注意的问题。
3. 掌握幼儿园班级组织管理的具体实施及应注意的问题。
4. 掌握幼儿园班级管理检查与调整的方式及应注意的问题。
5. 掌握幼儿园班级管理总结与评价的类型及应注意的问题。

能力目标

1. 初步学会制订大、中、小各年龄班的班级管理计划。
2. 把握幼儿园班级管理过程的每个环节，提高工作效率，具有一定的管理能力。

素养目标

遵守职业道德，关心爱护幼儿，具有敬业精神和创新意识，具有科学的管理素质。

知识导图

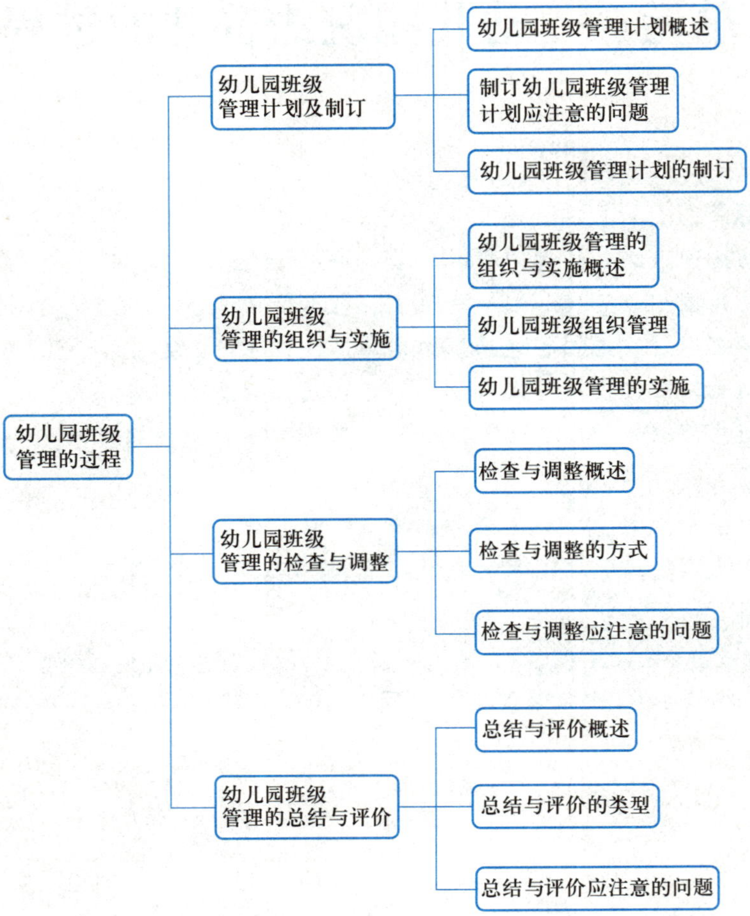
幼儿园班级管理的过程
幼儿园班级管理计划及制订
幼儿园班级管理计划概述
制订幼儿园班级管理计划应注意的问题
幼儿园班级管理计划的制订
幼儿园班级管理的组织与实施
幼儿园班级管理的组织与实施概述
幼儿园班级组织管理
幼儿园班级管理的实施
幼儿园班级管理的检查与调整
检查与调整概述
检查与调整的方式
检查与调整应注意的问题
幼儿园班级管理的总结与评价
总结与评价概述
总结与评价的类型
总结与评价应注意的问题

案例导入

小班幼儿主动洗手习惯的培养

一、背景

不少小朋友进厕所小便后直接回到座位上休息或拿杯子喝水。平时，都是我“请”小朋友们洗手时，他们才会来洗手。我就想：如果我不叫他们洗手，他们会不会主动洗手呢？午餐时我没有主动叫小朋友们洗手，一直到分饭菜了，都没有一个小朋友提出要洗手。这时，我意识到我班幼儿洗手习惯太差。我实施了以下三个阶段的活动，希望通过这些活动来培养幼儿主动洗手的习惯。

二、第一阶段活动

活动目标：让幼儿知道为什么要洗手，学习正确的洗手方法。

活动开展：

1. 通过音乐游戏“日常生活动作模仿”中的洗手部分引导幼儿一起讨论为什么要洗手。

园园：“手上有细菌，吃了要生病的，要洗手。”手上有细菌？许多幼儿看了看自己的小手。

师：“细菌如果跑到我们的肚子里，会怎么样呢？”

幼：“肚子就会疼，就生病了。”其他幼儿都表示相同看法。

师：“那我们想个什么办法把手上的细菌赶走呢？”

幼：“洗手就没有细菌了，水冲跑了细菌。”许多幼儿表示赞同。

2. 幼儿学习正确的洗手方法。

我请幼儿一边听《洗手歌》，一边自己做洗手的动作，我则示范正确的洗手动作。幼儿看见我的动作很新奇，开始模仿我做相同的动作。我边念儿歌边做示范：手心搓手心，手心搓手背，手指轻轻抓手心，五指张开洗干净……并带他们去盥洗室进行实际操作。在洗手的过程中，我注意观察幼儿的动作并做个别指导。同时，和家长取得联系，发放调查表，请他们配合督促幼儿在家也要用正确的方法洗手。

3. 在日常活动中，我通过一些故事来加深幼儿对“为什么要洗手”的理解，并且在每次的洗手过程中，都会提示他们，手心有没有抓过、手上还有没有肥皂泡沫等，幼儿基本都能用正确方法洗手。

三、第二阶段活动

活动目标：让幼儿知道什么时候需要洗手，初步形成主动洗手的意识。

活动开展：

1. 游戏结束后，该洗手了，小宝说：“我不用洗手。”我问他为什么，他张开双手给我看：“我手不脏。”其他两三个幼儿看看自己的手也说是干净的，表现出不想洗手的样子。我没有马上评判他们的说法，而是想引导幼儿使他们能通过自己的认识来做最后的决定。这时，拉拉说：“手上有细菌的。”我就问：“你们知道细菌长什么样吗？”陈云用手比画了一个小圆说：“就是这样的。”幼儿纷纷摊开手找细菌：“咦，没有啊？”我说：“不如我们一起来看看细菌的样子，找照片看看细菌是长什么样的。”（老师可以适当地帮助幼儿找一个途径去自己解决问题，从而起到推动作用)看了细菌的图片后,他们得到了答案。很兴奋。我问他们现在要不要洗手,幼儿都说要洗。在盥洗室里,有的幼儿一边洗一边说:“细菌、细菌,洗掉你。”幼儿在知道了细菌的存在,并且细菌很小很小看不见后,就开始有了主动洗手的意识。

2. 我请幼儿回家后问问爸爸妈妈“什么时候应该洗手?”第二天一早,幼儿纷纷来告诉我:“吃饭前要洗手”“小手弄脏了要洗手”“上完厕所要洗手”等。我根据他们的答案,和他们一起制订了一个洗手计划,并跟他们说好同伴之间要相互提醒(通过师生共同制订计划,让幼儿充分参与活动,能帮助幼儿做得更好),对主动洗手的小朋友给予五角星作为奖励。同时,和家长取得联系,请家长在家观察孩子的洗手习惯并给予适当指导。

通过几天的观察,幼儿主动洗手的意识初步形成,但有时还需老师提醒,特别是早上入园时和下午离园时。

四、第三阶段活动

活动目标:巩固主动洗手的习惯

活动开展:

1. 一天,小宝小便后主动洗手,我就在晨间谈话中表扬了他,并奖给他一颗五角星。其他幼儿都非常羡慕,于是我鼓励他们只要做到按规定洗手也能得到五角星。(老师对于孩子的点滴进步要及时肯定,这样不仅可以增强他们的积极性,也可以起到鼓励其他幼儿的作用。)

2. 第二天早上,有5位幼儿如厕后主动洗手,我也即时给予了奖励。晨间谈话时,我向幼儿表达了希望他们在家里也能主动洗手的愿望。持续两个星期后,幼儿主动洗手的情况越来越好,基本可以做到主动洗手,只有个别幼儿需要老师提醒。

五、活动分析

我们都说要培养幼儿良好的生活卫生习惯,可往往忽略了对其中幼儿主动性的培养,而习惯以命令、指示的方式去要求他们该做什么。特别是许多低龄幼儿的家长大都抱着孩子还小、不放心的心态,去“帮助”孩子做一些孩子完全可以自己做的事;有些老师也会为了避免一些麻烦,去“帮助”孩子,为他们代劳,这样只会助长其依赖性,成为幼儿健康发展的障碍。幼儿教师应该积极运用各种教育手段为幼儿的发展创设有利条件。通过这次活动,我感到我班幼儿虽然年龄小,但是经过成人的引导和幼儿自身的努力,完全可以形成良好的卫生习惯。《幼儿园教育指导纲要(试行)》中将促进幼儿健康视为幼儿园的首要工作,明确要求让幼儿“树立正确的健康观念”,并进一步指出身体健康是幼儿心理健康的基础,而培养幼儿良好的卫生习惯是幼儿身体健康的重要保障。

我在这次活动中并没有特别安排集体教学活动,更多的是随机教育、生活教育和个别教育。《纲要》指导我们:“教育活动的组织形式应根据需要合理安排,因地、因时、因内容、因材料灵活地运用。”如在第二阶段活动中,有一个幼儿因自己的手看上去不脏而认为不用洗手,老师就引导他们自己去发现并解决其中的问题:细菌是很小的,用眼睛直接看是看不见的,看上去不脏的手也需要洗干净,这使幼儿更容易接受。我在整个活动中都十分注意为幼儿营造一个安全、平等、温馨的心理环境,让自己的言行举止成为幼儿学习的榜样。

另外,幼儿园还要与家长密切合作,充分利用家庭教育资源,共同为幼儿的发展创造良好的条件。家庭是幼儿园最重要的合作伙伴，在幼儿的各个活动阶段中，我都和家长取得联系，争取他们的理解、支持和参与，共同培养幼儿主动洗手的习惯。

（根据网络资料整理）

培养幼儿基本的生活技能是幼儿园班级管理的重要内容。案例中的老师在培养幼儿养成自觉洗手习惯的过程中，根据《纲要》的精神和幼儿的特点，制订了详细的计划，进行了合理的组织和实施，采用了多方面结合的方法，用音乐游戏导入，和幼儿讨论为什么要洗手，进而教授洗手的正确方法。在实际活动中对制订的计划进行检查和调整，活动后进行了总结和评价。这样全方位深入管理，利于幼儿明白"洗手"背后蕴含的道理。幼儿在理解计划的前提下会有更好的执行力，从而使教师的管理变得较为容易。

视频　幼儿园音乐游戏

由上述案例可知，幼儿园班级管理过程是幼儿教师按照国家对幼儿教育的基本要求和幼儿身心发展的特点，为了达到幼儿园班级管理的目标，组织全班幼儿共同活动的过程。一般把幼儿园班级管理的过程分为：计划与制订、组织与实施、检查与调整、总结与评价四个环节。各环节之间彼此联系，前一个环节是后一个环节的基础，后一个环节是前一个环节的延伸与实施。它们环环相扣，不断循环，最终构成幼儿园班级管理的过程。

基础理论

第一课　幼儿园班级管理计划及制订

一、幼儿园班级管理计划概述

（一）幼儿园班级管理计划的定义

要搞好幼儿园班级管理工作，制订明确的班级管理计划是必不可少的。幼儿园班级管理计划是班级管理者为班级管理工作确定目标，并为达到这一目标提出方法和步骤的管理活动。班级管理计划主要包括：班级情况分析、班级管理目标、实施措施、重要工作安排等几个方面。

视频　幼儿园班级管理计划

（二）幼儿园班级管理计划的种类

幼儿园班级管理计划一般可分为长期计划、中期计划和短期计划。长期计划是对班级管理工作所做的较长时间的规划，如班级三年工作规划。中期计划一般指对班级管理工作的某个阶段的规划，如学年工作计划。短期计划一般指学期工作计划，同时也包括月计划、周计划和日计划等。

（三）制订幼儿园班级管理计划的意义

1. 幼儿园班级管理计划是幼儿园班级活动的纲领

幼儿园班级管理计划指引幼儿园保教人员按照国家、幼儿园对幼儿管理的要求去制订本班班级管理计划，并依据此管理计划来有序管理幼儿、班级。它能保障教师科学规范地对幼儿进行管理，从而使幼儿健康成长。

2. 幼儿园班级管理计划是幼儿园班级管理的依据

幼儿园班级管理计划是幼儿园班级管理的起始环节，是幼儿园班级管理实施、检查和总结的依据。只有制订科学、合理的班级管理计划，才能保证班级的各项活动有目的地进行，从而取得更大的成效。在制订班级管理计划的时候，要注意采纳多方面的意见和建议，并且要与幼儿园的办学方向和目标保持一致。其意见、建议来源主要有以下几个方面：一是国家幼儿教育方面的政策、法律法规；二是幼儿园的办学方向与教育目标；三是幼儿家长的意见和建议。

3. 幼儿园班级管理计划是实现幼儿园班级管理目标的保证

有了计划，幼儿园班级管理工作才能有目的、有计划、有步骤、有系统地进行，幼儿园班级管理目标在实现的过程中才能有保障。

案例链接

弹性时间

又到了做早操的时间了，广播里响起了动听的音乐，提示孩子们该到操场上了。此时小朋友们正在兴致勃勃地看蚂蚁搬家。我说："快来排队吧！"幼儿发出一阵阵叹息声："怎么又要做早操了！"孩子们不情愿地站了起来，三三两两地开始排队，这时奇奇嘀咕着说："王老师，为什么一定要现在做早操呢？蚂蚁搬家还没有完啊。"我也觉得有些可惜，这时正是孩子们活动兴致最浓的时候，可是……我想了想，只好回答说："现在是做早操的时间啊。"我便这样搪塞过去了，但一直到晚上，我的心中仍然想着这个问题，这个回答能够让孩子们满意吗？

第二天，我想了一个好办法。"小朋友们，我想到一个好办法，请小朋友们来设计今天一天的活动好吗？""好！"孩子们高兴得跳了起来。大家开始七嘴八舌地讨论接下去的活动，有的说要听故事，有的说要画画。我和他们商量了活动规则，除了吃饭、睡觉，其他的活动都可以由小朋友们自己来安排，但必须通过讨论，少数服从多数，师生一起设计一张一日活动表，用记号或图画来标明今天活动的内容和时间，比如：如果商量好的规则是到户外活动一次为30分，时间到了，必须回到教室，谁也不能违反规则。一天下来，我发现今天的孩子特别听话，每一项活动都开展得很顺利，孩子们的兴趣也特别高，我自己也很开心。

案例体现了老师调动幼儿制订日计划的活动。在服从园里统一安排的前提下，班级活动可以有自主性。这样可以保障班级活动取得良好效果。

二、制订幼儿园班级管理计划应注意的问题

1. 符合国家、幼儿园对幼儿教育管理的基本要求

幼儿园教育是国家基础教育的组成部分。幼儿园班级管理作为幼儿园教育和管理的组成部分，一方面要执行国家对幼儿教育的基本要求，另一方面也要执行幼儿园对班级、幼儿的管理要求，所以制订的计划不仅要体现《纲要》的教育思想，还要贯彻园务工作计划的精神和要求。特别是要贯彻执行国家关于幼儿园管理工作的法律法规，并且不断改革创新。这样，幼儿园班级管理才能走上法制化、规范化和科学化的轨道。

2. 符合幼儿年龄阶段身心发展特点

幼儿所处年龄阶段不同,身心发展特点也不同,因此,了解孩子的实际状况是我们制订幼儿园班级管理计划的前提条件。例如,小、中、大班幼儿的年龄不同,入园时间长短不一,其教育的侧重点也应有所不同。只有真正明白这些不同,我们制订的班级管理计划才具有可行性和实用性,在班级开展的活动也才能真正适应幼儿身心发展的需要,才能真正促进幼儿的健康发展。

3. 遵循保育和教育相结合的原则

保教结合是由幼儿身心发展的特点决定的。它要求幼儿园班级管理者在管理中要做到"保"中有"教","教"中有"保",二者紧密结合,渗透于幼儿的一日活动和全部教育过程中。当然,由于各种具体的管理工作和活动的对象或情况不同,在保育和教育上的侧重点也应有所不同。例如,对刚入园的小班幼儿,侧重于保育;对大班的幼儿,侧重于教育。

4. 计划要切实可行

制订班级管理计划必须要考虑幼儿园班级的实际情况,分析幼儿园班级的原有发展水平,现有的人力、物力、时间、空间等资源情况,以保证制订的计划能切实落实。

5. 计划要全面完整,主次分明

制订班级管理计划必须综合考虑,全面安排,不能顾此失彼。同时还要主次分明,以保证班级管理工作的顺利进行。

6. 计划要明确具体并有弹性

依据"以幼儿发展为本"的理念,制订的计划要明确具体,同时还要保持弹性。即在制订计划时要考虑到多种情况,做好多种准备,制订多套方案。

三、幼儿园班级管理计划的制订

(一) 班级管理计划的内容

制订计划一般要解决三个问题:一是干什么——目标或任务;二是怎么干——方法或手段;三是谁负责——落实责任。

我们可以将计划工作简单概括为六个方面,即做什么(What to do),为什么做(Why to do it),何时做(When to do it),何地做(Where to do it),谁去做(Who to do it),怎么做(How to do it),简称 5W1H。

具体到幼儿园班级管理计划一般有以下几方面的内容:

(1) 为什么做——即通过对幼儿园班级情况进行分析,提供制订班级管理计划的依据,明确幼儿园班级管理计划的目的。如:贯彻什么教育目的?遵循什么管理思想?达到什么效果?

(2) 做什么——即明确幼儿园班级管理计划的任务和要求,明确每一个时期的中心任务、工作重点等。如:本学期要实现什么目标?完成哪些具体任务?有什么要求?工作重点是什么等?

(3) 何时做——即规定幼儿园班级管理计划中各项工作施行的具体时间和完成的进度,以便对工作施行过程进行有效的控制,对幼儿园班级内各种资源进行整体协调安排。

(4) 何地做——即规定幼儿园班级管理计划中各项工作的执行地点和执行条件,以便合理安排计划实施的空间和进行整体的布局。

(5) 怎样做——即提出实现幼儿园班级管理目标的方法、步骤等一系列措施,规定对应的制度和标准等,保证各项工作相互协调、步调一致、高效执行。同时注意采取的措施应符合幼儿的接受水平,实用有效,操作方便。

(6) 谁去做——即幼儿园班级管理计划的各项工作要落实到人,明确工作任务由谁负责,由谁去实施,进行明确分工。

实践证明,经过全班教师及幼儿共同认真讨论制订的计划,幼儿执行的效果最好,表现出的自我管理能力最强。因为通过全班教师及幼儿的参与,大家对计划的目标、宗旨、意图理解得更清楚、领会得更深刻,其工作中的主动性和创造性就发挥得更好。

(二) 班级管理计划制订的依据

1. 根据幼儿园管理计划

幼儿园管理计划是按照国家有关政策及《规程》《纲要》等要求,结合本园的实际情况制订出来的。它是幼儿园班级管理的指导性文件。在制订幼儿园班级管理计划时,首先要考虑幼儿园管理计划的要求,要与之保持一致和兼容。

2. 根据班级的具体情况

班级的具体情况可以分为如下几个方面:

(1) 上一阶段计划实施情况和结果,即已经做了什么、做到什么程度、还未做什么、有什么经验教训。结果一般都反映在上一阶段班级工作的总结之中。因此,前一阶段的班级工作总结应是后一阶段班级工作计划的依据。例如上一阶段结束,该班 85% 的幼儿能大胆主动地响应老师的启发,和老师进行互动,离预定计划目标还差 10%,所以本阶段幼儿积极思考能力的培养仍是班级管理的一个较重要的目标。

(2) 本班目前的情况,即班级中的人、财、物方面的情况和本班幼儿发展的基本情况。这些必须调查清楚,还要进行认真的分析,使前一阶段的情况与目前的情况紧密联系起来,构成制订计划的实际基础。

(3) 本班教师及其他条件。教师的情况包括教师从事班级管理的经验,教师自身的业务水平和能力、工作态度等。这些在制订计划时都应充分利用。比如,班级老师管理经验丰富、组织能力较强、业务能力也很强,可适当多组织一些对教师要求较高、幼儿受益较大的专题活动和教学;班级美术老师在教学方面能力强、做法好,就突出美术教学的创新等。

视频 如何提高业务水平

以上三个方面都是制订幼儿园班级管理计划很重要的依据,管理者只有认真、全面地进行分析研究,制订的计划才会切合实际、易于操作,才会取得较好的效果。

(三) 班级管理计划的基本结构

常见的幼儿园班级管理计划的基本结构为:

1. 班级情况分析

主要是把上学期工作中的成绩和突出的问题简明扼要地提出来,对班上幼儿和班级组织状况、教师等有关事项进行分析,起承上启下的作用。

2. 本学期工作的主要目标

本学期工作的主要目标可以分为:幼儿生活管理、教育管理、家长工作和卫生安全工作等。每一部分的目标任务都应根据具体情况,抓住重点提出一些总的要求。

3. 各项工作重点

列明班级各项工作，如生活管理、教育教学、环境创设、安全工作、环保工作、家长工作等的工作重点。

4. 具体要求和措施

教师要对每一个任务提出具体要求和措施，并且要落实到人，确定完成时间，可设计班级管理计划表（表 2－1），以便于对照和检查。

表 2－1　班级管理计划

项目	工作目标	实施措施	责任人	完成时间
生活管理				
教学管理				
其他管理				
备注				

5. 重要工作内容及具体安排

幼儿园管理计划是一种导向，教师要根据幼儿园管理计划详细列明班级各项重要工作内容。

资料吧

娄江幼儿园中班班级管理计划

一、班级情况分析

（一）上学期工作情况及分析

1. 通过小班一年的学习生活，幼儿的体质增强了，出勤率提高了。主要原因有：(1)认真制订幼儿锻炼计划，科学合理地安排幼儿一日活动内容，保证幼儿每天有 2 小时以上的户外活动时间，增强了幼儿的体质。(2)幼儿一日活动动静交替，并注意观察幼儿的情绪和状态，一旦发现幼儿身体状况有异常，能马上有效地处理。平时能按时按量地给有病的孩子喂药。发现有传染病时，能及时向保健医生汇报，并及时做好隔离、消毒工作，杜绝了传染病的蔓延和传播。(3)根据天气的变化，及时为幼儿增减衣物。(4)午睡时认真巡视，根据孩子的情况增减被子，以预防孩子因着凉或出汗而引起的感冒。(5)不断加强对个别体弱幼儿的日常护理。

2. 主题活动开展得比较顺利。主要原因有：(1)教师对主题思考较多，能根据《纲要》的精神，围绕相关内容，做好充分的准备。(2)随着年龄的增长，幼儿在好奇心的驱使下，能积极地参与老师精心设计的各个环节。(3)家园配合比较密切。通过各种途径向家长宣传主题教育，让家长一起帮助幼儿收集和主题有关的资料，使家长更深入地了解主题活动的开展，也能更好地了解幼儿的活动情况。

3. 环境创设更有效。(1)心理环境:努力为幼儿创设一个和谐、宽容、信任的心理环境。鼓励幼儿大胆表现、积极参与,使幼儿始终处于一种被尊重、被关爱、受鼓励的环境中,形成活泼开朗的良好个性品质。(2)物质环境:和幼儿一起收集资料,共同动手创设出与主题相适应的主题墙饰,并注重实用性、有效性、操作性和幼儿的参与性。游戏材料不断丰富,游戏环境不断完善。

(二) 上学期评估情况及分析

1. 班级综合评估。上学期我班被园部评为文明班级。原因为:我们坚持保教结合,重视对幼儿各方面能力的培养,帮助幼儿养成良好的行为习惯,形成积极向上的班风。

2. 幼儿体检结果。我班幼儿的身高、体重差异较大。另外在体检中发现部分幼儿的听力有问题,这是本学期日常生活中需要注意的地方。

3. 班级特色教育开展得不够生动。

二、本学期班级工作目标及工作重点

(一) 工作目标

1. 加强班级的常规管理,不断提高幼儿生活自理能力。

2. 加强安全卫生教育,保证幼儿健康成长。

3. 创设良好的生活与教育环境,促进幼儿主动发展。

4. 利用多种方式做好家长工作,争取家长的支持与配合。

(二) 工作重点

1. 认真开展主题教育活动、游戏活动等各项活动,促进幼儿全面发展。

2. 加强安全、卫生教育,保证幼儿健康成长。

3. 做好家长工作,促进幼儿更好地成长。

4. 开展环境保护教育,让幼儿初步明白“绿水青山就是金山银山”的道理。

5. 围绕“儿童博物馆”的课题,创设班级特色。

三、落实工作重点的具体措施

(一) 加强安全卫生教育,保障幼儿健康成长

1. 认真贯彻执行幼儿园各项保育工作制度,做好卫生、消毒工作,防止传染病的流行。

2. 科学、合理、有效地安排和组织幼儿的一日活动,将安全、卫生教育贯穿于幼儿一日活动当中。

3. 做好日常保健工作,保证幼儿健康成长,如:注意幼儿活动前后的衣服更换,提醒幼儿主动小便、喝水等,提高幼儿的自理能力。

4. 定期检查教室环境,及时发现和清除安全隐患,避免意外事故发生。

5. 对我班的体弱儿涵涵和肥胖儿澄澄,我们将多与家长联系,鼓励幼儿积极参与体育锻炼,以提高他们的体质。

(二) 认真开展主题教育活动、游戏活动等各项活动,促进幼儿全面发展

1. 围绕“我和朋友在一起”“红黄蓝绿”“香香的蔬菜”等12个主题,开展丰富多样的活动,让幼儿在活动中学会思考、学会学习,培养幼儿的主动性学习和探究性学习能力。

2. 提供丰富的游戏材料，为幼儿创设一个自由的游戏环境，并给予幼儿充足的时间和空间开展游戏。及时关注幼儿在游戏中的表现，敏锐地察觉他们的需要，把握时机，适时引导。

3. 师幼共同创设良好环境，将环境的布置与课程相结合。

（三）切实做好家长工作

1. 通过各种途径建立起家园互动的"桥梁"：(1)家、校路路通，针对孩子的情况，及时与家长互动、沟通。(2)班级网页，平时注意及时更新，向家长反馈我们的教学动态及育儿信息。(3)家长园地，向家长介绍一些有关的幼儿心理学、教育学方面的知识和育儿经验、文章。

2. 以电话、约访、家访等多种形式与家长进行沟通、交流，针对不同的孩子采取不同的教育方式，认真做好家访记录。

3. 结合园部方针开展家长开放日活动，让家长了解幼儿在园的点滴进步，了解教师的工作，使家长能更好地配合幼儿园的工作。

4. 每月定期与家长共同记录好"宝宝成长记录"。

（四）加强环境教育，提高幼儿的环境意识

1. 营造环境教育的氛围。幼儿对周围环境的认识是通过自身与环境的相互作用而实现的。幼儿教师应积极为幼儿营造环境教育的氛围，在幼儿园的四周种植花草树木；充分利用空间，在活动室设置自然角，根据季节及时更换自然角的植物，让幼儿亲身体验栽花、养草、种菜的乐趣，努力创设净化、美化的育人环境。

2. 采用多种形式，开展环保教育。开展多种形式的环保教育活动，通过录像、幻灯片、故事、儿歌、游戏、绘画、实地观察等各种形式对幼儿进行环保教育。组织幼儿在马路边观察各种车辆排放出的尾气，感受空气被污染后人呼吸起来会很不舒服。然后再带他们到幼儿园的草地上感受清新的空气。通过比较，幼儿体会到草地上的空气清新，懂得树木和小草都有净化空气及吸附灰尘的能力和作用。

3. 把环保教育纳入教学活动之中。教师在设计教学活动时，对现有的教材进行补充，有意识地渗透有关环保教育的内容。

4. 通过环境创设，增强环保意识。水是一切生命赖以生存的基础，怎样培养幼儿的良好行为和习惯，让幼儿知道节约用水呢？可在幼儿洗手的地方设计一些较为简单的图案、标志，告诉幼儿节约用水的方法，让幼儿懂得珍惜每一滴水。

四、具体活动安排

九月份：

1. 做好开学报名收费及宣传工作，搞好班级卫生。

2. 做好新生接待工作，与家长配合，尽快使新生适应幼儿园生活。

3. 做好新学期全体幼儿的常规教育，使教学秩序尽早转入正常，按计划开展教育教学工作。

4. 认真制订各类计划。

5. 教授新早操、编排韵律操和午间操。

6. 结合主题创设具有本班特色的环境，布置家长园地，制作、更新网页。

7. 加强幼儿的安全教育，让幼儿形成自我保护意识。

8. 充实自然角，培养幼儿观察、照顾、爱护动植物的习惯。

9. 结合“教师节”“国庆节”“中秋节”开展节日教育。

文档 幼儿园升国旗方案

十月份：

1. 开展升国旗活动。

2. 配合保育员做好秋季传染病、多发病的预防工作。

3. 结合“重阳节”开展“我为爷爷奶奶做件事”的德育主题教育活动。

4. 有序组织幼儿开展日常文学活动，推荐文学宝贝参加评选。

5. 积极开展角色游戏、区域活动，丰富活动内容。

6. 有计划地进行家访工作。

十一月份：

1. 利用散步及户外活动，让幼儿了解秋天的季节特征。

2. 抓好安全教育，继续加强幼儿的自我保护意识。

3. 鼓励幼儿自己动手照顾自然角的动植物，进一步增强其责任意识。

4. 认真做好活动室的清洁卫生和消毒工作。

5. 用好“家校路路通”，积极主动地与家长联系，达到家园共育的目的。

6. 开展“我是爸妈的小帮手”幼儿生活自理能力比赛。

十二月份：

1. 组织好幼儿的一日活动，防止意外事故发生。

2. 认真配合园部准备迎新春系列活动。

3. 继续加强午睡的巡视工作，保证幼儿的睡眠质量。

4. 在班中进行“才艺之星”故事表演比赛。

5. 通过网络、家校路路通进行家园沟通。

6. 布置节日活动室环境，开展节日教育，丰富幼儿的生活，提高幼儿的动手能力。配合园部进行庆祝元旦迎新春系列活动。

翌年一月份：

1. 继续加强幼儿的安全、礼貌教育，防止意外事故发生。

2. 继续做好防冻保暖工作。

3. 做好学期各类工作总结。

4. 评选班中“好孩子”“好家长”“进步宝宝”。

5. 评估幼儿在园表现，写好汇报单。

6. 做好班级财产的整理、登记工作。

7. 对幼儿进行寒假安全教育。

资料来源：太仓幼教中心

课堂实践训练

王老师按原计划带小朋友们去大操场玩游戏，但出教室时正好遇到下雨，音、体、美教室也已经被其他老师用了，于是大家只好回到教室。小朋友们有些不高兴。

以上情况反映了什么问题？应该如何避免此类问题的发生？

提示：老师对于计划的全面性没有准确把握、考虑不周，导致了问题的产生。

第二课　幼儿园班级管理的组织与实施

一、幼儿园班级管理的组织与实施概述

要想将班级管理计划很好地实施，就必须进行班级管理的组织。幼儿园班级管理的组织与实施是指将班级中的人、财、物、空间、时间等要素进行合理安排，使之具有一定的系统性和整体性，并按计划执行。

二、幼儿园班级组织管理

（一）影响幼儿园班级组织管理的因素

按照计划对幼儿园班级进行组织管理时，会受到很多因素的影响，我们可将这些因素分为两类：内在因素和外在因素。

内在因素指班级内部人、财、物、空间、时间等各种因素。外在因素指家长、园领导和园制度、规则、园风，以及社区人口、经济等因素。教师只有充分认识到这些因素对组织活动的影响，并进行很好的安排，才能确保幼儿园班级管理组织与实施的顺利开展。

（二）幼儿园班级组织管理的具体实施

幼儿园班级管理的实质是教师充分利用班级资源，实现班级目标的过程。要想充分利用资源，首先就要对资源进行合理的组织，幼儿园班级组织管理的具体实施主要有以下几个方面：

1. 教师分工

按照《幼儿园工作规程》，教师间要有明确的分工。

(1) 保育员的职责：

➢ 负责本班房舍、设备、环境的清洁卫生工作。

➢ 在教师指导下，管理幼儿生活，并配合本班教师组织教育活动。

➢ 在医务人员和本班教师指导下，严格执行幼儿园安全和卫生保健制度。

➢ 妥善保管幼儿衣物和本班的设备、用具。

(2) 幼儿园教师对本班工作全面负责，主要职责：

➢ 观察了解幼儿，依据国家规定的幼儿园课程标准，结合本班幼儿的具体情况，制订和执行教育工作计划，完成教育任务；

➢ 严格执行幼儿园安全和卫生保健制度，指导并配合保育员管理本班幼儿生活和做好卫生保健工作；

➢ 与家长保持经常联系，了解幼儿家庭的教育环境，商讨符合幼儿特点的教育措施，共同配合完成教育任务；

➢ 参加业务学习和幼儿教育研究活动；

➢ 定期向园长汇报，接受其检查和指导。

但要注意的是：教师既要明确自己的职责，又要互相合作。

班内教师之间要在明确各自职责的前提下进行合作。真正的合作不是工作不分彼此、所有事情大家一起干，或界限太清，而是要在分工的基础上，使每个人都能优质高效地完成自己的工作，并在完成班级总体工作目标的前提下，互助互补，这样，工作才不会因职责不明而遗漏，也不会因界限太清而延误。

2. 幼儿分组

一般根据日常管理的需要对幼儿进行分组。如根据活动室的空间、桌子的大小，幼儿的数量和管理的需要进行分组。分组时要注意以下几点：

（1）合理搭配，优势互补。搭配方式有 3 种。其一，要进行男女性别的搭配。男孩女孩各有所长，如：男孩胆大、好动，女孩胆小、文静等，男孩和女孩在一起优势互补，互相影响，促进成长。其二，要进行个子高矮搭配，以便于幼儿的学习及活动。其三，是接受能力的搭配。幼儿时期的模仿能力很强，每组里有一两个接受能力较强的幼儿，在他们的带领和帮助下，使接受能力较弱的幼儿受到积极的影响。

（2）适时设置值日生，使幼儿学会自我管理。在适当的时候可设置数名值日生，让其帮助教师管理小组，如收拾学具和操作材料等。刚开始时，由教师指定值日生，并对他们加以指导，当幼儿基本熟悉值日生的工作内容后，可以由小组成员轮流担当。值日生轮换更有利于幼儿的发展。

资料吧

小 管 家

新班级的孩子缺乏自控力，常把玩具材料到处乱扔。如果你是当班老师，你会怎么做？

提示：当班老师是这样做的：针对这一情况，我采用物品管理责任到人的做法。把活动区分成几个小的区域，并设计了徽标，每周一上午评选“小管家”。具体方法落实为：建筑区的小管家负责带领该区幼儿整理积木；毛巾区的小管家负责检查毛巾收挂情况，如发现毛巾没挂好，及时提醒；图书区的小管家负责检查图书损坏及取放情况，及时制止撕书行为并要求修补破书等。面对一双双热情的小手，我一共选出了七个岗位的小管家。孩子们都很满意教师分配的工作，并把它看作是一份荣誉。到了周五，再和幼儿共同评选出优秀的小管家，并予以奖励大红花。然后重新推选七个岗位的新管家。小管家常清扫、整理，本班在任何时候都很整洁，物品也有了明确、标准的摆放位置。无论幼儿还是老师，取存东西都成了一件轻松简单的事。由于物品摆放合理，班上的事故发生率也明显降低。

（3）定时更换幼儿的座位。为了预防幼儿近视，保护幼儿的颈椎，需要定时按一定规则更换幼儿的座位。先采用全组更换，保持小组成员及组号不变，以便稳定幼儿的情绪及相互的学习及配合。待幼儿完全相互了解后，再进行小组及位置的更换。

（4）根据活动要求，临时分组。

案例链接

小熊盖房子

我提出让幼儿自由分组来玩“小熊盖房子”游戏。我刚讲完要求，有的孩子已经开始呼朋引伴了，他们都是好朋友，自由活动时间经常一起玩，接触、交流比较多；有的孩子则挑选了一些他认为有本领，能够帮大家夺取好成绩的伙伴成为一组；有的孩子尝试加入某小组，却屡屡被拒绝；还有的孩子则根本没把老师的要求放在心上，还游离在队伍之外。

思考：本案例采用自由分组会出现什么问题？应怎样解决这些问题？

启示：会出现以下问题：问题一，一组人数较多，而另一组人数不足。问题二，个别幼儿无法进入活动小组。问题三，有幼儿掉队了。

解决策略：对于问题一，教师可以根据活动内容的需求，帮助幼儿将人数较多的小组相应地缩小，鼓励幼儿重新寻找适合自己的小组。对于问题二，如果幼儿是因为被其他同伴拒绝而无法进入某小组的，教师应给予鼓励，增强被拒幼儿的自信心，并在适当的情况下，为他们做些推荐工作；如果幼儿是对活动不感兴趣的，教师可以给他一个旁观的位置，并随时欢迎幼儿加入活动。对于问题三，如果是由于兴趣转移而掉队的，教师应对活动内容进行反思，做些改变，以吸引幼儿的注意力；如果幼儿是因缺乏合作技巧而掉队的，教师可以在今后的活动中采用“小步递进”的方式，指导他和同伴合作。

3. 环境规划

《纲要》指出：“环境是重要的教育资源，应通过环境的创设和利用，有效地促进幼儿的发展”。教师要积极创设教育环境，最大限度地把握、利用蕴藏在环境中的教育资源，让幼儿真正在与环境的互动中成长，让环境与幼儿“对话”、与家长“对话”，发挥环境“第三位教师”的作用。

环境可划分为物理环境和精神环境，前者为有形环境，后者为无形环境。

幼儿班级活动的环境如户外活动场地、活动室、寝室、走廊等为有形环境。创设有形环境时注意以下几点：

（1）户外活动场地尽量不要离班级太远，最好有个专门保证幼儿安全的活动场地。

（2）寝室可根据情况一室多用，如除作为寝室外还用作活动的空间。

（3）过道和走廊也是可供利用的宝贵空间。可根据过道和走廊的宽度设置不同的活动区域。

（4）活动室的充分利用。活动室不仅是幼儿活动的场所，更是一个让幼儿受教育的重要隐性课堂。认识到墙饰布置的重要性，教师们越来越重视环境的净化、美化、童趣化和教育化，以期获得更好的教育效果。但在墙饰布置时要注意以下几点：

① 以幼儿为主体，以幼儿的眼光和需要来评判环境创设。

② 墙饰的位置以幼儿的视线够得着的高度为准。

③ 材料的选择应因地制宜，充分利用当地资源，并通过家长、幼儿收集无害的废旧材料，让幼儿收集材料的过程成为一个学习的过程。

④ 墙饰要随着季节、教育内容及班级幼儿情况的变化适时调整，使其能不断满足幼儿成长的需要。

幼儿园是育人的场所，不仅优美的物理环境具有重要的教育作用，良好的人际关系，友爱、尊重、积极向上的园风所营造的精神环境也会对幼儿产生深远的影响。所以，幼儿园领导者要做好环境的规划和管理，充分发挥环境的教育作用，积极构建和谐的幼儿园活动。

4. 时间安排

合理安排好幼儿在园时间，除了进行整体规划外，还要做好学年、学期、月、周、天的具体安排。

(1) 安排好幼儿一学期的时间。开学前，就开始对一学期的时间进行安排，设置学期计划、月计划、周计划、日计划。

(2) 合理安排班级幼儿的一周在园活动。合理安排班级幼儿的一周活动，主要有以下两方面依据：一是班级幼儿学期计划及月计划；二是本班幼儿当前身心发展的情况，包括学习兴趣和需要。据此制订幼儿的一周活动安排表。

(3) 恰当地安排好幼儿在园的一日活动。幼儿在园一日活动的组织要求：

① 活动安排动静交替，保证幼儿愉快、有益、自由的活动。

② 活动的组织要从实际出发，建立必要的常规，确定一贯性、一致性和灵活性的原则。使活动的计划性和灵活性紧密结合起来。

(4) 建立班级工作制度，减少等待时间。通过建立及执行班级工作制度如教师工作职责、午休教师值班制度、安全管理制度、家园联系制度、晨检制度、预防疾病制度、班级交接班制度等，形成必要的常规，从而节约时间，提高效率，更好地组织幼儿完成保教工作任务。

案例链接

管理程序化

某幼儿园的陈老师为了提高工作效率，对自己每天保教工作做出明确、具体的计划，并严格按照计划好的程序去操作和落实。首先，他安排好每天所需开展的各项活动的时间，包括根据幼儿身心发展的特点，科学地安排幼儿每天的活动时间和科学合理地安排自己的时间。其次，他建立了各种班级管理制度，并在实际工作中认真执行。另外，他对班级所拥有的和所能利用的各种资源都做了详细登记，以便可以做到心中有数、随时利用。通过这样的一番改革，陈老师每天的工作变得井然有序、有条不紊，显得更有规律。同时也为他节省了许多时间，使他能有更多的时间和精力去干其他的工作。看到陈老师如此从容有序地工作，并且能够取得良好的工作成绩，许多同事都来向他请教。陈老师总是很谦虚，但有时也会不无得意地说一句："这就是科学管理的效益，我可是受益匪浅啊！"分析案例，指出陈老师所采用的科学管理指的是什么，这种科学管理有何作用？

提示：案例中陈老师所采用的科学管理就是将班级管理工作程序化，将班级管理工作制度与人员职责规范依一日生活的各个环节、时间，制定明确具体的内容要求，使之程序化、规范化，以便操作和落实。这种程序化的工作方式有利于提高工作效率，其作用表现为：(1)提高了工作效率，节省了大量的时间；(2)养成良好的习惯。不仅能使教师形成良好的工作习惯，而且能帮助幼儿养成良好的生活习惯，有利于幼儿的健康成长；(3)为班级管理工作的开展创造了条件，使教师不用再为维持秩序浪费时间，可以将更多的精力放在促进幼儿发展的工作中。

5. 物品安排

班级物品的摆放要合理有序，有利于幼儿的学习和活动，有利于幼儿的健康成长，同时也便于教师的管理。班级物品的摆放应注意以下几个方面：

(1) 专人负责物品的摆放，依据班级物品清单进行交接。

(2) 班级物品摆放的位置和高度要便于幼儿取用(危险物品如剪刀之类的，应该放在幼儿站立时伸手够不到的地方)，并要有明确规定，随时检查。

(3) 合理使用值日生。

表 2-2 为××幼儿园大一班物品登记表。

表 2-2　××幼儿园大一班物品登记表

物品名称	单位	数量	变损记载	备注

(三) 幼儿园一日生活组织应注意的问题

科学组织幼儿园一日生活，不仅会对幼儿园班级各种活动的效果产生积极影响，还能使幼儿的身心健康发展，尤其是对幼儿良好习惯的形成起决定作用。科学组织幼儿园一日生活应注意以下几点：

1. 动静交替

幼儿园一日生活的组织应动静交替，幼儿的年龄特点决定了他们的注意力集中的时间是短暂的，自由好动是幼儿的特点，所以组织活动要动静交替，保证幼儿拥有愉快的、有益的自由活动，这样幼儿的一日生活才能够丰富多彩；才能吸引幼儿；才能体现幼儿的特点。

2. 集体活动与分散活动相结合

集体与分散相结合，在活动中适时采用不同的组织形式，能满足幼儿多方面的发展需求。集体活动有利于幼儿相互分享同伴智慧、体验交往乐趣；分散活动能提供更多的探究空间，二者的结合有利于幼儿积极性和创造性的发挥。

3. 体现主体性原则

主体性原则，指既充分发挥教师作为班级管理主体的自主性、创造性和主动性，同时又充分尊重幼儿作为学习者的主体地位。作为班级管理主体的教师,要从自己所在班级的实际情况出发,提出一系列的管理策略和方案,创造性地运用多种理论和方法,协调班内的多种因素。在提高班级管理成效的同时,使幼儿作为学习者、游戏者的主体地位得到保证和确立,使教师作为管理者的主体性与幼儿作为学习者和游戏者的主体性相结合。

发挥幼儿的主体性主要体现在:① 尊重幼儿在班级中的主体地位。② 尊重他们的个性特点。③ 充分考虑幼儿的身心发展特点。④ 促进每一个幼儿在原有水平上得到充分发展。

案例链接

“水草”的启示①

户外活动的时间到了,我带着孩子们到操场上去玩捉鱼的游戏。我画了一个大圆圈当池塘,一个孩子当钓鱼人,我来当鱼妈妈,其余的小朋友全当小鱼。游戏开始了,“鱼妈妈”带领“小鱼”边念儿歌边穿行在池塘中。儿歌一念完,钓鱼人跑进池塘,“鱼儿”撒腿就跑,唯恐被捉住。孩子们个个精神抖擞,时而跑到这儿,时而跑向那儿。可是章朝政小朋友却站在那儿一动也不动,我“游”过去对他说:“宝宝,快跑呀,钓鱼人就要来了!”没想到他回答说:“不,我不是小鱼,我是水草。”

我一愣,他是水草?这倒是个有趣的说法,不过也不能老是站在那儿不动呀。“你既然是水草,‘小鱼’在你周围游动,那你呢?”经我这么一提醒,他说:“哦!那就这样吧!”边说边举起双手在头顶上晃动起来。过了一会儿池塘里又多了几棵“水草”。

思考:此案例给我们什么启示?

提示:

(1) 这个案例中,教师尊重了幼儿的主体性和创造性。幼儿是活动主体,只有把幼儿放在主体位置,才能真正做到“耐心倾听,努力理解幼儿的想法与感受,支持、鼓励他们大胆探索与表达”。

(2) 教师是主导,教师应在坚持幼儿主体地位的前提下,充分发挥自己在工作中的主导作用,真正成为幼儿学习活动的支持者、合作者、引导者。

4. 游戏化

游戏是幼儿的天性,孩子们离不开游戏。教学游戏化、游戏学习化,让幼儿不断有新鲜感,始终有浓厚的兴趣;让幼儿在游戏中不断地提高观察力、想象力、创造力,及社会交往的能力等。

5. 逐步引导幼儿学会自我管理

《纲要》中明确指出:“建立良好常规,避免不必要的管理行为,逐步引导幼儿学会自我管理”。我们知道,幼儿时期是养成良好习惯的关键时期。如果教师包办多,幼儿独立完成少,就会抹杀幼儿活泼好动的天性,禁锢幼儿的创造力,影响幼儿的身心健康,所以教师要逐步引导幼儿学会自我管理,逐步培养他们的自理能力。

---

① 张炯艳.“水草”的启示[J].幼儿教育,2000,(Z1):50.

资料吧

幼儿园教学活动组织小技巧

幼儿园孩子注意力集中的时间短，为了提高孩子们的注意力，现提供几条小技巧：

1. 巧用教具

教具的出示要富有神秘感。老师在组织一堂英语教学活动时，设置情境“动物园”，将所有的小动物都藏在背景图里，只露出小动物的一角（或是耳朵、尾巴、脚……），整个活动用“动物园里藏着哪些小动物？”贯穿始终。小朋友们一直兴趣盎然，活动结束时小朋友们还在饶有兴趣地猜着“动物园里还藏着哪些动物呢”。老师在组织小班数学活动点数时，将“熊猫”贴在黑板反面，从黑板后面一只一只地出示，在“还有没有熊猫呢？我看看”的持续活动中，孩子们特别好奇，一直很专注。

2. 巧用语言提示

用正面提示效果会更好。上课时，有的老师为了制止某些小朋友的行为，会说“不要……”结果很多小朋友反而都学着那样做，因为小朋友好模仿，其他孩子新奇的举动都会引起他们的模仿兴趣。一个老师因为一个小朋友上课反过来把椅子当马骑就提醒他“不要骑马”，结果反而引起其他小朋友的注意，全班的孩子都“驾、驾、驾”地骑起马来，课堂教学再也没法组织下去。课堂上如果多用正面的提示效果会更好，如“看，×××小朋友坐得真好，老师喜欢。”“老师来找小眼睛，看谁的眼睛最亮！嗯，你的眼睛最亮！”“×××小朋友学小猴子学得最像了。”“‘小兔子’来找耳朵最灵的小朋友。”……有心的老师不妨试一试。

3. 巧用身体接触

“拥抱”能满足孩子的心理需求。年龄越小的孩子越渴望得到成人的爱抚，课堂上教师与幼儿的身体接触不仅能满足幼儿的心理需要，更能激起幼儿对老师的关注，从而保持参与活动的兴趣。我在组织大班音乐活动“拉拉构”时，第一个环节就设计了找朋友的游戏，在最后一句结束时让幼儿和朋友抱一抱、亲一亲，孩子们都非常投入。老师在组织英语教学时，和小朋友用英语问候的过程中，采用了握手问好的方式，让孩子们充满了期待。用身体接触的方式唤起幼儿的期待，老师们平时用得很多。如：在进行体育接力赛时，用贴红花、亲亲小脸、碰碰小屁股等方式接力，能极大地激发孩子参与游戏的兴趣。在教学过程中，当孩子们开始躁动不安的时候，我们不妨尝试用“你的小手准备好了吗？让老师来摸一摸。”“谁的表现好让我来抱一抱。”……平复孩子们的情绪，让课堂充满温馨、亲情，让我们的教学更精彩！

三、幼儿园班级管理的实施

实施是将计划变为行动，将设想转化为现实的管理活动。马克思曾说过：“一步实际行动胜过一打纲领。”衡量一个组织或单位的工作不能只看它的计划制订得如何，应主要考察其计划的实施情况。

视频　幼儿园班级管理实施

案例链接

吃饭别讲话

孩子们安静地吃着午饭，我在给一个孩子添饭，只听见朱文杰大声地说："别和我说话！"我用眼睛巡视了一圈，没看见有小朋友和他说话呀，他在嚷谁呢？正纳闷呢，钟老师不好意思地走过来小声告诉我："是我，他在嚷我呢，不让我和他说话。"原来是朱文杰吃饭时边吃边左顾右盼，桌子上洒了一点菜汤，钟老师边擦边说："快吃，你看人家小乐乐都吃两碗了，你还看。"没想到，小家伙却急了，对钟老师嚷了起来。

我揣摩着小家伙嚷的原因可能有两个：(1)"吃饭别讲话"是你们老师说的，可你们怎么还在吃饭的时候说话呢？这可不行；(2)"吃饭别讲话"，你和我说话，我当然吃得慢。

此情此景又让我联想到了一次中午饭时，我们几个老师因为刚发了奖金，又说又笑。有的孩子也随着我们边吃边说笑。有的小朋友说："怎么像在大酒店？"高涵俊说："我们像坐席的。"孩子们显然是在告诉我们，吃饭太吵了，环境太嘈杂了。我们意识到了自己的失态，赶紧停止讨论、不说话了。

可见，教师的一言一行对孩子们都有着潜移默化的影响。我们要求孩子的同时，自己首先要言行一致，为孩子们做个好榜样。

思考：此案例提示幼儿教师在班级活动实施中应注意什么问题？

幼儿教师在实施班级管理时应注意如下问题：

1. 班级保教人员要做好表率作用

幼儿最爱模仿，其模仿的最直接对象是教师。对教师的一言一行，看得最细，会不加选择地模仿。这就要求教师一定要注意自己的一言一行，做好表率作用。

2. 创造性地开展工作

《纲要》中指出："教育活动的组织与实施是教师创造性地开展工作的过程，教师要从本地、本园的条件出发，结合本班幼儿的实际情况，制订切实可行的工作计划并灵活执行。"所以要促进幼儿生动、活泼地发展，教师就必须针对本班幼儿的不同情况采用不同的方法，创造性地开展班级保教工作。

案例链接

睡前"五分钟"

孩子们每天的午睡总让我感到头疼。他们一会儿嘻嘻哈哈、打打闹闹、说说笑笑；一会儿告状声又此起彼伏，我帮着这个，劝着那个，就这样，还有几个在挤眉弄眼。午睡是孩子们统一的活动。在孩子们看来，一旦睡着了就失去了说话的自由，所以想方设法地在睡觉前赶快说说话。我反思自己，是否真正了解孩子、满足孩子了呢？设身处地为孩子们想一下，多提供一些时间给他们，我想他们一定会配合老师工作的。

今天的午睡时间到了，我说："我给小朋友五分钟的说话时间，想玩就玩，想做自己的什么事情就做，想和你的好朋友说悄悄话就尽情地说。但是，当我喊停的时候，所有的小朋友都要把嘴巴闭严，谁也不许说话，然后安安静静地睡觉。"小朋友们乐了。时间过得很快，五分钟很快就过去了，我喊“停”，小朋友们的声音都戛然停住了。尽管有几个调皮的孩子还在做鬼脸，我还是感到特别高兴。我满足了孩子们一点小小需求，孩子们却变得异常听话。

孩子们都睡着了。我不断地回味着孩子们睡前的那一幕，那一张张可爱的笑脸浮现在我的眼前。孩子们的心是纯洁的、笑脸是烂漫的、眼睛里是充满希望的。唯有真正地了解孩子，才能更有效地引导他们。

思考：此案例提示教师在班级活动实施中应注意什么问题？

3. 尊重幼儿身心发展的规律

尊重幼儿身心发展的规律是组织和实施班级管理工作的前提，幼儿的身心发展特点有共性也有个性，因此必须掌握本班幼儿的具体情况，从而有针对性地开展工作。如，要开展“自己的事情自己做”的活动，既要注意小、中、大班的幼儿总体不同，还要注意每个班幼儿个体的不同。只有这样，班级开展活动时才可能做到幼儿愿意做、做得到，班级管理工作才能顺利进行。

4. 体现参与性原则

教师在管理过程中不高高在上，而是把自己扮成各种角色参与到幼儿园的活动中去。在活动中要以民主、平等的姿态对待幼儿，与幼儿共同进行有益的活动。但要注意，参与活动时要根据幼儿的需要、取得幼儿的许可，同时指导幼儿活动要适时、适度。

5. 在活动中及时给予幼儿鼓励

教师在幼儿的心中是最伟大的，教师的话能给他们带来无穷的力量。教师在活动中要善于观察，及时发现幼儿的闪光点。哪怕只是一个小小的进步，都要鼓励幼儿，这会让他们很自信。相反教师不经意的一句话：“你怎么又要问了？”就可能会扑灭幼儿的自信。作为教师，不仅要特别小心谨慎地教会幼儿本领，还要让他们在活动中显得有事可干，且干得有劲。幼儿教师要扎实掌握教育理论，对事业充满热情，不断提高管理水平。

课堂实践训练

孤独的孩子

李佳伟是一个性格比较内向的男孩，不太爱和小朋友玩。在平时的区角游戏中，他都是独来独往。有时，还会一个人在自然角抓小虫子，问他抓到没有，他也总是不吭声。上课也从不主动举手回答问题，注意力也不够集中。久而久之，小朋友都不愿意和他交朋友、不愿意坐在他旁边。还说他一点都不能干。于是，在每次活动中，我都刻意地坐在他身边，手把手地指导，还经常鼓励他：“佳伟，你又进步了。你怎么这么聪明呢？”诸如此类的话说多了以后，我发现他不再是那么盲目地活动，而是有了目标，而且有了自信心。今天他和我一起下棋时还想赢我。我发现他下棋也有了规则意识，很像那么一回事。有了自信与目标的佳伟，真的进步了。

思考：本案例给我们什么启示？如果你是本案例中的老师，你会怎么做？

第三课 幼儿园班级管理的检查与调整

一、检查与调整概述

幼儿园班级管理的检查是指在实施幼儿园班级管理工作和活动过程中，对其工作和活动情况进行查看了解，搜集其基本信息的过程。幼儿园班级管理的调整是指对检查出来的情况做出是否符合按预定计划或有利方向进行的判断，并对偏差予以修正的过程。① 通过幼儿园班级管理的检查，让班级管理者认识到自身管理中的优势与不足，从而发挥优势、改正不足，更好地做好自己班级的管理工作，使幼儿园班级管理向更深层次发展。

通过幼儿园班级管理的调整，可以使实施的情况更符合目标要求。这里的调整，既可能是对实施情况的调整，也可能是对预定计划的调整。

二、检查与调整的方式

为了使计划落到实处，更好地实现班级管理的目标，常采用自检、互检、责任人检（小组长）、管理者抽检。

（一）自检

1. 幼儿的自检

幼儿自检可以最大限度地调动幼儿的主动性、积极性，发展他们的个性，培养他们遵守常规的习惯，从而提高他们的自我教育能力。如：今天我向老师问好了吗？上课认真听讲了吗？和别的小朋友相处得好吗？应针对幼儿的个体差异采用不同的方法，提高自检效果。

2. 幼儿教师的自检

幼儿教师自己检查计划完成情况、计划的合理性，检查组织实施过程的完整性，监督检查班规的合理性，也可以在检查中提出教育教学组织过程中遇到的问题和困惑，还可以对某种教学理念进行思考等。

（二）互检

常应用于老师之间的互检有同班老师之间的互检，不同班老师之间的互检等。互检的主要目的在于促进教师之间在管理过程中的相互交流和学习。通过检查活动的开展，老师们受益匪浅。很多教师在检查中能够向自己的同事学习他们工作中的创新点，能够通过互检，达到互相促进、互相提高的目的，管理的成效大大提高。

（三）责任人检（小组长）

对幼儿的检查，在实际工作中最常用的方法是在幼儿中寻找责任人，如在一个班里设几名小组长作为责任人，帮助老师管理、监督组内成员，如喝水管理员、图书管理员、卫生管理员等。

---

① 赵春龙.幼儿园班级管理[M].长沙：湖南大学出版社，2012：48.

对小组长的设立，刚开始一般由教师指定，从表现好的小朋友中选拔，起到模范带头作用，督促其他小朋友遵守纪律、执行班规。等到每个幼儿都基本熟悉小组长的工作任务后，可以由组员轮流担任，这样更易于提高他们的积极性。

小贴士

小　老　师

在常规执行过程中，有老师在场监督时，幼儿都能遵守；当老师不在的时候又是另一副模样。因此，可以设置几个小监督员——“小老师”，让常规做得好的小朋友来担任，有条件的话还可以为他们准备漂亮的胸卡。有了胸卡的“小老师”很神气，其他幼儿更是羡慕不已，产生我也要做“小老师”的愿望。为了有机会戴上漂亮的胸卡，幼儿们都在努力执行常规。这样一来，幼儿的违规行为慢慢减少了。小朋友们吃完饭都能把碗筷放得整整齐齐，方便阿姨整理；平时也不乱扔纸屑了，地面也能保持整洁了；饭后的餐桌也变得干净了。“小老师”促进了班级良好常规的形成。

（四）管理者检

对老师的检查，除了平时由主班老师检查外，还常常配合园领导的监督检查。主要采用巡回观察、调查询问、随机抽查等形式开展工作。由于充分发挥了自检、互检的作用，管理者用于事务性检查的工作量就会减少，这样管理者就能投入更多的时间和精力去观察与思考，充分发挥管理者的作用，做出正确的决策。

资料吧

某幼儿园班级一日常规检查表

项目	内容	检查记载						
		××班	××班	××班	××班	××班	××班	××班
来园离园活动（15分）	1. 有良好的师生、同伴关系，幼儿愉快开心，有安全感和信赖感。（3分）							
	2. 来园、离园环境安全有序。正确使用接送卡。（4分）							
	3. 关注幼儿健康状况，认真开展班级晨检和全日观察，及时做好记录。（4分）							
	4. 充分利用来园、离园时间主动与家长交流沟通，及时反馈幼儿情况，随机做好家访工作。（4分）							

续表

项目	内容	检查记载						
		××班	××班	××班	××班	××班	××班	××班
户外活动（15分）	1. 能利用自然条件和教室外校园场地条件开展丰富多彩的户外游戏和体育活动。活动材料丰富，能够满足幼儿的活动需要。（4分）							
	2. 保证户外活动时间，让幼儿进行适当的锻炼。活动内容符合幼儿的年龄特点和发展水平，时间安排合理。（4分）							
	3. 按时出操，教师、幼儿精神饱满，幼儿动作达到相应的年龄要求。（3分）							
	4. 注重户外活动的安全防护，提高幼儿的自我保护意识。（4分）							
生活活动（15分）	1. 建立科学的生活常规，注重培养幼儿良好的饮食、盥洗、午睡等习惯。（4分）							
	2. 幼儿有良好的卫生习惯，注意保持个人和生活场所的卫生。（4分）							
	3. 幼儿有良好的劳动习惯和自理能力，乐于帮助他人做事。（4分）							
	4. 能结合幼儿的生活进行安全、营养和保健教育，教育效果良好。（3分）							
游戏活动（15分）	1. 创设了适宜的游戏环境，游戏材料和玩具准备丰富、安全。确保每个幼儿参与游戏。（3分）							
	2. 保证游戏活动时间，使幼儿有自主选择和自由活动的机会。（4分）							
	3. 开展丰富的游戏活动。在游戏中注重培养幼儿自主探索精神，注重幼儿解决问题、化解冲突能力的培养。（4分）							
	4. 幼儿有良好的交往习惯。有合作意识，能遵守游戏规则。（4分）							
教育活动（40分）	1. 严格执行作息时间表，按照周计划表组织开展各项教育活动。（5分）							
	2. 教育活动以游戏为基本形式。教育活动内容既贴近幼儿生活，又有利于拓展幼儿的经验和视野。（6分）							

续表

项目	内容	检查记载						
		××班	××班	××班	××班	××班	××班	××班
教育活动（40分）	3. 幼儿有良好的学习习惯。学习兴趣和求知欲望较高，能主动参与活动、积极探究，获得真实的认知和经验。（6分）							
	4. 关注个体差异，因材施教，分层指导，使每一个幼儿都有发展机会。（6分）							
	5. 注重发挥班级环境的教育功能，根据主题利用废旧物资创设班级环境，家长、幼儿参与度高。（6分）							
	6. 幼儿有良好的环保意识，积极参与自然角管理。班级环境整洁、卫生。物品摆放有序，无卫生死角。（6分）							
	7. 充分发挥幼儿园、家庭、社区资源的教育功能，使幼儿在主动参与和动态变化的环境中获得全面发展。（5分）							
备注	总分							

（五）家长检

家长也是做好幼儿园班级管理的一支重要力量。家长检的基本形式有：家长开放日、家长委员会、家长学校、日常巡视等。

总之，要搞好幼儿园班级管理，制订计划和建立制度是必不可少的，但更重要的是要坚定不移地实施。要实施计划，就离不开检查与调整。无数事实证明，如果只有计划、决定和部署，而没有检查与调整，工作便落实不下去，人也容易懈怠。真正有效的管理就要像全国优秀班主任魏书生那样，宁可少一些条条款款，但制订一条就要执行一条，而且要严格监督、检查，真正把实事办实，做到事事有人管，件件有着落。

三、检查与调整应注意的问题

（一）检查与调整要围绕目标来进行

既要看幼儿园班级的实际工作是否符合班级管理计划，又要看执行的计划是否与目标相一致。如果执行时条件发生了变化，计划是否根据目标进行了调整。

（二）善于发现问题，及时调整

在幼儿园班级计划实施中或者结束后检查，是为了改进班级工作。因此，不怕发现问题,没发现问题不利于调整改进工作。在班级计划实施中要求幼儿不能离开教师的视线,教师始终和幼儿在一起。因此,教师不仅要用眼看,更要用心看,善于发现问题,及时调整。

案例链接

加 法 板

孩子们已学习了加法板、减法板、乘法板及蛇形加法等材料的操作。通过这几天对区角活动的观察,我发现有几个小朋友从来不去取这些材料,而只是做那些不太动脑筋的事情。今天区角活动时,我给了一位小朋友一个刚性的任务,就是必须完成10道加法题,才能再去取别的材料。他取来加法板的材料后,却不知道定规应该怎样摆,在我的指导下才勉强摆好。他选择了7+? =? 的那张题卡,我教他做了第一道题:7+1=8,让他按同样的方法继续做下面的题,我便去指导其他孩子。一眨眼的工夫他就拿着那张题卡过来说:"老师,我做完了。"我一看:7+2=9,7+3=10,7+4=11……如果按步骤认真操作一定不会这么快就做完的。于是我便问他怎么做出来的,他说是按顺序写上的。看来他已发现了答案的规律,那就是后一道题的得数比它前面的题的得数多"1",于是他就钻了空子偷懒了。

(根据网络资料整理)

思考:如果你是该案例中的教师,你会怎么做?

提示:案例中的教师是这样说的,出现了这样的问题,我们不能怪孩子,换一个角度看,孩子能发现规律也是他的聪明之处。所以我没有责备他,而是又打乱顺序,重新给他出了10道题让他做,这下他可没有空子可钻,只好认认真真地一步一步去操作了。

其实,在区角活动中,经常会发现有的孩子不认真、不投入。对于这一点,我们老师不能光埋怨孩子,也要认真地想一想:我们给孩子所提供的材料是不是存在问题?要善于发现,及时调整,让每种材料都能最大限度地发挥其教育作用。

(三)检查要细致,调整要到位

检查要细致就是对幼儿在班级活动的各个方面,都要认真检查;调整要到位就是当发现问题时,能尽快、合理地解决,不留后患。如发现某幼儿活动时脸色不对,就要马上查看、询问,必要时要找医生和联系家长。如果遇到交接班,一定要与交接的老师交代清楚。

第四课 幼儿园班级管理的总结与评价

一、总结与评价概述

幼儿园班级管理工作的四个环节中,总结与评价具有指导、修正、改革工作方法的功能。如果缺少总结与评价环节,我们的工作很可能会出现原地踏步,甚至是倒退现象。

幼儿园班级管理评价是指在全面系统地获取幼儿园班级管理工作相关资料的基础上,进行分析与处理，从而作出科学、正确的判断，是对班级管理工作计划的执行情况进行全面检查并分析得失的过程。

幼儿园班级管理总结和评价的意义：

（1）可把握班级管理的过程。管理者能及时把握幼儿园班级计划完成情况及完成质量，以便于对管理过程进行控制。

（2）有利于总结在管理计划实施过程中的经验教训，及时指导今后的实践工作，同时对班级教师之间的交流与学习也有很大的促进作用。

（3）有利于班级教师树立正确的教育观和质量观。通过班级管理评价标准的引导，使班级教师进一步明确班级管理的方向和指导思想，在实施班级管理中坚持正确的教育观和质量观，改正错误观念，从而有利于下一个管理过程的创新和提高。

（4）具有促进理论和实践相结合的作用。班级管理总结和评价有助于教师将理论运用于实践，将理论与实践紧密结合起来，为形成新的教育理论作出贡献。

（5）有利于幼儿园班级管理的创新。在班级管理的总结与评价过程中，班级教师可能会产生一些新的管理思路和方法，这为幼儿园班级管理的创新奠定了良好的基础。

二、总结与评价的类型

总结与评价的类型有很多，常见的有：

1. 按总结与评价主体分类

《纲要》指出："幼儿园教育工作评价实行以教师自评为主，园长以及有关管理人员、其他教师和家长等参与评价的制度"。可见，按总结与评价主体分，可分为自我评价与他人评价两类。在幼儿园班级管理总结和评价中常使用自我评价。自我评价指教师在评价中反思自己工作中的情况，找出自己工作中的成功经验和不足，分析原因，以便以后改进工作。这种评价可调动教师的积极性和创造性，促进教师的专业发展，但此种评价存在有些教师对自己工作中的问题看不清的情况。

2. 按总结与评价方法分类

按总结与评价方法分类，可分为定量总结与评价和定性总结与评价两类。定量总结与评价是通过把总结与评价指标量化，并采用模型和数学统计方法对评价对象做出数量的价值判断。定性总结与评价是不通过量化，而是通过对总结与评价对象平时的表现、现状或文献资料的观察和分析，直接对评价对象做出定性结论的价值判断。定性总结与评价和定量总结与评价是从不同的侧面、用不同的方法对事物进行总结与评价，它们可互为补充、互相支持。

3. 按总结与评价时间分类

按总结与评价时间分类，可分为过程性总结与评价和终结性总结与评价两类。过程性总结与评价指在班级管理的过程中进行，目的在于及时发现问题，及时调整。终结性总结与评价指在班级管理工作按计划完成后（如学期结束）进行的总结与评价。

三、总结与评价应注意的问题

（1）在总结与评价过程中，应注意评判结果要以目标、计划为依据，以检查为基础，凭材料和事实说话，以便积累经验，找出不足。

（2）在总结与评价过程中，应明确评价的目的是了解幼儿的发展需要，以便提供更加适宜的帮助和指导，以促使每个幼儿在原有水平上有所提高。

（3）《幼儿园教育指导纲要（试行）》指出："评价应自然地伴随着整个教育过程进行。综合采用观察、谈话、作品分析等多种方法。幼儿的行为表现和发展变化具有重要的评价意义，教师应视为重要的评价信息和改进工作的依据"。所以幼儿园班级要做好平时对幼儿的观察记录，积累每个幼儿具有典型意义的行为和作品。

（4）关注幼儿的个体差异，在幼儿面前禁用横向比较，要用发展的眼光看待幼儿，既要了解幼儿的现有水平，更要关注其发展的速度、特点和倾向等。

（5）评价应当客观，避免主观意识。确定的总结评价项目、标准要符合客观实际情况，尤其要符合幼儿的实际情况，并且要全面且主次分明，统计的数据要有真实的依据且可靠，不能凭空想象。

案例链接

孩子争执

班上每天都会选出一名小班长，负责管理午饭前、休息时以及午饭时的纪律。老师提名几个上课时表现比较好的孩子，然后让小朋友们投票。有的小朋友看到某某小朋友也被提名后，就叫了起来："某某不能当小班长，他前天当小班长的时候自己都在讲话！"最后汪圆圆当选，她搬着小板凳坐在前面，其他的小朋友都安静地坐在自己的位置上，等小班长请自己去吃饭。当孩子自己参与到管理之中时，他们对规则的认识就更清晰，对自己和他人行为的评判标准和评价就不再完全依附于老师，而开始内化成自己的东西。孩子们参与到班级管理的活动中，老师的工作量减轻了，但更重要的是这种主动参与的态度让孩子们学会了许多。幼儿园活动的主体是孩子，那么班级管理的主体也应该是孩子。作为老师如果能让孩子们更多地参与到管理中，将取得更大的收获。

（根据网络资料整理）

实践对接

1. 设计一个幼儿园班级管理学期计划。

2. 参照如下某幼儿园的一日生活制度，分析某中班幼儿一日生活作息时间安排的合理性。

（1）根据我园幼儿的年龄特点，合理安排一天的生活、活动时间，做到动静交替。

（2）幼儿每日饮食为两餐一点，间隔时间不得少于 3.5 h。

（3）保证幼儿的充足睡眠，午睡 2~2.5 h。

（4）每天有充足的户外活动时间，每天不少于 2 h。

（5）活动形式：集体活动与分散活动相结合。

某中班幼儿一日生活作息时间安排：

项目	时间	项目	时间
入园、晨检、晨间活动	7:30	如厕、洗手、餐前准备	11:20
餐前准备、洗手	7:50	午餐	11:30
早餐	8:00	午睡	12:00
活动区游戏	8:30	起床、如厕、洗手	14:00
教学	9:00	室内游戏	14:15
喝水、如厕	9:20	户外活动	15:15
教学	9:40	如厕、洗手	16:15
户外活动	10:10	离园准备	16:30
安静自由活动	11:10	离园	17:10—18:00

3. 案例分析

袖手旁观

每天午睡起床后，我都会教小朋友们穿鞋子，但是只有少数幼儿跟着学，大多数幼儿只会坐在床边，等着老师去帮着穿鞋。面对这种情形，我非常苦恼。幼儿上幼儿园，不仅要学知识，培养良好的生活习惯等，还要培养自己独立生活的能力。特别是现在的幼儿，家里有父母及爷爷、奶奶等几个大人照顾着，什么事情都不需要自己动手，需要的只是一个表情、一个口令，大人们就会替他们做到、做好。因此，幼儿连最基本的动手机会都被剥夺了。但是，幼儿长大后要想成为一个有用的人，就必须从小培养自己的动手能力。否则，只能算是一个“眼高手低”或者是毫无实践能力的“残疾人”。

从此以后，我狠下心来，每次午睡后就站在床边袖手旁观，然后对他们说：“你们已经长大了，自己穿鞋子吧，老师是不会再帮你们穿的。”大部分幼儿只好自己动手穿鞋，但也有小部分幼儿拿着鞋，满脸紧张地望着鞋子无从下手，还有个别的幼儿急得哭了起来。我看到这种情形，真想走过去帮他们穿上，但仔细一想，不行，如果今天我给他们穿了，那他们明天还是不会自己穿。我就坚定地对他们说：“老师是一定不会帮助你们穿鞋的，自己的事情要自己做。”他们看到这种情形，心里可能也明白老师一定不会帮忙，因此只好自己用笨拙的小手穿了起来。但我还是发扬了幼儿团体的协作精神，请了几位能力强的幼儿去帮他们穿。半小时后他们都把鞋穿上了，尽管个别的幼儿把鞋左右穿反了，但是看到他们都学会了自己动手，我心里还是非常高兴。为了鼓励这种自己动手的精神，我立即表扬了他们。

每天午睡前后，幼儿们都会迅速地自己脱穿鞋子，再也不会等着老师来帮忙。看来，有时候老师“袖手旁观”也未尝不是一件好事。

（根据网络资料整理）

思考：

1. 老师这种做法对吗？

2. 如果你赞同此法，你认为老师在什么情况下可用此法，什么情况下不能用？为什么？

3. 分析老师管理幼儿学会自己穿鞋的过程。

思考与练习

一、选择题

1. 为了建立并维持健康的班级环境，幼儿园应安排多样的体育锻炼内容，每日户外活动时间不少于(　　)h。

A. 2　　B. 1　　C. 0.5　　D. 3

2.《纲要》指出："(　　)是重要的教育资源，应通过环境的创设和利用，有效地促进幼儿的发展"。

A. 环境　　B. 绘本　　C. 网络　　D. 教具

3. 幼儿园环境创设时不仅要有规范的物质环境，更要关注儿童心理，创设良好的(　　)

A. 熟悉环境　　B. 精神环境　　C. 新奇环境　　D. 色彩斑斓的环境

参考答案：1. A　2. A　3. B

二、简答题

1. 制订幼儿园班级管理计划应注意哪些问题？

2. 幼儿一日活动组织应注意哪些问题？

3. 幼儿园班级管理实施环节应注意哪些问题？

拓展阅读

袁爱玲教授认为："幼儿教师应该做到8多，即对幼儿多支持、多肯定、多接纳、多表扬、多鼓励、多关注、多信任以及多给他们自由和自主，这样才能营造出积极健康的幼儿园精神环境。"

1. 多支持

教师对幼儿一定要多一些支持、少一些反对。支持幼儿的天性、支持幼儿的价值观、支持幼儿的行动、支持幼儿的情感表现、支持幼儿的自我认识和自我评价。幼儿在家和在幼儿园得到的支持太少，受到的反对太多，会形成不少消极的人格特征，如自卑、怯懦、退缩、被动等。这些消极的人格特征是创造型人才成长的大敌，必须引起全社会的重视。家长和幼儿教师应该多说这样的话："好！大胆做，我支持你。"

2. 多肯定

多肯定主要是指对幼儿的言行、情感表现等多给予正面的评价、正面的引导，少一些否定的评价和反面限制。无论成人还是幼儿，都喜欢接受或容易接受肯定的、正面的引导与评价，否定的态度和否定的语言只能使幼儿明白这样做或这样说不对或不好，但并没有使幼儿懂得如何做（说）才是对的或好的。如果换成“应该这样做（说）”或者“如果这样做（说）就更好”，这不仅使幼儿知道自己的做法或说法不妥，而且也懂得了正确的做（说）法，既保护了幼儿的自尊，也使他们学会了尊重。

3. 多接纳

多接纳是一种宽容，是一种博爱，但不是纵容和溺爱。作为幼儿教师，无论对聪明的还是愚笨的、俊美的还是丑陋的、家庭富足的还是贫穷的、顽皮的还是乖巧的孩子，都应以平等的态度、博大的胸怀、无私的情怀去接纳每一个孩子。幼儿教师要爱每一个孩子。要真正做到多接纳，还必须树立民主意识，学会尊重、学会忍耐、学会对独特言行的欣赏。

4. 多表扬

表扬可以极大地满足幼儿的精神需要，给幼儿带来喜悦心情与和睦的关系。科学的表扬应该坚持这样的原则：第一，幼儿完成了对他而言是具有挑战性的任务；第二，幼儿以独特而有效的方式完成任务；第三，幼儿表现出了我们所渴望的亲社会行为、态度和良好的习惯等。表扬可以是语言、微笑、亲密接触、标志物、幼儿喜欢的物品、感兴趣的活动、渴望充当的角色……只要是幼儿感兴趣的事物都可以起到强化的作用。

5. 多鼓励

鼓励能使幼儿崛起，鼓励和鼓励者的话语可能使幼儿终生难忘；责备则可能使心理脆弱的幼儿沉沦。当幼儿遇到困难以及犹豫不决时最需要的是鼓励。此时的幼儿就像即将登上山顶而筋疲力尽的人，鼓励犹如一把推力，推一把就上去了；此时的责备和批评无异于踢了幼儿一脚。我们应记住对于处在困难中的幼儿，责备和批评最容易使他们泄气。

6. 多关注

幼儿特别喜欢被关注，为得到关注甚至不怕挨批评。每位幼儿都应得到教师积极的关注。教师一句充满希望的话、一个点头微笑、一个亲昵的动作（拉拉小手、拍拍肩膀、摸摸后背等）都是积极关注的方式。这些言语、表情、动作、态度等都在传送着教师对幼儿的热爱、重视、认可、支持、接纳、肯定、信任等信息。

7. 多信任

多支持的背后是对幼儿的充分信任。幼儿教师和家长往往低估孩子的学习能力、探索能力、解决问题的能力以及自我教育的能力等，因而不敢放手、不敢支持。请相信幼儿的自发行为，无论是学习、探索行为，还是解决问题的行为，如果得到成人的支持和帮助，成功率都是很高的。

8. 多给幼儿自由和自主

若想让幼儿真正学到东西，就必须让他们自己去做、自己去看、自己去想、自己去体验，即让幼儿主动、积极地反应。实践证明，幼儿在自由、自主的游戏和探索活动中，学习得最积极，表现得最有创造性。因此，教师应多给幼儿自由和自主权，减少干预。

单元三　幼儿园班级管理的内容

知识目标

1. 了解幼儿园班级管理的内容。
2. 熟悉幼儿园班级的安全管理。
3. 熟悉幼儿园班级的教育管理。
4. 熟悉幼儿园班级的生活常规管理。
5. 熟悉幼儿园班级的环境管理。
6. 熟悉幼儿园班级的家长工作管理。
7. 熟悉幼儿园班级的户外活动管理。
8. 熟悉幼儿园班级的保教人员自我管理。

能力目标

能够合理分析解决幼儿教育与班级管理实践相关问题。

素养目标

通过保教人员的自我管理,树立幼儿教师的职业理想信念。

知识导图

- 幼儿园班级管理的内容
  - 幼儿园班级安全管理
    - 幼儿生活安全
    - 游戏中应注意的安全
    - 幼儿园玩具、设备安全
    - 药品卫生安全
    - 突发事件的紧急处理
    - 经常开展安全教育
  - 幼儿园班级教育管理
    - 综合主题课程设计
    - 幼儿良好品行养成
  - 幼儿园班级生活常规管理
    - 生活常规的重要性
    - 生活常规流程的制度建设
    - 生活管理的内容
  - 幼儿园班级环境管理
    - 班级环境的特点
    - 班级环境的创设原则
    - 活动区的布置
    - 班级文化建设
  - 幼儿园班级家长工作管理
    - 家长工作的意义
    - 如何与不同类型家长沟通
    - 怎样与社区建立联系
  - 幼儿园班级户外活动管理
    - 户外活动场地器械的管理
    - 户外活动时间场地的管理
    - 户外活动设施的管理
    - 引导、鼓励家长同孩子参与户外活动
  - 幼儿园保教人员的自我管理
    - 加强思想道德修养，做一名有爱心的幼儿教师
    - 加强业务知识学习，不断提高业务水平
    - 学习中华优秀传统文化，培养积极的人生态度

案例导入

孩子是怎样离园的①

冬日下午，一位中班孩子家长打电话告诉园长（该园长来园一年多）：孩子被一位中年妇女送回家了，让老师别着急。园长这才知道中班可能少了一个孩子，到班上询问当班老师。该老师说不可能，点人数后发现比名册上少了一个。问班里幼儿，×××今天是否来园了，幼儿告知来了。老师这才着急起来。园长随后批评了两句就离开了（此时，保育员在场）。

第二天，家长带着孩子来园了解情况，为什么孩子会离开班里……园长开始处理这件事情。

问及班上老师：主班老师（班长）说上午孩子一直在，中午给当班老师交接班时还清点过人数。幼儿园的大门上午一直锁着，门卫一直在值班室，未曾离开过，所以孩子不可能走失。

当班老师中午值班，因与园长个人关系很好，被请到办公室里与园长共进午餐，班上长时间无人值班。中午门卫吃完午饭外出过。一些老师中午不能回家，需外出吃饭，因而大门曾开着未关……

园长狠狠地批评了主班老师（因为她是班长，平时与园长也有些别扭），对当班老师却只批评了几句。该当班老师强辩说："×××小朋友可能是在孩子们吃过午饭，帮老师送盒子到食堂后悄悄走出幼儿园的。"但家长说："孩子是下午四点多被送回家的。孩子自己说是在中午小朋友睡午觉时走的。"

对此事的处理班上老师有不同意见。最后，园长做出决定，全园会上批评该班班长严重失职，那位当班老师也有一定责任。责任主要由班长承担，并扣除奖金的60%，当班老师和保育员各扣除奖金的20%。

主班老师一气之下不当班长了，班上两名老师因此而不和，全园其他老师也对此事耿耿于怀。

分析与思考：

1. 幼儿园首先要确保幼儿人身安全，在此基础上才谈得上实施有效的教育。本案例表明园所管理上存在怎样的疏漏？

2. 本案例中，园长对事件的处理似有偏袒之嫌，这样做可能带来什么严重的后果？

3. 如果您在幼儿园管理过程中遇到与本案例类似的情况，您将如何处理？

从以上案例可以看到，幼儿园班级管理如果出现一点点的差错，就有可能造成无可挽回的损失。进行有效的班级安全管理是幼儿教师最重要的技能。

---

① 张燕，邢利娅.幼儿园管理案例及评析[M].北京：北京师范大学出版社，2002.

基础理论

第一课 幼儿园班级安全管理

《纲要》指出,要把幼儿的安全放在幼儿教育的第一位。安全问题是幼儿园工作的重中之重,是开展其他工作的基础与前提。幼儿患病、受伤或者出现其他意外情况,都会给家长和幼儿园带来困扰,同时也会影响幼儿正常的在园生活,甚至威胁到幼儿的生命,给家长带来无尽的悲痛。有些家长会迁怒于幼儿园,干扰幼儿园正常的教学活动。所以幼儿园保教人员应该把幼儿的安全问题放在日常工作的首要位置。

习近平总书记指出:"要健全风险防范化解机制,坚持从源头上防范化解重大安全风险,真正把问题解决在萌芽之时、成灾之前。""防患于未然"是安全工作的最高境界,要把不安全因素消灭在萌芽状态。那么如何才能做到这一点呢?耐心细致地做好预防工作是做好安全工作的前提和基础;从细节入手是做好安全工作的重要措施;制度与计划是做好安全工作的保障。在幼儿园开学之前,保教人员应该按照预先制订好的教学计划需要,认真清点教学用具是否齐备,并查看游戏材料的安全性。例如,游戏材料是否有破损,如果有,则要确定是否会使幼儿在游戏活动中受到伤害;如果可能造成伤害,则要弃之不用,立即更换新材料。检查幼儿活动场地是否有安全隐患,比如场地是否有破损容易绊倒幼儿;木地板是否有毛刺;地板是否太光滑;桌椅板凳是否有尖锐的棱角。幼儿在园时间里绝对不能离开教师的视线,以免发生意外。

一、幼儿生活安全

(一)幼儿生活安全的内容

1. 活动安全

在《纲要》中,健康教育被摆在了首要位置,说明健康教育在幼儿发展过程中的重要性。幼儿要适当活动,才能满足他们身体发展的需要。好多幼儿教师不敢开展活动量稍大的体育教学活动,就是担心万一有孩子受伤了会惹麻烦。针对这种局面,一方面教师在开展正常的教学活动时,要注意活动的安排要符合《纲要》等的精神;另一方面教师要做家长的工作,争取家长的支持。同时幼儿教师要加强在活动中对幼儿安全的考虑和关注。

活动安全最重要的是不能"因噎废食",因为怕幼儿受伤而不敢开展活动。幼儿各方面的能力还不完善,包括身体的运动能力、感知外界危险的能力、自我保护能力和独立生活能力,身体的协调性也比较差。所以,教师在锻炼幼儿这些能力的同时,要注意在活动中保护幼儿的安全。有些家长怕孩子在活动中受伤,所以不提倡幼儿过多的活动。在这种情况下,幼儿园要加大家园合作的力度,向家长说明幼儿参加活动的益处,争取家长对幼儿参加活动的支持。要利用家长会、幼儿园公众号、网站等途径,向家长说明幼儿不经常参加活动的危害:不经常参加活动的幼儿受伤的概率更大,原因是不参加活动的幼儿的心肺功能落后于整体幼儿的发展水平,所以皮肤的储氧量不足,造成幼儿的身体不够灵敏,这样幼儿在活动中就更容易受伤。有的家长的教育理念不正确,在家庭中宠爱孩子、娇惯孩子,怕孩子受伤,限制孩子的户外活动项目和时间,孩子的活动量就小了。

活动的安全主要包括户内活动的安全和户外活动的安全。户内活动的安全主要应该注意幼儿在进行区角活动时的安全问题。涉及区角活动的安全问题主要有:区角玩具是否定时消毒,玩具是否破损带尖,是否会划伤幼儿,桌椅是否固定、有无破损,各种设备是否牢固等。幼儿因为身体协调性差,摔跤是常有的事儿,所以幼儿园活动室的地板最好采用木地板或者橡胶地板,以免幼儿摔倒时受到伤害。桌椅板凳要使用圆角设计,或者用软的东西包在凸起的棱角上。积木或者是其他玩具既要使幼儿喜欢玩耍,同时也要避免低龄幼儿误食玩具。所以玩具要比较结实,玩具的体积要符合幼儿的年龄特征,要以幼儿不能吞下去或塞进鼻孔、耳洞为宜。幼儿教师还要特别注意低龄幼儿误食"毒鼠强"等有毒物品的问题;在野外活动时,要注意低龄幼儿误食有毒蘑菇等问题。这些问题一方面要靠幼儿教师和保育员的仔细观察,另一方面要告诫幼儿不能随便吃用餐点以外的其他东西,教师可以通过让幼儿观看乱吃东西生病的视频和宣传画来教育、警示幼儿。

2. 饮食安全

饮食安全要注意两个方面的问题:一是注意防范幼儿食物中毒,特别要防范幼儿集体食物中毒,绝对禁止给幼儿吃剩菜剩饭。二是要注意幼儿饮食营养的均衡和丰富。婴幼儿时期营养缺乏会严重影响后来的身体发育和智力发育,所以幼儿饮食上的营养搭配就显得非常重要。幼儿的菜谱无论在数量上还是在质量上都需要精心调配。对于在全托幼儿园的幼儿来说,他们在园内用餐时间较长,一旦发生饮食安全问题,特别是营养缺乏问题,后果将会是非常严重的,几乎无法补救,所以要特别注意饮食安全。

在园内用餐时,由于家长不在的原因,部分幼儿会因为思念父母或者害羞导致饮食减少,班主任或者是保育员要及时和家长沟通,以便了解幼儿的日常饮食情况;询问幼儿在饮食方面是否有特殊要求。要通过亲切的安抚与幼儿建立良好的师幼关系,以使幼儿能够正常用餐。

3. 日常卫生安全

日常卫生安全问题主要涉及班级的环境是否完善、干净、卫生;幼儿的卫生习惯是否得到重视和培养;各种玩具是否卫生和健康;餐具是否干净卫生;如厕、盥洗、睡觉是否安全;外出是否戴口罩防病毒等。幼儿教师要注重培养幼儿日常行为习惯中的安全意识和卫生习惯。当幼儿在餐前、便后、游戏结束之后,要通过游戏的设计来教育幼儿在这些时间段或者是在这些活动的前后要洗手,避免细菌和病毒传播。比如说,教师可以出示一张生病小朋友正在输液的图片,或者看一段幼儿生病以后看病的视频,根据图片或者视频提问:"图片中(视频中)的小朋友怎么了?"幼儿可能会说:"生病了。"然后教师就说小朋友是病了,那他为什么会得病呢?原因之一就是因为这个小朋友不讲卫生,经常不洗手。我们应该怎么办呢?应该怎么洗手呢?

(二)幼儿安全活动的原则

1. 不打无准备之仗

幼儿园发生安全事故的背后大多能看到准备工作不足的因素,比如,活动场地比较湿滑,餐具消毒措施不到位,活动器械破损而没有及时更换等。幼儿教师在幼儿进行每项活动之前,都要按照幼儿园工作规程认真准备,检查幼儿活动、用餐的环境,防微杜渐,把幼儿的安全工作落到实处,杜绝安全事故的发生。

2. 细心和认真

对于一名幼儿教师来讲,在对待幼儿的问题上无论如何细心都不为过分。幼儿的身体协调性差,活动中很容易摔倒甚至受伤;自我保护能力弱,面临危险的时候也会"浑然不觉"。这个时候,需要幼儿教师细心观察每一个幼儿的具体情况,特别要关注那些需要重点关注的幼儿,比如说正在生病的幼儿;平时玩耍的时候不注意周围环境的幼儿等。教师对幼儿的关注应该从幼儿来园就开始,通过晨检、与家长的交流等形式,了解幼儿的一些状况,做到心中有数,知道哪些幼儿需要特别关注。

幼儿教师要注意幼儿在入园和离园过程中的交接问题,防止误接和漏接。误接和漏接都存在安全风险,要杜绝此类现象的发生。

3. 制订并认真执行安全制度

没有规矩,不成方圆。幼儿园的安全工作如果仅仅依靠幼儿园教师的工作热情来维持,是不能持久的。幼儿园班级必须制订相应的安全制度,让教师和幼儿遵守安全制度,形成安全风险意识,以此来形成防范安全事故的长效机制,这才是长久之计。

二、游戏中应注意的安全

幼儿在教学活动中发生的意外情况,很多是由于幼儿在活动中没有按照规则活动而导致的,比如说踩踏事故的发生多数是由于幼儿没有按照要求上下楼梯造成的。教师可以设计一些游戏来教给幼儿进行游戏活动时需要遵守的活动规则。游戏"滑滑梯"让幼儿知道如果在滑梯上拥挤会发生什么情况,从而明白滑滑梯时应一个一个排队,才不会发生意外。游戏"打电话"让幼儿知道了电话的许多作用——120 急救电话、119 火警电话、110 报警电话,学会了用电话报警,认识了防火标志、红十字标志。角色游戏"找娃娃",教育幼儿不要随便离开集体,要和大家在一起。如果万一走失,要胆大、心细,记住父母的姓名、工作单位、电话号码、家庭住址、家庭周围明显的建筑特征,激发幼儿脱险自救的潜能,促使幼儿想出一些脱险自救的具体方法。游戏"钉钉子"不但让幼儿知道钉子的作用,还知道如何避免被钉子扎破皮肤,怎样正确使用钉子和被钉子扎破皮肤时该如何处理等。孩子们在游戏中兴趣浓、热情高,掌握安全自护本领速度快、记得牢,从而提高了各种自护能力。

在制订规则的时候,要向幼儿讲清楚为什么要制订规则,可以给幼儿讲解不遵守规则的后果。教师可以给幼儿观看车辆不遵守交通规则而引发的交通事故的视频、图片(注意这些视频或者图片不能有暴力和血腥),从而让幼儿明白制订规则的重要性。在制订规则的时候,要注意调动幼儿的积极性,让幼儿参与到规则的制订当中来;要听取幼儿的意见,并且要让幼儿知道为什么要遵守规则,及不按规则进行游戏的危险性。幼儿就会认为规则是自己定下的,自己有义务去遵守规则,这样也可以增加幼儿对规则的理解程度。幼儿违反规则时可以适当地予以责罚以增加规则的权威性,进而对幼儿的行为形成一定的约束力,帮助幼儿养成良好的行为习惯。

案例链接

玩大型玩具受伤[①]

户外游戏时，孩子们都在玩大型玩具。忽然几个孩子在叫："老师，宝宝的嘴巴流血了。"我一听，赶忙跑过去，只看见宝宝用手捂着自己的嘴巴，脸上一脸痛苦的表情，但是却没有哭。我赶紧把她的手轻轻拿开，看她的嘴巴，嘴巴里有一点血，就带她回到教室用清水漱了口，问她疼不疼，她很坚决地摇摇头："不疼。"问她怎么回事儿，她说是秋千磕到嘴巴了。原来她用手推秋千，结果被荡回来的秋千磕到嘴。

下午，孩子们刚刚起床，我在帮几个女孩梳小辫子，突然听到"咚"的一声响。我赶紧往厕所跑，看见宝宝从地上爬起来，用手捂着自己的头。我发现她头上撞得不轻，擦破了一点皮，红红的，看得出真的很痛，可是她却没有哭。问她怎么回事，她说是从厕所的台阶上跳下来摔的。晚上她妈妈来接她时说："她在家时经常这样，前些天从床上跳下来把腿都撞青了，现在还没好呢。"

分析与措施：宝宝做事比较马虎，不太细心，不计后果，平时自由活动时总喜欢跑来跑去，一不小心就会碰到其他孩子或者桌子、椅子。在家里她也是这样，缺乏自我保护的意识和技能。

针对宝宝的情况，采取以下措施。

（1）在日常生活中培养她的自我保护意识。教师应采取随机教育，在幼儿发生磕碰时，及时用受伤的痛苦和事情的后果进行教育，使幼儿了解自己身上的各器官、肢体的重要性，懂得保护自己，从而提高自身的安全意识和自我保护意识。

（2）培养幼儿的常规意识，教育幼儿做事细心、不莽撞，了解活动中怎样做对、怎样做不对。例如，小刀、钉子等危险品不能带在身上；活动时不能快速奔跑；玩大型玩具时不推不挤等。时时提醒她，使她逐渐养成习惯。

（3）教给幼儿一些自我保护的技能。在一日生活中常会有一些不安全因素的出现，帮她找出这些不安全因素，并适时进行教育。如当幼儿出现磕碰情况时，组织全班幼儿进行讨论、分析，加深幼儿对不安全因素的认识及分析能力，从而提高他（或她）对不安全因素的判断和预见能力，尽可能将危险降到最低程度。

三、幼儿园玩具、设备安全

幼儿园是幼儿在家庭之外生活时间最长的场所，幼儿园玩具以及设备的安全性直接关系到幼儿在活动中的安全。保证幼儿园玩具和设备的安全性就成为保证幼儿安全的一道屏障，幼儿教育工作者必须高度关注与重视。

保证活动器械安全的首要任务是幼儿教师要确保在游戏开始之前仔细检查活动器械的安全性，认真查阅活动器械操作说明，以免因为操作不当给幼儿造成伤害。要认真对比活动器械的技术参数与幼儿的实际状况是否相符，认真阅读活动器械的使用说明书或者是操作说明书。比如说，有的活动器械有承重极限，如果没有按照操作规程操作，可能会给幼儿造成伤害，所以

① 李志宇.幼儿园教师实践操作手册[M].南京：南京师范大学出版社，2012.题目为编者加。

提前检查活动器械是否安全非常有必要。

具体做法如下：

（1）从源头上把关，做好器械的质量保障工作。要使用正规厂家的玩具产品，在购买产品时也要索要正规发票，以便将来有玩具出现质量问题时，让厂家负责赔偿。

（2）在进行活动前要进行器械的检查工作，检查器械有无破损，如果有破损要及时更换或者废弃不用。要与负责器械保管的教师核对好器械的出库与入库工作。本着勤俭办园的原则，对有破损的器械可以重复利用，前提是不会给幼儿带来安全威胁，要经过专业人员的维修检查合格后再投入使用。

（3）利用身边的工具进行游戏活动时，应注意安全防护。在村镇幼儿园这样的安全问题比较突出。在村镇幼儿园，由于办学经费少，家长和社会对幼儿教育重视力度不够，幼儿园的活动经费可能会不足。幼儿园教师为了能让幼儿进行活动，可能就地取材制作一些玩具供幼儿活动用，这些就地取材制作的器械能不能达到安全的标准就成了一个问题。所以幼儿园教师在利用这些就地取材制作的玩具时，要特别注意玩具的安全性，要让相关部门进行检测之后再使用。

案例链接

大型玩具失修的后果①

今年春天，我园一幼儿在大型玩具上玩时掉了下来，脚部受了伤，老师及时把他送到医务室治疗。回到事故现场进行检查时发现，大型玩具年久失修，孩子玩时铁链子断了，致使脚部摔伤。虽然孩子只是脚部受了轻伤，没有造成严重后果，但对我（分管后勤工作的副主任）来说震动很大，给我敲响了警钟。园领导看望了孩子，并对家长表示了歉意。同时我们对园内所有玩具进行了检查，发现问题及时维修，对年久失修的玩具进行了更换。

此事的发生，主要是因为没有及时对活动器械进行安全检查，即使检查了也不细致。此后，每月的例行检查要认真、细致，平时检查和定期检查要相互结合，并和各班老师配合好，保证幼儿的安全。

分析：此案例虽然是一个幼儿园整体管理中的事故，但是作为一个负责任的带班幼儿教师，在孩子们的玩具安全问题上一定要注意，要亲自检查玩具的安全性。如果发现玩具有安全隐患时，要及时通知园领导维修或者更换，并关注玩具维修或者更换的进展情况。在孩子们上大型玩具之前再次检查玩具的安全性。不能马虎大意，认为玩具属于幼儿园管理，和自己没有关系，所以在玩具的检查上不认真。松懈的思想造成的后果是无法挽回的。

四、药品卫生安全

在幼儿生病以后，部分家长会继续把幼儿送到幼儿园，但是会给幼儿带一些药。幼儿带药的安全问题值得引起幼儿教师的重视。

（一）幼儿教师不可擅自给幼儿用药

幼儿教师在发现幼儿有生病的迹象时，不能擅作主张给幼儿用药，要联系保健室让医生诊

---

① 张燕，邢利娅．幼儿园管理案例及评析［M］．北京：北京师范大学出版社，2009.

断幼儿的病情并及时通知家长。

（二）用药剂量应准确

幼儿的身体尚处于发育时期，大剂量的药品很可能对幼儿的身体造成伤害。用药的剂量要十分准确，有的药品是一日三次，而有的药品可能是一日两次或者是一次。细心的家长可能会考虑到这些问题，他们会把幼儿每天的用药剂量写一张说明书让幼儿带给保教人员；而粗心的家长就可能没有。教师要在开家长会的时候或者通过家长委员会通知幼儿家长，当生病的幼儿需要带药的时候，请家长务必给保教人员写明每一种药品的用量，以免药品的剂量过大对幼儿造成伤害，或者剂量过小达不到治病的效果。

（三）避免错误用药

当班级内有多名幼儿带药入园时，要特别注意幼儿的药品不能混淆。具体可在药品存放处用特别醒目的字写明每位同学的药品。在存放药品的时候最好是教师、保健医生和保育员一起核实每名幼儿的药品存放地点，以免误用药品。

（四）用药的水温要合适

保教人员在幼儿的用药时间要注意观察幼儿用来喝药的水的温度：水温不能太烫也不能太凉。平时保教人员要注意观察，多留意一些生病幼儿的状态。如果发现幼儿的症状加重，要及时通知家长带领幼儿就医。

（五）幼儿教师要重视晨检

在晨检时有些问题能够被及早发现，便于保教人员采取措施应对。幼儿的体温是否正常，有病的幼儿是否带药品，幼儿是否携带了比较危险的物品。这些问题都能够在晨检时被发现，那么教师就可以在一天的活动中对晨检时有问题的幼儿特别地加以关注。

五、突发事件的紧急处理

突发事件是指事先没有估计到的、会危及幼儿安全的事件，分为个体事件和群体事件。常见的突发事件有：集体食物中毒、火灾、水灾、地震、歹徒闯入等。应对突发事件主要有以下方法：

（1）幼儿园要成立紧急事故处理小组，最好由园长牵头，以便协调园内所有力量以应对突发事件。

（2）设置紧急事故处理预案，当事故发生时，按照预案进行处理，有条不紊地进行。最好对预案进行模拟演习，且要经常进行预案演习。四川省汶川地震的时候，有预案并且进行预案演习的学校比没有预案和预案演习的学校伤亡要小得多。

（3）经常邀请园区所在地的派出所民警和消防员作为园区的特别辅导员或者课外班主任给幼儿和幼儿家长讲课，讲解在遇到特殊情况时正确处理问题的办法。

六、经常开展安全教育

（一）提高幼儿的自我保护意识

幼儿的安全教育一直以来都是幼儿园的主要工作之一。幼儿的安全不能完全依靠保教人员，要激发幼儿的自我保护意识。只有幼儿懂得自己保护自己了，那么幼儿的安全才有了最重要的保障。可能有的家长会说：让孩子注意安全，我们也会教育，还用得着幼儿园教吗？我们把孩子送到幼儿园为的就是让幼儿园老师帮忙看孩子。这是一种错误的看法。首先，家长教给孩子的安全知识，可能不全面、不系统。孩子将来一旦遇到危险可能还是不知道该怎么处理。其次，家庭环境相对比较单一，不可能创设出更多的适合锻炼幼儿安全意识的环境。在幼儿园，教师可以根据课程有计划、有目的地安排一些仿真环境来锻炼幼儿的自我保护意识。例如，有陌生人搭讪怎么处理？发生火灾怎么处理？地震时应该怎么办？

（二）配合家长做好安全教育

我们要认识到，有些家长在教育子女方面的经验非常好。通过家园互动可对家长的安全教育查漏补缺，查明哪些安全方面的内容是家庭安全教育没有涉及的。这些家庭教育中没有涉及的内容应该是幼儿园安全教育的重点。在进行教学设计时，可以参考家长的意见和建议。

课堂实践训练

孩子在幼儿园吃了曲别针①

某寄宿制幼儿园中五班幼儿午睡时，班里的4位保教人员都到走廊去搬东西，寝室里大约有5 min没有老师。等老师回到寝室时，一个小朋友对老师说：“我把曲别针吞到肚子里去了。”老师听后马上找到保健医生，一起带孩子去医院检查。医生建议先拍X光片，看看曲别针在哪里。X光片显示曲别针还滞留在孩子的胃里。医生说目前孩子不会有什么危险，关键是曲别针在排出时要经过肛门，会有一定危险，建议老师可以给他吃一点韭菜之类的粗纤维食物，往下带一带，这样可能会尽快将曲别针排出来。从医院回来后，老师立刻从厨房拿了一把生韭菜洗烫干净后让孩子吃下去。

第二天下午家长来接孩子，并且孩子当时也没有什么不良反应。幼儿园考虑到为了不妨碍家长的正常工作，就没有及时通知家长。到晚上9点多，孩子说屁股疼，老师认为可能是曲别针要排出来，就从医务室拿来开塞露，给孩子打上通便，但曲别针还是没有排出来。这之后孩子一直说肛门痛。这一夜，该班老师一直陪着孩子观察他的反应。

第二天上午，曲别针仍没有排出。园长派了两名教师陪孩子到医院又进行了一次检查，医生仍建议拍X光片检查，发现曲别针已经到了小肠处。

中午，园长在家长来接孩子之前给孩子的母亲打了电话，向她详细描述了发生的事情，并诚恳道歉。下午两点左右，孩子的爸爸、妈妈、姥姥一起来到了幼儿园，他们对幼儿园的处理非常不满意，指责幼儿园没有尽到看护的责任；没有在事故发生后及时通知家长；不应该在24小时内让孩子连续两次拍X光片；不应该给孩子吃生韭菜；不应该用开塞露把孩子的肛门弄得很痛等。

针对家长的种种指责，园长一一给予解释：拍X光片是医生的建议，不是幼儿园的责任；给孩子吃韭菜也是医生的建议，是为了把曲别针裹下来；没有马上通知家长是教师认为孩子暂时不会有大的危险，不想让家长着急；给孩子打开塞露也是出于为孩子考虑等。

---

① 张燕，邢利娅. 幼儿园管理案例及评析[M].北京：北京师范大学出版社，2009.

家长听了园长的解释后仍然十分不满。经双方协商后，决定先由家长把幼儿接回家中继续观察。这之后，园长经常打电话询问孩子的情况，三位园领导也带着水果和玩具登门道歉。

观察一段时间后，孩子仍然没有排出曲别针，家长要求孩子继续上幼儿园。经协商，幼儿园允许孩子的姥姥在园陪读，方便照顾观察幼儿。幼儿园每天负责接送，并在整个寒假期间免收了孩子的托管费。在孩子没有排出曲别针的这段时间，园长时刻关注着事态的发展，和家长积极协调，安抚家长情绪。至今，家长仍未正式通知幼儿是否已经排出曲别针。

思考：幼儿园在安全管理上出了什么问题？如果你遇到这样的情况，你会怎么做？

提示：幼儿在园的人身安全是幼儿园保育工作的重要内容，园长、教师，要时时刻刻警惕、注意孩子的安全。但是幼儿由于年龄小、安全意识差，所以有些事也是防不胜防。那么当事故发生后，如何做好善后处理呢？本案例中，家长和幼儿园矛盾的焦点在于：在家长不知情的前提下，幼儿园擅自为幼儿进行了医疗处理。到底出了事故之后该不该立即通知家长？幼儿园出于不想把事情扩大、不想让家长担心、着急的考虑，在未经家长同意的情况下，对孩子进行了医疗处理，原本是好意，结果不但没有治好孩子，反而招致家长的抱怨，将事情闹大。这件事反映了幼儿园工作的几点失误：第一，孩子在幼儿园吃了曲别针，这本身就说明幼儿园的保育工作没有做好；表明教师的防范意识差，是幼儿园工作的失职。第二，出了事故之后，幼儿园出于不让家长担心的考虑，先带着孩子到医院检查，这样做很好。但是当医生建议拍 X 光片时，这关系到孩子健康的问题，幼儿园未经家长同意擅作主张，这样就为家长抱怨埋下了隐患。任何家长遇到这种情况都可能会不冷静，即使幼儿园及时通知家长都不能确定家长会不会抱怨，更何况是幼儿园擅作主张。家园关系是幼儿园工作的重要方面，服务家长是幼儿园的宗旨，如果这方面做得不好，会给幼儿园的工作带来很大的不便，因此，幼儿园一定要重视孩子的保育工作，防患于未然。遇到类似的情况一定要慎重处理，做好善后工作，处理好敏感的家园关系。

第二课　幼儿园班级教育管理

在组织班级教育活动时，要科学管理，以完成教学目的：培养幼儿良好的生活习惯和学习习惯；培养幼儿坚强的意志品质；培养幼儿初步的艺术鉴赏与创作能力；培养幼儿与人交往的能力；锻炼幼儿的体魄，让幼儿拥有自我保护的能力。

一、综合主题课程设计

课程设计是指教师在教学活动之前为完成教学任务而进行的对教学活动的规划，其中包括对学生现有水平的测定；在学生现有水平的基础上所要完成的教学目标的设定；以及为完成教学目标所要采取的教学方法和教学手段，比如说采取挂图、视频、实物、模拟场景等教学手段完成教学任务。最后要对教学效果进行评测。

综合主题课程设计指的是课程设计要兼顾五个领域的教学目标，这五个领域分别是：健康、语言、社会、科学、艺术。要通过游戏方法实现五大领域的目标，需要教师精心设计教学活动。这就要求教学活动应具备如下特征：① 内容的综合性。在活动中要锻炼这五大领域的能力，或者五大领域中的几种能力。② 幼儿的主动性。设计的游戏要能够吸引幼儿主动参与，使幼儿乐在其中、幼儿各方面的能力得到提高。③ 活动的安全性。游戏活动要在保证幼儿活动安全的情形下进行，要有一定的活动量来促进幼儿身体的正常发育，同时要注意避免幼儿在活动中受伤。④ 活动的益智性。幼儿游戏活动不能为了游戏而游戏，要在游戏中贯穿教育内容。要依据《3—6 岁儿童发展指南》（以下简称《指南》）精神，进行课程设计。

资料吧

丢 手 绢①

游戏目的：练习绕圈跑的动作，提高幼儿的反应能力和灵敏性。

游戏材料：手绢（也可以是其他替代物，如沙包等）。

游戏玩法：

（1）幼儿围成一个圆圈坐在地上，一名幼儿做丢手绢的人。游戏开始，丢手绢的人一边甩动着手绢一边在圈外绕圈走动，大家一起唱歌："丢、丢、丢手绢。轻轻地放在小朋友的后面，大家不要告诉他。快点快点抓住他。快点快点抓住他。"

（2）唱到第二句的时候就开始放手绢了，可以做一些假动作，吸引幼儿的注意。身后被放手绢的幼儿要捡起手绢，马上起来去追丢手绢的幼儿。如果丢手绢的幼儿被追到前先蹲到被丢手绢幼儿的空位上，则被丢手绢的幼儿为输，成为下一轮丢手绢者。如果追上了，则丢手绢的幼儿表演一个节目。

适合年龄：3—6 岁。

注意事项：

（1）这个游戏适宜集体开展，最好不超过 15 人，人数过多时，建议分组。

（2）被丢手绢的幼儿跑动方向应该和丢手绢的幼儿跑动方向一致。

（3）大家唱到"轻轻地放在小朋友的后面"时，丢手绢的幼儿要把手绢放在一名幼儿的身后。不要丢在很远的地方，也不能迟迟不丢手绢。

二、幼儿良好品行养成

幼儿教育要扣好人生第一粒扣子，树立正确的人生观、价值观。良好品行培养是其他各种能力培养的前提和基础，正如《弟子规》中所言："首孝悌、次谨信，泛爱众、而亲仁，有余力、则学文。"良好的品行包括：尊重他人、尊重他人的劳动成果；学会与他人分享；遵守规章制度；热爱集体；爱护公物等优秀品质。学龄前期是人生发展的重要时期，是个性、品德、行为习惯养成的最佳时期。陶行知先生说："六岁以前是人格陶冶的最佳时期，教育得当，则可以成为将来的优秀人才；失当，则很难予以矫正过来"。正所谓"三岁看大，七岁看老"。

幼儿的行为动作主要依靠模仿他人而来，他们的主要模仿对象是家长、教师及比他们年龄大的幼儿。幼儿身边这些人的言行举止都会在幼儿的脑海里留下很深的印象。良好的家庭环境和长者的榜样行为，可以帮助幼儿养成良好的行为，进而形成良好的思想品德、坚强的意志

① 张燕.幼儿教师常用资源包[M].北京：北京师范大学出版社，2013.

和开朗活泼的个性。重视幼儿期的品行教育很重要。班级是对幼儿进行教育的一个重要场所。

（一）重视幼儿爱心的培养

所谓爱心，是指对弱者的同情怜悯之心，同时还包括相应对弱者的帮扶行动。爱心是超越阶级的或超越国界的、基于彼此都是人类这一认识的同情怜悯；当对象为非人类时，则往往基于彼此都是动物或生命这一认识。

幼儿爱心的外在表现为爱护环境、热爱生命、同情弱者，有帮助弱者的意愿和行动。爱心以同情心为土壤，以感恩心为种子。没有同情心很难有爱心，而没有感恩的心则会使一个人渐渐失去人性。

因计划生育政策的影响，我国独生子女较多。很多数据和事实表明独生子女问题较多，表现为：自私、缺乏吃苦耐劳精神、生活自理能力差、不关心他人等①。这些表象都是问题的外在表现，其根源都在于幼儿缺乏爱心与感恩心所致。因为没有爱心，所以不愿意与他人分享；因为没有感恩心，所以不会珍惜他人的劳动成果、不爱惜粮食；因为没有感恩心，所以不会用心去体会父母、老师对他们的爱，认为父母、老师所做的一切都是应该的，是天经地义的，不懂得回报父母、老师、社会。

爱心是一个人立足于社会的基础。爱心会相互感染，有爱心的幼儿会更加关心照顾别人，更加热爱集体，不浪费财物；有爱心的幼儿相互之间的关系会更加融洽，那么幼儿关系就会更加和谐，这样有利于幼儿心理健康成长。和其他优秀品质一样，爱心需要从小培养。那么如何培养幼儿的爱心呢？首先幼儿教师必须是一个有爱心的人。如果教师没有爱心，那么传递给幼儿的信息便是没有爱心。所以拥有爱心是一个幼儿教师的从业基础。其次，幼儿爱心的培养要在日常生活中进行，可以利用幼儿园的班级环境来对幼儿进行爱心的培养，比如说，如果有班级小朋友生病或者受伤，教师可以组织幼儿前去探望，好言安抚生病或受伤的幼儿；当幼儿园内的植物出现枯萎时，可以告诉幼儿它们是多么的痛苦啊，我们应该帮助那些经受痛苦的树木或者是花草，给花草树木浇浇水、施施肥、捉捉虫；让幼儿懂得对生命的尊重，对自己生命的尊重和对其他生命的尊重。

（二）重视对幼儿自信心的培养

自信心强的幼儿能客观评价自己的能力，解决所遇到的问题。在新的活动任务前不胆怯，能主动参加；遇到困难不畏缩，能积极想办法去解决困难；讨论问题时能大胆发表意见，不轻易改变主意。教师要注意防止幼儿过分自信或自卑，过分自信或自卑的幼儿对自己的能力和客观困难不能正确地评估，在行为上常表现为自满、骄傲、粗心大意或畏缩不前、遇难而退。过分自信或自卑严重制约着幼儿身心的健康发展。

自信心对幼儿发展具有重要意义，国内一些心理学家曾测量了 140 名 4~12 岁儿童的智力水平。发现智力高的儿童自信心都比较强。自信心总是与主动、独立、创新、勇敢、坚强、开朗、乐观等健康心理相联系；而缺乏信心或有自卑感则常与被动、依赖、保守、怯懦、软弱、忧郁等消极心理相联系。因此，可以认为自信心是儿童发展的推动力和调节力，培养幼儿的自信心是心理健康教育的重要目标与内容。

---

① 宫志宏，汪玲.独生子女研究的现状与进展[J].中国学校卫生，2000，(6)：520-521.

那么在班级中如何培养幼儿的自信心呢?

1. 创设环境激发幼儿的自信心

同学的帮助与友爱,教师的关怀与爱护是培养幼儿自信心的重要外在环境。幼儿教师要为幼儿自信心的培养创设良好的环境,让自信心不足的幼儿多在同学面前表现自己,让同伴对犯错误的幼儿多加体谅而不是横加指责,以此来激发幼儿的自信心。同时,幼儿教师要做家长的工作,说服家长对幼儿的教育不要采用打骂的方式,要多鼓励以增强幼儿的自信心。

国内外教育经验和科研成果都证明,自信心来自对成功的体验。成功的喜悦能够帮助幼儿从自己的成功中正确认识自己的能力,增强克服困难的自信心。

(1) 在设置游戏活动要达成的目标时,坚持最近发展区的原则。把游戏的目标设置成幼儿经过努力可以达到的目标。

(2) 在情感上,教师要设法让幼儿乐于进行游戏活动;在能力上,教师要帮助幼儿正确认识自己的能力,主要是让幼儿认识到他能够完成任务;此外,教师还要帮助幼儿努力完成游戏动作,以锻炼其意志力。

(3) 在活动中,教师要及时表扬幼儿已经取得的成就,以激发幼儿的积极性。

(4) 教师要仔细观察,对有需要的幼儿提供指导,使他们获得成功,增强其自信心。

(5) 在评价幼儿的作品时,要鼓励多于批评,多找孩子作品的闪光点。

资料吧

爱因斯坦的小板凳

20 世纪伟大的物理学家爱因斯坦,从小就喜欢动手动脑。

在一次手工课上,他想做一只小板凳。下课铃响了,同学们争先恐后地拿出自己的作品,交给了女教师。爱因斯坦没有拿出自己的作品,急得满头大汗。女教师望着这个在数学、几何方面很出色的男孩,相信他一定能交上一件好作品。

第二天,爱因斯坦交给女教师的是一个制作得很粗糙的小板凳,一条凳腿还钉偏了。满怀期望的女教师十分不满地对全班同学说:“你们有谁见过这么糟糕的凳子?”同学们纷纷窃笑着摇头。老师又看了爱因斯坦一眼,生气地说:“我想,世界上不会再有比这更糟糕的凳子了。”教室里一阵哄笑。“有的!有比这更糟糕的!”爱因斯坦脸上红红的,一边斩钉截铁地回答,一边转身返回课桌,动作麻利地拿出两只更难看的小板凳。“这两个就更差些。这是我第一次和第二次制作的,交给您的这个已经是第三个了。虽然它还不能令人满意,但总比前两个要好一些。”这回大家都不笑了,女教师向爱因斯坦亲切地点头,同学们也向他投去敬佩和赞许的目光。

自信心对于孩子的成长有很大的推动力,幼儿要从小树立自信心,才能快速接受新知识、适应新环境,大胆地创造美好未来。

2. 正确对待幼儿

家长和教师对幼儿的态度，及对幼儿自信心的培养至关重要。成人充分的信任、热情的期待和正确的评价与鼓励能有效增强幼儿的自信心。

（1）要真正信任每个幼儿，特别要信任那些能力差、有不良习惯与行为的幼儿。家长和教师对幼儿的不信任必然会在言行和表情中流露出来，而幼儿对成人，特别是对教师的态度很敏感。一旦你对他的不信任被觉察，就会影响他们在发展能力和品德上的自信心。教师要让幼儿真切地感受到你是信任他的。

（2）热情的期待。心理学家罗森塔尔曾在一所小学中随机选择了20%的学生进行心理测验，然后告诉教师这些学生的学习能力很强，但不让教师告诉学生。测验的“结果”坚定了教师对这些学生的信心、激发了教师的感情。教师的态度、眼神、笑容、语调激励了学生的自信、自尊，从而使学生自强。结果8个月后，名单上的学生，个个成绩优良。这个实验证明，教师对学生热情的期待能有效地培养学生的自信心，促进他们的发展。当然对幼儿的期待不可过高或过低，要适合他们的水平。

（3）正确评价幼儿的行为。既要评价他们的活动成果，又要评价其态度和精神；既要评价他们的能力，又要评价其品德，以增强幼儿在能力和品德两方面的自信心。

对能力弱而品德好的幼儿要适当表扬，这会增强他们的信心，淡化他们在能力上缺乏自信心的消极情绪；对能力强的幼儿的表扬要适当，过高、过多的赞扬会助长他们的自傲心和虚荣心；对有不良行为与习惯的幼儿要积极评价他们的优点和品德上的进步，以增强他们发展品德的信心。

（4）避免教条地说教。故事是教给幼儿道理的最好方式。教师要想办法把空洞的说教转化为优美的故事对幼儿进行教育；要尽量避免用命令式的语气教育幼儿，那样会适得其反。幼儿虽然暂时表现出“听话”的表现，但其内心没有被触动，实际上达不到教育的预期效果。

3. 正确组织活动

竞赛能激发幼儿的上进心和竞争力，但使用不当会影响幼儿自信心的发展。教师要更多地引导幼儿自己同自己纵向比较，让幼儿能发现自己的进步。要组织能力相当的幼儿进行竞赛。总让能力弱的幼儿和强的幼儿比赛将会使弱者丧失自信，使强者产生骄傲。要多方面了解幼儿的长处，让那些自信心不足的幼儿发挥他们的长处来重建自信心；同时让那些有骄傲表现的幼儿去做其不擅长的事情，让他们明白尺有所短、寸有所长。

（三）重视对幼儿合作行为的培养

人类社会的历史是一部以合作为主的历史。没有合作，人类难以度过靠捕猎为生的远古蛮荒时代；进入后工业化时代的今天，人类仍然需要通过合作来取得科学技术的进步。可以说合作是人类能够生存下去的极其重要的条件。人的合作能力要从小培养，要从学会分享开始。合作是信息的共享、能力的互补，是在尊重、信任的基础上建立起来的一种人与人交往的能力。

美国著名心理学家帕顿1932年首先从合作程度探讨了儿童游戏的发展。她的儿童游戏理论揭示了儿童游戏行为是一个渐进的发展过程。她根据儿童在活动中的社会意识和社会参与程度，把游戏行为分为六种水平：无所用心的行为、独自游戏、旁观行为、平行游戏、联合游戏、协同游戏。根据帕顿的研究，幼儿在4—5岁时，联合游戏和协同游戏占主导地位，由此可以看出，游戏对于培养4—5岁幼儿的合作能力会起到重要作用。

可以通过以下方式培养幼儿的合作能力。

1. 在游戏中学会合作

游戏是幼儿的生活，可以在游戏中培养幼儿的合作行为。在平时的活动中，可以为孩子们准备一些孩子需要合作才能完成的游戏，如坐传球、抬花轿、大力士、太阳伞等。这样的游戏数不胜数，只要我们用心，就能够设计出更多的游戏。

视频 如何培养幼儿的合作行为

资料吧

合作游戏

- 坐传球

准备：将椅子摆成一列，大球一个。

玩法：幼儿纵排坐在椅子上，由第一名幼儿开始，双手抱球从头顶向后传。传给最后一名幼儿后，再由后向前传回来。游戏可以反复进行。

- 抬花轿

准备：小轿子、小担架，十把椅子两两相对、间距相等摆好。

玩法：幼儿两人一组抬着轿子从椅子的一端走到另一端。注意保持轿子的平衡，轿子用担架代替。

- 大力士

准备：袋中装适量重物。

玩法：幼儿可搬、可扛，两两或者几个人合作，将重物运到指定的地方。

- 太阳伞

准备：太阳伞。

玩法：幼儿每人抓住布边，同时将布从上往下拉，圆布拱起变成太阳伞。师生同时说："大花布，变一变。一、二、三，哗！变成美丽的太阳伞"。

要充分发挥教室环境对幼儿潜移默化的熏陶作用。教室环境的主题要有体现合作精神的图片或者文字，最好以图片为主。通过师幼合作共同布置和美化教室环境，在共同创设良好的学习生活环境的过程中，培养幼儿的合作精神。教师可常带着幼儿围绕不同的主题更换教室内的一些布置，如把墙面布置成"大花园"，幼儿通过画画、贴贴、剪剪，共同创作完成，而每个孩子都是其中的一朵花；在教室后面黑板上开设一个合作角，定期由不同的小组进行设计、布置。在教室中张贴国旗、国徽、中国地图，培养幼儿的爱国主义情感。

2. 教幼儿学会交流、沟通与合作

合作的前提是对合作意识的培养。不同家庭环境中的幼儿之间的兴趣爱好会有所不同，幼儿的观点经常会不一致，且会产生矛盾和冲突，导致合作不能顺利进行。所以首先要帮助幼儿学会交流、沟通。教师需要掌握一些沟通技巧，来促进幼儿的相互交往。

（1）学会使用礼貌用语，促进幼儿间的交流和沟通。如"请你和我们一起玩，好吗？"

“我们一起来商量商量吧!”“让大家一起替你想个好办法!”“你愿意参加我们的游戏吗?”“谢谢大家的帮助!”在一次次的交流与沟通中,孩子们渐渐掌握了交流沟通的技巧,也就完成了合作的第一步。

(2) 引导幼儿学会合作的简单方式。既然是合作,那就自然会有交流、分工、配合等,分工和配合是合作中最关键的地方。怎么进行交流、分工、配合? 在这个阶段需要教师进行指导,并亲自融入儿童中间。教师作为其中的一名成员,蹲、坐下来,边教边参与孩子们的活动。一步一步,教师由扶到放,循序渐进地培养幼儿学会有效地交流、分工和配合,孩子们慢慢也就学会了合作。

3. 为幼儿树立合作的榜样

教师的言行是幼儿模仿的对象,将会直接影响着幼儿良好行为习惯的养成。为培养幼儿的合作意识和能力,在组织幼儿活动时,教师之间、教师与保育员之间要主动合作、互相帮助、共同带领幼儿进行训练,为幼儿做合作的良好示范。搭班教师之间也可以相互配合进行教学活动,如一人讲课,其他人帮忙准备教具,配合表演等。教师之间的语言也应该注意有示范性,如“请你帮我一下,好吗?”“这件事我们一起商量商量吧!”“让我们共同努力把这件事做成功!”孩子们无意识中就会模仿运用教师的言行。久而久之,他们就会通过学习教师的言行养成合作行为。

与教师的示范作用相比,幼儿身边小伙伴的榜样力量或许更大。所以,教师每天、每节课都应该细心地观察幼儿中间那些好的合作行为,对有合作意识、行为的幼儿进行积极的评价、表扬、鼓励,如“某某小朋友和某某小朋友几个人在一起互相帮助、相互配合,成功完成了任务,让我们一起为他们喝彩! 他们被评为‘合作星’‘互助星’。”同伴的示范作用在教师的支持鼓励下,会对幼儿起到更好的教育作用,更能激发其他幼儿向他们学习的热情,使他们更容易模仿。

4. 在生活中培养幼儿的合作能力

《纲要》关于家园合作有这样的表述:“家庭是幼儿园重要的合作伙伴,教师应本着尊重、平等、合作的原则,争取家长的理解、支持和主动参与,并积极支持、帮助家长提高教育能力。”家庭是孩子成长的第一所学校,家长是他们的第一任老师。培养孩子的合作能力,家庭的力量不容忽视。为此,应加强幼儿园带班教师与家长的交流沟通,取得他们的理解与支持后,教师常会用多种孩子喜欢的方式布置任务,请幼儿回到家中和家长一起合作完成。这样的任务既促进了亲子关系的融洽,同时也培养了幼儿的合作能力。如在“我们家来客人了”这项任务中,需要家长告诉幼儿当家里来客人之后,幼儿应该有怎样的表现。在“小鬼当家”这项任务中,让幼儿明白一日生活是怎样安排的,包括起床、洗漱、用餐、上班(上学)的时间安排等。以此来锻炼幼儿的生活适应能力。

在确保安全的前提下,老师还应鼓励幼儿和附近的同学、朋友一起完成活动。在幼儿返园的时候,向教师和其他小朋友介绍。小朋友们合作完成了一次任务之后,教师应及时总结、对幼儿进行以表扬为主的评价,激发幼儿之间的合作积极性。

5. 让孩子体会到合作的快乐

教师要鼓励幼儿在园内或在家中进行合作活动,还应该请家长配合,让家长鼓励和表扬那些积极与他人合作的小朋友。教师可以在班级流动红旗处设立一个专门的栏目来表彰那些合作成功或虽然合作未能成功但勇于尝试的小朋友的行为,如“互帮互助小星星”“优秀小军师”“优秀合作小组”等。教师还要在教室前面黑板边上一个醒目的地方,开辟“合作成果展示区”,要图文并茂，还可以展示实物，来见证孩子合作能力的发展历程。时刻提醒他们合作是可见的、是光荣的。让孩子们在表扬和鼓励中，再次体验到合作的快乐，并将这种快乐铭记于心。在以后的生活学习中，合作会渐渐成为他们的一种习惯与生存能力，这一定会让他们受益终身的。

（四）重视对幼儿诚信品质的培养

研究表明，在成长道路上，好的品质应该从小培养，联合国教科文组织提出的“学会生存”“学会做人”是极为重要的幼儿培养目标。“学会做人”中的一个重要因素便是学会如何与人合作，而与人合作又是学会生存的前提条件之一。一个人具有诚信品质是与别人合作的前提，缺乏诚信的人最终会失去所有的合作伙伴，成为孤家寡人。“说谎”是幼儿在成长过程中常见的一种不良行为习惯，培养幼儿的诚信品质是幼儿教师应该重视的教育目标之一。①

案例链接

能承认错误的“好孩子”

晨间活动结束后，米老师像往常一样督促孩子们上厕所、洗手、喝水。米老师对孩子们说：“老师教过你们正确的洗手方法，洗手的时候把袖子卷起来，水开得小一点，手心手背多搓几下，把脏东西冲洗干净……”大部分孩子都能随着米老师的口令正确地洗手。

过了一会儿，大部分孩子陆续离开了厕所，米老师也打开水龙头开始她的洗手“程序”。等她洗完手后正准备离开时，听到了韦阳稚嫩的声音：“米老师，你怎么洗得这么快啊？没有用肥皂吧？你不是叫我们慢慢地洗，才能把手上的脏东西洗干净吗？可是你比我们洗得还快，水龙头的水也比我们开得大。”米老师听了韦阳的这些话，一时之间不知该怎么回答，只能尴尬地笑笑，说：“哦，阳阳，米老师刚才没有像你们那样玩大型玩具，所以手不像你们的手这么脏，稍微洗一下就好了。”阳阳听了米老师的解释，似懂非懂地点点头，走开了。

等孩子们都回到座位上之后，米老师越想越觉得前面的做法不妥，可能会给孩子们树立一个坏的榜样。于是，在与孩子们晨间谈话时，米老师在孩子们面前说了刚才发生的事情，并且和小朋友们说刚才老师洗手时的做法是不对的，还谢谢阳阳小朋友跟老师说了。听了这些话阳阳很高兴。没有想到的是，阳阳还在全班小朋友面前大声地对米老师说：“能承认错误的孩子是好孩子——米老师，这是您常和我们说的！”这时米老师的表情显得十分复杂。

那么该如何培养幼儿的诚信品质呢？

1. 追本溯源，对症下药

首先，要正确认识说谎。在成人的世界里，说谎是一种非常不好的行为。在幼儿的世界里，说谎并不是一件多么可怕的、不好的品行，因为幼儿并没有意识到自己已经说谎了。比如说小朋友看完《奥特曼》之后说自己是奥特曼，难道这是“说谎”吗？幼儿还没有能力区分现实世界与虚拟世界的关系，所以成为“奥特曼”之类的话语并不能认为是谎言。

真正的说谎行为在学前儿童中也颇为多见，它是幼儿逃避责任、避免被责罚的一种手段。幼儿教师只有正确认识儿童的说谎行为，才能采取正确的措施，制止幼儿的说谎行为。幼儿根本认识不到说谎的坏处，也不认为说谎是什么不好的行为。儿童有儿童的世界观，或者说儿童

① 莫源秋，韦凌云，刘揖建.幼儿园常规教育指导手册[M].北京：中国轻工业出版社，2013：51-52.

的世界观还处于形成时期。在儿童的世界里，说谎和吃饭睡觉一样，是十分自然的行为，是一种本能的行为，没什么大惊小怪的。但是，儿童将来必然要走进成人社会，所以要让幼儿了解成人社会的游戏规则，让他们明白，说谎是一种不好的行为，要予以改正。

教育过程是让幼儿逐渐认识社会规则的过程。在这个过程中，要把在人类发展的过程中形成的一些规则教给幼儿，并促使幼儿去遵守。说谎是人类社会集体抵制的一种不好行为，幼儿教师要想方设法让幼儿知道说谎是一种不好的品行，必须加以改正，才能融入正常的社会生活。

2. 为幼儿创设改正说谎行为的良好环境

“亲其师，信其道”，幼儿教师要与幼儿建立良好的师幼关系，才能让幼儿认为教师的话是正确的，从而按照教师的要求去规范自己的行为。如果幼儿仅出于害怕教育者的惩罚而“做出”规范的道德行为，这只是幼儿对教师外在的服从，不仅不能引起内部的接受，反而可能导致幼儿内心对教育的抵触。

允许幼儿犯错误。人非圣贤，孰能无过。尊重幼儿，就是要以幼儿的世界观来看待幼儿，就是要把幼儿当作一个正在发展中的人来看待。教育者要认识到幼儿和成人一样是具有独立人格的人，有被尊重的权利。因此，教育者应调整自己的角色定位，由以往的管理者、控制者成为幼儿的大朋友，支持、帮助、指导幼儿。在与幼儿的交流与沟通中潜移默化地对幼儿进行教育。对幼儿良好品行的培养需要一个宽松、自由的环境，让幼儿感觉到自己被重视，自觉地提升自己的品行。

3. 榜样的力量是无穷的

幼儿的思维以具体形象思维为主。他们对于具体形象的事物更易理解，鲜明、生动的形象对他们有巨大的吸引力、感染力和说服力。幼儿行为的习得是从模仿开始的。他们喜欢模仿他们自己亲近的、感兴趣的人的动作。幼儿自己对动作的对与错、好与坏没有鉴别能力，所以教师和家长都应该有意识地为幼儿提供正面的榜样。

（1）家长应是孩子的榜样。父母是孩子人生中最亲的人，同时也是一个人在孩提时期接触最多的人，很容易成为孩子的模仿对象。幼儿会自觉不自觉地模仿、学习父母的言行举止。一般来讲，父母讲话不文明，那么孩子讲话就会不文明；父母经常说谎，那么孩子就很容易学会说谎。父母想要把孩子培养成一个什么样的人，父母首先应该成为什么样的人。现今，有的家长经常教导孩子要诚实，却不注意甚至忽视自己怎样做人；有的家长为了让孩子不买火车票，告诉孩子在检票口测量身高时，把膝盖故意弯曲；买东西多找了钱，不是如数归还，而是到处炫耀自己占了便宜；答应孩子办的事情，今天推明天，明天推后天，最后不了了之……很难想象，那些投机取巧、出尔反尔、言而无信的父母，能够教育出诚实守信的孩子。要通过各种方式让家长了解这些道理。

（2）教师是幼儿另外一个重要的模仿对象。幼儿园的幼儿与教师朝夕相处，时间久了，幼儿喜欢的教师也会成为幼儿学习的对象。在幼儿的眼中，教师是无所不能的，具有绝对的权威。自然，教师也就成为幼儿最直接、最经常、最权威的模仿对象。他们总是习惯于把自己的言行同所模仿的教师相比较、鉴别，由此来判断自己的言行。曾有一位小学班主任，听任课教师说前面一节课他们班纪律很乱，就到班上问：“刚才上课谁不遵守纪律了？”全班鸦雀无声。“谁承认，谁就是好孩子，老师保证不批评他。”许久，一个孩子站了起来，不料老师立刻翻脸，劈头盖脸大骂他，还发动全班围攻他。这件事不仅使那个主动站起来的孩子精神受到很大刺激，更重要的是通过教师的言行，使孩子们在幼小的心灵里对诚信产生了怀疑：人应该诚实吗？别人的话能信吗？所以说，教师的世界观、品行，他对每一件事情的态度都会或多或少地影响着学生。"师者，人之楷模也。"在培养幼儿诚信的同时，教师自己应该是一位说诚实话、做诚实事、言而有信、言行一致的人。

（3）引导幼儿向身边的同龄人学习。随着幼儿年龄的增长，同龄人的影响将越来越大。同龄人的好行为，幼儿较熟悉，更为具体，便于模仿。比如，某教师在班级墙面上布置了"我的小树快长大"评比栏，每个小朋友都有一棵小树。只有得到大家一致肯定和好评的幼儿，才能选择自己喜欢的卡纸，剪出树叶的形状贴在自己的小树上。谁的树叶多，谁的小树就长得快。孩子们非常看重这棵小树，经常围在旁边互相议论谁的小树又长高了，谁表现好。评比栏的设立，使幼儿在心目中有了追求的目标，在行动上有了效仿的榜样。

（4）为幼儿提供品德教育小故事，向历史人物学习孝敬父母的品格。

4. 开展品行辅导活动，培养幼儿诚信品质

现代教育的活动理论认为：儿童主动参与活动，是幼儿发展的源泉和媒介。目前开展的品行辅导活动，正是根据国际21世纪教育委员会向联合国教科文组织提交报告中提出的"四个学会"中的"学会做人"的培养目标而设置的一种专门教育活动。它的特点在于"辅导"，是教师根据孩子的特点及发展现状，对儿童进行认识上的疏导和行为上的辅导，让孩子们在一次次生动、有趣的活动中，在一个个有目的创设的情境中，懂得道理，积累情感体验，调节和改善自我，直至形成良好的人格品质。例如针对班上经常出现的有小朋友损坏玩具、撕破图书不肯承认的现象，可组织幼儿展开"做错了事怎么办"的讨论，培养幼儿做错了事，能主动承认错误并改正的诚实个性品质。教师还有针对性地选择一些有关诚信方面的故事、图书、动画片等，组织幼儿阅读和观看，并引导幼儿开展"如果是我……"的品行辅导活动，鼓励幼儿大胆表述自己的观点，帮助幼儿形成正确的道德观。正是通过这种有目的、有计划开展的多种多样的系列品行辅导活动，幼儿从以前的认识多、行动少的现象转变为现在有认识、有行动的现象，使诚信培养的目标落到了实处。

总之，诚信没有速成法，没有捷径可走，它靠一点一滴来建立，通过一人一事来体现。诚信的培养，不仅仅是一个家庭、一所幼儿园的任务，同时也是整个社会的责任和义务。如果我们的每件事、每句话、每篇文章、每次发言、每张表格，都尽可能真实，让不真实的东西少一点、再少一点，那么社会就会变得真实、透明、温馨、和谐，孩子才会在纯洁、蔚蓝的天空下，自由自在、幸福快乐地茁壮成长。

（五）重视对幼儿责任心的培养

在新入园幼儿的生活中，幼儿玩完玩具，地上撒得到处都是；自己喜欢的东西就一定要得到，不懂得分享与合作；幼儿将吃不完的饭菜当垃圾悄悄地倒掉等。针对这些情况，幼儿园应该对幼儿加强责任心的培养。在日常工作中幼儿园教师应注意以下几个方面：

1. 为幼儿树立良好的榜样

爱模仿是幼儿的天性，也是幼儿发展的主要途径之一。榜样塑造着成长中的幼儿，促使幼儿逐渐形成良好的行为习惯。如，面对幼儿每次玩完玩具后的残局，幼儿教师可以伤心地说："小玩具，是谁把你丢在这儿了，你是不是想回家，我送你回家好吗？"于是把玩具拾起来，放回原处。幼儿开始时可能会很好奇，也学着做。时间长了，潜移默化，他们就形成了一种习惯，轻

拿轻放，把玩具收好放好。

2. 分配给幼儿任务，赋予一种责任

让幼儿在完成任务中增强他的责任心。如，安排幼儿值日，幼儿当值日生，就有责任整理小毛巾、水杯、分碗勺等。再如，班级可以开展每人养一盆花的活动。每一盆花上都写有小朋友的名字，每人负责给写有自己名字的花浇水，搬出去晒太阳。这是教师交给他们的任务，也是一种责任。孩子们对这个任务很感兴趣，在活动中大大增强了责任心。这个活动效果很好。有的家长反映，孩子在家里也负责给花浇水、松土等。相信幼儿这种对花的责任心会迁移到更多方面。

3. 互相帮助

针对幼儿不会分享与合作的情况，教师可以在让幼儿多听、多看有益的、相互关心的故事、录像的同时，在生活中引导幼儿对同伴负责。如，教师可以鼓励幼儿在自己的事情自己做的同时，提醒能力强的幼儿去帮助能力弱的幼儿，进行“结对子”“做好朋友”等活动，让他们在一日活动中体验同伴之间的情感，懂得相互关心，相互帮助。

4. 引导幼儿观察成人的工作和生活，学会体贴关心他人

在教学活动中，通过多种形式介绍成人的劳动，让幼儿懂得父母的辛苦，知道父母和老师也会累，也需要你的关爱。如学习歌曲《我的好妈妈》，让幼儿知道妈妈上班很辛苦，我们要关心她。观察教师的工作，如知道教师每天都要擦地、打水、打饭等，也很辛苦；要尊重教师的劳动，不随地乱扔纸屑、不浪费饭菜等。

视频　如何培养幼儿的责任心

培养独生子女的责任心是一项重任，幼儿教师责无旁贷。我们应该用自己的思想与行为为社会做自己的贡献，培养一个个有责任心的人才。

课堂实践训练

玩　积　木①

一天早上入园后，我拿出班级里的积木玩具发给幼儿玩。孩子们一下子兴奋起来了，这可是他们很喜欢的玩具。孩子们有的坐着，有的站着，玩起了积木，插、接、摆……真是不亦乐乎。当我巡视了一圈之后，发现了问题：班里小朋友多，不可能每人一套积木的，一个孩子只能领到几块，虽然可以插一插、摆一摆，但是要想做成哪怕是很简单的造型，积木还是不够的。尽管这样，却没有一个孩子去找小伙伴儿商量，将他们的积木放在一起，共同合作，来创造出喜欢的造型。我动员几个平时看起来开朗一些的孩子，让他们去找一找其他的孩子商量一下，把大家的积木放在一起，大家在一起玩。可是出乎意料的是，没有几个孩子愿意去这样做。于是，孩子们就这样，自己摆了拆、拆了再摆，各玩各的……

类似的情况又发生了好多次。仔细想想，这种现象的存在并不奇怪。随着物质生活越来越富裕，家长为孩子购买的玩具也丰富多样。每个孩子都有种类繁多、数量可观的玩具，如遥

① 莫源秋，韦凌云，刘揖建.幼儿园常规教育指导手册[M].北京：中国轻工业出版社，2013：51-52.稍有改动，题目为编者加。

控车、变形金刚、布娃娃等。只要他们乐意，可以随心所欲地玩。玩够了玩具，他们会看电视，看动画片，再不就上网。总之，孩子与别人的交流越来越少，都生活在自己的小圈子里。在这种环境下，孩子合作技能的锻炼严重匮乏，合作能力的发展受到了很大的影响。

思考：如果你是当班老师，你会如何通过管理培养孩子们的合作能力？

第三课　幼儿园班级生活常规管理

一、生活常规的重要性

人们常说，习惯成自然。我们也要认识到习惯的养成源于自然，在自然的状态下养成习惯才能成为自然。也就是说，习惯与自然是互为因果的关系，会相互促进。在自然状态下养成的习惯会长时间保持下去。这里所讲的自然状态是指幼儿在幼儿园的生活过程中所遵循的生活常规，这些生活常规是幼儿教师和保育员所要掌握的，是幼儿所要达成的学习目标。为了使幼儿能够形成良好的生活习惯，有必要使幼儿在自然状态下遵守一日生活规范。这些行为规范不能强制执行，应该通过诱导使幼儿在自然状态下自觉地遵守，从而形成良好的生活习惯。

二、生活常规流程的制度建设

幼儿在园要形成良好的生活习惯，达成学习目标，需要幼儿遵守一定的行为规范，并使这些规范成为幼儿的基本行为规范。这些行为规范也是幼儿在幼儿园要学习的内容。比如说，幼儿在幼儿园要学会合作、分享，有爱心、有责任心，讲卫生等。所有这些内容不能任由幼儿教师和保育员率性而为，而应该在制度的框架内进行。也就是说所有这些内容的学习，应该有制度的保障，使得幼儿能够真正达成学习目标，养成良好的生活习惯和学习习惯。

三、生活管理的内容

幼儿园日常生活管理的主要环节有入园、盥洗、餐食、饮水、睡眠、离园等。各个环节中幼儿生活的常规、班级老师的职责、保育老师的职责如表 3－1 所示：

视频　晨会

表 3－1　幼儿园一日生活常规及保教人员职责

生活环节	幼儿生活常规	班级老师职责	保育老师职责
入园 （晨间活动）	1. 衣着整洁来园。 2. 接受晨检，插放晨检标记。 3. 将外衣、帽子放在固定地方。 4. 进行简单劳动，如擦桌椅。	1. 接待幼儿，与家长做好交接手续。 2. 观察幼儿来园时的精神状况，如有异常及时与保健医生取得联系。 3. 清点人数，做好点名记录。 4. 提醒幼儿正确劳动。	1. 提前开窗通风，让室内空气新鲜注意室内温度。 2. 提前做好室内外清洁卫生工作。 3. 做好幼儿生活用品的摆放及毛巾、水杯的消毒工作。 4. 准备好幼儿一日饮水，保证幼儿随时有温开水喝。

续表

生活环节	幼儿生活常规	班级老师职责	保育老师职责
盥洗	1. 逐渐掌握洗手、洗脸、漱口的正确方法。 2. 饭前、便后、户外活动结束后、手脏时主动洗手。 3. 洗手前将衣袖卷起,洗手时能按顺序认真地洗。洗手时不玩水,学会擦肥皂,洗好后用自己的毛巾擦手并摆放好肥皂、毛巾。 4. 大小便基本自理。 5. 盥洗时保持地面干爽、清洁。	1. 指导幼儿正确盥洗。 2. 允许幼儿按需要随时大小便。饭前、外出、入睡前提醒幼儿上厕所。 3. 提醒幼儿按规定洗手。 4. 提醒幼儿节约用水。	1. 盥洗后将毛巾洗净、消毒。 2. 保持地面干净,防止幼儿滑倒。 3. 幼儿如厕,要观察并给予帮助。
餐点、饮水	1. 餐前洗手,安静入座。 2. 正确使用餐具(大班使用筷子)。 3. 细嚼慢咽,不挑食,不剩饭菜。 4. 注意桌面、地面整洁,注意衣服整洁。 5. 饭后擦嘴、漱口。 6. 自己用点心,自己取水杯喝水。	1. 餐前半小时组织安静活动。 2. 组织盥洗,教育、指导幼儿正确用餐。 3. 向幼儿介绍饭菜,让幼儿做到不挑食。 4. 指导幼儿餐后收拾个人餐具。 5. 关照幼儿餐后活动并组织安静、轻松的活动。	1. 餐前消毒餐桌,准备餐具。 2. 根据幼儿饭量大小随时添饭,不催食。 3. 餐后整理,做好餐具、桌面、地面的卫生清洁工作。
睡眠	1. 保持寝室安静,引导幼儿自己在床铺前有序脱衣裤、鞋袜。整理好自己的东西,放在固定位置。 2. 安静入睡,睡姿正确,不玩物品。 3.(中大班)学习整理床铺:学会叠被子,在成人指导下会叠大被子,整齐拉平床单,将枕头放在叠好的被子上面。	1. 指导帮助幼儿穿脱衣服,提醒穿脱的顺序与方法。 2. 帮助幼儿盖被子,纠正不正确睡姿。 3. 随时检查睡眠情况,安慰入睡困难幼儿。 4. 要特别注意对睡眠期间起床如厕的幼儿给予安全保护。	1. 提供光线稍暗、安静、通风、整洁的睡眠环境。 2. 协助教师检查幼儿起床后的仪表。帮助个别幼儿整理仪表。 3. 保持幼儿起床后寝室整洁。
离园	1. 收拾好玩具,整理好场地,完成老师交给的简单劳动任务。 2. 将脱下的衣帽带回家。 3. 主动和老师、小朋友说再见。	1. 安排幼儿安静活动。 2. 与家长简单交流幼儿在园的生活、身体情况。 3. 提醒幼儿回家前整理好玩具,清理好场地。 4. 提醒家长将幼儿衣服、帽子清点好拿回家。 5. 清点人数,做好交接班。	1. 指导幼儿整理玩具,清理场地。 2. 将活动室的环境整理干净。

说明:1. 此表适用于全日制幼儿园使用。

2. 根据不同季节、不同区域和不同年龄班级幼儿的特点,可对该表进行调整。

3. 可据此表,将班级保教人员的工作职责定点、定时、定量,这样更便于管理。

第四课 幼儿园班级环境管理

一、班级环境的特点

班级既是幼儿的主要生活环境，也是幼儿养成良好生活习惯的重要环境。班级环境的布置是幼儿园班级管理的重要一环。幼儿园班级环境管理实质上是指幼儿园班级环境的创设与管理过程。

（一）班级环境的构成

班级环境包括两方面：一是班级物质条件与设施，即物理环境；二是教师和幼儿之间所构成的教育氛围及人际关系，即社会环境，也可以称之为心理环境。

1. 物理环境

班级的物理环境是指活动室的物质条件。包括活动室的结构、色调、采光条件、座位安排、橱柜设置等，它要求合乎幼儿视觉卫生要求；活动室的隔音、班级间的动静配合要顾及幼儿的听觉健康；活动室的温度、布置等因素要有安定幼儿情绪的作用；活动室空间规划设计要充分考虑幼儿活动时的通畅无障、井然有序，让幼儿感到身心舒畅。

2. 心理环境

班级的心理环境是指班级中所有成员的共同心理物质或心理倾向。它是借助团体凝聚的力量，通过成员间交互作用而产生的一种独特的班级氛围。营造班级教育氛围的关键因素是处于这个环境中的每一个个体。它会形成一股无形的力量，潜移默化地塑造幼儿的态度与价值观，影响幼儿的学习活动。

（二）班级环境创设的特点

班级环境创设指活动室教学情境的设计，对置身于其中的个体会产生潜移默化的作用。正如杜威所说："要想改变一个人，必须先改变环境；环境改变了，人也就被改变了。""孟母三迁"的故事也告诉我们环境对一个人成长的重要性。活动室是师幼进行教与学的场所，它需要有丰富的教学资源，以保证教学活动的顺利开展；活动室也是师幼生活的场所，它要求有规律，舒适、安全、和谐，便于师幼在其中愉快地生活。教学资源和教育氛围构成了教学情境。教学情境包括两个领域：一为师幼间和幼幼间所构成的教育氛围与人际关系，可称之为软件领域；一为在教学情境中具有重要功用的物质条件，可谓之硬件领域。班级环境创设特点可以从班级环境布置和班级氛围营造两个方面来讨论。

1. 对班级环境的布置

理想的班级环境布置应该是动态与静态并重、内涵和美化兼备。具体而言，应体现如下特点：

教育性。琳琅满目、热闹异常的环境布置并不一定具有教育意义。要使环境具有潜移默化的教育功能，就要强调活动室布置的教育性。所谓的教育性是指有利于对幼儿良好品质的培养，使他们能够形成有爱心、有感恩心、有责任心、有合作意识等优秀的品质。

生动性。活动室布置不可能"一劳永逸"，应随着教学需要不断更新，以丰富的内容刺激诱发幼儿快乐学习的情绪，并兼顾幼儿掌握知识的需要。

安全性。活动室布置除了要考虑空间因素外，还要格外注意所陈列物品的安全性，危险物品或具有潜在危害的物品应放在幼儿触及不到的地方，以免幼儿因好奇、好动而发生意外。比如有棱角的东西、容易使幼儿误食的东西等。

实用性。活动室布置的目的之一是为教学活动服务，让幼儿通过与环境互动更深刻地理解学习内容。所以，理想的活动室环境不在于华丽的装饰，而在于能配合教学活动的展开帮助幼儿观察、思考和实践，具有实用价值。

美观性。活动室的色彩和团体氛围会影响幼儿的情绪。在造型设计和色彩选择上要力求简洁、美观、协调，让人感到舒适、愉悦；要以科学理论为依据，不能以教师的喜好为依据。

资料吧

班级环境的布置内容

主题重点：可将有关主题学习内容再现于活动室一角，让幼儿有重温的机会。

作品展示区：让幼儿随时看到自己的作品，激发幼儿不断学习的兴趣。展示作品可随课程的发展而更换。

公告栏：传达班级小朋友、家长和教师的有关信息，以起到提醒或鼓励的作用。

荣誉榜：能激发个人荣誉感和团体向心力，促进幼儿道德意识的发展。

生日列车：设计要有童趣，可以月份为组别，把每个幼儿的照片按月份顺序排列起来。

图书柜：提供适合幼儿实际阅读水平的书籍，有助于培养幼儿的阅读能力与兴趣。

益智玩具：在活动区角摆放益智玩具，有利于培养幼儿的学习兴趣，开发幼儿的智力。

植物装饰：可用盆景、插花、吊饰等形式布置活动室，使活动室绿意盎然、充满生机。

班级环境的布置方法

师幼共同参与。活动室是师幼共同学习、生活的场所，因而在布置活动室时不应由教师独揽或少数幼儿承担，而应班级幼儿人人参与、人人有责。因为在这一过程中有幼儿自己的“耕耘”，更有在做中学的机会，幼儿会更喜爱自己的班级。

有生命感的布置。活动室布置不应是静态的，而应是动态的。饲养小动物、种植花草，可使活动室成为有生命感的动态活动室，让幼儿体验生命的意义。

展现班级特色。可根据班级幼儿的特点合理规划，使其富有班级特色。它能增进幼儿热爱自己班级的情感，增强集体凝聚力。

2. 对班级氛围的营造

教师有责任提供一个有助于幼儿学习的良好活动室氛围，让幼儿乐在其中。幼儿园班级氛围应具有如下特点：

人性化。教师要深刻了解幼儿的身心发展特点，不要把孩子看成“小大人”。它要求教师站在幼儿的视角看世界，充分尊重幼儿的个性和需要。

快乐。教师要营造轻松活泼、乐园般的班级氛围，使幼儿在活动过程中保持愉快的情绪。

幼儿需要师幼间、同伴间的情感互动,并在互动过程中享受学习乐趣。

爱心。教师要以亲切、和蔼、真诚的形象展现在幼儿面前,努力与幼儿建立亲密的关系,使活动室成为充满爱心的幸福乐园。

生动。教师要根据学习内容选用合适的方法,让幼儿在学习过程中不仅享受到成功的喜悦,也体验到生活的乐趣。

安全感。教师要保持活动室气氛融洽,使幼儿获得心理上的安全感。教师能胜任教学工作,幼儿能有安定的学习情绪,能安心学习。

纪律。幼儿能在班级表现出恰当的行为和自我控制能力,使班级气氛更加融洽。幼儿纪律意识和守纪行为的形成需要教师的精心培育。首先,教师要根据幼儿的身心发展特点提出适宜的要求,同时,幼儿也要有自主选择权,学习处理自己的事情。

二、班级环境的创设原则

(一)安全性原则

幼儿园的基本责任是保护幼儿的安全健康。幼儿园教室环境的安全,主要应通过对班级环境的创设,积极主动地消除班级环境中可能存在的不安全因素。如电线、开关、插座、消毒液、药品等应放置在幼儿不可及的地方。北方冬天,为避免暖气片可能导致幼儿的烫伤事件,应在暖气片外装上保护装置,既消除了环境中的不安全因素,又美化了环境。

(二)经济性原则

幼儿园教室环境的创设要坚持经济性原则,做到费用低、效率高,同时还要兼顾教学的需要。勤俭节约,因地制宜,充分利用社区资源,就地取材,也便于让幼儿认识自己的家乡。在保证清洁、卫生的前提下,废物利用,一物多用,不浪费宝贵资源,不盲目攀比,不追求设备设施的高档化和教室装修宾馆化。如:可用瓦楞纸、废旧挂历等代替吹塑纸、植绒纸;可用一次性纸杯、果冻盒做花篮、风铃等装饰节日环境;农村地区幼儿园可用自然材料高粱秆、麦秸秆等装饰环境。

(三)参与性原则

教育家陈鹤琴认为:"用儿童的双手和思想布置的环境,会使他们更加深刻地理解环境中的事物,也会使他们更加爱护环境。"幼儿园教室是教师和幼儿共同生活的地方,幼儿有权参与和自己生活密切相关的幼儿园环境创设,如在布置教室墙面"美丽的春天"时,让孩子们自己搓柳条、剪柳叶,把孩子们的绘画作品小燕子贴在"天空"。河里的小动物也是孩子们的折纸作品,红太阳可以用孩子们的小手印显示等。

(四)目标导向性原则

为了充分发挥环境的教育功能,必须明确环境创设所要达到的教育目标,以教育目标为依据创设教室环境。把促进幼儿园全面发展的教育目标,落实到月计划、周计划、日计划及每项活动中,体现在所创设的环境中。如结合十月"爱祖国"主题活动,可让幼儿搜集祖国各地的名胜古迹风景图片贴在墙上。

(五)发展适宜性原则

幼儿园教室环境是幼儿的生活、学习环境,必须反映幼儿的身心发展水平和特点,适宜于幼儿的年龄特点和个体差异，使每个幼儿都有可能在其中获益，在原有水平上得到应有发展。如为提高幼儿动手能力，在小班教室环境可布置一列“火车”，引导幼儿学习扣扣子，在每节车厢学一种系扣子技能；对中班可提供“穿线板”，幼儿可根据自己的意愿，大胆想象，穿出不同形象；大班让幼儿学习“编辫子”等。通过幼儿对材料的操作，提高其动手能力。

（六）审美性原则

环境对幼儿有潜移默化的影响。幼儿园环境创设首先应给人以美的感觉，如室内、室外墙饰画面的人物或动植物形象逼真，色彩搭配协调，布局合理，富有童趣，以培养幼儿的审美情趣。

（七）体现创造性原则

教师的创造性在环境创设中具有非常重要的作用。如教室墙面中有两根竖向暖气管，可用绿色的皱纹纸缠住做树干，让牵牛花自下而上环绕上去。孩子们开展主题活动“飞向太空”，每人画一幅画。若把幼儿作品摆成火箭形状，再添加一些其他东西，一定令人耳目一新。在创造过程中，要注意吸收幼儿的意见，幼儿园的创造要有“童趣”，要让幼儿能够真切感受到创造的魅力。

三、活动区的布置

（一）区角的管理

随着幼儿教育改革和素质教育的深入开展，区域活动已成为当前幼儿园实施素质教育，推进幼教改革的一种重要的教育活动形式。它使得幼儿教育过程真正建立在幼儿全体性实践活动的基础上，从而实现幼儿园教育活动的根本性变革，推进幼儿全面素质的形成、发展和提高。环境作为区域活动的基础，是幼儿构建知识的依托；良好的环境还容易建立起和谐、自由、轻松的教育氛围，有利于推动幼儿教育朝着多样化、个性化的方向发展。

区域活动是一种幼儿的主体活动，它具有自由、自选、独立而主动的特点。环境是促进幼儿发展的载体。区域环境创设的过程，是幼儿与教师共同参与以及合作的过程。区域环境的教育性蕴涵于现实的环境之中，也存在于环境创设的过程中。幼儿在区域活动中通过与环境的互相作用，由单纯的倾听者变成了参与者，有利于培养起幼儿的任务意识；有利于提高幼儿有目的地学习知识和技能的能力，以及分工合作、讨论决策的能力和发现问题、解决问题的能力；有利于幼儿自主性学习能力的形成。

如今幼儿教育已经走向开放的教育，如时间、空间、教材、结构的开放，完整幼儿的培养，整合教育的出现，游戏化、生活化的课程模式等，都提倡为幼儿提供开放、丰富而且多样的环境，允许幼儿自由选择、自主学习。于是，区域活动便在幼儿园广泛开展起来，并深受幼儿教师及幼儿的喜爱。

随着幼儿园区域活动的逐步开展，人们认识到：区域活动与集体活动相比，教师的主导作用变得隐性，教育目标隐含在环境和材料中。幼儿的主体性变得明显，幼儿通过与环境和材料的互动、感知来积累知识、技能和生活经验。显然，环境在区域活动中占有举足轻重的地位。幼儿教师要不断地寻求、探索新的知识，能根据幼儿园的实际情况在班级区域活动中创设适宜幼儿发展的、具有开放性的环境，体现园本特色，发挥环境潜移默化的教育功能，激发幼儿的学习兴趣，为每一个孩子提供活动的条件和表现自己的机会。所以，区域活动对幼儿全面发展具有重要的意义。

（二）幼儿园活动区布置的内容

活动区布置主要包括美工区、积木区、阅读角、书写区、戏剧表演区、娃娃家等。在这些区域的设置中，幼儿的年龄特点要与班级特色培养相符合，才能取得良好的教育效果。

美工区：将美工区安排在离水源近的地方和便于清洁的地板上（例如，安排在砖地或者地板革上，而不是地毯上）。根据活动决定美工区的人数（例如，玩黏土或用记号笔、蜡笔画画可以有6个幼儿）。根据画架的数量限制参与绘画的幼儿人数。在画架下铺上幼儿画画时丢弃的衣服或塑料台布。为每个画画的幼儿提供一件工作服。指导幼儿使用绘画和其他美工材料，提供一个干燥的架子给幼儿，供他们画完以后使用。为幼儿提供一个展示作品的地方，鼓励幼儿在美工活动结束后，把自己身上和工作区域清理干净。

积木区：将积木区幼儿的人数控制在5~6人。如果用的是积木，要定期检查积木是否有损坏；如果积木有可能伤害到幼儿，就把它们移走。建立规则，谁也不能破坏别人搭的积木。幼儿不可以把积木搭得跟他们一样高（如果使用的是纸板积木，这条规则不需要）。提醒幼儿用适宜的方式拆掉他们搭的积木。鼓励幼儿在搭积木的时候进行群体合作。定期拍下幼儿搭积木的照片与家长分享，或者张贴在公告板上。

视频 搭积木（中班合作能力培养）

阅读角：将阅读角安排在教室中比较安静的地方。将阅读角的幼儿人数控制在4个左右。教师要经常翻看图书以检查是否需要修补。定期增加新书（每两周一次）以保持幼儿的阅读兴趣。使用能补充教学的书，把幼儿厌烦的书撤掉。有些书比其他书受幼儿欢迎，整整一年都让幼儿感兴趣。把书的封面展示出来，这样能帮助幼儿记住图书，并增加他们对图书的兴趣。将不经常使用的图书拿走。可以考虑在阅读角设置一个听力站。如果在阅读角放了枕头，应定期清洗；提供一些小毛绒玩具，幼儿可以给它们讲故事。

书写区：提供纸、铅笔、绘图笔、蜡笔、旧的打印机，鼓励幼儿尝试书写。在书写区放一张字母表供幼儿使用。为那些想把“信”和艺术作品寄出去的幼儿提供一些信封。用节日贺卡或生日卡作为幼儿书写的范例。如果幼儿想要展示他们的书写作品，可在附近放一块公告板。提供一些简单、有大字的图书，供幼儿抄写，提供一些样板供幼儿描红。做一张信息板用于张贴给幼儿的通知。教师的书写能增强幼儿的书写愿望。

戏剧表演区：将戏剧表演区的幼儿人数控制在4~5人。确保该区的服装清洁并且完好。定期清洁服装确保卫生。鼓励幼儿在美工区制作道具，在表演区使用。确保道具不会变成幼儿的武器伤害别人。

娃娃家：将娃娃家的幼儿人数控制在4~5人。经常更换道具，鼓励幼儿进行综合表演活动。使用代表不同文化的玩具和玩偶，确保道具的清洁和完好。根据班级的学习内容增加道具。考虑放一些能够发展语言的道具，如电话本、食谱、杂志、报纸等。如果道具是布做的，应定期清洗。将娃娃家安排在戏剧表演区或者特别兴趣区（如食品杂货店），鼓励幼儿扩展游戏经验。

操作区或拼图区：这个区可以有3~4个幼儿。选择符合班级幼儿年龄的适宜材料。如果材料太小，要把它们撤掉，否则可能卡住孩子的喉咙。给同一幅拼图的拼块都标记上相同的数字符号(如将一幅拼图里所有的拼块都标上数字12),确保每幅拼图的完整。如果有缺失,就要撤掉这幅拼图。定期更换拼图或操作材料,确保对幼儿有一定的挑战性。

户外活动区:所有幼儿都能在户外游戏区活动。向特别机构和研究部门咨询你所执教年龄幼儿对场地的要求。定期检查操场上的设施以决定是否需要修理。提供草地和沙地,让幼儿做不同的游戏。幼儿在操场上的活动与在室内的活动同样重要。当幼儿在户外游戏时,要一直监护他们。每次安排一组或两组幼儿到操场上活动,偶尔增加一些飞盘、彩色粉笔、泡泡球等,以改变活动的节奏。

视频　幼儿园区域活动《草原之旅》

特别活动区:鼓励根据幼儿兴趣和学习主题创设特别活动区,人数控制在3~4人。对于幼儿从家中带来的材料或者是就地取材,应仔细检查它们是否安全。将特别活动区安置在教室中比较显眼的地方,当幼儿的好奇心消退时,可以拆掉特别活动区。

木工区:这个区更适合大一些的幼儿。将该区的人数限制在3~4人。教师要示范如何使用木匠工具。使用废弃的泡沫塑料包装,幼儿在做木工的时候就不会弄伤自己了。准备大量的边角料鼓励幼儿的创造性。仔细监督木工区的幼儿以免发生意外。

(三)幼儿园活动区布置的特点

自主性。在幼儿园区域活动中,教师要将收集材料和创设环境的过程作为幼儿学习的过程。要把主动权交给孩子,和孩子一起布置。应给幼儿选择和使用材料的权利,允许幼儿出错。

开放性。不少幼儿园将区域活动的创设作为班级环境布置的有效方式,通过整合原有的教育资源,创设了幼儿看得见、摸得着、便于幼儿根据自己的需要有选择地进行自主活动的开放性的区域环境。

趣味性。活动区的创设应考虑幼儿的需要,要具有很强的吸引力。教师在活动中要有明确的角色定位,做幼儿活动的真正的观察者、引导者、合作者,不断为幼儿提供更适合于他们年龄特点、兴趣特点的区域活动环境,进一步引导他们并激发其好奇心、求知欲、探索欲,促进他们向更高水平发展。

参与性。区域活动应突破传统教育中幼儿处于被动、静止状态的局面。幼儿习惯的养成要优于知识的学习。教师不是把知识直接告诉幼儿,而是和幼儿共同设计,并提供可供幼儿操作的材料,特别是各种活动材料,让幼儿在与环境的相互作用中主动发展。

安全性。在设置活动区时,还要考虑到场地的安全性,在区域活动之间不要相互干扰,要保证光线、色彩、温度、湿度、通风等条件适宜。

(四)活动区布置的原则

区域活动的质量受诸多因素制约,其中投放材料的作用是不容低估的。使幼儿一走进活动区,就能产生不可抑制的兴奋情绪和操作欲望,这是活动区材料投放所要起到的首要作用。幼儿随后的表现,也与材料的质量有密切关系。

幼儿教师在工作中还要不断地推陈出新,科学合理安排幼儿一日生活,以游戏为基本活动,寓教于游戏之中。各班继续分组、分区活动,最大限度地调动幼儿的学习积极性。在玩具材料的利用和投放上,幼儿教师要遵循五个原则:

目的性原则。户外活动玩具材料的投放与使用应有目的、有计划,不能一成不变,要克服

“老三样”(球、包、绳),教师要根据近期目标,有选择地投放玩具材料。

季节性原则。玩具不同,功能也不同,活动内容也就不同。有的玩具玩起来活动量大;有的玩具玩起来活动量小。季节不同,对活动量的要求不同,投放的玩具相应也要不同。

兴趣性原则。幼儿的兴趣高,活动的有效时间就长。因此,教师要根据玩具和场地的特点,将活动内容游戏化,增加游戏情节、角色,相应提高幼儿活动的主动性、积极性。

层次性原则。教师在投放玩具材料时,既要考虑幼儿的共性,又要针对每个幼儿的水平、能力投放玩具。如平衡练习,投放的材料要有高有矮、有宽有窄。

多效性原则。即要做到一物多玩。如玩高跷和软棍,软棍的摆法不同,踩高跷的方法也不同。一条软棍可练平衡,用三条软棍可练习走障碍等,从而实现一物多玩。

教师和幼儿在活动中共同成长着,幼儿身心的健康成长是对教师最大的安慰。然而幼儿毕竟还小,教师作为幼儿的引导者,在活动中要做个有心人,时时注意幼儿的实际需要。尽量减少幼儿的心理和生理负担,科学合理地安排每一次的活动,注意活动的密度和强度、活动的动静交替和整合等多种因素。在实践中不断反思、不断调整、不断总结,让幼儿得到最大的发展。

四、班级文化建设

班级文化指的是班级内人与人之间关系的总和,是教师之间、师幼之间、幼幼之间相互影响、相互促进与提高的一种氛围。

(一)班级文化建设的意义

班级文化建设实质上是精神环境的建设。幼儿需要生活在相互信任、相互平等、相互尊重的环境中,这样的环境使幼儿感到安全、温暖、宽松和愉快。也只有在这样的环境中,幼儿才能积极主动地活动与学习、探索与创造,从而获得最佳的发展。与物质环境相比较,精神环境是制约教育质量的更为重要的因素。在精神环境中,师幼关系和幼儿同伴关系的问题应当引起足够重视。

(二)建立和谐的师幼关系

幼儿园教师对幼儿有着特别的感召力,因而教师与幼儿的相互关系是影响教育质量的最重要因素。

建立良好的师幼关系,要做到以下两点:

一是正确理解教师与幼儿之间的关系。从社会的角度来说,教师和幼儿都是社会的基本成员,其相互关系是平等的社会成员关系;在师幼互动中,教师的角色身份不仅仅是管理者、指挥者或知识传授者,而且还应该是良好互动环节的创设者,是幼儿主体性发展的帮助者、指导者和促进者。只有尊重幼儿在教育中的主体地位,摒弃那种认为幼儿年龄小、不懂事而将他们看作“受纳器”的做法,才能真正建立平等、和谐的师幼关系。

在师幼互动中,教师是成熟的社会成员,幼儿是正在发展中的社会成员;教师按照国家要求教育好幼儿,是教育者,幼儿是受教育者。教师是幼儿合法权益的保护者,幼儿则是被保护者,教师有责任和义务保障幼儿在受教育过程中的主体地位,并维护其相应的权利,且按照社会培养人才的要求教育幼儿,使他们健康成长。不能认识到这一点,就会导致教师的失职,导致教育的放任自流。

二是建立师幼之间良好的情感关系。教师对幼儿的教育和保护是建立在教师对幼儿爱的基础上的，绝不是要求幼儿服从教师的意志和权威。教师要爱护、尊重、信任幼儿，与幼儿平等对话，关注幼儿和幼儿的活动，了解他们的需要和愿望，理解和宽容他们的错误，幼儿才会感到教师既是他们的朋友，又是合作的伙伴，从而对教师产生亲近感、依恋感，这种感情对于建立良好和谐的班级心理氛围起着十分重要的作用。

（三）处理同事之间的关系

幼儿教育不同于大学教育和中小学教育，在日常的教育活动中需要保育员和教师的共同合作才能完成，这是幼儿教育的特色。幼儿班集体的建设需要教师与保育员之间的密切配合，所以处理同事关系就显得十分重要。

教师要尊重保育员的工作，从人格上尊重保育员，在工作中尊重保育员；保育员也应该尊重幼儿教师，积极配合教师做好幼儿的教育工作。一般来说教师的文凭可能比保育员的高，但教师不能在工作中摆出高高在上的姿态，对保育员颐指气使，平时要多和保育员商量工作中的问题，充分调动保育员的工作积极性。

（四）融洽幼儿之间的关系

一个班级就像一个小型社会，教师的推动和同伴的互动，能使幼儿在其中建构自己的知识与价值观，并凝聚班级团体动力。班级可以说是幼儿在家庭之外最先接触的生活环境，教师的角色在于能理想地调和人、事、物等要素间的关系，为幼儿的主动学习提供条件。

第五课 幼儿园班级家长工作管理

一、家长工作的意义

幼儿刚刚从家庭中来到幼儿园，家长会担心幼儿吃不好、休息不好，担心幼儿和别的小朋友处不好关系，担心幼儿园教师的教育水平。这种担心会给幼儿园正常的工作带来困扰。为了解除家长的这些疑虑，幼儿园要在举办家长日活动的时候邀请准备入园幼儿的家长来幼儿园参观，热心地解答家长提出的问题。同时，努力提高办园水平，给幼儿提供一个良好的生活环境和生长环境，以排除家长的担忧和疑虑。在不影响幼儿园正常教学的前提下，可以让家长随时参观幼儿园的教学活动，参观幼儿生活、学习的场所，让家长放心。当然前提是幼儿园教师必须做好自己的本职工作，确实提高办园水平。

家园之间的误解往往是由于信息沟通不畅，有效沟通是解决误解的最好办法。家长的教育观念与教师的教育观念有时是一致的，而有时又有着巨大的差异。如何让家长接纳正确的幼儿教育观念是幼儿园的一项重要任务。由于家长的社会背景不同，教育水平不同，对问题的理解程度也不同，所以幼儿园教师在与家长沟通的时候要注意随着沟通对象的不同而采取不同的沟通方式。幼儿教师不可因为幼儿家长的教育水平低而生傲慢心，应该虚心向家长求教，同时也应该循循善诱，指导家长科学有效育儿。

二、如何与不同类型家长沟通

教师在与家长沟通的时候要注意区分家长的不同情况。对文化程度低的幼儿家长，要深入浅出地向他们介绍先进的幼儿教育理念。如果家长不能理解，则要有耐心，不能表现出瞧不起家长的姿态，否则容易引起家长的反感，使他们不能很好地配合幼儿园的工作。对于那些文化程度较高的幼儿家长，则要与他们进行深层次的交流，交换对幼儿教育的看法。这部分家长一般都能够理解幼儿园的教学方式、方法，在幼儿回家之后，会很好地配合幼儿，共同完成教师布置的家庭作业。

有的幼儿家长对待幼儿比较严厉，这样家庭教育出来的幼儿往往是唯唯诺诺，缺乏自己的主见；而有的幼儿家长或监护人比较溺爱幼儿，使幼儿形成了一些不好的习惯；有的幼儿家长对幼儿的期望较高，逼迫幼儿学这学那，给幼儿造成的压力较大；而有的家长对孩子放任自流，不管不问，则幼儿自由松散、没有规矩。不同的家长幼儿教师要区别对待，对这些家长要分门别类地召开家长会，说明他们这样教育幼儿对幼儿形成的不利影响，督促家长改正这些不正确的教育观念和教育方法。

三、怎样与社区建立联系

幼儿教育的主要目标是要使幼儿养成良好的生活和学习习惯；开发幼儿的智力；使幼儿养成勤俭节约、艰苦奋斗的精神。在达成这些教育目标的同时，有必要让幼儿在他们能够理解的前提下更多地了解社会，而让幼儿了解社会的最好环境就是社区。特别是一些配套设施较好的社区，是幼儿了解社会环境、风土人情的最好场所。因此，幼儿园应该加强与社区的联系，以便能够更好地利用社区的资源。幼儿园可以邀请所在社区的一些老革命、劳动模范、科技工作者等先进人物来幼儿园担任兼职教师，给幼儿讲革命英雄故事、讲科普知识，以便幼儿能够更好地认识社会，更好地培养幼儿的爱心、感恩心、责任心、探索世界兴趣心等优秀品质。

第六课　幼儿园班级户外活动管理

《规程》明确指出，幼儿园要“积极开展适合幼儿的户外活动”。但是，现在的家长望子成龙、盼女成凤心切，在家庭教育上出现重智育轻体育、重保育轻锻炼的现象。在幼儿园的实际工作中，有的认为户外活动的场地大，教师不好组织；有的认为户外活动容易出事故，还是少开展为宜。幼儿园户外活动常常流于形式，活动时间和活动质量得不到保证，影响了幼儿的正常发育。鉴于此，幼儿园应该积极贯彻落实《规程》和《纲要》《指南》精神，在保证幼儿每天两小时户外活动时间的基础上，因地制宜、变废为宝，开展形式多样的户外体育活动。农村幼儿园应当利用常见的物品加以改造、移植，制成幼儿园户外体育活动器械。这样做既发挥了教师、幼儿及家长的创造性，促进了其创造意识，同时也丰富了幼儿户外活动游戏的场地及材料，改善了办园条件。

户外活动一般以体育游戏为主，但不能忽略穿插进行其他游戏，如智力游戏、娱乐游戏、民间游戏等。小班幼儿各方面素质不如中大班幼儿，开展体育游戏有一定局限性，可适当开展音乐游戏。如放一段“鸟飞”律动曲，幼儿就很自然地翩翩起舞；放一曲“进行曲”，幼儿就会雄赳赳、气昂昂地学解放军走路。体育游戏大多在户外，而且有一定的运动量，能活跃幼儿的身心，增强幼儿的体质，提高幼儿的运动兴趣、能力，较适合中、大班幼儿参加。如“跳皮筋”“跳图形”“跳数字”等跳跃奔跑活动，可增强幼儿各部分躯体的运动能力；“跳房子”“玩网圈”等游戏，可发展幼儿手、脚动作灵活协调能力。利用一种玩具可达到多种多样玩法的效果，变一种游戏为多种游戏。比如把海绵条接起来拉成长方形后，前后呼应，可作车厢来开火车，当作独木桥在中间走，当作小沟来跨跳，摆成圆形玩跳圈游戏等。多种玩法交替进行，幼儿百玩不厌，既提高了玩具的使用率，又培养了幼儿的创造能力。

一、户外活动场地器械的管理

首先，教师要通过各种渠道为幼儿准备活动所需的大量材料。除了应购置的一些用具，如绳子、球、橡皮筋等，幼儿教师应该坚持少花钱多办事、因地制宜、变废为宝的原则，开发自然资源。为了充分激发孩子们参加体育活动的兴趣，幼儿教师可以自制一系列幼儿体育游戏器材。如：用废旧呼啦圈和布连起来，制作出有趣的网圈，既提高了孩子们的手、眼协调能力，又锻炼了身体的平衡能力；用弯弯的柳条制作出孩子们喜欢的套圈和草帽；用塑料袋制作篮球网；用废旧皮球一剪二反过来做成头盔，孩子们戴在头上，手里举着玉米秸制作的机关枪、废旧海绵制作的手榴弹。孩子们玩起来兴致勃勃，即使打在身上也不会有危险，又提高了孩子们的投掷能力。用手帕和酒瓶盖做成的降落伞，抛到天空飘飘下降，孩子们争先恐后地比赛谁抛得最高；废旧轮胎可以成为孩子们喜欢的举重器材；废旧海绵缝上子母贴可以一物多玩，可以摆成各种图形，例如跳房子、跳圈，折起来拿在手中击剑，两个小朋友拿着成拱桥，插在腰上做尾巴；把废塑料水管子截成很多段变成棍子，引导幼儿一物多玩，可让幼儿玩接力赛跑，也可做骑马动作等游戏。不同年龄层次的幼儿在这个活动中都能得到很大发展。

其次，想尽办法扩大幼儿的户外活动空间。利用走廊、大树下、操场上等地方轮流安排活动。如：在走廊上画上各种各样的格子，让幼儿自由地、三五成群地玩跳格子游戏；在大树下或者夏季的阴凉处摆上各种各样的棋盘，让幼儿在欢乐的环境中尽情地活动。户外既是一个开阔的天地，也是一本很好的教科书。积极地开展户外体育活动，不仅能给幼儿带来欢乐的情绪，有助于提高幼儿的运动能力，有效地促进幼儿身体发展；而且还能为幼儿心理发展提供良好的条件，促进幼儿身心和谐地发展。

户外环境比室内环境更为复杂、范围更大，所以在户外活动的时候更要注意幼儿的安全问题。户外活动的时间如果太长，强度太大，幼儿容易疲劳，不利于其他活动的开展。因此，活动时间和活动强度应适宜。户外活动还要注意在冬天防冻和在夏天防晒，宜在合适的气候条件下进行。

二、户外活动时间场地的管理

户外活动在幼儿成长的过程中不可或缺。我们不应将幼儿培养成温室中的花朵，而应该让他们在风雨中接受锻炼。据调查，对于成长阶段的幼儿来讲，多晒太阳有利于孩子体内钙质的吸收，有利于避免软骨病的发生，而过度晒容易使幼儿皮肤被灼伤，所以户外活动要注意时间段的选择。

幼儿教师要结合季节合理安排幼儿的户外活动时间和活动内容。如：冬季天气比较冷，孩子不适合早锻炼，幼儿教师可以把活动时间放在室外温度适宜时，活动内容可以是跳绳、转呼啦圈、拍球等能够自由调配的运动量大一点的活动和幼儿早操活动；午饭后可以安排30分的自由散步活动；下午3:00—3:40教师有目的有计划地和孩子玩自制的体育游戏，并随时鼓励孩子发现问题，大胆想象，和教师一起设计制作新颖的活动材料。夏季气候和冬季反差较大，教师可以在7:40—8:40组织幼儿户外自由活动。孩子早上来的时间早晚不一，教师要提前做好充分的活动前准备。孩子一进园就随着优美的音乐加入游戏活动中，玩自己喜欢的游戏，教师只做旁观者。孩子在自由自在的活动中进行有趣的游戏，整个活动活而不乱、井井有条。12:20—12:40教师组织孩子在树下自由活动，中、大班的孩子有的下棋、有的猜拳；小班的孩子在教师组织下自由散步，准备午休。下午4:20—5:00这段时间教师有目的有计划地组织幼儿户外活动。春秋季节，幼儿教师可以结合白天时间长的优势，除和夏季相同的活动时间外，上午10:10—10:40结合本班实际情况组织幼儿进行户外自由活动，有集体的，有分散的。这样，幼儿可根据自己的兴趣爱好，选择玩的形式、内容，在与教师根据他们的年龄特点、教育内容所提供的相应材料、半成品玩具的互动中，获得活动和表现的机会，享受活动的乐趣。

一般而言，现在幼儿园的户外活动场地大都有橡胶地板，但是即使这样也有幼儿在活动中受伤的案例。幼儿的皮肤娇嫩，极易弄破。幼儿在相互玩耍的过程中可能会相互碰撞、跌跤，蹭到橡胶地板上，如果地板上有细沙，会很容易划破幼儿的皮肤。定时清理橡胶地板上的细沙和灰尘就显得特别重要。

在没有橡胶地板的幼儿园户外活动场所，也要尽量让地面保持平整，这样幼儿在奔跑的过程中才不易被高低不平的地面绊倒、摔跤。户外活动的场地应该设有围栏，与外界隔离。

三、对户外活动设施的管理

大部分的幼儿园都有户外活动大型玩具，如迷宫、蹦床等，幼儿园要对这些大型的户外活动玩具进行定时消毒。有些幼儿有吮手指的习惯，户外大型玩具活动结束后要让幼儿洗手。

幼儿园对这些大型的户外活动设施要定时维护。每日检查这些户外大型玩具的牢固程度，检查它们是否有破损的地方，破损的地方是否影响大型玩具的安全性。如果影响到了，那么要坚决制止幼儿上这些大型玩具玩耍；如果还不影响玩具的安全性，可以在短时间内继续使用，应及时修补破损的地方，以免伤害到幼儿。

在给孩子更多自由活动的同时，还要特别强调安全教育。户外场地活动范围较广，幼儿在四处分散活动时，教师的视线不能顾及每个幼儿。因此，教师在活动前要尽可能预计到可能出现的不安全因素。教师要向孩子交代活动的规则和有关安全事项，让幼儿增强自我保护意识。注意调节幼儿运动负荷，活动前后减加衣服。活动中教师四处巡回走动，及时纠正幼儿危险动作，聆听幼儿交谈、评价。发现问题及时进行必要的安全指导和安全教育。有些孩子看过飞刀飞镖类影视作品以后就找来石头练起来，必须积极制止。同时也应注意把孩子的这种好奇心引向正轨，引导孩子用纸折成飞镖，用饮料瓶做弓箭让孩子练着玩。这样既满足了孩子的兴趣需要，也尊重和培养了孩子的个性。

四、引导、鼓励家长同孩子参与户外活动

《纲要》指出:“家庭是幼儿园重要的合作伙伴。教师应本着尊重、平等、和谐的原则,争取家长的理解、支持和主动参与,并积极支持、帮助家长提高教育能力。”因此,在幼儿园开展户外体育活动中,指导家长配合幼儿园,是幼儿园的一个重要任务。首先,幼儿教师要在家长会上向家长宣传体育游戏对孩子的重要性。其次,幼儿教师可以组织家长观看幼儿园半日开放活动,同时让家长亲自参与游戏活动,让家长看到自己孩子的长处并了解到孩子和教师用搜集的废旧材料制作玩具的好处。幼儿园户外体育活动的开展,也会感染家长,使家长也不由自主地参与到幼儿园的户外体育活动中来。家长不仅积极参与幼儿园的运动会等活动,还经常帮助幼儿搜集废旧材料共同制作体育活动器械,如:沙包、纸箱、饮料瓶、毽子等。再次,适时给孩子布置家庭作业,如回家帮助妈妈做一件力所能及的家务事、和爸爸妈妈搜集一种废旧的游戏材料在下一次开放活动时展示给其他的家庭等。最后,鼓励家长带孩子到户外参加锻炼。

第七课　幼儿园保教人员的自我管理

近年来,个别幼儿园曾出现过幼儿教师伤害幼儿的事件,一方面说明幼儿园对工作人员包括幼儿教师的管理出现了问题;另一方面也说明这些幼儿教师的人格出现了问题,缺乏事业心、没有爱心、没有童心。幼儿教师的自我管理就是要让自己有爱心,有童心,有事业心。

一、加强思想道德修养,做一名有爱心的幼儿教师

爱心是一名幼儿教师最起码的素质要求,很难想象一个没有爱心的幼儿教师能够在幼儿园坚持工作并成为幼儿的知心大姐或知心大哥。没有爱心的幼儿教师可能会对孩子冷酷,责罚犯错误的幼儿比较重,把幼儿教育仅仅视为赚钱的工具,而不是为了幼儿的健康成长。幼儿教师私自给孩子喂药事件就是没有爱心的活生生的例子。爱心表现在如下几个方面:第一,幼儿教师视幼儿教育为自己热爱的事业。第二,热爱幼儿,不分贫富、种族、民族,一视同仁地对待所有的幼儿;不论幼儿内向还是外向、聪明还是愚笨,都应该爱护他们幼小的心灵,就像爱护自己的孩子一样。

(一)充分认识幼儿教育事业的重要性

幼儿教育的初衷是人格的塑造、潜力的开发。幼儿教育是教育的基石,是人格塑造教育。成功的幼儿教育不是教会了幼儿几个字,会背几首儿歌,会算几道简单的算术题,而应该教会幼儿如何与他人相处,如何处理人与社会的关系,如何处理人与自然的关系,如何面对困难、正确看待困难以及如何克服困难,如何把幼儿培养成为一个具有坚强的意志、非凡的毅力、良好的修养的真正的人。虽然在小学、中学、大学阶段也会进行这样的人格塑造教育,但是影响力远远不如幼儿阶段的教育。从这个意义上讲,幼儿教育关系着一个人在以后的人生道路上是否能够克服人生道路上的重重困难,过上幸福、美满的生活。所以幼儿教育在整个教育系统中处于非常重要的地位,由此幼儿教师的地位和作用也就尤为重要了。

小贴士

幼儿教师的特征

了解幼儿发展的特点和规律。
有耐心。
和蔼可亲。
了解幼儿的各种“发展里程碑”。
当幼儿需要帮助时乐于提供帮助。
会花必要的时间向幼儿解释常规。
能与幼儿家长进行良好的沟通。
风趣可爱。
愿意和幼儿在一起。
能为幼儿设计有趣的活动。
自信且做事井井有条。
理解幼儿身体和情感发展的局限。
明白幼儿教师工作的艰辛。
……

Laverne Warner, Sharon Anne Lynch. Preschool Classroom Management.

（二）爱心是幼儿园教师必备的素质

赞可夫说：“当教师必不可少的，甚至是最主要的品质，就是热爱儿童。”俗话说：“爱自己的孩子容易，爱别人的孩子难；爱漂亮的孩子容易，爱丑陋的孩子难；爱聪明的孩子容易，爱愚笨的孩子难。”人们总爱说的一句话就是：“庄稼是别人家的好，孩子是自己的好”。幼儿教师要做到对每一名孩子都能平等施爱，确非易事，但是作为教师就必须要做到博爱。幼儿教师面对的是纯真质朴的幼小儿童，所以就更应该有爱心。教师的爱心是幼儿成长的快乐源泉，应该似雨露沐浴着嫩叶花朵，只有在爱心中成长的孩子，心灵才能是纯洁、美好的，长大后才能是一个有仁爱之心的人，对社会有用的人。一个人只有生活在爱的环境里，他才会接受爱，他才会去爱别人。

（三）爱心是一种品格

品格是人的道德素质的核心，与性格及人格相近，却又不完全相同，它更多指向正面的人格，如公义、慈爱、怜悯、饶恕、谦卑、圣洁、无私、和平、良善、温柔等。爱心即为“善念”，是对生命给予的同情；是发自内心深处的一种想给予而不是想获取的心理活动；是一个人一直表现出来的行为，具有稳定性。例如，近几年我们国家每年都会评选出当年的中国十大“好人”，从这些好人的故事中，我们可以读懂这么一条：做一个好人，首先想到的应该是付出，而不是获取。

从这个意义上讲，爱心或者善念是一种品格，品格是可以通过提高修养来改变的。如何提高修养呢？例如一个人如果读书很多，那么在他的身上自然会体现出一种书卷气。这种书卷气，不是与生俱来的。也就是说，要想获得某种品格，他必须经常沉浸在某种环境中。一个人的爱心也可以通过一定的途径来获得。如何去获得这种具有爱心的品格呢？答案便是：他要经常处于爱心的包围之中，或接受别人的爱心，或自己付出爱心。

幼儿具有很强的模仿学习能力。想一想，我们人类是如何学会说话的呢？一个正常发育的幼儿，天生并不会讲话，是大人们经常不断地和他说话，慢慢地，幼儿学会了说话。如果幼儿教师具有爱心的话，那么幼儿也会耳濡目染成为有爱心的下一代；如果幼儿教师没有爱心，那么幼儿将来也会没有爱心；如果幼儿教师经常打骂幼儿，那么幼儿的行为也会变得非常地具有攻击性。

（四）爱心的基础是感恩心

一个人如何能够持之以恒地付出自己的爱心呢？首先，要心中充满爱。心中有爱，才会付出爱，一个内心充满仇恨的人会付出爱心吗？《弟子规》告诉我们："凡是人，皆须爱，天同覆，地同载。"要爱党、爱祖国、爱人民、爱父母、爱朋友……是他们让我们得到成长。

我们来讨论另一个问题，如何培养我们的爱心。《弟子规》开篇言道："弟子规、圣人训，首孝悌、次谨信，泛爱众、而亲仁，有余力，则学文"。从这几句话我们可以看出，孝悌是泛爱、众和、亲仁的基础。一个连自己的父母都不爱的人怎么可能爱别人呢？孝心是感恩心的具体体现，我们之所以会爱我们的父母，是因为我们存着一颗感恩的心。我们感恩父母给予我们生命、养育我们长大成人。感恩的心如果推而广之，就是一颗爱心。我们感恩我们的朋友在自己困难时刻伸出援助之手，我们要爱我们的朋友。我们感恩我们的老师教给我们知识，所以要爱我们的老师。我们感恩中国共产党带领中国人民站起来、富起来、强起来，所以要爱党。我们感恩祖国为我们提供良好的学习、生活和工作环境，所以要爱自己的祖国。没有清洁工，我们的街道会变得污浊不堪；没有农民给我们提供粮食，我们会饥饿而死；没有工人给我们生产生活用具和生产工具，我们人类可能至今还在"茹毛饮血"。所以我们要爱所有的人，感恩他们为我们的生活付出的一切。

心存感恩是拥有爱心的基础。只有学会了感恩，我们才能生出爱人之心、爱世界万物之心。爱才会有源源不断的动力。

（五）爱心是耐心、童心、细心和责任心的基础

幼儿在成长过程中，其心灵是脆弱的，身体是柔弱的，需要幼儿教师细心、耐心呵护。幼儿在离开了爸爸妈妈和自己熟悉的环境之后，可能会感到恐惧、不安，不习惯新的环境，可能会发脾气，可能会不按照幼儿教师的安排去活动，可能会与其他的小朋友闹矛盾。如果没有耐心，要想做一个好的幼儿教师是不可能的事情。幼儿教师只有喜欢并热爱这些幼儿，她（他）才会有耐心去关爱、照顾这些幼儿。

幼儿教师要有一颗童心，做一个"大小孩"。广播电台、电视台幼儿节目主持人会把自己装扮成一个幼儿喜欢的形象出现。比如我们耳熟能详的"金龟子"，在幼儿的心目中留下了深刻的印象。其实，有了"爱心"我们便甘愿为幼儿做任何事情。比如说我们的父母为了我们的成长，甘愿吃苦受累。我们常说："知子莫若父"，为什么会这样说呢？因为我们的父母能够站在我们的角度和立场去看待问题。一位教师常常对我们这样说："你就把这些学生看成你自己的孩子，那么学生的问题便迎刃而解了。"其实这位教师讲的也是同样一个问题，幼儿教师要有爱心。只有我们拥有爱心，我们才会用儿童的目光去看待周围的事物，我们才能够理解幼儿的一些行为和问题，我们才能细心、满怀责任心地去照顾他们。这样我们便有了做好幼儿教师工作的前提和基础。

二、加强业务知识学习，不断提高业务水平

自我管理，顾名思义就是自己对自己的行为负责，自我发展，自我提高。每一名幼儿教师都要坚守自己内心深处的那份信念与执着。选择了幼儿教育事业就意味着一生与孩子相伴，没有鲜花与掌声，没有荣誉与光环，有的只是默默地付出。作为一名幼儿教师最主要的是要坚定自己的职业信念与理想，不断地学习，学习带班技巧、学习幼儿心理学等，从而能更好地通过观察幼儿的行为掌握幼儿的心理活动，提高带班水平；更好地培养幼儿的社会适应能力、迎接困难的精神、与人合作的能力等幼儿在今后的学习与生活中需要的能力。

视频　幼儿教师应如何提高业务水平

（一）向同行学习

向同行学习的方式有多种，可以观摩同行的课，比如同一个园的其他教师的课；也可以观看一些公开课，从中汲取有益的养分来提高自己的教学水平和管理水平；也可以参阅一些专业论文来提高自己的专业素养。阅读论文能够使自己在短时间内获取大量的资料，省时省力，汲取有益于提高自己能力的知识与技巧。

（二）向幼儿的监护人学习

幼儿的监护人在与幼儿的长期交往过程中，积累了大量的感性经验，这些感性经验对于了解幼儿的生活习惯非常有帮助。幼儿教师要虚心向这些监护人学习他们的育儿经验，从而提高自己与幼儿交往的技巧。

（三）阅读经典教育理论来提高自己的理论素养

教育的发展不是一蹴而就的。本着古为今用、洋为中用的原则，幼儿教师要腾出时间来读一些教育经典，追溯教育发展的脉络，厘清教育发展的思路，探寻教育的本质，以便在工作中能够更加游刃有余。

除此之外，幼儿教师还应该读一些党和国家的领导人关于教育问题的论述，以便能够在工作中把握正确的政治方向，理解社会主义教育的本质，从而提高自己的教育管理水平。

三、学习中华优秀传统文化，培养积极的人生态度

幼儿教师做工作要细心，如何做到细心呢？《弟子规》中有“亲有疾，药先尝”“冬则温，夏则清”“缓揭帘，勿有声，宽转弯，勿触棱，执虚器，如执盈，入虚室，如有人，事勿忙，忙多错，勿畏难，勿轻略”等。给孩子吃饭时，我们要先尝尝饭菜是否可口，咸淡如何，饭菜是否凉了。我们亲口尝过之后，心中有数，然后再给幼儿吃，那么幼儿吃了也不会有太大的问题。我们要时时刻刻注意天气的变化，及时通知家长给孩子增加或减少衣服；适时调整室内温度，幼儿在这样的环境下成长，得病的概率会大大降低。幼儿的身体还比较柔弱，所以我们在与幼儿接触时，动作要柔和。

幼儿教师要有责任心，否则很可能将未来的科学家培养成碌碌无为之辈；将未来的将军培养成士兵。责任心不是凭空而来的，它是以爱心作为基础的，没有爱心的人不可能有责任心。

实践对接

1. 5岁幼女被陌生人冒领遭猥亵

5岁女孩丽丽（化名）在幼儿园放学时被陌生人冒领，遭受摧残后被抛弃在马路边。身心受重创的丽丽长期处在惊恐之中，经常在梦中尖叫。丽丽的父母以幼儿园管理疏忽为由提起诉讼。

2. 晨练飞盘碰伤同伴的眼睛

王萌和韩飞是一所幼儿园的同班小朋友。在一次晨练活动时，王萌不小心把飞盘扔到韩飞身上，两人由争吵发展成扭打，其间没有老师前来拉开他们。吵打过程中，王萌再次把飞盘扔向韩飞，飞盘碰伤韩飞的眼睛。经医院诊断，韩飞视力下降，需上万元的治疗费。韩飞的家长要求王萌的家长和幼儿园共同赔偿，遭双方拒绝，便告到法庭。

3. 教师带幼儿进入食堂，幼儿不慎烫伤

某幼儿园教师擅自带着幼儿进入食堂，在无人注意的情况下，幼儿不慎被绊倒，掉进有沸水的锅中，造成严重烫伤。

4. 教室里幼儿走得快了些，不慎被绊倒，头部撞在了写字台边上

20××年4月21日，还差3个月才满6周岁的小朋友湛某，在广州市一家中英文幼儿园上课时，老师叫他上前交作业簿。也许他刚完成了“任务”而有点兴奋，走得快了些，不慎被绊倒，头部撞在了写字台边上，致使其眉间鼻背上均被碰伤。幼儿园老师抱起小湛，马上赶去医院治疗，并垫付了医疗费211元。

经医治，小湛的伤痛消除了，但遗憾的是其两眉之间留下了明显的疤痕。小湛的父亲向幼儿园提出索赔。

5. 游戏时五岁儿童与小朋友相撞致残

某幼儿园，20××年11月2日下午4时左右，许××的母亲接到幼儿园打来的电话，说孩子在幼儿园跌倒。她赶紧骑车奔往学校。在幼儿园，班主任为许母说了事故发生的经过：在做游戏的时候，许××被朝他跑来的另一小朋友撞了一下。当时老师误认为他跌倒起不来，是扭伤了脚。但当拉他起来时，许××满身大汗，已不会说话。

心急如焚的许母将已经昏厥过去的儿子赶紧送往医院。在市中心医院，医生及时为许××做手术。经医生诊断，许××与小朋友相撞倒地时脑部正好撞在坚硬的水泥板上，造成重度颅脑外伤，出现颅内血肿、脑疝症状，伤情十分严重。

请分析上述幼儿园管理中存在哪些问题？幼儿园及教师应该承担哪些责任？

思考与练习

一、选择题

1. 制定班级幼儿生活常规的主要目的是（　　）。

A. 帮助幼儿学会自我管理　　B. 便于教师管理

C. 让幼儿学会服从　　D. 维持纪律

2. 幼儿园环境分为物质环境和(　　)。

A. 社会环境　　B. 精神环境　　C. 城市环境　　D. 局部环境

3. 幼儿园创设物质环境时,首先应考虑的要求是(　　)。

A. 经济性　　B. 安全卫生性　　C. 功能性　　D. 美观性

4. 以下关于幼儿园户外空间创设的表述正确的是(　　)。

A. 幼儿园的人均户外活动面积是 3 m^2

B. 幼儿园房舍按功能分有活动用房和服务用房两种

C. 幼儿园的沙水区是一种固定结构材料设施

D. 迷宫属于眩晕类的设施

5. 在幼儿园户外环境的创设中,沙、水等区域所提供的活动材料可塑性非常大,属于(　　)。

A. 固定结构材料　　B. 半固定结构材料

C. 无固定结构材料　　D. 游戏材料

6. 幼儿园户外环境的创设要做到(　　)。

A. 安全第一　　B. 绿化第一　　C. 卫生第一　　D. 方便第一

7. 环境与教育目标相一致的原则是指环境的创设要体现环境的(　　)。

A. 目的性　　B. 优美性　　C. 教育性　　D. 多样性

8. 10 月份的主题是"秋天",教师结合相关的内容,采用"秋天的叶子""秋游剪影""中秋月饼""秋天的歌"等板块,将学习内容通过环境展示出来,让孩子从环境中直接感知秋天,这体现了环境创设的(　　)。

A. 科学性　　B. 教育性　　C. 针对性　　D. 多样性

9. 由于幼儿动手能力较差,在许多情况下教师需要发动家长,帮助制作装饰材料或收集可利用的废旧物品等,这体现了环境创设的(　　)。

A. 一致性原则　　B. 幼儿参与性原则

C. 开放性原则　　D. 经济性原则

10. 某幼儿园设置的"蒙氏操作教室"只在节假日搞活动或家长开放日时,才组织班级幼儿进去活动,平时都锁着门。这种情况违背了环境创设的(　　)。

A. 一致性原则　　B. 幼儿参与性原则

C. 开放性原则　　D. 经济性原则

11. 幼儿园班级管理是通过计划、实施、总结和评估等环节协调班集体内外的人、财、物的过程,幼儿园班级的主体是(　　)。

A. 保教人员　　B. 幼儿　　C. 教师　　D. 学生

12. 下列选项中,(　　)不是幼儿园班级管理的内容。

A. 生活管理　　B. 教育管理　　C. 保育管理　　D. 物品管理

参考答案:1. A　2. B　3. B　4. A　5. C　6. A　7. C　8. B　9. C　10. D　11. A　12. C

二、思考题

1. 幼儿园班级管理包括哪些内容?

2. 如何进行幼儿园班级安全管理？
3. 如何进行幼儿园班级教育管理？
4. 如何进行幼儿园班级常规管理？
5. 如何进行幼儿园班级环境管理？
6. 如何进行幼儿园班级家长工作管理？
7. 如何进行幼儿园班级户外活动管理？
8. 如何指导幼儿园班级管理人员自我管理？

拓展阅读

《中小学幼儿园安全管理办法》（节选）

第一条　为加强中小学、幼儿园安全管理，保障学校及其学生和教职工的人身、财产安全，维护中小学、幼儿园正常的教育教学秩序，根据《中华人民共和国教育法》等法律法规，制订本办法。

第四条　学校安全管理工作主要包括：

（一）构建安全工作保障体系，全面落实安全工作责任制和事故责任追究制，保障学校安全工作规范、有序进行；

（二）健全学校安全预警机制，制订突发事件应急措施，完善事故预防措施，及时排除安全隐患，不断提高学校安全工作管理水平；

（三）建立校园周边整治协调工作机制，维护校园及周边环境安全；

（四）加强安全宣传教育培训，提高师生安全意识和防护能力；

（五）事故发生后启动应急预案，对伤亡人员实施救治和责任追究等。

第五条　各级教育、公安、司法、行政、建设、交通、文化、卫生、工商、质检、新闻出版等部门在本级人民政府的领导下，依法履行学校周边治理和学校安全的监督与管理职责。

学校应当按照本办法履行安全管理和安全教育职责。社会团体、企事业单位、其他社会组织和个人应当积极参与和支持学校安全工作，依法维护学校安全。

第三章　校内安全制度

第十五条　学校应当遵守有关安全工作的法律、法规和规章，建立健全校内各项安全管理制度和安全应急机制，及时消除隐患，预防发生事故。

第十六条　学校应当建立校内安全工作领导机构，实行校长负责制；应当设立保卫机构，配备专职或者兼职安全保卫人员，明确其安全保卫职责。

第十七条　学校应当健全门卫制度，建立校外人员入校登记或者验证制度，禁止无关人员和校外机动车入内，禁止将非教学用易燃易爆物品、有毒物品、动物和管制器具等危险物品带入校园。学校门卫应当由专职保安或者其他能够切实履行职责的人员担任。

第十八条　学校应当建立校内安全定期检查制度和危房报告制度，按照国家有关规定安排对学校建筑物、构筑物、设备、设施进行安全检查、检验；发现存在安全隐患的，应当停止使用,及时维修或者更换;维修、更换前应当采取必要的防护措施或者设置警示标志。学校无力解决或者无法排除的重大安全隐患,应当及时书面报告主管部门和其他相关部门。学校应当在校内高地、水池、楼梯等易发生危险的地方设置警示标志或者采取防护措施。

第十九条 学校应当落实消防安全制度和消防工作责任制,对于政府保障配备的消防设施和器材加强日常维护,保障其正常使用,并设置消防安全标志,保证疏散通道、安全出口和消防车通道畅通。

第二十条 学校应当建立用水、用电、用气等相关设施设备的安全管理制度,定期进行检查或者按照规定接受有关主管部门的定期检查,发现老化或者损毁的,及时进行维修或者更换。

第二十一条 学校应当严格执行《学校食堂与学生集体用餐卫生管理规定》《餐饮业和学生集体用餐配送单位卫生规范》,严格遵守卫生操作规范。建立食堂物资定点采购和索证、登记制度与饭菜留验和记录制度,检查饮用水的卫生安全状况,保障师生饮食卫生安全。

第二十二条 学校应当建立实验室安全管理制度,并将安全管理制度和操作规程置于实验室显著位置。学校应当严格建立危险化学品、放射物质的购买、保管、使用、登记、注销等制度,保证将危险化学品、放射性物质存放在安全地点。

第二十三条 学校应当按照国家有关规定配备有从业资格的专职医务(保健)人员或者兼职卫生保健教师,购置必需的急救器材和药品,保障对学生常见病的治疗并负责学校传染病疫情及其他突发公共卫生事件的报告。有条件的学校,应当设立卫生(保健)室。新生入学应当提交体检证明。托幼机构与小学在入托、入学时应当查验预防接种证。学校应当建立学生健康档案,组织学生定期体检。

第二十四条 学校应当建立学生安全信息通报制度,将学校规定的学生到校和放学时间,学生非正常缺席或者擅自离校情况,以及学生身体和心理的异常状况以及有吸毒行为的学生,学校应当做好安全信息记录,妥善保管学生的健康与安全信息资料,依法保护学生的个人隐私。

第二十五条 有寄宿生的学校应当建立住宿学生安全管理制度,配备专人负责住宿学生的生活管理和安全保卫工作。学校应当对学生宿舍实行夜间巡查、值班制度,并针对女生宿舍安全工作的特点,加强对女生宿舍的安全管理。学校应当采取有效措施,保证学生宿舍的消防安全。

第二十六条 学校购买或者租用机动车专门用于接送学生的,应当建立车辆管理制度,并及时到公安机关交通管理部门备案。接送学生的车辆必须检验合格,并定期维护和检测。接送学生专用校车应当粘贴统一标识。标识样式由省级公安机关交通管理部门和教育行政管理部门制订。学校不得租用拼装车、报废车和个人机动车接送学生。接送学生的机动车驾驶员应当身体健康,具备相应准驾车型 3 年以上安全驾驶经历,最近 3 年内任一记分周期没有记满 12 分记录,无致人死亡的交通责任事故。

第二十七条 学校应当建立安全工作档案,记录日常安全工作,安全责任落实、安全检查、安全隐患消防等情况。安全档案作为实施安全工作目标考核、责任追究和事故处理的重要依据。

本《办法》于 2006 年 9 月 1 日起施行。

单元四　幼儿园托班班级管理

知识目标

1. 了解2—3岁幼儿的发展特点。
2. 明确托班管理的目标和托班管理原则。
3. 熟悉保育管理流程。

能力目标

1. 能够制订并执行托班月计划、学期计划。
2. 能够进行幼儿生活照料，同时培养幼儿良好生活习惯。
3. 具备和家长沟通的基本能力，做到家园配合进行健康管理。
4. 在熟悉幼儿游戏特点的基础上，按月龄教学管理要求做好活动设计。

素养目标

具有耐心、细心、爱心、责任心。

知识导图

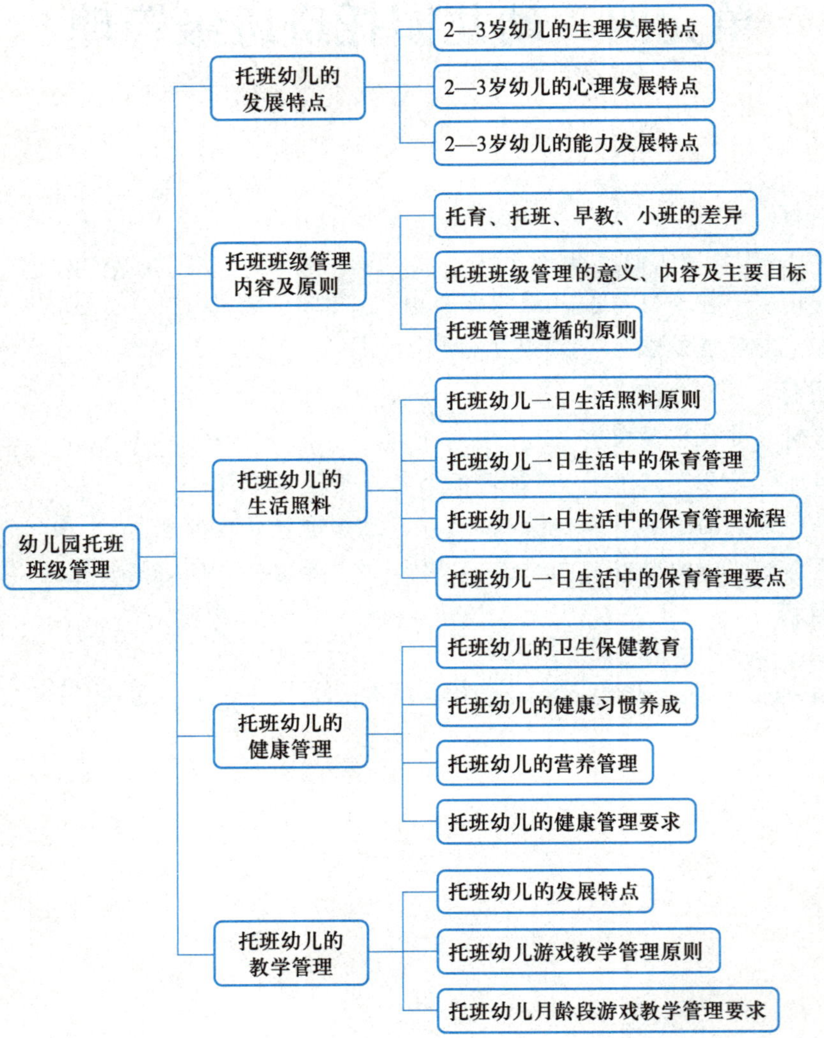
幼儿园托班班级管理
托班幼儿的发展特点
2—3岁幼儿的生理发展特点
2—3岁幼儿的心理发展特点
2—3岁幼儿的能力发展特点
托班班级管理内容及原则
托育、托班、早教、小班的差异
托班班级管理的意义、内容及主要目标
托班管理遵循的原则
托班幼儿的生活照料
托班幼儿一日生活照料原则
托班幼儿一日生活中的保育管理
托班幼儿一日生活中的保育管理流程
托班幼儿一日生活中的保育管理要点
托班幼儿的健康管理
托班幼儿的卫生保健教育
托班幼儿的健康习惯养成
托班幼儿的营养管理
托班幼儿的健康管理要求
托班幼儿的教学管理
托班幼儿的发展特点
托班幼儿游戏教学管理原则
托班幼儿月龄段游戏教学管理要求

案例导入

在一个小区群里，几个两岁多的孩子家长在开“诉苦大会”。菲菲爸爸工作特殊，老人身体不好，没有时间带孩子；菲菲妈妈经常带菲菲去单位上班，单位领导很不满意。童童妈妈在家全职陪孩子。小区大多是中老年人，楼下不是广场舞大妈，就是打扑克爷爷，也有上小学的孩子。童童没有玩伴儿，日常活动动作好像退化了。妍妍妈妈陪孩子在某早教机构上了一段时间亲子课，觉得老师不专业，主要是教孩子认字和数数。球球爸爸也发牢骚，孩子两岁半了，总想上幼儿园，但幼儿园小班卡年龄，不到三岁不接收。

基础理论

第一课　托班幼儿的发展特点

一、2—3 岁幼儿的生理发展特点

2—3 岁幼儿大脑发育十分迅速，但尚未完全建立起各种神经反射。大脑皮层发育不完善，兴奋占优势，抑制过程形成较慢。脑干、脊髓基本发育成熟，小脑发育较缓，3 岁左右小脑功能逐步完善。运动神经髓鞘未发育完善，功能不够健全，神经兴奋传导易泛化，表现为各种大动作和某些小动作不精细、准确性差等。2—3 岁是神经系统有效锻炼的重要时机。

幼儿 2 岁时皮肤角质层薄，真皮层的胶原纤维和弹性纤维较少，皮肤的新陈代谢功能活跃，易渗透，体温调节能力差。2 岁后鼻毛开始发育，上颌窦及筛窦开始迅速增大。3 岁时蝶窦与鼻腔相通，睡眠时以鼻呼吸为主。心功能良好，心跳 90～110 次/min，呼吸 25～30 次/min。幼儿眼睛发育不良，眼球前后径短，物像通常落在视网膜后，易形成生理性远视；如果长时间看近物，容易睫状体疲劳，物像聚焦在视网膜前，容易形成近视。3 岁时视力一般可以达到 4.5～4.7。耳朵对噪声敏感，耳咽管短、管径宽，呈水平位置，上呼吸道内的细菌、病毒等易侵入。

幼儿 2 岁时骨骼处于速增时期，不断长长、加粗，外层骨膜比较厚，血管丰富。一些骨骼尚未融合成一个整体，骨骼数量多于成年人。骨骼柔软易弯曲，脊柱的生理弯曲还未固定。关节发育不全，容易发生关节脱臼。肌纤维细，肌肉的力量和能量储备少。2—2.5 岁时出齐 20 颗乳牙。消化功能正常，到吃饭时间会主动表达饥饿感，不会流口水。

2 岁后，男孩体重达 11.4～18.3 kg，身长达 87.3～102.5 cm，女孩的体重达 11.2～17.9 kg，身长达 86.5～101.4 cm。3 岁时，男孩的胸围约 49.1～50.2 cm，女孩的胸围约 50.2～50.54 cm。男孩头围约 47.7～48.8 cm，女孩头围约 48.8～48.95 cm。男孩体重平均为 15.31 kg，女孩体重平均为 14.80 kg；男孩身高平均约为 98.9 cm，女孩身高平均约为 97.6 cm。

小贴士

2—3 岁幼儿标准体重的简易计算公式:体重(kg)= 年龄×2+8(或 7)

2—3 岁幼儿标准身高的简易计算公式:身高(cm)= 年龄×5+80(或 75)

二、2—3 岁幼儿的心理发展特点

1. 词语积累较快,不能做到先想后做

2—3 岁的幼儿处在语言发展的关键期。词汇量迅速积累,听说能力基本形成,可以用简短用语表达意愿,也喜欢与人交流。幼儿先做后想,或边做边想,记忆、思维经常在活动中进行,明显带有直觉行动性。

2. 身体发展迅速,协调能力受限

2—3 岁的幼儿手眼协调等方面有了较快的发展。2 岁时,幼儿可以上下楼梯、打开瓶盖、用工具画画,能够在保持好平衡的同时踢球。3 岁时,可以涂画,可以单只脚站立,可以系鞋子扣带。在日常生活中,自己尝试洗手、进餐、穿脱衣服,独立意识显现,但动作仍然不协调,还需要成人提供帮助。

3. 初现自我意识,伴有反抗行为

2—3 岁的幼儿能够区分自己与外界、他人,喜欢和同龄的小朋友及熟悉的成人交往,但交往时自我中心倾向非常明显。通常在满足自己需要的前提下与他人交往,若需要不被满足则可能会有攻击性行为。这个时期,对父母的建议和指令,幼儿开始出现不听从、固执己见甚至反抗行为,心理学家将这个时期称为"执拗敏感期",也称作"固执期"。30—36 个月时反抗欲最强,幼儿不分时间、地点、事情是否符合自己需求,都用拒绝来反抗。这一自发性发展的表现,会持续较长的一段时间,如若后面有幼儿出生,幼儿还会出现"还婴现象",需要成人安抚。

4. 情感依恋较强,情绪易受外界影响

2—3 岁的幼儿对身边人有强烈的情感依恋,会有"分离焦虑",用啼哭表示分离的痛苦。他们懂得主动给予和接受爱,能够判断出他人对自己的期望。他们的情绪外显,易受环境影响。一个幼儿因为想家长哭了,会带着一群幼儿哭。但环境一旦改变,比如发爱吃的小点心,他们会很快忘记不快,破涕为笑。

5. 偏爱模仿大人,兴趣爱好一般不固定

这时期,模仿是幼儿主要的学习方式。幼儿习惯于模仿与之接触最多的家人,模仿大人的说话声调、动作姿势,以及口头用语等,而后逐渐模仿各种人物形象。比如出现在视频中的影视人物,或是偶然看到的让其有深刻印象的人等。幼儿喜欢重复玩耍同一物品,喜欢重复听同一个故事。在重复活动中逐渐认识事物属性,发展语言与动作,开始产生简单联想。他们喜欢和其他的幼儿玩耍,但不懂与人分享,自己的玩具只能自己玩。有能力处理一些小事情,如收拾玩具、挤牙膏等。这一时期的幼儿对所有事物都保持着强烈的好奇心,特别是对有着鲜艳的色彩、有声响、会动的物品很感兴趣,更愿意接近没有见过的新奇事物。

三、2—3 岁幼儿的能力发展特点

1. 2—3 岁幼儿能力发展特点

肢体动作：平衡感开始建立，动作基本协调，可以双脚蹦跳，可以单足站立片刻。

精细动作：手指灵活，喜欢两手配合涂鸦、折纸、粘贴，喜欢重复做同样的精细动作。

视觉：能长时间地观察感兴趣的事物，对不同特性感到惊喜，可以用余光看事物。

听觉/语言：词汇量 200~300 个，能说出家中大多数东西的名称。开始用语言表达更多的要求。

情绪/社交：开始结交朋友，感情丰富、易变，开始进入“反抗期”。

智能/逻辑：喜欢观察和提问，开始有初步的时间、数字概念，还不能分清左右，能记忆一些歌曲、歌谣的名字。

自立：能自己穿脱衣、自己吃饭、大小便，喜欢自己做决定，并坚持自己的意见，很容易出现偏食。

创新/创造力：按自我想象讲故事、做游戏、玩过家家，喜欢模仿。

2. 2—3 岁幼儿阶段性能力发展特点

2 岁—2 岁 3 个月（25—27 个月）：幼儿能够使用勺子吃饭，手部动作灵活性增强。通过练习用筷子，可以提升手的精细技巧及生活自理能力，也有助于学会分清左右，建立初步的方位感。这时候的幼儿可以自如地同小朋友交谈，非常希望与小朋友一起玩，所以要首先教幼儿学会自我介绍，以便其更好地结交朋友。家长要让幼儿懂得保护自己和家庭，不与陌生人说话，不告诉陌生人家庭住址和家长的电话号码。和其他小朋友玩耍时，要告诉幼儿一些基本安全注意事项，同时在游戏中要学会宽以待人，感悟并学习协作精神，逐步适应社会。

2 岁 4 个月—2 岁 5 个月（28—29 个月）：幼儿的精细动手能力提高，自理能力增强。幼儿可练习使用筷子，可以独立解扣子、折纸等活动。喜欢画画的幼儿可以用粗笔在大点儿的纸上作画。幼儿在方位知觉方面比较灵敏，喜欢用方位知觉作对比。幼儿与其他小朋友一起活动，不但可以培养其合作精神，更可消耗他们越来越旺盛的精力。

2 岁 7 个月—2 岁 9 个月（31—33 个月）：幼儿联想能力不断增强，动作更协调。如通过看到鸟儿飞翔能够联想到飞机，看到鱼跃出水面能够联想到航船。给幼儿讲故事可通过多个角度设计适合幼儿的问题，帮助幼儿理解故事，提高联想能力。鼓励幼儿完整正确地传递信息，不能因为联想，而引起误会。幼儿手眼协调能力提高，专注时间延长。幼儿可以做前后滚翻等动作，会骑脚踏三轮车。

2 岁 10 个月—三岁（34—36 个月）：幼儿具有分辨和思维能力，能指出图中的错误与缺漏，这些能力常常在与大人的交流中加强。家长每天可以与幼儿做 20 min 游戏，促进幼儿的思维和分辨能力。此外，幼儿能手脑并用，手部动作灵活性进一步增强，可以做精细的折纸、写字、画画，也可以自如地使用小铲子。听数取物能力也有显著提高。幼儿全身运动能力在这个时期有显著进步，维持平衡的能力增强，能单足站立、单足跳跃，保持身体平衡。荡秋千也不害怕。有的能跑得很快而且很少摔跤。3 岁的幼儿会自己洗手、洗脸；会穿脱简单的衣裤；能说简短的歌谣，数四五个数；能辨识男女，看图读物；有了自尊心、同情心，但是遇事胆小。

资料吧

婴幼儿发展历程检核表(25—36个月)

发展特征	需协助	完成	评论
1. 乳牙出齐(20颗)			
2. 会骑三轮车;能跳远;能爬攀登架;能双脚向前跳;能独自绕过障碍物(如门槛)			
3. 用手指捏细小的物体,能解开或扣上衣服上的大纽扣			
4. 能走较宽的平衡木			
5. 能自己上下楼梯			
6. 会拧开或拧紧盖子			
7. 能握住大的蜡笔在纸上涂鸦			
8. 喜欢倒东西和装东西(如玩沙、玩水)			
9. 开始有目的地使用东西(如把一块积木当作一艘船到处推)			
10. 能把物体进行简单的分类(如把衣服和鞋子分开)			
11. 熟悉主要交通工具及常见动物			
12. 说出图画书中物品的名称			
13. 喜欢听成人念书			
14. 能听懂较多话,但不能说出来			
15. 能说6~10个词的句子,比较准确地使用"你""我""他"			
16. 情绪不稳定,没有耐心,很难等待或者轮流做事			
17. 喜欢帮忙做家务,爱模仿生活中的活动(如喂玩具娃娃吃饭)			
18. 喜欢和别的孩子一起玩			
19. 白天自己练习大小便,不需协助			

有以下状况,家长需要引起注意,必要时去看医生:

- 不能自如地走,经常会摔倒;不能在成人帮助下爬台阶。
- 不能指着熟悉的物品说出它的名称;不能说2~3个字的句子。
- 不能根据一个特征把熟悉的物品分类,如:不能把吃的东西和玩具分开。
- 不喜欢和小朋友玩。

第二课　托班班级管理内容及原则

一、托育、托班、早教、小班的差异

幼儿托育是从家庭养育到幼儿园养育之间的短期过渡阶段。3岁以下的幼儿身心发展水平不高,只能托育。3岁以上的幼儿才可以适应幼儿园集体生活。西方国家的家庭结构和养育婴幼儿的观念相对开放,幼儿托育时间相对比较早,有的国家2个月婴儿已经开始入托。我国托育、托班、早教、小班对比如下。

1. 创办目的不同

托育:解决年轻父母"无人带娃"的难题,让婴幼儿在无须父母陪伴的情况下适应集体生活。

早教:对婴幼儿的潜能进行专业化的开发,要求父母和婴幼儿一起进行活动,比较适合全职家长。

小班:幼儿园的低年龄阶段,属于学前教育,要求幼儿全面发展。

托班:解决年轻家长无暇照护和不会教育幼儿的苦恼。

2. 教育对象年龄段不同

托育:0—6岁婴幼儿都可以,一般5个月以上的婴幼儿可以入托。

托班:0—3岁婴幼儿,一般18个月的时候就可以进入。幼儿园托班一般接收2—3岁的婴幼儿,也被称为"小小班"。

早教:0—6岁婴幼儿。

小班:3—4岁幼儿。

3. 教育目标不同

托育:帮助家长照护婴幼儿。

托班:让婴幼儿适应集体生活,提升生活自理能力,为升入幼儿园小班做准备。

早教:教会家长用科学的方法进行亲子教育,推动幼儿全面发展,加深亲子感情。

小班:注重锻炼幼儿的各种能力,推动幼儿全面发展。

4. 教学内容不同

托育:让婴幼儿进行充分锻炼和兴趣探索,养成独立和规律的行为习惯。

托班:通过游戏提高婴幼儿的生活自理能力。

早教:年龄段不同,接受的课程也不同。

小班:根据科目类型,接受语言、数学、科学、社会等不同课程。

早教与托班有着明显不同,托班主要提供包括照护、养育、早期教育的服务,为婴幼儿的成长制订个性化的方案;早教则是把亲子教育作为重点,但有明显缺陷,有课程时间短、内容单一、收费贵等问题。通常来说,家长意识到老人会带幼儿却不会教幼儿,但2岁后的幼儿到了需要开发智力、与社会建立联系的阶段,因此需要接受来自专业机构的帮助。此外,有些幼儿是在9月后出生的,需推迟一年上幼儿园,而大多数家长认为幼儿在3岁时就应该接受幼儿教育,所以只能选择上托班。

托班包括多种形式,如独立的托幼机构、早教+托班、幼儿园+托班等。本单元中的托班,指的是幼儿园托班,即"小小班"。托班主要是提升幼儿的早期生活自理能力和情感关注,帮助其提早适应集体生活，是对 2—3 岁幼儿进行保育为主、教养融合的全日制或半日制的幼儿照护。

资料吧

主要托育服务机构类型与属性

托育机构类型	基本属性	目标群体
公立托育机构	政府投资、公共福利、低收费或免费	中低收入家庭
社区育儿照料中心	政府补贴、社区共建、普惠性	城乡社区居民
办公区单位共建	用人单位与开发商共建、市场定价、政府支持	共建单位员工
家庭互助托育点	家庭互助式托育、社区和政府支持	社区居民、单位内部家庭
大型集体和单位自建	单位自建、员工福利、政府鼓励	单位内部员工
学前教育托育衔接	幼儿园拓展服务、普惠性或市场运营、政府支持	普通家庭
民营托育机构	市场化运营、自主定价、政府监督管理	中高收入家庭

来源：国家智库报告(2021 年)

二、托班班级管理的意义、内容及主要目标

幼儿园托班接收 2 岁到 3 岁的幼儿。在托班，幼儿可以学到一些简单的、基本的生活自理技能，有利于其身体、心理、智力和社交等方面的发展。

(一) 幼儿园托班班级管理的意义

幼儿园不断完善托育班级管理，提高托育专业水平，营造安全、有序、适宜幼儿的托育环境，提供个性化、多元化的托育服务，让 2—3 岁幼儿健康快乐成长，有效缓解双职工家庭，尤其是祖辈年龄较大的育龄家庭的育儿压力。

1. 有效促进幼儿大脑的发育

幼儿大脑发展最活跃的时期是 0—3 岁。这个时期幼儿有着强烈的学习能力和学习欲望，需要丰富的感官刺激和良好的教育环境。大部分家长工作忙碌，在时间上、精力上、能力上做不到全面的早期教育引导，需要专业人员为幼儿提供完善的教育方案，刺激幼儿大脑健康发育。

2. 逐步养成幼儿自我服务的能力与习惯

幼儿培养基本生活自理能力(如进食、排便等)的关键期是 3 岁以前。弗洛伊德认为，幼儿的肛门期在 2—3 岁，应加强大、小便等自理能力的训练。家长习惯于喂食，时常询问孩子要不要大小便，午休睡眠时间随意，幼儿容易产生依赖，难以形成良好的习惯。幼儿园托班有专门的课程和训练，引导幼儿自己吃饭，动手脱裤提裤，洗手，科学合理安排幼儿睡眠，培养幼儿良好的生活习惯。

3. 提高幼儿的社会适应性

幼儿社会交往能力发展的关键期是 2—3 岁。幼儿若在此时期与同龄人缺乏交往，将会养

成不良性格，如孤僻、胆怯、娇气、依赖性强等。幼儿园托班注重关注幼儿的性格、情感，为幼儿创设功能齐全的区域环境，设计社会交往活动，组织集体游戏，既可以降低家长和孩子的焦虑，又可以让孩子提前适应集体生活。

（二）幼儿园托班的班级管理内容

幼儿园托班班级管理的主要内容包括生活照料、安全看护、平衡膳食和早期学习。

托班要有良好的生活环境。要加强巡视与照护，注意观察幼儿的生活情况，避免意外发生。要帮助幼儿培养如厕、盥洗、注意口腔卫生、用眼卫生等良好生活习惯，提高其生活自理能力，引导幼儿规律生活，养成良好的习惯。要关注个体之间的差异及问题，选用适宜的照护方式。

教师要保护幼儿的好奇心和求知欲，引导并支持幼儿主动探索。观察了解每个幼儿独特的沟通方式和情绪表达特点，对其情感需求要重视、满足，与之建立信任和稳定的情感联结，让幼儿有安全感。一旦幼儿出现精神状态不佳或咳嗽、打喷嚏、呕吐等情况，要加强看护，必要时要送医，并和家长取得联系。

为幼儿提供轻松、安静、愉快的进餐环境，协同制订适合 2—3 岁幼儿的膳食计划，为幼儿提供营养、丰富、健康的饮食，每周向家长公布。在幼儿进食时要为其提供帮助，做好看护。如遇幼儿有特殊饮食需求（如生病、过敏等），则需要结合家长要求并提出合理化建议。

要为幼儿创设丰富的语言环境，用正确的语言示范，鼓励幼儿大胆地表达自己的需求，让幼儿想说、敢说、会说。对于发育异常的幼儿，要加以关注并给予个别指导。让幼儿参与感官体验，感知日常生活事物、常见的动植物，帮助幼儿感知形状、颜色、空间、时间等差异，引导幼儿明白一些简单关系。提供丰富的活动环境，利用自然条件让幼儿锻炼身体，进行充足的户外运动。全日制托班每天要让幼儿进行至少 2 h 的身体活动。安排的活动与游戏要强度适宜、动静交替、形式多样，让幼儿在精细动作、大动作发展，动作协同等方面逐步获得提升。

（三）托班班级管理的主要目标

依据 2—3 岁幼儿的生长发育和心理发展规律，托班班级管理的主要目标是幼儿健康发展。要把幼儿的健康、安全工作放在第一位，关注幼儿早期情感关怀，让幼儿在生活和游戏中进行体验，加速身体发育、动作、语言、认知、情感与社会性、审美等领域的全面发展。

1. 情感和社会性发展

能以合适的进度适应并喜欢上托班生活，喜欢上幼儿园，形成愉快稳定的情绪，学会控制消极情绪。能遵守简单的行为规则。愿意亲近老师和小朋友，在教师的指导下与小朋友互换或分享食物和玩具。喜欢参加集体活动，对小朋友的情绪有一定的感知，会关心他们。可以记住自己的姓名、年龄、性别，熟知父母的姓名，背出自己的家庭住址。在教师的引导、帮助下熟练使用简单的礼貌用语。

2. 健康领域

逐渐掌握良好的生活习惯和卫生习惯。学会自己饮水、用餐、洗手、穿脱裤鞋、如厕、入睡、配合成人穿衣。喜欢和小朋友一起进行走、跑、爬、跳、钻、攀、平衡等活动，逐渐合群并参加体育游戏，学会遵守简单的游戏规则。可以在老师、小朋友的陪伴下做模仿操，从互相的注视和模仿中感受乐趣，学会运用简单器械完成踢球、拍球、跳圈等运动。能熟知、避开常见不安全因素，具有粗浅的安全意识。愿意接受健康体检，遵守学校的安全和卫生提示。

3. 语言发展

喜欢倾听、参与小朋友之间或成人之间的交谈。乐意回答教师的提问，可以提一些简单的问题。能用2~3个短句子复述自己经历过的事情，让听者明白大概经过。喜欢参加语言类活动，喜欢听书、故事、儿歌，且有自发模仿的倾向，在获得成人的帮助后可以说出基本内容。愿意独自一页一页地看书、翻书，看完后有意识地把书放回原处。能用语言比较准确地回答故事中的问题。喜欢和同伴或独自在集体中表演儿歌。会说一些礼貌用语，并知道这些用语的使用场合。

4. 科学领域

对周围的许多事物能产生好奇心及探索的愿望。愿意且比较专注地进行识别、比较、选择、归类、匹配、改错、回忆、寻找、想象等智力活动，活动时能集中注意力5~10 min。能描述物体的气味、颜色、形状等基本特征。能认识并说出4~6种颜色、3~4种几何图形。知道1和许多，能点数2~3件物品、按要求按数取物。能区分两个物体的上下、里外、前后和远近。

5. 艺术领域

乐意参加音乐活动，对音高和节奏有初步的感受力和表现力。喜欢模仿老师进行歌舞表演、做音乐律动，对打击乐活动感兴趣。对美术方面的知识、技能感兴趣，能完成美术活动中的折叠、拼搭、粘贴、涂色、串珠、搓泥等操作，初步具备安全使用剪刀的能力。自发地对环境中的色彩、线条、构图产生兴趣，能大胆用多样材料进行造型游戏，并进行自由创造。乐意在结伴甚至是独自的情况下，向他人展示自己的本领，乐意在成人的帮助下正确使用和整理材料。

资料吧

托育服务内容及主要目标

服务内容	主要目标
营养与喂养	1. 获取卫生、有营养的食物，达到正常生长发育水平。 2. 养成良好的饮食行为习惯。
睡眠	1. 获得充足睡眠。 2. 养成独自入睡和作息规律的良好睡眠习惯。
生活习惯与卫生	1. 学习盥洗、如厕、穿脱衣服等生活技能。 2. 逐步养成良好的生活、卫生习惯。
动作	1. 掌握基本的大运动技能。 2. 达到良好的精细动作发育水平。
语言	1. 对声音和语言感兴趣，学会正确发音。 2. 学会倾听和理解语言，逐步掌握词汇和简单的句子。 3. 学会运用语言进行交流、表达自己的需求。 4. 愿意听故事、看图书，初步发展早期阅读的兴趣和习惯。

续表

托育服务内容及主要目标	
服务内容	主要目标
认知	1. 充分运用各种感官探索周围环境，有好奇心和探索欲。 2. 逐步发展注意、观察、记忆、思维等认知能力。 3. 学会想办法解决问题，有初步的想象力和创造力。
情感与社会性	1. 具有安全感，能够理解和表达情绪。 2. 具有初步的自我意识，尝试学习情绪和行为的自我控制。 3. 与成人和同伴积极互动，发展初步的社会交往能力。

资料来源：《托育机构保育指导大纲（试行）》（国家卫生健康委，2021）

三、托班班级管理遵循的原则

托班班级管理要选择身心健康，关爱幼儿，具备良好的职业道德和业务能力，符合幼儿园相关规定的保教人员。托班教师、保育员应当接受托育保教方面的相关岗前培训，经过认知实践、跟岗实践、顶岗实践，才能正式成为班级管理工作者。托班班级要配齐相应的专任教师和保育员（以下简称保教人员）。幼儿与保教人员的比例不超过 7∶1，每个班级最少应配有 2 名专任教师。班主任要由专任教师担任。幼儿园托班班级管理要遵循如下原则：

1. 尊重幼儿，全面发展

根据 2—3 岁幼儿的身心发展规律，关注个体差异，编制保育、教育课程，促进幼儿在身体发育、动作、语言、认知、情感与社会性等方面全面和谐地发展。

2. 科学规范，安全健康

切实做好幼儿的安全防护、营养膳食、疾病防控等工作，重视幼儿的健康安全，科学安排幼儿的生活和活动，保障幼儿生长发育需要。

3. 积极回应，保教合一

提供支持性环境，时刻观察幼儿情况，理解幼儿生理和心理需求，并及时给予积极、适宜的回应。坚持保育、教育紧密结合的原则，做到保中有教、教中重保，自然渗透、教养合一。

案例链接

幼儿园托班学期初班级计划

一、班级情况分析

本班现有 20 名幼儿，其中女孩 8 名，男孩 12 名。多数幼儿年龄在两岁两个月至三岁，有 7 名幼儿，年龄在两岁半左右。通过家访，了解幼儿基本上没有上过幼儿园，并且在家由祖辈或保姆专人带着，所以入园会有分离焦虑的表现。

经过一学年的学习与培养，班里大部分幼儿的自理能力有了较大的提高，可以独立进餐、午睡，独立进行区角活动等。幼儿的集体意识得到增强，身心都有了相应的发展。

二、具体要求措施

（一）健康领域

1. 主要目标

（1）在日常生活中幼儿学会安静地用餐，纠正不正确的餐具使用方法，提高幼儿的自理能力，学习穿脱外裤、上衣。

（2）学会一步一步上、下楼梯，学习简单的队列，快、慢跑，钻、爬、跳等，提高幼儿的协调能力。

（3）初步建立起自我保护意识，知道什么是危险，知道不能摸、不能玩哪些东西，知道不能做哪些事情。

（4）能够独立如厕、入睡。

2. 措施

（1）在活动区为幼儿准备需要动手操作的玩具，练习抓握能力。

（2）通过娃娃家的活动，学习如何正确使用小勺。

（3）学习模仿操《蛙》，跟随教师做一些简单的模仿动作。

（4）通过户外活动，初步学习自然协调的快、慢跑和跳跃、钻爬的能力。

（5）通过看图说话和户外活动，建立起初步的自我保护意识。

（二）语言领域

1. 主要目标

（1）能听懂成人的问话和提示，并给予相应的反应。

（2）喜欢模仿成人说话，个别幼儿能提出简单的问题。

（3）能够集中注意力听故事或儿歌，能够理解故事内容，会说短小儿歌、唱短歌，愿意表演和模仿。

（4）掌握一些在日常生活中用到的名词、动词、形容词，学习完整地表达自己的意愿。

（5）学会翻看图书，并珍惜图书。

2. 措施

（1）在教师引导下，与老师、同伴进行交往，能听懂简单的指令和要求。

（2）通过一日的各种活动，训练口语表达能力，聆听故事，能模仿其中的话语。

（3）学说简单的儿歌。进行发音练习，掌握简单的名词、动词。

（4）通过区域活动与别人进行交流和表现自己。

（三）科学领域

1. 主要目标

（1）了解四季的一些明显特征。

（2）愿意亲近大自然，喜爱小动物，爱护花草。不乱扔手中的东西，初步产生环保意识。

（3）愿意自己敲击物体感知声音，并从中得到乐趣，学习简单的打击乐。

（4）多角度渗透数的概念。

2. 措施

（1）通过主题活动“金色的秋天”，认识季节的特点。

（2）通过参加户外活动，感受大自然、了解大自然。

（3）通过认识打击乐器，感受音乐的魅力。

（四）社会领域

1. 主要目标

（1）克服和家人分离时的焦虑心情，每天坚持来园，喜欢本班老师和小朋友。

（2）能对周围的人进行区分，对周围的成人能够正确地称呼，能叫出小朋友的名字。

（3）在活动中学习一些英语。

2. 措施

能在成人的帮助下正确使用礼貌用语，如“老师好”“再见”“谢谢”“对不起”。在来、离园和一日生活的各个环节中，学习使用“您好、谢谢、再见”等。能用英语进行简单的对话。

资料吧

幼儿园托班十一月工作计划

本月重点		感知色彩的变化，愿意表达自己的感受。
发展目标	生活与卫生习惯	1. 在教师指导下，在地垫上玩玩具，玩后会收纳。 2. 在教师的提示下，自己把拉开的衣服慢慢脱下来。 3. 在教师的提示下，逐步养成规律喝水的习惯。 4. 在教师的陪伴下，可以情绪稳定地独立入睡。
	动作	1. 尝试双脚跳。 2. 可以踢走静止的球。 3. 伴随音乐节拍模仿动作。
	语言	1. 尝试在情景中理解和使用简单的形容词。 2. 在教师的提示下，会重复3~5个意思完整的短句子。
	认知	1. 能分辨常见的颜色。 2. 观察色彩变化，会用简单的艺术形式来表达感受。 3. 认识秋天常见的水果，初步感受秋天果实的丰富性。 4. 做游戏过程中学会观察色彩组合。 5. 感知生活中的数学。
	情感与社会性	1. 会使用简单的文明用语。 2. 喜欢玩角色游戏，能将生活中常见的角色经验迁移至游戏中。 3. 具备初步的规则意识，在游戏中感知“轮流”“等待”等交往规则。
教师指导重点		1. 为幼儿提供丰富的物料和开阔的空间，引导幼儿主动探究。 2. 时刻关注并观察幼儿，了解其兴趣及学习方式，并确保幼儿安全。
家园配合要点		1. 日常生活中提醒幼儿主动问好、道谢，家长及时做好示范。 2. 家长多鼓励幼儿在家自己穿、脱衣服，不催促、不代替。 3. 引导家长有意识地带幼儿观察周围环境的变化，促进幼儿环保意识的形成。

第三课　托班幼儿的生活照料

《托育机构保育指导大纲（试行）》指出，托育机构保育是婴幼儿照护服务的重要组成部分。幼儿园托班不同于托育机构，但也要通过有效的保教工作，促进幼儿身体和心理的全面发展。2—3岁幼儿在园的一日生活内容多样，主要科学合理地制订作息时间，形成相对稳定的生活秩序。一日活动不仅要有模块化、弹性化的特点，还要从时间长短、活动量多少、动静程度、个体差异等方面进行精细化安排。幼儿园托班的班级管理人员要密切配合，给予幼儿精心的照顾与指导，做好相应的保育工作。

一、托班幼儿一日生活照料原则

1. 坚持安全健康原则

保育人员要做好对幼儿的健康管理和监督，为幼儿营造优质的物质环境和精神环境。切实做好室内外环境卫生，注意防范和避免伤害，确保幼儿的安全和健康。

2. 坚持发展性原则

保育人员应尊重幼儿的生理和心理发展规律，根据幼儿的现实水平，借鉴已有经验，建立合理的生活常规。根据幼儿能力和个性差异，找准幼儿的最近发展区，并为其提供相应的发展环境。

3. 坚持积极回应原则

保育人员不仅要给予幼儿生活上的照顾和护理，还应让幼儿感受到关怀和爱护，使幼儿有安全感和温暖感。保育人员观察幼儿时要耐心、细致、敏感，关注其生理需求和心理需求，及时给予积极和适宜的回应，与其逐渐建立起稳固的情感联系。同时主动了解和满足幼儿不同的发展需求，平等对待每个幼儿，呵护幼儿健康成长。

4. 坚持一致性原则

幼儿园托班人员与家庭对幼儿的生活保育应步调一致。幼儿园托班的保育工作，不仅是保育人员的责任，更需要全体人员主动参与和配合。保育人员在制定生活制度和规则时目标要一致。同时也应与家长积极沟通，主动寻求家庭的支持与配合，家园同步，形成合力。

资料吧

入园之前禁忌——写给家长的入园须知

一忌“用零食代替晚饭”。一些家长担心孩子吃不饱、吃不好，回家后让孩子吃零食。孩子因为期待零食而不在幼儿园好好吃晚饭，或者“留着肚子”回家“恶补”。时间长了，孩子的健康会受到影响。

二忌“打破砂锅问到底”。孩子一整天不在家，家人担心是可以理解的。家人在孩子回家后，对孩子问东问西，孩子会感到无法回答。这样不仅会让孩子对幼儿园产生“不知所措”的感受，还有可能会让孩子产生厌烦急躁的情绪。人为制造的环境会影响孩子的情绪，成人的紧张和焦虑也会直接影响孩子的情绪。

三忌“迁就替代教育”。孩子不高兴时会发脾气。有时，孩子也会撒娇耍赖。家长可以用其他方法转移孩子心中的不快，比如孩子喜欢的玩具、游戏、动画片，切忌无原则地迁就放纵。

四忌“脑子跟着孩子走”。这个阶段的孩子很难分清想象与现实的区别，有时他们会说一些和现实不符的内容。如果孩子们之间发生了不愉快，孩子会对家长说“某某抢我的玩具了”“某某打我的头了”。这时候家长应该先了解真实的情况，再做判断和处理。孩子在回答大人问题，尤其是没有专心听大人问题是什么时，常常把问题的最后几个字作为回答，如成人问：“你今天没有午睡？”孩子回答：“没有午睡。”问：“你吃没吃饱？”答：“没吃饱。”因此，建议家长要多和老师联系，了解孩子在托班的情况，避免产生误会。

资料吧

托班幼儿家长安全责任书

尊敬的家长：

为确保您和宝宝在本园人身及财产安全，我们真诚希望您能支持、配合我们，做好以下安全工作。

1. 严格遵守幼儿园托班各项管理规定，自觉维护园所的安全稳定。

2. 进园和离园时，请家长主动在刷卡机上刷卡。如卡片丢失，请立即告知本班老师，并及时补办。宝宝进班签到后方能进入活动室上课。

3. 入园前两周，宝宝和家长需到县级以上妇幼保健医院进行健康检查。宝宝做全面身体检查，家长只做肝功能检验项目。体检合格，方可入园参与活动。

4. 为了别人和您宝宝的健康，患传染病的宝宝请勿到园参加活动，须按医生建议进行隔离治疗，并及时报告本班老师。痊愈后，持医院证明方可来园上课。

5. 在亲子活动期间，请家长照管好自己的宝宝，切实负起安全监护责任。

6. 请勿让幼儿佩戴贵重物品来园。请宝宝穿着便于运动的服装，不要给宝宝穿戴有珠子、吊饰的衣服。女孩子不要佩戴发卡和首饰，发现纽扣松动要及时缝牢，以防发生吞食意外。

7. 来园前，家长应注意检查宝宝的口袋。发现有危险物品，如小刀、药片、铁钉、小颗粒物等，应立即取出，并及时对宝宝进行安全教育。

8. 注重培养宝宝的自我保护意识与能力，教育宝宝不做危险的事情，防止意外事故的发生。

9. 家长有情况请及时与本班老师反映解决，不得随意训斥、恐吓其他宝宝。不与老师、别的家长发生正面冲突，以确保幼儿身心健康。

10. 为了保证宝宝在园安全，请家长不要携带刀具、易燃易爆危险品入园。园内全面禁烟，严禁吸烟、乱扔烟头，家长饮酒后请勿到园参加活动。

本责任书签字生效，由幼儿园存档备查。

宝宝姓名：________班级：________

宝宝家长（签字）：________ ________

班级工作人员签字：________ ________

＊＊幼儿园

____年____月____日

二、托班幼儿一日生活中的保育管理

（一）入托、离托

入托是幼儿一日生活的开始，保育人员要以亲切、饱满的情绪迎接幼儿。与家长沟通要亲切、简短、有效，认真地记录好家长交代的事。关注幼儿情绪和晨检结果，了解幼儿带来的物品用途并妥善保管与处理。

离托是幼儿一日生活的最后一个环节。幼儿离托前，保育人员应帮助幼儿做好仪表整理和清洁工作，提醒幼儿带好个人物品。适当组织活动安抚幼儿情绪，顺利完成与家长的交接工作。

（二）盥洗

盥洗是重要的个人卫生习惯，包括洗手、漱口、洗脸、梳头等环节。洗手是发生频率最高的盥洗活动，幼儿餐前、便后、手脏时均需洗手；洗脸和漱口主要发生于餐点、活动后；梳头通常发生于午睡起床后。保育人员要保证盥洗室的环境整洁、地面干燥，并且要避免拥挤，让幼儿分批进行。幼儿盥洗时，必须有保育人员在场。

（三）如厕

幼儿年龄小，排便控制力较差。保育人员需掌握幼儿排便的规律，如在晨检、进功能教室前、餐前、外出前、集体活动前及午睡前安排或是提醒幼儿如厕，并允许幼儿按需随时如厕。幼儿如厕时，保育人员需合理站位陪伴，指导并帮助幼儿掌握如厕方法。

（四）喝水

科学饮水是保证幼儿身体健康的重要环节，应保证幼儿随时有温度适中的温水可以饮用。保证幼儿按需喝水，晨检后、室内活动后、户外活动后等，都可以根据幼儿的需求酌情调整喝水量。喝水时，必须有保育人员陪伴。

（五）午睡

幼儿期是生长发育的重要时期，充足的睡眠对他们的身体健康、大脑发育具有重要作用。在幼儿午睡过程中，保育人员要加强巡视，做好个别保育，以保证幼儿的睡眠质量和安全。午睡起床后做好午检，根据个别差异帮助并指导幼儿穿衣裤、穿鞋子。保育人员要注意开窗通风，及时调控午睡室的温度。

三、托班幼儿一日生活中的保育管理流程

（一）入托、离托

1. 入托

入托准备。保育人员入班后开窗通风，准备好饮用水、水杯及盥洗室物品，清洁消毒保育室，保持室内外干净整洁，做好晨间接待准备。

入托接待。以热情、亲切的态度接待幼儿，及时记下家长的嘱托，如个别幼儿衣物、药品的交接工作。注意观察幼儿的衣着是否合适，留意幼儿的身体状况，查看出勤情况并做好相应的记录，及时与未到的幼儿家长进行联系，了解具体情况。

整理随身物品。为幼儿安排固定的地方放置个人物品，指导和协助幼儿整理所带的衣物、日用品等。

2. 离托

离托准备。保育人员帮助幼儿一起收拾个人物品，可引导幼儿尝试自行整理。帮助幼儿整理衣裤，检查幼儿仪表及穿戴是否整齐，提醒幼儿带好个人物品。在等待离托时，可组织幼儿进行一些安静的游戏或简短的谈话，回顾一日生活，让幼儿轻松愉快地等待家人到来。

安全交接。保育人员应将幼儿当面交到家长手中，及时反馈幼儿在幼儿园托班期间的状况。要防止幼儿走失或被不认识的人接走，确保幼儿安全。照顾好个别迟接的幼儿，可安排他们做些安静的活动（如看绘本，玩玩具等），安心等待。

清洁整理，安全检查。待全班幼儿离托后，保育人员做好班级卫生清洁消毒工作，整理教室内外的相关物品，检查水电和关好门窗，做好各类记录工作。

（二）盥洗

1. 为幼儿提供安全整洁的盥洗环境

盥洗室内应放置好洗手液、消毒毛巾、卫生纸等清洁用品；要将消毒液、药品等物品放在安全隐蔽的位置，避免出现幼儿误碰、误食的情况。

盥洗室要做到常通风、无污垢、无异味，注意保持地面干燥，防止幼儿滑倒。盥洗用具要定时消毒。

2. 正确指导盥洗

（1）引导幼儿安全有序盥洗。可分批组织幼儿盥洗，避免拥挤。幼儿盥洗时，保育人员要站在能看到全体幼儿的位置，时刻关注幼儿的盥洗情况并提供适时指导。

（2）引导幼儿掌握盥洗方法，养成良好的盥洗习惯。

洗手：帮助、引导幼儿卷起衣袖，观察洗手过程，可以唱儿歌等方式提示幼儿按正确步骤洗手。

漱口：提醒幼儿餐后要漱口。用自己的水杯接入适量的水，含在口中，鼓漱 3~5 次，接着将水吐进水池。漱口后要把水杯放进对应的水杯架中，并用毛巾擦干净嘴。

梳头：帮助幼儿梳理头发，指导幼儿对着镜子整理仪表。

洗脸：提醒幼儿起床后、脸脏后及时洗脸，并在洗脸时不打湿衣服、不玩水，节约用水。

（三）如厕

为幼儿提供舒适、卫生的如厕环境，及时对尿布护理台、厕所进行清洁消毒，保证干净卫生，空气流通。

引导年龄较大的幼儿分辨男女厕所，认识性别差异。

提醒幼儿及时如厕。定时更换幼儿的尿不湿。允许年龄较大的幼儿根据需要随时如厕，不限制大小便的时间或次数。如遇幼儿发生尿裤子、拉裤子等情况，应给予关怀、安慰，并及时为其处理干净，更换衣物。

引导年龄较大的幼儿掌握正确的如厕方法，培养良好的如厕习惯。提示幼儿如厕时排队等候、不推挤，注意安全。指导幼儿对准便池如厕，尽量避免便在便池之外。将卫生纸放在固定位置上，指导并帮助幼儿便后清洁擦拭，整理衣裤，提醒幼儿便后冲厕所、认真洗手等。

保育人员要照顾到如厕的每位幼儿，帮助幼儿解决如厕过程中遇到的问题，要帮助小年龄的幼儿更换尿不湿，保持皮肤清洁。掌握幼儿大小便情况，据此了解他们的健康状况，发现异常情况及时处理。

（四）饮水

1. 为幼儿创造干净便利的饮水环境

提供带分隔的防尘水杯架、保温水桶，为幼儿准备适宜温度（43℃左右）的饮用水。

将幼儿水杯放在固定位置，并用幼儿照片或不同贴纸做好标记。水杯、杯架、水桶要按规范进行消毒，保持清洁。

2. 指导幼儿科学安全喝水

保证幼儿足够的饮水量。保育人员应及时提醒幼儿喝水，督促幼儿主动喝水、多次喝水。可按需要酌情增减幼儿喝水量，保育人员可大致记录，了解幼儿一天的饮水量是否合适。

帮助幼儿建立喝水规则，如提醒幼儿用自己的水杯接水，用小脚丫、小圆点等标识提示幼儿排队接水，引导幼儿喝完水后将水杯放在指定位置。

指导幼儿注意饮水安全，如接适量水，正确端水杯，喝水前尝温，喝水时不说笑、不洒水、不玩水等。

水对人体十分重要，而凉白开，即煮沸后自然冷却的凉开水更容易透过细胞膜被人体吸收，加速新陈代谢，提升免疫力，增强抗病能力。

纯净水、矿泉水不适合长期饮用，不应作为幼儿的主要饮品。饮料、果汁含有蔗糖、果糖等，会影响幼儿食欲，易导致龋齿，还会引起慢性非特异性腹泻，导致发育障碍，不适合幼儿饮用。

托班年龄段的幼儿每天的饮水量应在 5 杯（一杯约 200 mL）。

（五）进餐

餐食为幼儿的生长发育提供充足营养。应为幼儿提供合理的营养膳食，保证膳食平衡。除正餐外，可根据幼儿需求适当增添点心。需要注意关注特殊情况幼儿（如生病、食物过敏、营养不良、生长发育迟缓、超重等幼儿）。幼儿进餐时必须有保育人员陪伴。

1. 餐前准备

营造安静整洁、轻松愉悦的进餐环境。清洁消毒餐桌，摆好餐垫，分发好餐具。可组织餐前游戏或餐前谈话，向幼儿简单介绍食物，激发幼儿食欲。注意，餐前游戏和谈话应在安静平和的氛围中进行，不可过于热闹、激烈。

组织幼儿做好如厕、洗手等准备工作。

2. 餐中引导

正面引导，及时鼓励。保育人员应密切观察幼儿进餐情况，如情绪、进餐速度、进餐量及对食物的偏好等。对幼儿出现的点滴进步，要及时鼓励，予以肯定，使幼儿进餐时保持愉快的情绪。不可催促、强迫或用比赛的方式让幼儿进餐。

指导幼儿正确使用餐具，培养幼儿良好的进餐习惯。如按时定量进餐，不挑食，不偏食，不剩饭菜，保持良好的进餐坐姿和方法，注重进餐卫生和礼貌等。保育人员要及时发现幼儿在进餐过程中的问题并做恰当处理。

关注个体差异，采取相应措施。对注意力不集中或者含饭不吞咽的幼儿，应适当提醒其专心用餐；对饭量小的幼儿可采取少盛多添的方式，鼓励其适当多吃；对饭量大、进餐速度快的幼儿应提醒其注意细嚼慢咽；对有特殊情况的幼儿要进行特殊照护等。

3. 餐后整理

提醒并检查幼儿咽完饭后再离开，指导幼儿将自己的餐具分类放到指定位置，并用正确的方法擦嘴、漱口、洗手，养成良好的卫生习惯。冬季注意擦嘴毛巾的保暖，并提供面霜。餐后安排轻松安静的活动。

案例链接

幼儿常常分不清干净的毛巾和用过的毛巾。他们往往会直接拿方便顺手的毛巾来擦嘴。为了帮助他们养成良好的卫生习惯，保育人员可以通过讲故事、进行角色游戏、在生活架上贴上干净脸和脏脸等方式，让幼儿快速分辨出干净的毛巾。幼儿的动手能力较弱，可以根据他们身高，在生活架边提供高度适宜的桌子和镜子，再在生活架边的墙面上张贴饭后擦嘴的示意图。幼儿可以一边看示意图，一边擦嘴，还可以在桌子上折叠毛巾。这样既可以培养他们餐后讲卫生的好习惯，又能锻炼他们的动手能力。在培养幼儿习惯的过程中，可以给他们创设具有互动性、可操作性、参与性的生活环境，让环境和幼儿进行“对话”，使环境成为“会说话的教育”。

（六）午睡

1. 睡前准备

营造适宜的睡眠环境。注意空气流通，调节室温，拉好窗帘，准备安全舒适的寝具，保持安静。

组织适宜的睡前活动。可以组织幼儿进行一些安静的游戏，播放轻松舒缓的音乐或睡前故事，使幼儿放松心情、稳定情绪，为尽快入睡做好准备。

提醒幼儿睡前如厕，指导并帮助幼儿脱衣盖被，帮助有需要的幼儿更换尿不湿。睡前检查幼儿的床铺及幼儿身上有无发夹、橡皮筋等小物件，排除安全隐患。

2. 睡间指导

耐心陪伴，温柔安抚。对于哭闹或睡不着的幼儿，保育人员可坐在他们身边轻拍安抚，轻声安慰。

安全巡视，悉心指导。密切观察幼儿的睡眠情况，帮助幼儿保持正确的睡姿，勤给幼儿盖被，避免幼儿着凉。保育人员15分巡视一次，注意幼儿的面色、呼吸等，及时发现和处理异常情况。保育人员在幼儿午睡中要做到“三轻”（说话轻，走路轻，关门轻）。

及时提醒幼儿如厕。定时唤醒易尿床的幼儿如厕，然后安抚其继续入睡。及时为遗尿幼儿换下衣裤，更换尿湿的被褥，并清洗、晾晒。

3. 起床整理

营造起床环境。保育人员应在幼儿起床前关好窗户，然后轻声唤醒幼儿，或播放舒缓的音乐提醒幼儿起床，并注意观察幼儿的精神状态、面色、体温等。

保育人员帮助并指导幼儿穿衣裤、鞋子。起床后应组织幼儿如厕、盥洗、喝水等。待全部幼儿离开寝室后，整理床铺，检查有无遗漏的衣物。如有尿床，需及时清理。最后要开窗通风。

四、托班幼儿一日生活中的保育管理要点

1. 建立系统的一日生活规范

根据幼儿生理及心理发展特点，科学规划各项生活环节的时段和顺序，详细制定各项生活环节的常规要求和指导要点，建立一套系统的一日生活规范，以保证保育工作的一致性和连续性。建立合理的常规，能有效帮助幼儿理解、掌握行为规则，建立必要的秩序感。在执行常规的过程中，需从幼儿的实际水平出发，循序渐进，不能操之过急。保育人员要耐心指导，及时督促幼儿遵守各种生活常规，必要时可根据实际情况灵活调整，为幼儿提供安全有序的生活环境。

2. 有效观察记录，关注幼儿安全

保育人员应时刻关注幼儿，以保障幼儿的生命安全为首要任务。幼儿年龄小，自我保护意识和安全防范能力差。一方面，保育人员要敏锐地捕捉幼儿在生活环节中的行为表现，及时应对生活中的突发事件，保护幼儿安全，并做好观察和记录工作；另一方面，保育人员应围绕幼儿在日常生活中出现的问题，及时提醒幼儿，给予必要的、合理的安全支持，培养幼儿的安全意识，使幼儿获得初步的自我保护意识和能力，切实保证幼儿健康快乐地生活。

3. 培养生活自理能力及生活习惯

幼儿的独立生活能力较差，为保证他们身心健康发展，保育人员要全面细心地照顾幼儿的生活，但不要包办代替。幼儿力所能及的事情，要帮助并鼓励幼儿自行完成，发挥幼儿的主动性，培养幼儿的生活自理能力。同时，要注意持之以恒，反复强调，帮助幼儿养成良好的卫生习惯。

4. 尊重个体差异性，注重个别指导

幼儿身体发育、家庭背景、性格、气质等存在个体差异性。保育人员要理解和尊重幼儿的个体差异，切忌用一把“尺子”衡量所有幼儿。注意个别关注和引导，因人施保，让不同层次幼儿都得到发展。

第四课　托班幼儿的健康管理

托班健康管理遵循尊重幼儿、安全健康、积极回应、科学规范的原则。根据幼儿生长发育

和心理发展规律，提供适合幼儿的保育环境，关爱幼儿，将幼儿的安全、健康放在第一位，注重发展的整体性。

高质量的保育评价是保育管理工作的重要环节。遵循一定的保育工作评价原则，结合幼儿园托班的实际情况，安排适宜的评价内容，利用过程性评价、自我评价、班级观察等方法，让保育评价工作的过程有章可循、有据可依。保育工作经常会遇到较为复杂的情况，明确保育理念、人员发展、工作实践等方面的常见问题，可以为广大保育管理者提供解决问题的方法。保育管理的相关制度可以保证幼儿园托班的保育工作有效运转。

一、托班幼儿的卫生保健教育

托班幼儿年龄小、抵抗力弱，托幼机构尤其要重视幼儿的健康管理。托班健康管理要落实预防为主、保教结合的工作方针，为幼儿创设健康的生活环境，预防控制传染病，培养幼儿健康生活习惯，保障幼儿身心健康。托班保健的重要内容是建立和完善卫生保健制度，进行日常卫生保健工作，做好疾病预防。

（一）卫生保健教育

让幼儿了解人体主要器官的形态、结构和功能，初步接触一些常见病预防知识，逐步养成保护健康的意识。

1. 眼保健

包括注意用眼卫生、预防常见眼外伤和传染性眼病发生等内容。

2. 口腔保健

向幼儿和家长宣传爱护乳牙的重要性，培养幼儿饭后漱口和早晚刷牙的习惯。

（二）安全教育

让幼儿初步掌握一些安全知识，如防火、防污染、防病、防意外伤害等。在杜绝事故隐患的同时，还要教会幼儿保护自己，防止意外发生。如不玩弄电器、不放烟花爆竹、不在公路上玩耍等；认识安全标志，遵守交通规则；学习应对意外事故和伤害（如地震、火灾、异物入体、台风、走失等），掌握基本的求生技能，知道向成人求救的方法。

（三）心理健康教育

针对幼儿的情绪、性格、语言、动作等，因材施教，纠正幼儿的不良性格倾向。教育幼儿表达情绪和调节情绪的方法，提升独立生活和学习能力，培养讲礼貌、与同伴友好相处的意识，爱护公共卫生和设施、爱护花草树木等。

（四）体育锻炼

根据幼儿发育特点，引导幼儿积极参加体育活动，并遵守体育规则。用幼儿感兴趣的方式练习基本动作，保持良好的身体形态，提高身体素质，养成顽强的意志品质和合作精神。

二、托班幼儿的健康习惯养成

（一）健康习惯的内容

托班幼儿健康教育的内容随着“健康”和“教育”内涵的扩展而扩展，主要是结合幼儿的身心特点，通过教学、游戏、日常生活和其他活动等进行健康知识的教育和行为习惯的培养。托班幼儿的健康习惯包括以下五个方面。

1. 生活行为习惯

幼儿良好的生活习惯包括作息、卫生习惯，如起床、饮水、盥洗、如厕、睡眠、着装、活动与锻炼等方面。

2. 生活自理习惯

幼儿自己吃饭、喝水、盥洗、穿脱衣服、整理收纳等。

3. 作息习惯

幼儿按时睡觉，定时定量用餐，规律盥洗如厕，坚持体育锻炼和户外活动。

4. 清洁卫生习惯

幼儿讲究卫生，勤洗手、洗头、洗澡和勤换衣、勤剪指（趾）甲、勤理发等。学会使用自己专用的毛巾、水杯等。学会正确地咳嗽和打喷嚏。饭前记得洗手，用餐桌面和地面保持清洁等。

5. 饮食习惯

良好的饮食习惯包括饮食不过量、饭菜多样化、不喝生水等。情绪愉快，愿意独立进餐。正确使用餐具，定时定量，细嚼慢咽，不边吃边说笑。

（二）健康习惯的养成路径

1. 创设环境

托班应保持幼儿生活环境清洁，物品摆放有序。

在班级卫生工作中，对清洁用的抹布（毛巾）及其使用方法都有一定规定：如要求使用全棉、质地蓬松、柔软、吸水性强的毛巾类的抹布，颜色一般为浅色；擦拭食物用具的抹布、一般用具的抹布、卫生间的抹布应严格分开。

湿抹布要求达到规定的湿润程度，即润透、不滴水，也拧不出水。

将毛巾折 3 次，叠成 8 层，正反 16 面，比手掌稍大一点。

一面用脏后再用另一面，16 面全脏后，洗净拧干再用。不可用脏抹布反复擦拭。

擦拭时应从左至右（或从右至左）、先上后下均匀地擦，勿留下边角。如果污垢用抹布擦不掉，可用百洁布或刷子等特殊工具。

准备数条抹布备用，以提高工作效率。

2. 树立榜样

教师、保育员及其他工作者应以身作则，规范工作，同时做好家长宣教工作，请家长配合托班，为幼儿树立榜样。

幼儿稍微复杂一点的意思还表达不出来。比如要表达自己想玩什么、吃什么，除了使用简单的词语，有时只能用手比画。幼儿手眼协调能力和小动作能力都还没有锻炼好。家长不能发脾气，要以恰当行为为幼儿作出示范。

3. 示范讲解

幼儿好模仿，在培养幼儿良好习惯时，要注意直观示范。做每件事之前，教师、保育员应向幼儿讲明要求和方法，做到一边讲解一边示范。示范讲解时，要按照顺序反复进行，使幼儿先掌握各个分解步骤，再提高要求。

小贴士

七步洗手法

第一步，洗手掌。用流水将双手湿润，涂抹肥皂或洗手液，掌心相对，手指并拢，相互揉搓。

第二步，洗背侧指缝。手心对手背沿指缝相互揉搓，双手交换进行。

第三步，洗掌侧指缝。掌心相对，双手交叉沿指缝相互揉搓。

第四步，洗拇指。一手握另一手大拇指旋转揉搓，双手交换进行。

第五步，洗指背。弯曲各手指关节半握成拳，把指背放在另一手掌心旋转揉搓，双手交换进行。

第六步，洗指尖。弯曲各手指关节，把指尖合拢在另一手掌心旋转揉搓，双手交换进行。

第七步，洗手腕、手臂。揉搓手腕、手臂，双手交换进行。

4. 反复练习

任何好习惯都是经过无数次练习才逐步养成的，而且需经常巩固。因此，应坚持反复练习不间断，尤其在幼儿还没有形成习惯以前，要不断提醒和经常督促。提醒督促时要注意方式方法，使幼儿愿意接受并能记住。幼儿形成好习惯后，仍要多鼓励。

2 岁开始需要培养幼儿养成良好的卫生习惯，如刷牙、漱口、饭前便后洗手、睡觉前不吃糖果、饼干等。2—3 岁是培养幼儿良好习惯的重要时期。家园合作培养幼儿养成习惯时一定要有耐心，并多教几次。当幼儿成功地完成一个过程时，要多鼓励。

5. 合理要求

对幼儿提出的要求要明确、易懂，为幼儿力所能及。要创造条件让他们达到这些要求，同时要考虑其承受能力。在培养过程中，还要经常进行评价，评价要客观正确，指出为什么受到表扬，存在什么不足，同时告诉幼儿改进的方法。

保教人员询问托班幼儿发脾气的原因，要采用合适的方式方法。2—3 岁的幼儿口头表达能力不足，要用排除法找到原因。不要问幼儿："你为什么哭啊？"这是在难为幼儿。幼儿要是能说得明白，早就寻求你的帮助了。要问："你是因为饭菜多吃不了才哭的吗？""你是想要两块排骨吗？""你是不是不喜欢吃豆芽呢？"要告诉幼儿，大人也不是什么事情都能做好，幼儿就更不可能了。做事情之前先减少对成果的预期，饭吃不了，可以先少点，第二天再添一点儿，慢慢来。

6. 督促检查

幼儿在自觉、坚持、自制方面都比较差，良好习惯不是通过几次训练就能养成的。在日常生活中不可缺少对幼儿的督促检查。按照制度规定做重复性督促检查，可使幼儿不断强化学会的良好习惯，并渐渐形成自觉行为。

资料吧

幼儿园托班班级日常平安管理制度

1. 幼儿平安教育"五个不准"。不准触碰电器开关;不准乱吃种子、药物、花、草等;不准在口中衔小物件;不准在口袋里放脏东西和危险品;不准离开老师。

2. 教师带班时间不得与人聊天,不得离开幼儿;不允许幼儿离开老师的视野。一般情况下,不接电话,不会见客人。

3. 活动前做"三检查"(即检查场地设备、幼儿情绪、衣着)"一交代"(向幼儿交代纪律与玩法);活动时注意观察幼儿活动内容和方式;活动后清点幼儿人数并讲评。

4. 拿饭、拿水时要打招呼,要躲开幼儿走。刚煮沸的汤和水要加盖,放在幼儿碰不着的地方。开饭时,饭菜、汤不烫手才能让幼儿端,饭菜、汤不能从幼儿头上过。不随便倒开水。

5. 幼儿进食时不得谈笑,不得边进食边做其他事。

6. 药品和洗涤水(粉)要妥善保管。幼儿的药品要写好药名和人名,洗衣粉和洁厕灵要写好品名,并放置在幼儿站立时伸手够不到的地方。大人的药不能放在外面。

7. 不让幼儿接触电源开关、刀器、滚水和火。

8. 下班前要仔细核对幼儿人数;关好门窗;关掉电器;锁好贵重物品。

9. 幼儿受伤后,当班老师要冷静、沉着,耐心询问,仔细查看伤口。如果有烫伤要迅速离开热源。若是骨折要固定好伤口位置,并迅速送医务室处理。

10. 发生事故后,要立即报告医生和园长。

7. 家园配合

保教人员要与家长密切联系,让家长了解培养幼儿生活习惯和生活能力的意义和方法,从而配合做好培养教育工作。还要向家长宣传不要包办幼儿可以做的事,要给幼儿尝试和锻炼的机会。

三、托班幼儿的营养管理

关注2—3岁幼儿在膳食营养方面的问题,制订科学的膳食计划和食谱。每日准备多种与幼儿年龄、发育特点相适应的食物,让幼儿养成专注进食的习惯,习得选择多样化食物的知识。若幼儿有贫血、食物过敏等症状,要为其提供特殊膳食。安排强度适中、动静交替、内容充足、形式多样的体育活动,促进幼儿身体发育并初步产生身体意识,以及提升他们的生活自理能力。

(一)幼儿营养与膳食安排

2岁以上幼儿的食谱逐渐接近健康成人,每天要尽可能摄入多种食材(不包括葱、姜、蒜等调味品)。烹饪时要尽可能多地保留营养素,建议使用蒸、煮、炖等方法。不同月龄(年龄)的幼儿,主副食要选用不同的材料,选择不同的切配和烹调方法,从而降低营养素的损失,符合幼儿的清淡口味,实现营养膳食的目标。幼儿过敏的食物要有替代品。食物烹调要色、香、味、形俱全,以此提高幼儿的进食兴趣,如彩色蝴蝶面、彩色贝壳馒头等。

食谱中各种食物提供的能量和营养素水平,参照中国营养学会颁布的《中国居民膳食营养素参考摄入量(DRIS)(2013)》推荐的相应月(年)幼儿每日能量均需要量(EER)和推荐摄入量(RNI)或适宜摄量(AI)。

食谱各餐次热量分配:早餐提供的能量约占全天的30%(包括上午10点的点心),午餐提供的能量约占全天能量的40%(含下午3点的午后点心),晚餐提供的能量约占全天能量的30%(含晚上8点的少量水果、牛奶等)。三大营养素热量占总热量的比例,蛋白质为12%~15%,脂肪为30%~35%,糖类为50%~65%。优质蛋白质占蛋白质总量的50%以上。

(二)幼儿食谱的制订

制订食谱时可参照中国营养学会颁布的《中国居民膳食营养素参考摄入量(DRIS)(2013)》,有几点需要注意。

1. 谷物花样多

谷物是这个年龄段幼儿主要的能量来源。长期进食精米精面不利于幼儿消化系统的发育和完善,因此需要添加玉米、黑米、薯类等各种食物。在促进肠道发育的同时。还能补充各种维生素和矿物质。

2. 食材种类全

2岁以上的幼儿建议每日能够摄取多种食材。幼儿园如果供给午餐和下午点心,那就要保证有15种以上的食材。这并不是说每天必须让幼儿摄入这么多的食材,而是让幼儿有充分选择的机会摄入更多的食物种类,并且在长期的饮食中,能够达到相对均衡的状态。家庭则可以根据园所中的食谱,调整幼儿在家的饮食,补充机构中本周没有供给的食物。

3. 食谱有色彩

不同食材有不同的营养供给,在设计一周食谱时,可以用不同颜色的字体来表示不同种类的食材。比如,用红色字表示鱼、虾、鸡肉等食物;用黄色字表示蛋、豆、奶制品等;用绿色字表示绿叶菜;用蓝色字表示汤;用紫色字表示水果;用红褐色字表示点心等等。这样的菜谱一目了然,一旦缺什么食物,很快就可以通过字的颜色来发现。

4. 标识要直观

食谱中可直观标识可见的烹饪方式。要选取营养素损失最少的烹饪方式,如蒸、煮、炖等,比起食物的风味、口感,更关键的是食物营养的保留。

四、托班幼儿的健康管理要求

1. 建立发现机制

定期检查,随时关注,及早发现健康问题,对于处于身心发展快车道的托班幼儿特别重要。幼儿的健康体检主要包括:

(1)入园体检。离园一个月以上或从外地返回的幼儿要重新体检。

(2)定期的常规体检。包括身高、体重、视力等身体体征。

(3)晨检。每天早上对入园的幼儿进行检查,包括一摸(是否发烧)、二看(咽部、皮肤、精神状态)、三问(饮食、睡眠、大小便、患病情况)、四查(有无携带不安全物品)。

(4)全日健康观察。在全天活动中,要随时观察幼儿的健康状况,发现问题及时处理。保教工作人员在幼儿家访或面谈中,应细致了解幼儿的既往病史,有无过敏史等。对于需要特殊照护的幼儿,应建立预案。

资料吧

****幼儿园托班带药服药记录表**

年　月　日

幼儿姓名		幼儿班级		家长电话		
服药时间	药品名称	服药剂量	喂药时间	家长签字	喂药老师签字	备 注
早饭后	药品名称	×	8:30			无不良反应
	药品名称	×	8:30			无不良反应
	药品名称	×	8:30			无不良反应
午饭后	药品名称	×	12:20			无不良反应
	药品名称	×	12:20			无不良反应
	药品名称	×	12:20			无不良反应

注：1. 此表需留档备查，请家长和老师务必认真填写核对。

2. 幼儿服药后，班级老师务必注意观察幼儿有无不良反应。

2. 实施规范管理

托班的疾病防治，包括定期的疫苗接种、季节性疾病预防、突发性传染病预防。可通过普及卫生知识进行健康教育，让幼儿养成良好的卫生习惯；膳食要合理平衡；加强体育锻炼，增强幼儿体质，提高其对疾病的抵抗能力。

针对幼儿轻度肥胖、中重度肥胖、能量营养不良达到中度及以上、贫血等情况，需建立个体档案，监测幼儿的身体发展。对于幼儿食物过敏情况，班级保育人员须在入托前仔细摸排，经由家长确认签字记录在册，当一日餐点中出现该类食物，由营养室提供替代餐品。

资料吧

<table>
<tr><td colspan="9">新生家访记录表</td></tr>
<tr><td colspan="7">教师</td><td colspan="2">时间</td></tr>
<tr><td colspan="2">幼儿姓名</td><td></td><td>性别</td><td></td><td>出生年月</td><td></td><td>籍贯</td><td></td></tr>
<tr><td colspan="2">家庭住址</td><td colspan="7"></td></tr>
<tr><td rowspan="4">家庭状况</td><td>关系</td><td>姓名</td><td>出生年月</td><td>文化程度</td><td colspan="2">工作单位</td><td colspan="2">联系电话</td></tr>
<tr><td>父亲</td><td></td><td></td><td></td><td colspan="2"></td><td colspan="2"></td></tr>
<tr><td>母亲</td><td></td><td></td><td></td><td colspan="2"></td><td colspan="2"></td></tr>
<tr><td colspan="8">孩子与父母是否同住，有无其他家庭成员共同居住：</td></tr>
<tr><td colspan="2">幼儿健康状况</td><td colspan="7">有无特殊身体状况（如过敏史等）</td></tr>
</table>

续表

<table>
<tr><td rowspan="10">幼儿在家中活动情况</td><td rowspan="2">饮食</td><td>是否会使用餐具独立进餐　　进餐所需时间</td></tr>
<tr><td>进餐情绪　　饭量　　是否挑食</td></tr>
<tr><td>睡眠</td><td>有无午睡习惯　　是否独睡　　是否尿床</td></tr>
<tr><td rowspan="3">自理能力</td><td>能否控制大小便　　能否表达需要
大小便能否自理(自己脱穿裤等)</td></tr>
<tr><td>能否自己洗手</td></tr>
<tr><td>是否喜欢自己做事　　举例</td></tr>
<tr><td rowspan="3">游戏活动</td><td>最喜欢的玩具图书</td></tr>
<tr><td>能否自己玩　　周围是否有游戏小伙伴</td></tr>
<tr><td>是否常看电视　　喜欢的节目</td></tr>
<tr><td>日常行为表现</td><td>是否爱发脾气　　是否过分活跃或安静</td></tr>
<tr><td></td><td>其他</td><td></td></tr>
<tr><td colspan="3">家庭闲暇活动(举例):</td></tr>
<tr><td colspan="3">家长与幼儿之间的关系、态度、家庭氛围:</td></tr>
<tr><td colspan="3">家长对幼儿的希望及对托育中心的要求:</td></tr>
<tr><td colspan="3">家长签名:</td></tr>
</table>

3. 进行动态监管

定期对有健康与发展问题的幼儿进行园内随访,并定期与家长就幼儿的健康情况进行沟通交流。个别项目需请家长带幼儿前往医院检测并将医院报告交给班级保教人员。班级保教人员需将报告反馈给保健室,由保健室及时记录进个人档案,动态管理幼儿的健康信息。

超重与肥胖幼儿,随访频率为每 3 个月 1 次;随访项目主要是测量体重、身高,采用生长发育曲线图进行监测;好转标准为体重除以身高值呈现下降趋势;结案标准为 1 次随访结果正常。

4. 联动家庭干预

家园共育有利于促进幼儿成长。来自家庭的观察,能够使幼儿的信息更为全面,便于为幼儿制订更适合个体的干预方案。要指导家长对幼儿展开有效观察,做好观察计划,记录观察要点,同时做好家园合作。注重医育同步,将健康理念、生活方式渗透到日常养育工作中,渗透到幼儿一日生活的各个环节中。在养育工作中融入中医调理的舒适性、安全性和适应性等理念,使幼儿获得更加科学的指导。保育人员在观察记录的同时,可以与家长共享分析结果,形成符合幼儿的干预方案。

案例链接

孩子作息时间与托班的不一致，怎么办？

璇璇 31 个月，每天早上 10 点左右起床，下午 4 点才开始睡“午觉”，傍晚 7 点左右起床，再次入睡时间为夜里 12 点左右。妈妈特意给孩子报了下午的半日托班，想在上幼儿园之前的这几个月里把孩子的作息时间调整一下。每天下午 3 点来园后，璇璇和其他小朋友一样玩着自己喜欢的玩具，在集体活动中也很积极、主动，表现良好。可是每到 4 点以后，他就开始“闹觉”了。只要不如他愿就会哭闹不止，怎么说都不行，一直哭到回家躺下睡着为止。

分析：幼儿的作息规律是由重复或练习而固定下来的，合理的作息习惯有利于幼儿健康、安全地生活，能使他获得心理上的安全感和归属感，形成良好的情感和个性心理品质。2—3 岁的幼儿晚上上床睡觉的时间一般不超过 8 点，夜间 11 点左右叫醒幼儿小便一次。早晨 7 点左右起床，中午 12 点左右进行午睡。午睡时间不宜过长，应在 2 小时左右，否则会影响晚间休息。

幼儿发展特点：两岁之前，幼儿心目中的时间常以日常生活事项来表达，如早饭后、午睡后或晚饭后等。两岁以后的幼儿对钟表开始感兴趣，因为大人说时间时习惯看钟表。早上起床时让幼儿看钟，看看钟的长短针位置，较易记住的是 6 点，长短针在中间成一条直线，把钟分成两个半圆形；中午长短针都重叠在一起，是 12 点；吃晚饭同起床的时间一样，钟走到 6 点；9 点，好像从圆圆的蛋糕上切下来一块。如果幼儿已经认识数字，就不但会按时针的位置形状做出判断，也会读出针所指的数字，说出几点钟。暂时不必学习指认长针，最多认识长针指 12 时是整点，指 6 时是半点。

家长策略：

1. 作息时间调整不宜操之过急，应逐步进行。原来起床时间为上午 10 点，可以慢慢调整为 9 点。稳定一段时间之后，逐渐再调整为 8 点，以此类推。

2. 若该起床时还没有起来，可以用一些温柔的方式唤醒幼儿，如用音乐、玩具、食物等来引逗。

3. 父母可以在每天晚上睡觉前和孩子约定：如果明天早上能在×点起来，会带孩子去他最想去的地方，玩他最想玩的玩具。

4. 当孩子不肯睡觉时，父母可以陪他躺在床上给他讲一个故事，并告诉他一个故事讲完就应该睡觉了。

5. 幼儿睡前不要加餐，不要让他过度兴奋。可播放一些摇篮曲，为其创造良好的睡眠环境。

6. 吃完晚饭后带孩子去散步半小时，回来后做一些安静的事情。家里营造安静的氛围，有利于幼儿尽早入睡。

7. 家长每天早睡早起，用自身的行为感染孩子。

第五课　托班幼儿的教学管理

刚满 2 岁的幼儿喜欢重复操作玩具；2 岁左右的幼儿与伙伴们一起玩游戏时只会专注地

自己玩，与身边的小朋友没有合作，也没有交流和互动（除非是和小朋友哄抢玩具的时候）。两岁半的时候开始喜欢与大人和同伴一起玩“假装”游戏，喜欢假装自己在不同的场景里（如海底、坐车、下雨了、山洞等）。虽然知道身边有同伴也喜欢同伴的存在，但依旧很少与同伴互动，只是简单地假装自己在某个环境里待着。幼儿对欢快节奏非常感兴趣，比如有节奏地拍桌子、拍手、念儿歌等。对自己的动作和行为所产生的结果和影响好奇，比如发现拍桌子能发出声音时，幼儿会继续拍桌子以引起他人注意；发现做一件事情能引起大人的注意，甚至反感时，会继续去做这件事情。

幼儿以自己的方式专注地玩玩具，教师不要为了接近幼儿，强行与幼儿互动，将幼儿的注意力拉到自己这里，这对幼儿来说可能是一种打扰。

2 岁的幼儿不懂得相互之间合作，比如说上课时不能让两个小朋友共用一个调色盘，除非事先明确告诉他们这个调色盘是老师的。当幼儿捣乱时，教师和家长不要过于关注行为本身，只需要简洁明了地告诉他正确的行为应该是怎样的，以及简洁地解释原因。上课的时候，有幼儿不遵守课堂规则，教师只需表情严肃地重复课堂规则，告诉幼儿正确的行为，并且多表扬表现好的幼儿。不与幼儿纠缠，不给幼儿“谁调皮，老师就关注谁”的错觉。

一、托班幼儿的发展特点

开始有独立性要求，在一些事情上坚持自己做，开始出现了人生第一个反抗期。与其他小朋友一起玩耍时，经常以自我为中心，会出现喜欢别人的玩具就直接抢的情况。如果别人不给，甚至会抓咬别人。喜欢听老师、家长或周围的人表扬自己。

当幼儿完成某个动作时，要多鼓励、表扬幼儿，同时要注意表扬要具体。要与幼儿一起分享他发现了新东西的喜悦。

当幼儿出现“什么都要自己来，什么都想帮忙”的情况时，要耐心一些，尽可能鼓励幼儿独立完成一些事情，同时也要鼓励、支持幼儿主动去尝试、探索新的东西，避免幼儿日后形成羞怯、胆小的性格。比如自己吃饭，请他帮小朋友拿一本书，请他协助收拾玩具等，让幼儿感到被信任、被重视。这个阶段一般会持续到 4 岁左右。

引导幼儿缓解自我愿望与规则之间的矛盾。当预感到幼儿会通过闹情绪实现愿望满足时，要尽早与幼儿讲好规则。如果幼儿已经开始闹情绪了，尽量不要在有其他人在场的时候说教幼儿，可以抱幼儿单独去一个空间安抚一下或讲清道理。

1. 动作发展特点

大动作：2 岁半左右的幼儿能较熟练地在平地上小跑、牵着手可以两步下一个台阶、会扔东西、可以搬着小板凳到处走。

精细动作：2 岁的幼儿可以堆高几块积木，插小木桩，手指可以捏起一些东西，自己拿勺子吃东西。到了 3 岁，幼儿可以自己翻看绘本，撕纸。

2—3 岁的幼儿身体发育和动作发展速度很快，可以让幼儿到足够大的空间里去跑、去玩耍，让幼儿锻炼运动协调能力。多带幼儿进行户外活动，亲近自然。如玩沙子和泥土、采摘水果、游泳、逛公园或动物园等。不同幼儿的身体发育情况不同，要具体情况具体分析。不要逼迫幼儿去做他们目前难以完成的动作，否则会损伤幼儿的肌肉。

2. 语言发展特点

2岁的幼儿会用不太清晰的语言表达自己的需要，经常混淆词语发音，而且很少有完整的句子。

到了3岁时，幼儿能够相对清晰地发音了，只会将少量相似音的词弄混。会说一些生活中可以用于基本交流的句子，比如说，“我要尿尿”“那是黑色的小狗！”“这个是小花的”。他们掌握了一定的词汇量，能够简单地进行交流。如果问幼儿几岁了，他会回答“我两岁”，而且会说自己的名字。在家长的帮助下，会说“谢谢”“再见”“早上好”“晚上好”“不客气”“对不起”等基本的礼貌用语。能够简单回答绘本故事里的问题，比如说“谁在那里”“他在干什么”“刚刚发生了什么”“什么颜色、大小、热冷、香臭等物体特征”“这是用来干什么的”。

2—3岁这个阶段是幼儿语言发展的关键期。教师可以给幼儿读绘本，辅助家长做阅读计划。读一些儿歌、民谣，幼儿不一定听懂，喜欢听就可以。引导幼儿说礼貌用语。幼儿3岁以后越来越在意同伴，养成使用礼貌用语的意识和习惯有利于提高社会交往能力。幼儿某些词发音不准确，不要刻意纠正，教师只重复正确的发音。幼儿小的时候家里的语言环境要“一致”，要么都用方言交流，要么都用普通话交流，要么都用外语交流，尽量避免多种语言出现。幼儿出现说话晚的现象，如能排除生理原因，不要给幼儿施加太多压力。

很多家长都愿意利用接幼儿离园时间与孩子进行交流，这样不仅能了解孩子的在园情况，又能增加和孩子之间的沟通，更重要的是可以提升孩子的表达能力。需要注意的是，教师要提醒家长多用启发式提问，与孩子进行更广泛的交流。

很多家长更关心孩子在托班“吃什么了”“玩什么了”，这些需要关心，但不是最主要的，可以引导家长可以多问问孩子有何感受、是否关心了他人、是否学到了新知识，如“你今天在托班高兴吗？”“今天你们班果果来了吗，他的身体好了吗？”“你教妈妈折小纸船，好不好？”“你今天帮老师收拾玩具了吗？”等。提出问题要具体、让幼儿感兴趣。渐渐地，孩子会喜欢和家长交流一天的在园生活。

3. 认知发展特点

这个阶段的幼儿处于直觉行动思维阶段，只能一边行动一边思考，动作与思维同步进行。如果动作停止了，那么思维也就停止了。他们不能先想好，然后再做一件事。

托班幼儿可以区分出方形、圆形、三角形，能够分辨基本的颜色，能够明辨大和小、长和短、冷和热、高和矮、快和慢。能够区分生活中常见的食物、动物、日常用品。能够听懂简单的规则，根据指令做动作或完成任务。能认识不同的职业。

相对于2岁以前的幼儿，规则感和秩序感增强。这个阶段可以引导幼儿自制玩具，尝试辅助幼儿建立规则感、秩序感，比如生活中应当排队。

4. 社会情感发展特点

2岁左右的幼儿自我意识开始萌芽，人生第一次“叛逆期”出现，什么都要自己来。从2岁到3岁，幼儿慢慢开始接受建议。

刚满2岁的幼儿情绪不太稳定，会跟着别人一起哭，想妈妈了会哭，而且也容易被逗笑。情绪也容易被周围环境影响，神秘的气氛会立刻让幼儿好奇，恐怖的气氛会立刻让他害怕。从2岁到3岁，幼儿的情绪渐渐稳定，但整体上来说依旧不稳定。

托班幼儿非常依恋妈妈和教师，更愿意接触与自己亲近的人。从2岁到3岁，幼儿越来越重视同伴，越来越愿意与同伴一起玩，但整体上来说依旧是“以自我为中心”。幼儿能够离开家长独自玩耍的时间逐渐加长。

有些时候能够适当地节制自己的行为以得到表扬。

上课的时候，老师要关注幼儿的情绪变化，可以充分创设不同的上课氛围来调动幼儿上课的情绪状态。比如说要拿出一个授课教具时，老师可以用夸张的表情、充满神秘的语气，调动幼儿的课堂情绪。

指导家长，家庭生活氛围尽可能温馨、愉快，陪伴幼儿时注意自己的情绪状态；家长暂时离开时，要事先告知幼儿，让幼儿有充足的心理准备、足够的安全感，与妈妈形成良好的依恋关系。

二、托班幼儿游戏教学管理原则

1. 满足生活性

科学合理安排幼儿的生活和活动，满足幼儿生长发育的需要，关注幼儿心理发展、行为养成，引导幼儿初步具备良好的生活卫生习惯。

案例链接

幼儿饮食健康教育活动——危险的馒头

一、活动准备

1. 虫蝇叮咬馒头的图片。

2. 腐烂变质的馒头。

二、活动过程

1. 游戏：拉肚子了

讨论：宝贝们，小宝宝怎么了？

2. 观看：虫蝇叮咬馒头的图片。

提问：小朋友们，这些食物还能吃吗？

3. 现场观看腐烂变质的馒头。

提问：宝贝们，这个食物好闻吗？还可以吃吗？

三、总结

虫蝇、老鼠爬过的食物都不能吃，否则可能会生病；腐烂变质的食物也不能吃；有奇怪味道和变了颜色的蔬菜尽量不要吃。

四、活动延伸

请小朋友们和家长一起在家里找找有没有发霉的干粮、腐烂变质的水果、黄叶淌水的烂菜等食物，请告诉爸爸妈妈这样的食物不可以吃。

2. 关注差异性

年龄越小，幼儿间的差异越大。在日常游戏教学活动中，要尊重幼儿的个体差异，不能用一个标准评价所有的幼儿，不能用一个方式要求所有的幼儿。要根据幼儿的差异进行个别化指导，允许每个幼儿按自己的成长节奏发展。

3. 体现适宜性

活动指导应符合2—3岁幼儿年龄发展特点与现实需要，把握幼儿各月龄段的发展节点，基于幼儿在生活中的行为表现。活动难度既要适合幼儿的现有水平，又要具有一定的挑战性，促使其在原有基础上获得发展。

案例链接

游戏教学：爬爬乐

一、活动目标

1. 学习手膝着地爬的动作要领。

2. 乐于参加体育活动。

二、活动准备

1. 物质准备：垫子三块、小乌龟头饰、能挂在幼儿身上的布袋、贴着苹果图片的海洋球、苹果树、拱形门、小篮子。

2. 经验准备：能够自主爬行。

三、活动过程

1. 热身活动：通过“大巨人、小矮人”的游戏活动身体各部位。

师：小朋友们，当我说“大巨人”的时候你们要伸开双手跳起来变成大巨人，当我说“小矮人”的时候你们要蹲下来变成小矮人哦！（教师给出提示并示范动作。）

教师转换大巨人、小矮人的动作口令，和幼儿一起做热身活动，重点进行腿部运动。

2. 教师创设情境，吸引幼儿加入游戏。

师：今天天气真好，乌龟妈妈要带小乌龟们去摘苹果，你们看对面那棵苹果树上面有好多好多的苹果，你们想吃吗？我们要爬过草地（垫子代替），爬过山洞（拱形门），才能摘到好吃的苹果哦！

3. 教师示范手膝着地爬的动作，并介绍游戏规则。

师：乌龟宝宝背苹果，一步一步慢慢爬。一个一个过草地，小心山洞别碰头。摘到苹果送回家，一起分享真快乐。

教师重点提示语：

我们要等前面的小朋友爬过一个垫子后再开始爬；爬过山洞的时候尽量不要碰到拱形门；要把摘到的苹果放在小篮子里。

4. 教师为幼儿戴上布袋，幼儿游戏。

教师重点关注幼儿手膝着地爬的动作，并根据幼儿的兴趣决定玩的次数。

四、活动延伸

可鼓励家长在家和幼儿开展类似的情景游戏，引导幼儿练习手膝着地爬的技能。

4. 渗透社会性

2—3岁幼儿的生活行为、习惯和能力的养成与家庭生活密切相关。幼儿的生活教育不仅要在幼儿园托班中开展，更需要在家庭中、社区中进行。托班游戏教学需要在教学原则、内容、流程、要点等方面明确管理重点，整合社会资源，与家庭教育协调一致，更好地促进幼儿发展。

资料吧

幼儿园与家长的约定

一、家长行为规范

1. 遵守各项制度,按时接送幼儿,协助幼儿养成良好的习惯。

2. 家园一致、言行一致。尊重教师,主动与教师合作;尊重幼儿,满足幼儿的合理需要。

3. 配合幼儿的教育,提供必要的支持。

4. 注重仪表整洁、服饰整齐、文明礼貌、言谈举止,为幼儿做表率。

5. 爱护园内设施,保持室内外环境卫生,不吸烟,不大声喧哗。

6. 理智对待幼儿之间发生的矛盾、纠纷,不随意训斥幼儿,以确保幼儿身心健康。

7. 家长与在班教师谈话或通话时间不宜过长,以免影响教师的正常工作。

二、注意事项

1. 家长应将幼儿直接送至各班老师手中。如发生特殊情况,请提前与托班老师联系。

2. 为安全起见,请不要让幼儿携带贵重物品、危险物品入园。幼儿来园前家长应注意查看幼儿的口袋,如发现有危险物品(如小刀、小颗粒物、铁钉、碎玻璃、药片等)应立即取出,并及时对幼儿进行教育。

3. 未经许可,家长不要擅自进入幼儿活动室。被委托来接送幼儿的人,应年满18岁,并请提前联络老师,将被委托者的相关信息,如性别、姓名、年龄、衣着、体貌特征、与幼儿之间的关系等告诉老师。

三、在日常生活中希望您协助的事项

1. 为帮助幼儿拥有良好的学习态度及专注能力,请事先协助幼儿养成规律的起居及良好的生活习惯,晚间最迟要在21:00入睡。

2. 养成幼儿良好的生活自理能力,如刷牙、洗脸、进食、如厕、收拾玩具等。

3. 节假日不要让幼儿暴饮暴食,避免胃肠功能紊乱和疾病发生。

4. 幼儿如要带心爱物品来园与同伴分享,一定提前或送幼儿时告知本班老师。

5. 幼儿若将本园的公物(如教具、玩具等)带回家,请劝导他及时归还。当然不要过分责备幼儿,那只是说明幼儿头脑中还没有形成物权观念。

资料吧

托班一周汇报记录表

姓名　　　　班级　　　　教师　　　　时间

宝贝状态	持久性:□较好 □一般 □提高	晨操: □很好 □一般 □无
	热诚度:□较好 □一般 □提高	大运动: □很好 □一般 □无
	目的性:□较好 □一般 □提高	精细运动: □很好 □一般 □无
	探索性:□较好 □一般 □提高	其他:

续表

<table>
<tr><td colspan="2">教学内容</td><td>课程分享　音乐《打电话》。
1. 初步学习歌曲《打电话》,在教师的提示下能正确、自然地演唱。
2. 在教师身体动作的示意下,理解歌词、记忆歌词,并依据内容自行创编表演。
3. 在教师引导下积极参加活动,尝试体验歌曲中的诙谐情趣。

课程分享　语言《夏夜》
1. 理解散文中夏天夜晚所展现出的美好意境,学习新词“温柔”“摇晃”“淡淡的”。
2. 通过聆听朗诵和观看画面,理解体悟优美诗句。
3. 感悟、体验作品中的美好意境,以及由此带来的遐想。</td><td>教学内容</td><td>课程分享　社会《熊奶奶的客人》
1. 理解故事内容,懂得小动物之间要互相分享。
2. 能用语言和动作的形式感受小动物之间互相分享的快乐感受。
3. 愿意与同伴分享物品,体验分享的快乐。

课程分享　美术《美丽的金鱼》
1. 让小朋友观察美丽的小鱼鳞片。
2. 激发幼儿创作的欲望,培养幼儿的动手操作能力和美感。

课程分享　科学《吹泡泡》
1. 学习用泡泡水吹泡泡。
2. 观察泡泡的特点,用语言讲述吹泡泡的方法和感受。
3. 体验和感受吹泡泡带来的快乐。</td></tr>
<tr><td colspan="3">教具展示:　□专注　□较专注　□一般</td><td rowspan="3">行为常规</td><td></td></tr>
<tr><td colspan="3">教具使用:　□正确　□一般　□提高</td><td>物品放置:　□较好　□一般　□提高</td></tr>
<tr><td colspan="3">团体活动:　□积极　□引导　□被动</td><td>优雅礼仪:　□较好　□一般　□提高</td></tr>
<tr><td colspan="3">自信心:　□较强　□一般　□提高</td><td rowspan="3">日常生活</td><td>点心午餐:　□较好　□一般　□提高</td></tr>
<tr><td rowspan="6">社会性</td><td rowspan="3">互动性</td><td>眼神:　□有　□无</td><td>午睡情况:　□较好　□一般　□提高</td></tr>
<tr><td>肢体:　□有　□无</td><td>自理能力:　□较好　□一般　□提高</td></tr>
<tr><td>语言:　□有　□无</td><td rowspan="4">CCIO</td><td>协调性:　□较好　□一般　□提高</td></tr>
<tr><td colspan="2">心理发展:　□正常　□提高</td><td>专注力:　□较好　□一般　□提高</td></tr>
<tr><td colspan="2">情感发展:　□正常　□提高</td><td>独立性:　□较好　□一般　□提高</td></tr>
<tr><td colspan="2">情绪发展:　□平稳　□波动</td><td>秩序感:　□较好　□一般　□提高</td></tr>
<tr><td colspan="5">一周总结:
××宝贝,这是你在托班学习生活中度过的第一周。宝贝入园哭的时间越来越短,还有一天没有哭,这是一个大进步呢。班级活动表现挺好的,参与积极性很高,跟老师互动也不错,室外活动很乐于去学习宝宝操。吃饭方面特别好,吃得干干净净,还不用老师帮忙,继续加油哦。祝宝贝周末愉快!</td></tr>
</table>

三、托班幼儿月龄段游戏教学管理要求

（一）25—30 个月幼儿游戏教学

该月龄段的幼儿游戏教学应注意以下四个方面。

1. 引导幼儿形成活动秩序、遵守活动规则

蒙台梭利认为，幼儿秩序感形成的敏感期是在 0—4 岁，他认为秩序是生命的一种需要，也是影响终身的一种习惯和品质。25—30 个月幼儿心智迅速发展，教师在这个阶段要有意识地关注幼儿活动秩序感的形成，以及对基本活动规则的遵守。如幼儿来到幼儿园主动和老师问好、自己换鞋、随身携带物品入柜、坐好后等待教师开始组织活动、音乐一响开始集体热身操、活动结束后将活动材料归类还原等，也包括安静倾听、不大喊大叫、排队等待、不争抢玩具、轻拿轻放玩具、仔细收拢玩具等活动规则。

2. 积极肯定幼儿的探索行为和精神

25—30 个月的幼儿对周围的一切事物都感兴趣并充满好奇，他们喜欢自己寻找问题的答案，喜欢观察、提问，想尝试各种事情。教师在幼儿游戏教学中应积极肯定幼儿的探索行为和精神。例如，在“变魔术”的活动中，教师在事先准备好的瓶盖内涂了一层颜料，孩子们摇一摇瓶子，瓶中的水由无色变成有颜色。看到水的变化，孩子们感觉很神奇，都想探个究竟。于是有的幼儿旋开瓶盖察看里面有什么；有的幼儿继续使劲摇瓶子（希望它能变回去）；有的将两个水瓶中不同颜色的水倒在一起…… 教师不能因为担心瓶中的水倒出来会弄脏地垫，就制止幼儿的探索性行为。教师应当放手让幼儿去尝试，地垫弄脏了，可以引导幼儿擦干净。

3. 在同伴互动中培养幼儿简单的交往技能

25—30 个月幼儿逐渐从对母亲的情感依恋中走出来，开始把目光投向同伴，乐于与同伴一起玩耍、探究。在这个阶段，同伴交往已经有所发展，幼儿更多的是在与同伴交往的过程中认识世界、丰富情感、发展语言。教师要根据幼儿该月龄段的发展需求，在活动中多引导幼儿与同伴互动，培养幼儿简单的交往技能。例如，在端午节串珠活动中，教师提供长一些的细绳，四个幼儿分工合作。

4. 营造宽松、愉快的集体活动氛围

25—30 个月幼儿的自主活动意识逐渐增强，很在乎在活动中产生的情绪和情感体验。如果他们喜欢一种活动，就会全身心地投入其中；如果他们讨厌一件事情，就会极力回避。为了让这个阶段的幼儿喜欢集体活动，教师要善于营造宽松、愉快的集体活动氛围，让他们感受活动中的快乐，体验活动中的自主与自由。例如，在音乐游戏中，教师引导幼儿根据儿歌内容自由创编动作，幼儿喜欢什么就做什么，当唱到“一会儿上，一会儿下，好像快乐的好朋友”时，有的幼儿使劲往高跳，有的幼儿蹲下来使劲压低身体，都露出愉快的表情，有的甚至尖叫起来。活动中，教师提供宽松、轻松的环境，营造了师幼快乐互动的氛围。

（二）31—36 个月幼儿游戏教学

31—36 个月幼儿游戏教学的设计应注重活动中幼儿的主体性与主动性。教师应根据幼儿的发展需求设计适宜、有效的幼儿游戏教学。在游戏教学设计基本理论的指引下，31—36

个月幼儿游戏教学设计需要注意以下几点。

1. 以身体的协调性和单脚跳跃为动作发展的主要内容

31—36 个月是幼儿的跳跃、攀爬、上下楼梯等动作逐渐走向成熟的时期，也是身体协调性发展的重要时期；32—33 个月是幼儿单脚跳跃能力发展的关键期。设计该月龄段动作发展类幼儿游戏教学时，要以身体的协调性和单脚跳跃为主要内容，切忌简单重复训练，应当结合趣味游戏进行，并融合语言、认知、情感等。

2. 以发展生活自理能力为活动重要目标

2 岁半以后，随着粗大与精细动作能力的发展，以及强烈的“自己来”的独立愿望，幼儿开始爱做事。为了培养良好的生活自理能力，从这个阶段开始，可以着重设计一些生活自理类的活动，例如，用勺子给同伴喂食，用盆搓洗毛巾，用小毛巾给自己洗脸，穿脱不同类型的上衣和裤子，穿脱鞋袜，扣纽扣，用夹子晾毛巾或袜子，用小衣架晾自己的衣服、整理玩具和书本等。

3. 以学习讲述简单的事情和故事为语言发展的新内容

31—36 个月是幼儿口语快速发展的时期，这个阶段的幼儿词汇量大增，对语言的理解和运用能力增强，能说出 5 个字以上的复杂短句，能回答成人的简单问题，能理解简单故事的主要情节，会念熟悉的图画书上的故事给自己或家人听，在成人的引导下会讲述简单的事情和故事。教师在幼儿游戏教学中，要适度增加讲述简单事情的环节，同时要考虑其他领域的活动迁移。例如，在专门的幼儿社会游戏教学中，也可以将科学内容融入语言教学设计，可以增加“水的形态”“能不能喝生水”等话题。

4. 以做准备进入小班为活动设计的主要任务

31—36 个月的幼儿即将进入幼儿园小班，小班与托班在活动时间、方式、内容等方面有所差别。教师在安排与设计这个月龄段活动时，要考虑在哪些方面为入小班做准备，以及如何为入小班做准备。例如，教师可以适当增加活动内容延长活动时间，可以安排参观幼儿园小班的活动，也可以邀请小班幼儿和托班幼儿一起游戏。

案例链接

托班第一个月游戏教学目标：

1. 愿意在教师的指导下学习自我服务，做一些力所能及的事。

2. 懂得怎样在托班洗手、喝水、进餐、如厕，有班级归属感。

3. 体验自我服务的成就感。

<table>
<tr><td rowspan="3">我会做</td><td rowspan="3">自我服务</td><td>自己吃饭香</td></tr>
<tr><td>我会用水杯</td></tr>
<tr><td>小手自己洗</td></tr>
</table>

续表

我会做	良好习惯	玩具要回家
		排队最光荣
		睡觉静悄悄

实践对接

班级消毒记录填写要求

空气消毒：每天开窗通风 2 次，每次至少 20 min。

紫外线消毒：每周一次，每次 1 h。

物体表面：每天一次，每次 15～20 min。

茶杯：每天 2 次，每次 30 min，定时断电。

擦嘴毛巾：厨房蒸煮不用记录。

桌面：每顿饭前 10～15 min（清消清）。

擦手毛巾：每天一次，有阳光时暴晒 6 h，阴雨天用次氯酸钠溶液浸泡半小时。

厕所：每天 2 次，每次 20 min。

保温桶：开水烫，每天 2 次每次 5 min。用次氯酸钠溶液浸泡，每周一次，每次 30 min。

玩具：每周一次日晒或者用次氯酸钠浸泡 30 min。

图书：每周一次日晒或用次氯酸钠擦拭表面。

床架：每天一次，每次 15 min。

次氯酸钠溶液配比：按 84 消毒液原装瓶上提示的标准配比；如果瓶上没有说明，按 1∶100 配制。

疾病流行期间，还要采取更严格的消毒措施。

思考与练习

1. 托班午休时，有个幼儿哭闹不止，你会怎么做呢？

2. 面对托班幼儿的不良行为习惯，如何与家庭合作进行干预？

3. 请根据托班幼儿身心发展特点，结合安全意识培养，以小组为单位做游戏教学活动设计。要求：

（1）分工明确，任务具体，执行有力，协调及时，团结互助，成效明显。

（2）主题明确，准备充分，过程完整，步骤清晰，延伸有趣，反思有效。

（3）格式规范，逻辑正确，语言流畅，表述清楚，思路清晰，结构合理。

拓展阅读

托班一日生活常规(2—3岁)

时间	活动内容	幼儿	主班教师	次主班教师	助理教师	配班教师
8:00—8:30			7:30到岗。 1. 开窗通风。 2. 晨间擦拭(活动室的窗棂、窗槽、钢琴、更衣柜、鞋柜、药柜、一体机、录音机等)。		7:30到岗。 晨间擦拭(备课室、活动室的教具柜、教具托盘、电脑桌等)。	7:30到岗。 1. 拿水杯、取水壶。 2. 晨间擦拭(盥洗室、消毒柜、洗衣机、瓷砖墙面、小便池)。 3. 消毒餐桌。 4. 取牛奶,报当日人数。
8:30—8:55	入园接待	1. 幼儿如厕。 2. 用七步洗手法洗手。 3. 喝牛奶、喝水、送水杯。 4. 自选玩具进行游戏。	1. 指导幼儿喝牛奶,关注幼儿喝奶量。 2. 接待入园幼儿、家长。 3. 晨检:关注体温、喉咙。 4. 播放轻松的音乐,引导喝完牛奶的幼儿自主玩玩具。		1. 指导、照顾幼儿盥洗,协助幼儿挽袖子。 2. 对晚到幼儿进行晨检,指导幼儿洗手、挂毛巾。	1. 协助主班教师指导幼儿喝牛奶。 2. 协助幼儿喝完奶后喝水。
8:55—9:10	教育活动	1. 愿意参加集体活动。 2. 能跟随教师,并回应教师提出的简单问题。 3. 有初步倾听的意识和集体规则意识。	1. 组织教育活动。 2. 兼顾全班幼儿,给予每个幼儿参与和表达的机会。	作为下午次主班教师9:00上班。	1. 协助主班教师开展活动或进行操作展示。 2. 照顾个别有特殊需要的幼儿。	1. 打扫卫生,进行消毒。 2. 配合主班教师开展活动。

续表

时间	活动内容	幼儿	主班教师	次主班教师	助理教师	配班教师
9:10—9:15	过渡环节	1. 如厕(自己学习穿、脱裤子),需要帮助主动找教师。 2. 洗手(在教师的提醒下自己挽袖子)。 3. 用水杯自主接水、喝水。	1. 组织游戏,分组喝水。 2. 先喝完水的幼儿选择区域活动。 3. 确保关注每个幼儿。	1. 指导幼儿如厕、洗手。 2. 帮助幼儿挽袖子。 3. 帮助幼儿整理裤子。	1. 指导幼儿如厕、洗手。 2. 帮助幼儿挽袖子。 3. 帮助幼儿整理裤子。	1. 准备好温水。 2. 指导幼儿双手端着杯子喝水。 3. 提醒幼儿送杯子时找到自己照片对应的水杯格。
9:15—9:50	区域活动	1. 自选区域、玩教具进行区域游戏。 2. 知道把整个托盘端出来游戏。 3. 知道每个区域对应的活动范围。 4. 在教室中自主选择,对玩具有兴趣。 5. 知道物归原位。	1. 有计划、有目的地组织幼儿进行区域活动。 2. 全面把握幼儿的活动状况,适时给予个别指导。 3. 观察幼儿的区域活动情况,并做观察记录。 4. 区域活动结束后,组织多种形式的律动游戏。	1. 观察幼儿的区域活动情况,并做观察记录。 2. 关注幼儿操作玩具时遇到的问题,并给予适当的支持。 3. 关注幼儿区域活动时的生活需要。	1. 协助主班教师进行个别指导,负责收集幼儿照片。 2. 指导幼儿收整玩、教具,检查和整理玩、教具。 3. 关注幼儿区域活动时的生活护理。	1. 协助主班教师指导幼儿活动。 2. 照顾个别需要帮助的幼儿。 3. 照顾活动中需要如厕的幼儿。
9:50—10:00	过渡环节	1. 如厕(自己学习穿、脱裤子)。 2. 洗手(在教师的提醒下挽袖子)。 3. 接水、喝水。 4. 能找到贴有自己照片的柜子,取衣服尝试自己穿。 5. 先穿完衣服的幼儿在楼道里玩一些手头上的小玩具。	1. 指导先喝完水的幼儿自取衣服、穿外套。 2. 帮助幼儿塞裤子、拉拉链。 3. 组织幼儿排队唱儿歌、做过渡游戏。	1. 协助主班教师指导幼儿洗手、喝水。 2. 帮助幼儿塞裤子、拉拉链。	1. 协助主班教师指导幼儿洗手、喝水。 2. 帮助幼儿塞裤子、拉拉链。	1. 协助幼儿有序喝水,照顾个别幼儿。 2. 擦拭活动室地面。 3. 擦拭马桶及盥洗室。

续表

时间	活动内容	幼儿	主班教师	次主班教师	助理教师	配班教师
10:00—11:00	户外活动	1. 在教师指定的区域活动，有初步的安全意识和规则意识，不做危险动作。 2. 积极跟随教师进行游戏活动，在活动中发展身体的协调性，提升运动能力。	1. 有计划、有目的地组织幼儿热身、游戏。保证幼儿有充分运动，天气不好时，组织好室内活动。 2. 选择安全的区域活动，照顾体弱的幼儿，注意动静交替。 3. 根据天气掌握活动量，关注幼儿面部变化和出汗情况。 4. 指导助理教师准备户外材料。 5. 组织幼儿参与活动，活动前后清点人数。	1. 协助主班教师带领幼儿一起活动。 2. 如遇意外受伤的幼儿及时带去保健室。 3. 帮助主班教师清点人数，提醒和照顾个别动作慢的幼儿。	1. 准备户外游戏材料。 2. 关注个别幼儿活动情况，进行个别指导，或带一组幼儿活动。 3. 指导和帮助幼儿收整户外玩、教具材料。	1. 协助主班教师组织幼儿进行户外活动。 2. 照顾速度慢的幼儿。 3. 参与幼儿户外活动指导和活动中的生活护理。 4. 提前回班做消毒准备工作。
11:00—11:30	午餐	1. 跟随教师回教室。自己脱下外套，放在自己的柜子里。 2. 在教师的指导下洗手。 3. 参加安静的游戏活动。 4. 幼儿自取主食。 5. 幼儿双手拉出小椅子，坐下。 6. 能够自主进餐。 7. 能够饭菜搭配吃。 8. 餐后自己擦嘴并送餐具。	1. 带领幼儿回班。 2. 组织幼儿进行活动（手指游戏、分享故事），并分组盥洗。 3. 教师播放进餐音乐，营造温馨舒适的就餐环境。 4. 指导幼儿进餐，教幼儿正确使用餐具，纠正不良习惯。 5. 提醒幼儿饭菜搭配吃。 6. 照顾个别有需要的幼儿。	1. 组织幼儿洗手。 2. 帮助幼儿整理裤子。 3. 指导幼儿先如厕再洗手，提醒幼儿不把衣服弄湿。 4. 协助主班教师指导幼儿进餐。	1. 指导幼儿脱衣服、盥洗。 2. 协助配班教师分饭。 3. 协助主班教师指导幼儿进餐。 4. 照顾个别有需要的幼儿。	1. 取饭。 2. 介绍当日餐食。 3. 为幼儿分餐（注意对超重儿和体弱儿的饮食指导）。 4. 分完餐后，去睡眠室为幼儿午睡做准备（关窗、拉窗帘、铺被）。 5. 照顾个别进餐慢的幼儿。

续表

时间	活动内容	幼儿	主班教师	次主班教师	助理教师	配班教师
11:30—12:00	睡前准备	1. 饭后漱口。 2. 搬椅子、拿拖鞋、脱衣服(鞋、袜子、裤子、上衣),简单整理。 3. 如厕后找到自己的床,上床入睡。	1. 指导先吃完饭的幼儿安静活动或餐后散步。 2. 指导幼儿脱衣服。 3. 拍手互道午安,并检查幼儿的口中、手中是否有异物。 4. 播放睡前故事,营造温馨的睡觉氛围,照顾幼儿上床午睡。 5. 关注幼儿的睡姿,以及被子是否盖好。 6. 照顾入睡困难幼儿,可以在旁边陪伴。	午餐。	1. 帮助先进睡眠室幼儿盖好被子。 2. 指导吃完饭幼儿漱口。 3. 指导先吃完饭幼儿搬椅子、拿拖鞋、准备午睡。 4. 协助主班教师帮幼儿脱衣服、整理衣服。 5. 提示幼儿进睡眠室前先如厕。	1. 做清洁整理工作。 2. 做好餐后的清洁卫生工作。 3. 关注上厕所的幼儿。
12:00—14:00	教师午餐	幼儿午睡。	午餐。	接替上午主班教师的工作,照顾幼儿午睡。	午餐、休息。	午餐、休息。
14:00—14:30	幼儿午睡	幼儿午睡。	1. 关注幼儿午睡情况。 2. 帮助个别幼儿盖好被子。 3. 关注中途如厕的幼儿。	1. 此时次主班和主班教师交接工作。 2. 就餐后协助照顾幼儿午睡。	准备幼儿下午需要的午点(水果、干果、饼干)。	准备幼儿下午的饮水,消毒活动室桌面。
14:30—15:00	起床加餐	1. 找到自己的椅子,穿衣服(上衣、裤子、袜子、鞋子)。 2. 送拖鞋,把椅子送回,如厕、洗手。 3. 吃水果、喝水。	1. 开灯,放音乐。师生互相问好,教师做好午检。 2. 帮助幼儿整理衣服、送回拖鞋和椅子。 3. 提醒幼儿如厕、洗手。 4. 指导幼儿双手端果盘放桌上,双手拉出椅子。	1. 帮助幼儿穿衣服,特别是动作慢的幼儿。 2. 指导幼儿将拖鞋和小椅子送回原位。	照顾先穿完衣服的幼儿如厕、洗手、吃水果。	1. 睡眠室开窗通风。 2. 叠被子。 3. 擦睡眠室地面。 4. 清洗、晾晒幼儿尿湿的衣服、床单、被褥。

续表

时间	活动内容	幼儿	主班教师	次主班教师	助理教师	配班教师
15:00—15:15	阅读与游戏	1. 跟随教师进行小组或集体活动。 2. 愿意参与活动,并能与教师互动。	1. 组织音乐律动和游戏活动,吸引幼儿参与。 2. 结合幼儿年龄特点,小组或集体分享故事或组织游戏。	1. 照顾动作慢的和有需要的幼儿。 2. 在活动中关注幼儿的情绪和表现。	1. 关注幼儿的体温和身体状态,协助主班教师组织活动。 2. 和幼儿一起参与活动。	1. 完成睡眠室和盥洗室的清洁工作。 2. 协助主班教师照顾如厕的幼儿。
15:15—16:20	幼儿户外活动	1. 自己从柜子里取出外套,自己穿。 2. 先穿好衣服的幼儿在楼道里玩简单的玩具。 3. 在教师指定区域活动,有初步安全和规则意识,不做危险动作。 4. 跟随教师进行游戏活动,发展身体协调性,提升运动能力。 5. 喜欢参与游戏,玩完的游戏材料能送回给老师。	1. 有计划地组织幼儿热身、游戏。保证充分运动,天气不好时组织好室内活动。 2. 选择安全区域,照顾体弱幼儿,注意动静交替。 3. 根据天气掌握活动量,关注幼儿面部变化和出汗情况。 4. 指导助理教师准备户外材料。 5. 组织幼儿参与活动,活动前后清点人数。	上午班的主班教师16:00下班。	1. 指导幼儿整理裤子、擦手油。 2. 准备户外游戏材料,组织幼儿到户外活动。 3. 如遇意外受伤的幼儿及时带去保健室。 4. 指导和帮助幼儿收整户外玩、教具材料。	1. 协助主班教师组织幼儿进行户外活动。 2. 照顾速度慢的幼儿。 3. 参与幼儿户外活动的指导和活动中的生活护理。 4. 提前回班做消毒准备工作。
16:20—16:50	幼儿晚餐	1. 随教师回教室。 2. 脱下外套,放在自己的柜子里。 3. 参加安静的游戏活动。 4. 自取主食。 5. 双手拉出小椅子坐下。 6. 能够自主进餐。 7. 饭、菜搭配吃。 8. 餐后自己擦嘴并送餐具、漱口。	1. 带领幼儿回班。 2. 组织幼儿进行活动(手指游戏、分享故事),并分组盥洗。 3. 教师播放进餐音乐,营造温馨舒适的就餐环境。 4. 指导幼儿进餐,教幼儿正确使用餐具,纠正不良习惯。 5. 提醒幼儿饭菜搭配吃。 6. 照顾个别有需要的幼儿。 7. 引导餐后漱口。		1. 指导幼儿脱衣服、盥洗。 2. 协助配班教师分饭。 3. 协助主班教师指导幼儿进餐。 4. 照顾个别有需要的幼儿。	1. 取饭。 2. 介绍当日餐食。 3. 分餐(注意对超重儿和体弱儿的饮食指导)。 4. 清洗毛巾并晾晒。 5. 清洗水杯,装袋。 6. 打扫盥洗室卫生。

续表

时间	活动内容	幼儿	主班教师	次主班教师	助理教师	配班教师
16:50—17:00	幼儿离园准备	1. 安静看书或玩玩具。 2. 做律动或参与教师组织的故事讲述活动,等待家长接。	1. 为幼儿整理衣服。 2. 擦嘴、抹油。		1. 协助主班教师整理幼儿着装。 2. 提醒幼儿如厕,帮助配班教师扫地。	1. 做清洁整理工作。 2. 清洗勺子、送碗碟、将装水杯的袋子送到厨房。 3. 做好餐后卫生工作。
17:00—17:30	离园	1. 知道耐心等待,不独自跑到门口。 2. 在离园时,能在教师的提示下说再见。	1. 和家长简单说明幼儿在园情况。 2. 引导幼儿和教师说再见。 3. 照顾晚接的幼儿。		1. 收整玩、教具。 2. 协助配班教师整理班级环境。	1. 清理活动室地面。 2. 离园前关水、电、门窗,扔垃圾。

单元五　幼儿园小班班级管理

知识目标

1. 了解小班幼儿的身心发展特点。

2. 了解小班幼儿入园不适应的常见问题及相应解决策略。

3. 掌握小班各类班级管理的内容和方法。

能力目标

1. 能根据小班幼儿身心发展特点及具体保教工作计划，做好小班日常常规教育管理工作。

2. 能根据小班幼儿常见入园不适应现象，制订小班入园适应周管理计划和家长指导计划。

素养目标

1. 做幼儿健康成长的启蒙者和引路人，公正、平等对待每一名小班幼儿，关注小班幼儿成长，保护小班幼儿安全，促进小班幼儿身心健康发展。

2. 具有健全的人格和积极向上的精神，有较强的情绪调节与自控能力，能积极应变，会比较合理地处理小班幼儿入园不适应问题。

3. 正确理解教师职业道德规范内涵与要求，在小班保育教育实践中遵守《新时代幼儿园教师职业行为十项准则》，能分析解决保育教育教学实践中的相关道德规范问题；掌握人际沟通的基本方法，能够运用信息技术拓宽小班家园沟通交流的渠道和途径，积极主动与家长进行交流。

知识导图

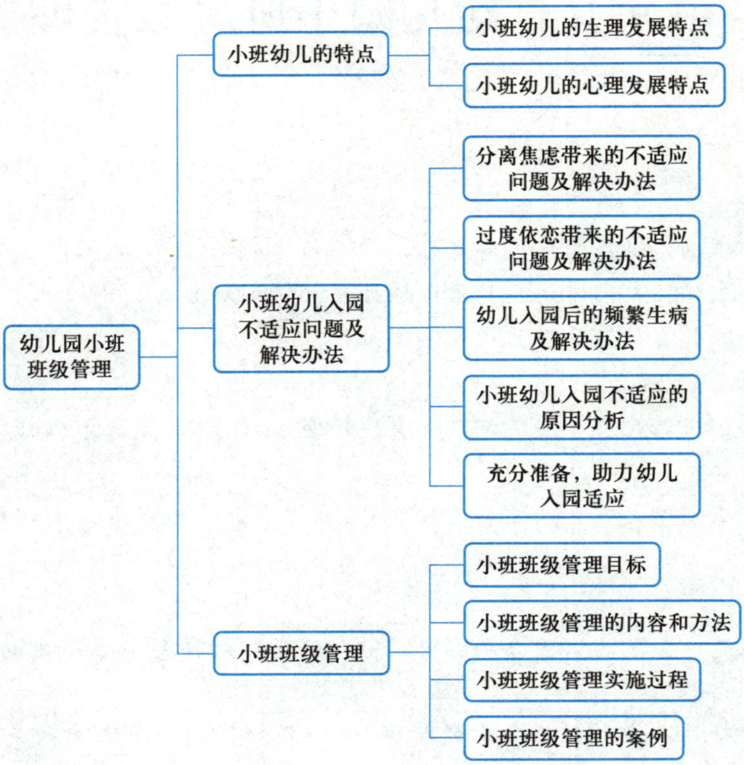
幼儿园小班班级管理
小班幼儿的特点
小班幼儿的生理发展特点
小班幼儿的心理发展特点
小班幼儿入园不适应问题及解决办法
分离焦虑带来的不适应问题及解决办法
过度依恋带来的不适应问题及解决办法
幼儿入园后的频繁生病及解决办法
小班幼儿入园不适应的原因分析
充分准备，助力幼儿入园适应
小班班级管理
小班班级管理目标
小班班级管理的内容和方法
小班班级管理实施过程
小班班级管理的案例

案例导入

邓邓是个稚嫩的孩子，上学前3个月才学会走路。在小班幼儿上学期的入园适应过程中，从未出现过哭闹现象，吃饭、睡觉也非常好。他能安静地参与幼儿园的各项活动，并遵守规则。他经常因感冒、肚子不舒服等小问题而在家休息，而且病后不在园午睡。班中的其他孩子撒欢奔跑、快乐游戏时，他经常悄悄地东避西让，怕与同伴相碰。在老师百般鼓励下，都不敢玩大型玩具，滑滑梯时必须拽着老师的手。整个人经常处于紧张状态，浑身透露出拘谨、紧张与无法释怀。半年过去了，他依旧没有适应幼儿园的学习与生活。①

幼儿进入小班，开始在幼儿园进行集体生活，此间幼儿会因为入园不适应出现很多问题。本单元主要讲述小班教师如何根据小班幼儿身心发展特点，科学、合理地组织幼儿园各项常规管理工作。

基础理论

第一课 小班幼儿的特点

一、小班幼儿的生理发展特点

参照《指南》中关于3—4岁儿童身体发展的典型表现，小班幼儿生理发展有如下特点。

1. 中枢神经系统的发展

3—4岁幼儿的精力比以前更加充沛。幼儿出生后大脑皮质细胞在形态上继续分化，在功能上逐渐成熟，皮质兴奋和抑制过程都有所加强，条件反射也容易建立且比较稳固。3岁以后，幼儿大脑机能的发展使得大脑的兴奋过程得以加强，表现在幼儿可以连续活动5~6小时，日间只需要一次睡眠。

2. 身体动作的发展

3—4岁幼儿动作的发展非常迅速。就全身运动的发展而言，3—4岁幼儿已掌握行走、跑、闪避、扔、停、拐弯、减速等动作。这个年龄段的幼儿身体发育非常快，一年身高可增长7 cm左右，体重增加2~3 kg。该时期幼儿的身体比以前更结实了，也不像以前那样容易生病，身体的组织结构和器官的功能都有所增强。3岁幼儿身体的基本动作已经比较自如。由于骨骼肌肉的发展，大脑控制调节能力的增强，加上先学前期所学会的技能和取得的经验，3—4岁幼儿能够掌握各种粗动作和一些精细动作。

---

① 黄炜.爱，引领心起航——小班幼儿心理适应引导的个案研究[J].现代教育科学，2013，(2)：116-117.有改动。

二、小班幼儿的心理发展特点

参照《指南》中关于3—4岁幼儿心理发展的典型表现,小班幼儿心理发展有如下特点。

1. 认识依靠行动

3—4岁幼儿的认识活动往往依靠动作进行。幼儿的心理活动和行为更多是无意识的。思维是认识活动的核心。3—4岁幼儿思维的特点是先做再想,而不是想好了再做。比如让一位小班幼儿把几个图形拼成图画,他拿到图形后立刻行动。如果让他想一想再动手拼,他做不到。往往是无意中拼出了某种形状,他才忽然有所发现般地说出,如"小孩骑马"。画图画之前,他即使说了"画小人",在画画过程中也会发生变化,画完之后,他惊讶地说"大气球!"

3—4岁幼儿在听别人讲述或自己讲述时,也往往离不开具体动作。比如听故事时,听到"大象用鼻子把大灰狼卷起来了",就用手在自己鼻子前面做"卷"的动作;吃饭时给家人讲述幼儿园里的事情,经常把碗和汤匙放下,站起来比画。

3—4岁幼儿的注意力也和行动紧密联系。当他注意看图书中某个人物时,常常用手去指点。因此,为了使小班幼儿注意听讲,应要求他的眼睛看着老师,双手放下。如果幼儿手里拿着别的东西,眼睛看着别处,他的注意力就会离开老师的讲述。

小班幼儿认识活动对行动的直接依赖性,说明他的认识活动非常具体。小班幼儿只能理解具体的事情,不会进行复杂的分析综合;只能进行直接推理,不会进行逻辑推理。比如,对小班幼儿说反话,往往引起不良效果。刚上幼儿园的幼儿,哭着要找妈妈。老师说:"再哭,就不带你找妈妈了。"他哭得更厉害,因为他只听见"不带你去找妈妈了。"如果直接告诉他:"你不哭,我就带你去找妈妈。"幼儿听了就放心。这时老师再接着引导,幼儿渐渐就不哭了。

2. 以无意记忆为主的机械记忆

小班幼儿各种认识过程的无意性都占压倒性优势。他们主要受外界事物和自己的情绪所支配,而不受理智支配。比如,在注意力方面,小班幼儿容易被一些色彩鲜艳和形象生动的物体所吸引,而不能去注意一些他所不感兴趣的事情。在记忆方面也是如此,小班幼儿常常是无意中记住一些事物,而被迫去记忆时反而记不住。幼儿感兴趣的、形象生动的事物就很容易被记住。

此外,小班幼儿喜欢机械地背诵,所以成人不要误以为这时的幼儿已经理解背诵的内容。成人应掌握幼儿记忆的特点,让幼儿记忆的东西尽量形象、生动,是幼儿感兴趣的。让幼儿在轻松、愉悦的氛围中学习,而不仅仅满足于幼儿的死记硬背。

3. 小班幼儿的想象力

小班幼儿不能进行有意识的想象和创造。做事情时往往不能提出明确目标。遇到吸引他的事情时,就会放弃原来的活动。幼儿在吃面包,忽然发现自己把面包咬成一条船,就高兴地喊:"小船,看我的小船!"他到处找人看他的"小船",把吃饭的事情忘记了。小班幼儿在绘画过程中想象力比较活跃,表现在边画画边想象,没有预定的目的,极易受当时情境的影响,主题也不确定。一个幼儿拿着笔在纸上胡乱画圈,很像一团毛线,就会说:"我在画缠毛线!"如果他又画了直线,就会说:"我在画下雨呢。"

此外,小班幼儿在考虑想象目的的同时,常以想象过程为满足。有的幼儿要求成人经常讲述一个自己非常喜欢的,甚至会背诵的故事。这是因为成人在讲故事的过程中,可以激起幼儿头脑中对这个故事人物和情节的想象,幼儿非常满足于这种想象的过程。还比如,小班男生这一时期非常喜欢车,他们经常会将日常生活中的物品假想成车或车的部件(如方向盘、车座等),并在想象的过程中,兴高采烈地满院子"开车"。

小班幼儿还喜欢夸大想象,把没有的事说得活灵活现。这是由于幼儿的知识经验较少,受情绪影响较大,对自己喜爱的事物常常想象得无限美好,因此常常会把自己假想的事情当成事实。比如,幼儿在假期过后,往往会讨论爸爸妈妈带他们去哪里玩。一个幼儿说去野生动物园看到了大象、长颈鹿等,非常得意。另外一个幼儿可能会说:"爸爸妈妈还带我去上海迪士尼乐园玩了呢,里面有白雪公主和七个小矮人!"说去迪士尼乐园的这个幼儿很有可能没有去,只是因为非常想去而产生的一种想象而已,这并不是有意说谎。

4. 易变的情绪

随着交往范围的扩大,大部分幼儿在幼儿园学会了与同伴或陌生人接触,开始建立起同伴关系和师幼关系,产生了初步的同情心、羞愧感、虚荣心等情感。但是相对来说这些情绪、情感很不稳定。小班幼儿的道德感主要指向个别行为,且往往是由成人的评价而引起的,因此往往肤浅、易变。此时幼儿还不能对成人的评价做出正确的价值判断、无法分清是非。比如对一个不愿意把自己心爱的玩具跟别的小朋友分享的幼儿,妈妈只是说:"奇奇,把玩具给小朋友玩,不然妈妈以后不给你买玩具了。"虽然奇奇不情愿地把玩具给小朋友玩了,但是不明白为什么要分享,因此下次他还是不愿意把玩具给别人玩。

小班幼儿情绪容易激动,并带有一定的"传染性"。比如,班上有一个幼儿一直哭闹,甚至全身抖动。班上其他幼儿也会受到影响,导致班上哭声一片。当幼儿哭得很厉害的时候,对其讲道理是行不通的。这时只能用行动使他安静下来,如拿毛巾给他擦脸,用疼爱的声调说话,让他感到亲切,使他情绪逐步稳定下来。等他完全冷静下来以后,再对他进行说服教育。

5. 社会性发展迅速

社会性是人的一种心理行为特性。它是指人在形成自我意识、进行社会交往、内化社会规范及道德准则、进行自我控制及表现其他社会行为时的心理行为特征。

(1) 语言的发展。3—4 岁的小班幼儿已经学会了说话。小班幼儿的发音器官和听觉的发育还不十分完善,因此不能正确地发出全部语音,特别是不能辨别、发出差别较小的语音,不善于协调使用发音的方法,存在发音不清楚的情况,如分不清"zh、ch、sh"与"z、c、s"。

3—4 岁是幼儿词汇的飞跃发展时期,可达 1 000 个之多。这一阶段,幼儿所掌握的词汇主要以名词、动词占大多数,还包括日常生活中常用的形容词等。在语法方面,小班幼儿已经能用词组组成简单的句子来表达自己的意思了,但句子经常不完整。语序颠倒是这个时期的幼儿较常出现的现象。这种现象与思维有着密切的关系。3—4 岁的幼儿思维能力较差,以致出现语言结构不严谨、逻辑性差、语言表达不正确等现象。比如,有一个 4 岁的幼儿对老师说:"我有新笔,妈妈买的,昨天。"这就是幼儿因上述原因出现的病句。根据这种情况,我们在指导幼儿学习说话时应先想好按时间、地点、人物、事件的顺序来讲述一件事情,慢慢地幼儿会讲较短的一句完整的话了。幼儿不仅利用语言来表情达意,而且还会出现自言自语这种现象。这表明幼儿开始利用语言来调节自己的行为。如幼儿在玩娃娃家游戏时,常常会说"哎呀,我家孩子生病了,我得给她打一针,别哭啊。"幼儿的这种随着动作和游戏而进行的自言自语,具有内部语言的特点，是一种思考问题时的语言活动，是一种由外部语言向内部语言转化的过渡语言。

（2）自我意识的发展。自我意识是指主体对自身特性以及自身与他人及周围事物关系的认识。婴儿没有自我意识。2岁半左右，幼儿能掌握代词“我”，产生真正的自我意识。这是幼儿自我意识形成过程中的重要进展，说明幼儿能把自己作为一个区别于一切客体的主体来认识。此外，幼儿自我评价能力较弱，自我评价往往带有主观情绪性，是成人评价的简单再现。因此，幼儿的自我评价较为笼统、局部。如“我自己穿衣服的。”“我许多地方做得都很好，会穿衣服，会洗手帕，会唱歌……所以我真能干，但是我总是爱哭。”

自我控制简称自控，指不受外界因素影响，能够控制自己的情感冲动和行为。小班幼儿的自控能力较为薄弱。影响幼儿自控的因素是多方面的，首先是幼儿神经系统的发展水平。3—4岁幼儿神经系统的兴奋机制和抑制机制发展不平衡，兴奋多于抑制。需要幼儿神经系统抑制的行为产生较慢；而使神经系统产生兴奋的行为更为容易。让幼儿执行“快跑”的指令，幼儿往往马上就执行；让幼儿“立定”，这一指令总要被延迟执行。其次，是幼儿的生活经验和知识水平。幼儿缺乏生活经验，无法将行为本身和行为后果加以联系，会导致不良后果的产生。如，幼儿喜欢随意触摸生活中的各种物品。当无人看护时，可能会跑到厨房玩弄菜刀，并出现弄伤手指的情况。最后，幼儿的自我概念也是影响幼儿行为控制的主要因素。如果一个幼儿总是认为在家里他是最重要的人，别人都应该听他的，都应该满足他的要求，而此时成人却要求幼儿的行为应该符合成人的某些要求，幼儿就会表现出难以控制自己的行为，如发脾气、身体的抗拒等。

（3）社会交往范围扩大。3—4岁的幼儿入园前，主要交往对象是父母，入园以后交往重心转向教师和同伴。起初幼儿来自不同家庭，处于以自我为中心阶段；慢慢地通过语言这种交流方式，与教师和同伴进行互动。在教师的逐步指导下，幼儿学会了助人、分享、合作等行为，同时也产生了一些不良行为，如争抢、攻击性行为等。

助人行为是一种利他行为，就是对有困难者或急需帮助者提供各种形式的帮助。小班幼儿已经出现了助人行为，但是小班幼儿往往不考虑自己助人的后果，经常会出现好心办坏事的情况。而且小班幼儿的助人行为有利己的目的，如，在户外活动时，总是有很多幼儿愿意协助教师摆放体育器材或玩、教具材料。当教师指定某一幼儿拿材料先去场地摆放时，这个幼儿一到室外就拿着体育器材玩了起来，完全忘记了自己的任务。

分享是一种共同活动过程中经常出现的利他行为，是人与人在相处过程中的一种很重要的技能。小班幼儿的分享行为主要是在教师的启发下产生的。如，春游的时候，午餐时间到了，小朋友们在草地上吃自己带来的食物。教师说：“小朋友可以把食物分给其他人吃，也可以吃别人的东西。”于是，有的小朋友就开始互相分享自己带来的食物。有的小朋友不情愿与他人分享，会出现以下表达：“这个果汁我借你喝一点，等会儿还给我啊。”“这个苹果有点儿酸，不好吃。你喜欢吃吗？”小班幼儿还不能正确理解分享行为的意义，作为教师不能只是鼓励分享行为，还需要向幼儿解释分享行为的意义，让幼儿逐步了解为什么需要分享，分享后会有哪些感受。

攻击性行为是指以直接或间接的方式有意损害他人身心健康的行为。小班幼儿的攻击性行为主要是由活动中玩具等物品的占有和分配所引发的。小班幼儿的攻击性行为与其生理因素（激素水平、气质类型）与环境因素（家庭、同伴、传媒、活动空间）有关。小班幼儿年龄较小，自控能力较弱，辨别是非的能力较弱，也会对影视节目中的暴力镜头加以模仿。如，小班幼儿明明总是抢别人的玩具，并伴有咬人等现象。事后，他也知道无故抢别人的玩具和咬人是不对的。但是当再出现同样的状况时，他依旧会抢玩具、咬人，并且理由充分："电视上就是这么对付坏人的。"

（4）自我中心倾向明显，交往能力较弱。随着动作、语言和认知能力的发展，小班幼儿扩大了社会交往范围，逐渐习惯与同龄伙伴及父母外的成人交往，如在游乐场愿意到有很多小朋友的地方玩。但在交往中带有明显的以自我为中心倾向，常常以自己的需要作为唯一标准。小班幼儿受思维特点所限，认知与行为脱节，交往更多的是以玩具为中介而发起的。这种交往常常是以负面的形式出现的，如因为玩具被别人拿走而发生争执。

6. 尝试模仿，喜欢重复

喜欢重复、模仿是小班幼儿的显著特点。他们喜欢重复地摆弄物品，喜欢听教师重复讲一个故事，重复做某个动作，如反复地喂娃娃吃饭。在不断重复中逐渐认识物体属性、发展语言与动作，并由此逐渐认识事物间的简单关联、产生简单想象。基于对这一特点的认识，小班幼儿教师经常使用示范法和行为练习法组织管理班级的各项常规工作。

7. 体质较柔弱，易生病

幼儿从一个被精心照顾的家庭进入小班后，他的饮食、起居、习惯发生了很大的改变，生理上会有不适应。幼儿的生活自理能力较弱，还不能很好地照顾自己。幼儿体内的免疫系统还没有得到很好的发展。交叉感染的可能性增加，生病就变得非常容易。

总之，3—4 岁幼儿的生理、心理都处在迅速发展和逐步完善之中，是幼儿顺利进入幼儿园小班生活、学习的保证。

第二课　小班幼儿入园不适应问题及解决办法

一、分离焦虑带来的不适应问题及解决办法

分离焦虑（Dissociative anxiety）是指婴幼儿因与亲人分离而引起的焦虑、不安或不愉快的情绪反应，又称离别焦虑，是婴幼儿在与某个人产生亲密的情感联系后，又要与之分离时，产生的伤心、痛苦情绪，以表示拒绝分离。这是婴幼儿焦虑症的一种类型，多发病于学龄前期。

（一）分离焦虑表现

幼儿在刚入园时出现分离焦虑是正常的心理现象，具体表现在：（1）依恋亲人，入园时哭闹不止，甚至出现打滚、摔东西等现象；（2）入园后出现头痛、肚子痛、尿频等现象，但是回到家里症状就立刻全部消失；（3）拒绝和其他幼儿共同参加活动，有的幼儿会静静地坐在活动室的一角，默默地伤心流泪，不理睬其他幼儿；也有的幼儿会拒绝进食。

一般说来，幼儿依恋父母，是人之常情，也是人的天性或本能。一定程度的依恋，对幼儿的心理健康及日后建立良好的人际关系有着积极的促进作用。如果由于过分依恋而产生分离焦虑，就会需要较长时间的适应期，影响幼儿身心发展。

（二）分离焦虑对幼儿的影响

分离焦虑对幼儿的影响主要表现在饮食、消化、睡眠及免疫力等方面。幼儿长时间处于分离焦虑中会严重影响身体发展。如小班幼儿文文，每次入园都是奶奶抱着来的，奶奶一离开，文文立刻号啕大哭，并伴有呕吐现象，这种情况持续了近半学期之久。分离焦虑对幼儿的心理也会产生一定的影响。这方面主要表现在幼儿与同伴的关系中。处于入园分离焦虑的幼儿往往易被群体孤立，在与同伴交往中会怯生、胆小甚至不愿意，也不知如何与同伴交往。①

（三）分离焦虑的应对策略

第一，提前使幼儿的心理有准备。幼儿对家长的依恋很强烈，让他们一下子离开家长，会使其依恋感受阻，产生分离焦虑，引起不安全感。让幼儿对上幼儿园提前有个心理准备是非常必要的。家长可以在假期里或开学前带幼儿到即将要去的幼儿园门口或里面转一转，让幼儿熟悉一下环境。

第二，在家中给幼儿一个独处的时间和空间。例如，在客厅的一角，利用橱柜或桌椅隔出一个独立的空间，让幼儿体验在没有成人注视的情况下，独自在那里游戏、看书等。培养幼儿独立生活能力，减轻幼儿对成人的依恋。

第三，让幼儿对幼儿园产生期待，认为教师是可以帮助自己的人；相信哥哥和姐姐也都是在幼儿园中快乐地学会本领的。

第四，家长还可以培养幼儿一定的生活自理能力，如穿衣、上厕所、吃饭等；生活习惯，如午睡等，帮助幼儿增强入园后的心理自信。

第五，家长要调整好心态，给幼儿以积极的暗示。当幼儿对家长产生强烈依恋和依赖，不想去幼儿园的时候，很多家长往往心软、动摇。幼儿虽小，对家长的情感、心态却是十分敏感的，当幼儿察觉到家长的动摇心态时，会强化不愿上幼儿园的想法。所以家长应调整好心态，保持愉悦的情绪状态，送幼儿入幼儿园，并对幼儿的点滴进步及时予以鼓励。例如："今天你只是到幼儿园门口时才哭了一次，真棒""你是笑着和妈妈说再见的，好乖"等。

第六，引导幼儿和教师、同伴交往。幼儿遇到困难时，如果不能够表达自己的需求，可能会被老师忽视。所以家长应教育幼儿学会和老师交往，有什么需求去跟老师说，相信老师就像妈妈一样能够帮助自己、爱自己。例如，想喝水了就要说："老师，我想喝水。"另外，家长一边要告诉幼儿正确对待教师的批评，一边要与教师及时沟通，尽快消除幼儿由此产生的负面情绪。在与同伴交往方面，要告诉幼儿，小朋友间要相互谦让、合作，有玩具要一起玩；与小朋友之间有了矛盾要找老师，不能打架。住在同一小区或邻近地区的小朋友，可以互相联系，彼此串串门，或相约在双休日共同到郊外或游乐场玩耍。这样可以增加幼儿与同伴交往的机会。幼儿有了熟悉的伙伴，大多就愿意上幼儿园了。

第七，当幼儿从幼儿园回到家后，家长可以问他在幼儿园里都学了些什么，今天最高兴的事情是什么等。了解幼儿的心理感受，及时帮助幼儿消除一些情绪问题。

入园焦虑是每一个幼儿都要经历的，过了这一阶段，幼儿会越来越活泼，他已经爱上幼儿园了。

---

① 魏芹.缓解幼儿入园焦虑的对策[J].小学时代（教育研究），2012，（8）：54.

二、过度依恋带来的不适应问题及解决办法

（一）过度依恋的含义及表现

依恋是人类的一种基本的心理需求，最突出地体现在父母与子女之间、情人之间以及亲密朋友之间。研究表明，在婴儿和童年早期，儿童的依恋主要表现为一系列有固定倾向的行为：想接近某人；与该人分离时紧张不安；重逢时高兴或轻松起来；即使没有紧密接触，也喜欢朝向此人，听其声、观其行，与之交往。[①] 在婴幼儿时期，幼儿的依恋对象主要为家人，特别是母亲。婴幼儿的依恋行为在很大程度上源于心理安全需要。在人际关系中表现出的依恋是一种积极的、充满情感的情绪状态。幼儿会通过这种安全、稳定的依恋关系，获得积极的自我认定，并按照这种自我认定去塑造自己。因此，适度的亲子依恋有助于建立幼儿的自我信任感和对他人的信赖感，从而影响他未来的生活。

在经历入园适应后的小班幼儿中，仍然有许多幼儿表现出对抚养人（特别是母亲）的过度依恋。这类依恋表现在：① 紧张。一到陌生环境，幼儿就会出现莫名的紧张，不知所措，一定要和爸爸妈妈有肢体接触才能稍微缓解。② 脆弱。幼儿经受不了任何批评，一旦教师或家长说了重话，会以大哭大闹进行反抗，没有自我控制情绪的能力。③ 积极寻找依恋替代物。这类幼儿在家黏妈妈，在幼儿园也会找一位教师，在园期间与之寸步不离，或者会随身带一个非常喜欢的毛绒玩具或小被子等作为依恋替代物。④ 缺乏基本的生活自理能力，脾气暴躁。幼儿在入园后，最基本的生活自理能力非常差，不知道如何与同伴和老师相处，部分幼儿还有攻击性行为。

案例链接

案 例 一

“老师，我要妈妈，我想回家，我不喜欢这里。”中午 11 时左右，涵涵开始哭闹了。老师耐心地安慰她，给她好多好玩的玩具，想尽一切办法让她安静下来。“老师，我不玩了，我要妈妈。”不一会儿，涵涵又哭了起来，这次任凭老师怎么做，她还是哭个不停，而且哭声越来越大，其他孩子受到影响也跟着哭了起来。老师用分组的方法，把哭的和不哭的孩子分开，带着不哭的孩子做起了游戏。情况刚有好转，只见涵涵冲出教室去找妈妈，老师立刻把她拉了回来，把门“哐当”一声关上了。这时涵涵的哭声更大了，继而整个班的孩子都“哇”地哭了起来。涵涵跑过去抱着老师说：“老师，你不要关门，妈妈进不来了。”

案 例 二

依依刚入园，她一进教室就哭：“我想妈妈。”妈妈一走，她就会抱住一个老师大腿往上爬，嘴里说：“抱抱，抱抱。”老师还得做事，不可能总抱她。她看到老师没法抱她了，还是会跟着老师，拉着老师的手。她喜欢单独跟着一个老师或阿姨。老师要是抱抱她，她就不哭了，或者哭得小声了；要是老师抱别的小朋友，她又会使劲地哭。她的书包像是宝贝，整天背着都不嫌累，一说要拿走书包就哭。

依依的父亲是个地质勘测队员，有时会较长时间在外地工作，没法经常回家。依依妈妈辞

① 陈会昌，梁兰芝.亲子依恋研究的进展[J].心理学动态，2000，(01)：29-34.

掉工作，在家全职照料她。依依从未离开过妈妈，对妈妈的依恋较为强烈。入园前，依依吃饭要妈妈喂，走路要妈妈抱……依依是妈妈不折不扣的“小膏药”，寸步不离妈妈。

（二）过度依恋的原因分析

1. 家长对幼儿过分宠爱

很多家长认为，现在经济条件好了，要尽量为自己的孩子提供一个舒适宽松的环境，孩子想要什么就给什么；在孩子的成长过程中大包大揽，做了好多本应该由孩子自己做的事情。久而久之，孩子习惯了家长为他做的一切事情，更觉得家长是自己最大的依靠。只要爸爸妈妈在，任何事情都能迎刃而解，这加重了孩子对家长的过度依恋。

2. 家长与幼儿频繁的身体接触

有的幼儿从出生起一直是妈妈带，妈妈和幼儿的接触最为频繁，妈妈乐于用拥抱、亲吻等动作表达对孩子的爱意。久而久之，幼儿已经很习惯这种感情表达方式，这些在妈妈看来不经意的动作，给予了幼儿安全感和依赖感。幼儿感受爱意的同时，也会用同样的方式回报妈妈。由此，母子之间的依恋进一步加深。

3. 家长对幼儿的过度保护

爱玩是每一个孩子的天性，但是很多家长怕孩子发生危险，控制幼儿爱玩的天性，表现出对幼儿的无比关爱。在过度保护状态下，幼儿无法主动探索世界、充分锻炼自己的心智，对家长的依恋会有增无减。

（三）过度依恋的应对策略

第一，教师应该引导家长完成以下两方面的工作。其一，引导家长全家参与，共同育儿。教师要引导家长，特别是幼儿过度依恋的对象，改变以往的大包大揽，要让家庭成员中更多的人，如爷爷奶奶、外公外婆甚至亲戚朋友都参与到对幼儿的养育中来。让幼儿在享受大家庭和谐自然氛围的同时，也能感受到和他人接触过程中不一样的快乐，以此弱化幼儿对父母的过度依恋。其二，引导家长“该放手时要放手”。这里主要是要引导家长正确认识幼儿独特的个性，让家长认清幼儿的成长需要幼儿自己完成。家长需要“归还”幼儿在成长过程中本应该承担的责任，大胆放手，培养幼儿的独立自主能力。

第二，教师在班级管理中应该完成以下工作。其一，建立合理的师幼关系，有助于幼儿心理安全感的获得。对于维护婴幼儿的心理健康，幼儿园责无旁贷。幼儿从家庭进入幼儿园，面对一个全新的环境，不可避免地会感到恐惧，非常希望尽快找到新的依恋对象。此时，任何一个负责任的幼教人员，都应努力营造民主、宽松、和谐的氛围，创设充满关爱、温暖、快乐的新环境，并让自己成为幼儿新的依恋对象。幼儿觉察到有一位或多位被称作“老师”的大人，关注自己的生活，关注自己的感情需要，对自己温柔友好，就如同自己的父母亲时，就会逐渐把教师作为自己新的依恋对象，获得安全感。其二，积极帮助幼儿寻求和确立良好的同伴关系。个人总在与他人的关系中努力寻求特殊的社会支持。可以说，友谊的体验是安全感发展的催化剂。在社会化的过程中，随着交往范围日渐扩大，幼儿对外关系的重点逐渐由亲子关系转向同伴关系。如果同伴关系不良很容易导致幼儿的焦虑和心理不健康。反过来，同伴也能成为幼儿重要的依恋对象。研究表明，较大的朋友网络对于家庭关系不良的幼儿能起到发展中的缓冲作用。那些形成了不安全依恋且朋友网络又小的幼儿，以后的人生道路上更容易出现问题。因此，对于3岁以上的幼儿，养育者要积极帮助他们寻求和建立良好的同伴关系，告诉他们一些基本的交往原则和方法，例如，跟人礼貌地打招呼；学会轮流、等待和与人分享；有需求时用语言向他人陈述和求助而不是动手打和抢；等等。在此基础之上，帮助他们结交几位亲密的小伙伴，这将有利于满足幼儿的情感需要，使之获得充足的心理安全感。①

三、幼儿入园后的频繁生病及解决办法

小班上学期，教师会发现幼儿的出勤率经常不高，生病请假的幼儿特别多，还有些幼儿反复生病。这种情况使得父母苦不堪言，纷纷抱怨，如，“我家宝宝没上几天幼儿园，就开始生病；在家把病养好了，再送去，立刻又病了。真不知该如何是好！”同时，也给教师在班级管理过程中带来了很多困难。经常不来幼儿园的幼儿在园中适应能力弱，情绪不太稳定，还不能很好地融入集体生活中，日常的教育教学活动也会受到干扰。

（一）入园后频繁生病的原因

小班幼儿的免疫力较差，不适应新的生活环境，交叉感染的机会多。6个月之前的婴儿，可以靠从母体内带出的抗体来维持自身的免疫功能。6个月以后，婴幼儿必须通过自己生病来建立自己的抗体和免疫系统。幼儿两岁前大多是在家庭中度过的，环境比较单一，感染疾病的可能性非常低，所以生病率并不高。当幼儿从一个被精心照顾的小环境进入到集体环境后，饮食、起居发生了很大的改变，生理上会有诸多不适应。在众多孩子共同生活的集体环境当中，交叉感染的可能性大幅增加，生病就变得非常容易。

幼儿分离焦虑过度。幼儿迈进幼儿园，或多或少都会哭闹，这是分离焦虑的典型表现。分离焦虑过度的幼儿会吃饭不香，晚上做噩梦。如果不能及时得到安抚，时间久了，幼儿的免疫力会下降，容易生病。

幼儿基本生活自理能力较差。有些幼儿受家长过度保护，在家过度依赖家长。到了新环境，有尿意或别的需求时，不敢主动表达，加之饮食习惯改变，幼儿容易“尿裤子”。尿湿了裤子或者口渴了不及时告诉老师，也容易生病。

（二）入园后频繁生病的解决策略

第一，优化物理环境，提高幼儿园环境卫生水平。对由于环境卫生导致的幼儿生病，我们应该采取以预防为主的方针，严格执行卫生保健制度。根据季节的不同对园内幼儿的活动和生活场所、物品进行定期消毒；勤开窗通风，为幼儿提供清洁安全的生活空间；根据幼儿园美化、净化、绿化、儿童化的特点，按时打扫，比如一天一小扫、一周一大扫；保持园内外经常性的清洁，定期检查，及时指出检查中发现的问题，督促改正，以防止病菌的滋生。另外，冬春季呼吸道疾病高发和防流感期间，积极采取有效措施，加强流感的预防、控制工作，建立缺勤监测、报告与管理制度。对缺席幼儿进行家访，了解缺席原因，对患感冒、发热的幼儿做好隔离观察工作，并主动向家长做好解释，取得家长的配合，同时坚持每天向上级部门报告。

第二，营造温馨氛围，创设家庭式环境。为帮助幼儿缩短入园的适应期，教师应创设家庭

---

① 梁堂华，易波，海鹰.婴幼儿依恋行为背后的心理安全需求[J].长沙师范专科学校学报，2009，(3)：122-124.

式环境。为幼儿创设科学的教学环境,营造安全的心理环境,稳定新生入园情绪,帮助幼儿更快适应幼儿园的集体生活。教师可以在幼儿园中再现家庭元素,可以在活动室的一些角落摆放孩子从家里带来的物品,消除孩子的陌生感;尝试创设家庭式环境,稳定新入园幼儿的情绪,帮助幼儿尽快适应集体生活;构筑科学的活动环境,营造安全的心理环境,以亲情和友爱满足幼儿的情感需求,开展丰富有趣的亲子活动……实践证明,创设家庭式环境是缓解新生入园焦虑的有效途径。它可以帮助幼儿较快地稳定情绪,缩短入园适应期;同时激发幼儿喜欢上幼儿园、愉快地上幼儿园的积极情绪。①

第三,加强体育锻炼,增强幼儿体质。幼儿的体育锻炼对身心健康成长有着至关重要的作用。体育锻炼有利于幼儿肌肉、骨骼的发育,也能增强血管的收缩、舒张功能,而且体育锻炼还能刺激多种激素的分泌和抗体的产生,提高幼儿的抵抗力。由于全身各个系统功能的增强,器官的不断发育、完善,骨骼的增长、加粗,会使得经常锻炼的幼儿生长发育水平超过一般群体,他们变得健康、强壮、抵抗疾病的能力和适应环境变化的能力大大提高,生长发育出现长期稳定的趋势。

第四,引导家长做好情绪管理,以积极的心态,面对幼儿生病。幼儿园应与家长携手合作,共同帮助幼儿逐步适应幼儿园的生活,使幼儿不再哭闹、生病,尽可能缩短幼儿的入园适应期,从而提高幼儿的出勤率。为了缓解幼儿与父母的分离焦虑,要引导家长克制自己的情绪,以平和的心态视之。对此家长应与幼儿园相配合,幼儿刚入园时出现哭闹,严重时因焦虑而导致生理失调,这些情况都是比较常见的,家长不要因为孩子生病而放弃坚持让孩子入园的原则。当得知幼儿生病时,家长首先不要慌张,幼儿园保健医生有着丰富的经验,会给幼儿做好应急处理。如果幼儿所患疾病在幼儿园传播,家长应该及时接走生病的幼儿回家休息,与幼儿一起回顾幼儿园里的生活和有趣的事情,保持孩子对幼儿园的兴趣与好感。要特别注意的是,不能让幼儿把生病当成不上幼儿园的借口。待幼儿痊愈后,家长应及时把幼儿送回幼儿园。

四、小班幼儿入园不适应的原因分析

从某幼儿园入园前问卷调查统计结果来看,55%的家长反映,担心幼儿在园不适应。主要包括四个方面的“担心”:一是幼儿自理能力方面,如幼儿在幼儿园是否能吃好、喝好、睡好,以及能否自己解决大小便的问题;二是幼儿交往能力方面,如能否与其他幼儿、教师进行沟通与交流;三是幼儿身体健康方面,如担心幼儿在集体生活中容易传染疾病;四是关于幼儿的认知、情感方面,如注意力是否集中,在幼儿园是否开心等。

这些“担心”让家长的焦虑情绪日益外显,主要表现为:对幼儿的哭闹束手无策,犹豫不决;每天送幼儿上幼儿园,与幼儿分离时恋恋不舍,不断地与幼儿说“再见”;在与教师交流时反复询问;长时间地在教室门口或角落滞留等。

一般来说,绝大多数哭闹的幼儿在父母离开后情绪马上就会稳定下来。幼儿察觉到家长的焦虑情绪时,会影响或加剧其入园的不适应。家长在教室里拖延得越久,幼儿就哭闹得越厉害。因此,当幼儿出现不适应幼儿园的行为表现时,家长除了要给予抚慰、拥抱、呵护外,稳定自己的情绪也很重要。

---

① 何海英.创设家庭式环境,缓解新生入园焦虑的有效途径[J].幼儿教育,2005,(17):14-16.

案例链接

入园不适应

小班上半学期已经过去几个月了,给我印象深刻的是小洁的奶奶与萱萱的妈妈。小洁的奶奶今天来给小洁请假。她拉着我的手说:“老师啊!我家孙女每天上幼儿园是一件很痛苦的事,天天半夜哭醒,就是不爱上幼儿园。前段时间生病那么长时间刚好,她妈妈就一定让我们孙女上幼儿园。可是这才上几天啊,我们家小洁又病了!我们老人家没什么学问,可是这个幼儿园怎么上呀?一来就生病!”而萱萱的妈妈则经常焦急地询问我:“彭老师,怎么办呢?我也是教育工作者,现在遇到难题了。我家萱萱的厌学情绪非常严重,每天早晨因为上学把全家老少都弄得筋疲力尽的。她是不是年龄小的缘故,跟不上其他小朋友哦?怎么办啊?”①

从以上案例可以看出,小班幼儿在经历入园初分离焦虑的同时,家长也存在不同程度的焦虑。当然,大多数幼儿入园后还是能很快适应幼儿园的集体生活的,案例中只是分离焦虑现象较为突出的代表。从幼儿心理研究角度分析,幼儿入园不适应主要表现在五个方面:情感上的不适应、生活能力的不适应、游戏及学习活动方面的不适应、人际交往方面的不适应和新环境的不适应。② 但是,我们必须承认幼儿会出现不同程度的入园不适应现象,只有客观分析其入园不适应的原因,教师和家长才能从容应对,共同配合,帮助幼儿顺利度过入园关。

(一) 个体原因

小班幼儿由于自理能力较差,吃饭、玩耍、穿衣等都需要成人的帮助,因此容易产生不安全感。面对新的环境时出现哭闹、独占等现象,正是这一时期幼儿以自我为中心的表现。从幼儿自身来说,入园不适应主要原因有以下几方面。

1. 过去的生活经验

每一个幼儿总是会以原有的生活经验对待新环境、新情况。这些熟悉的经验会教给他们不同的适应能力。研究表明,有过入托经历的小班幼儿,入园哭闹等现象明显少于未入托的幼儿。因为进入托幼机构接受过早期教育的幼儿已经有过短期的集体生活经历;已经有了与家人分离,与同伴过集体生活的经验。因此,这些幼儿较少出现不安全感或焦虑感。但是,有些幼儿在入园前长时间待在家里,除了家人外较少与外界接触,当他们面对新环境和新情况时,这种封闭的生活经验致使幼儿对外界的反应是逃避的,害怕的。他们不知道如何与陌生环境中的老师和幼儿交往,常常会把自己孤立起来,感到很孤独。

案例链接

孤　独

凡凡到幼儿园的第一天,总是静静地坐在自己的座位上,眼泪时不时地往下流,显得很孤单。第二天哭得没有那么厉害了,但是还是独自一个人静静地坐着,不去与别的小朋友玩。如

① 彭解华.浅谈缓解小班新生适应困难的班级管理艺术[J].教育导刊(下),2013,(5):71-73.有改动。

② 孙玉洁.幼儿园班级管理[M].北京:教育科学出版社,2017.有改动。

果发现有人在看着她，她会移开目光或低下头。据了解，凡凡入园前，爸爸妈妈忙于工作，一直由奶奶带，很少出门。她一时间离开了家，感到不适应，不敢主动去接触周边环境。

2. 幼儿的个性特点

不同个性特点的幼儿对待相同的环境会做出不同的反应。实验证明，幼儿一出生或出生后不久即对刺激有不同的反应。例如，有的幼儿对突然的响声或光线强度的变化会比其他幼儿更感到不安；陌生的环境和陌生的人对不同个性特点的幼儿产生不同的意义；不同气质类型的幼儿感觉的灵敏性不相同。有的幼儿面对这种新情况，可能觉得自己无法把握或不能适应，因此采取的方式就是逃避、退缩，防卫自己。幼儿对新鲜刺激的反应速度与程度是不同的。有一些幼儿天生容易过度兴奋或者退缩，对新环境的刺激反应过分敏感，这种敏感的特质是引发幼儿入园焦虑的主要因素。小班老师如果了解此时幼儿的感觉，能够认识到幼儿出现这些行为的真正意义，就能更好地帮助幼儿适应新环境。

案例链接

选择性缄默

可可小朋友刚进入幼儿园时几乎不说话，虽然她在家里话很多。一整天，她只是在向老师提要求时才说最简单的话，如“我想尿尿。”她似乎非常注意观察老师和别的小朋友。她看人的眼神非常专注，几乎是紧盯着对方，尤其注意观察老师的言行。她会记住幼儿园一日活动的许多细节，回家后详细地复述给父母听。她告诉妈妈她害怕幼儿园，不想上幼儿园。她说自己也不知道为什么不想说话。

可可不习惯幼儿园里的集体活动规则，害怕因为做错事情而被老师批评，对集体生活中处处存在的约束感到很不适应。她把同班孩子受到批评的次数和原因一个不落地记在心里。由于害怕批评，她开始拒绝上幼儿园，在长达半年的时间里几乎每天早上入园前都表现出痛苦的样子。

这是一个因为入园焦虑而产生“选择性缄默”的孩子。她的语言发展很好，但是她担心和别人交流会给自己带来意外的麻烦。她默默地观察周围，揣摩老师的要求，行动小心谨慎，循规蹈矩。这种对新环境的不良适应如果没有得到矫正，将会发展成为“社交恐惧症”。

（二）外部原因

1. 环境变化因素

幼儿入园前，主要的生活环境是家庭。家庭环境是幼儿熟悉的、安全的环境。可以说幼儿是家庭的中心，感受到亲人的精心照料和疼爱，日常生活非常自由、随性。由于年龄较小，成人的关注更多地放在幼儿身体的健康成长上。而幼儿在入园后，生活条件发生了重大变化，幼儿的生活重心从熟悉的家中转移到幼儿园的集体生活中；幼儿要离开熟悉的环境和亲人过集体生活；幼儿有了新的老师和同伴要认识和交往，有更多新的学习任务，有更多集体的规则需要遵守等。幼儿不能再想做什么就做什么，不能在集体环境中为所欲为。集体生活需要的种种限制和约束，难免会让幼儿产生生理和心理上的不适应，从而产生分离焦虑，表现为要回家、哭闹不止、逃跑、不吃饭、不睡觉等。根据幼儿的不同情况这种现象会持续一周或更长时间，导致小班日常教育教学活动无法正常进行。小班教师要正确面对实际情况，共同帮助幼儿度过这个“门槛”。

案例链接

爱哭闹

"我要妈妈！""我要回家，妈妈不要我了"。这是美美在幼儿园说得最多的话。刚来幼儿园，美美就比别的小朋友爱哭。别的小朋友第三天就能在大人离开一会儿后停止哭闹，自己玩玩具，还能和老师一起做游戏了。美美从早晨入园时就不停地哭闹，她像膏药一样黏着妈妈，不让妈妈离开；离开妈妈后就要老师抱，或者一直站在那里左右摇晃身体，时不时地前后摆动小手。

老师上课的时候，她吵着要老师打电话。"老师，给我妈妈打电话好不好，老师，打电话"。她这样反反复复地强调着。吃中饭时间，美美又哭闹了，不停地走来走去，前后摆动着小手，嘴里反复说："我要妈妈，妈妈来接我，妈妈不要宝宝了"。午睡时间，美美不愿意入睡，说妈妈要来接她的，要在窗口看着。如果老师把午睡室的窗帘放下，她马上扑过来大叫："不要关牢，拉起来"。（因为美美很多次能看到妈妈在窗口看着她）。我尝试着去抱抱她，和她说说话，教她玩一会儿玩具，来转移她的焦虑情绪，也试图和她讲道理，但是效果并不好。

美美的行为是典型的过度依恋行为。在此阶段，孩子对特殊人的偏爱变得更强烈。美美的爸爸在外地工作。美美主要和妈妈生活在一起，妈妈走到哪儿，她就跟到哪儿，甚至睡觉的时候还要妈妈抱着睡，也很少跟别的伙伴在外面玩耍。当她进入幼儿园，离开了熟悉的家人后，并没有转移依恋的目标。

2. 家庭因素

（1）家庭生活空间。家中或社区活动空间和场所宽裕，幼儿可以自由从事各项活动，有利于幼儿的健康成长。有的幼儿生活在高楼里，与同伴交往的机会相对减少，导致适应能力下降，怕见生人，怕去陌生的环境，入园时的不适应现象也比较容易产生。

（2）家庭成员的结构和素质。目前，很多家庭只有一个子女，幼儿失去了与兄弟姐妹交往的机会。不少家庭出现了"四二一"格局。这种格局使幼儿成了家庭的中心，在很大程度上影响了幼儿的发展。家庭中孩子少，家庭经济状况得到改观，孩子因而获得了更多的照料和关心，也产生了一系列的独生子女问题。

（3）家长过分呵护。有的家长送幼儿入园后并没有立即离园，而是抱着孩子久久不放；有的家长坐在那里一直陪着哭闹的孩子说话、玩玩具；有的家长自己离园后不放心，中途回班上多次偷偷窥视幼儿，幼儿一旦发现，就会哭闹着找爸爸妈妈，给幼儿不断的期待，使幼儿坐立不安；有的家长甚至要求退休的爷爷奶奶来幼儿园陪读，这些都极大地影响了幼儿的情绪。

（4）家长不当的语言暗示。当幼儿在家中表现不好的时候，家长经常这样吓唬他们。如，"你再不乖我就送你到幼儿园去""不听话，就把你关到幼儿园的小黑屋里去。"这种暗示多了，幼儿会认为幼儿园是非常可怕的地方，本能地拒绝上幼儿园。

3. 教师的因素

小班教师是幼儿进入幼儿园接触的重要他人。教师在幼儿入园前是否对班上幼儿及其家庭有所了解，是否已经和幼儿产生了良性互动，都直接影响着幼儿能否顺利入园。

幼儿入园前，教师是否利用暑假安排过家访；是否在家访过程中与幼儿及其家长有短暂的了解和互动；是否向家长了解过幼儿的个性特点；是否以多种形式（如发放调查问卷等)了解家长的受教育情况;是否让家长带幼儿到幼儿园玩等,这些都非常重要。如果幼儿教师高高在上,与幼儿保持一定的距离,态度甚至有一些冷淡,幼儿就极易出现拒绝入园及入园不适应的情况。

因此,老师需要与家长合作,共同做好幼儿入园前的准备。入园之初,小班幼儿和家长都面临着不同的焦虑和困惑。此时教师应该认清入园对幼儿和家长的重要意义,尽可能地协助家长和幼儿做好入园前的心理准备,以帮助幼儿顺利入园。

五、充分准备,助力幼儿入园适应

为了使小班幼儿尽快适应幼儿园的集体生活,教师应与家长团结一致,双方积极配合,共同努力,做好幼儿的入园管理和引导工作。

(一) 小班入园准备

幼儿入园前,不论家长还是教师都需要做好相应的准备工作,这是小班教师入园管理的关键,对幼儿是否能尽快顺利入园具有决定性的影响。

1. 家长方面的准备

(1) 心理准备。要尽早带孩子参观幼儿园。家长至少要在一年前决定孩子在哪所幼儿园入园。如果选择的幼儿园就在自己居住的小区内,家长应该经常利用外出散步、游玩等机会,带孩子去幼儿园,让孩子观看小朋友们上课、玩耍,使孩子逐渐建立“幼儿园”的概念,熟悉幼儿园的外环境。如果选择的幼儿园离家较远,家长也要提早告知孩子即将上幼儿园了,幼儿园的名字是什么,并一定要利用节假日或暑假期间带幼儿在幼儿园外围参观,让幼儿感受幼儿园的环境。当家长为孩子报名后,应该带孩子去看他的班级、教室里的玩具、睡觉的小床、洗手和大小便的地方,再带孩子去院子里看看花草、木马、滑梯等。同时,家长可提前给幼儿一些积极暗示。例如,这个幼儿园特别好,有很多玩具,会有很多老师和小朋友跟你一起玩玩具、做游戏;这个幼儿园的老师真好,他们特别喜欢你,你有困难可以找老师。这样,孩子会对“幼儿园”有直观的美好感受,有助于孩子在心理上向往幼儿园生活。但是,注意不要直接而过分地夸大幼儿园生活的美好,以免给孩子造成错觉。当然,也要有意识地告诉幼儿,集体生活中肯定有必不可少的规则。

家长也要做好亲子分离的准备。注意克服自身的分离焦虑,不要渲染孩子入园的紧张气氛,尽量以平和的心态对待孩子入园,要相信教师会把幼儿照顾好;幼儿进班后要果断离开,以便更快让幼儿对老师建立信任感,更快地度过适应期。幼儿已经具有独立的意识,及早告知上幼儿园的事情,为幼儿接受新环境和新生活争取一个心理准备和过渡时间,有利于幼儿积极从容面对。

(2) 生活准备。家长可提前在家让幼儿按幼儿园的时间表进行作息,特别是吃饭(中午11:30)、午睡(12:00—14:30)的时间,这样幼儿入园后就会很快适应园内的生活。培养幼儿在吃饭、穿脱衣服、大小便、午睡等方面的生活自理能力和良好的作息习惯,如,主动表示要大小便、定点大小便、定点坐着吃饭等。此外,在入园前为幼儿准备柔软、宽松、方便的替换衣服,以备幼儿需要时更换,并写上名字。准备幼儿喜爱的被子、垫被、枕头、席子等,让幼儿觉得新鲜、愉快,增加入园的亲切感。

(3) 沟通准备。幼儿入园前,家长一定要把握教师家访的时机,为了孩子能尽快适应幼儿园生活,把孩子在家的生活情况与教师做好沟通。包括孩子的一些生活习惯、个性特点、喜欢、爱好、乳名等,以便老师能更快地了解孩子。

2. 教师方面的准备

（1）入园前的家访工作。家访是教师在入园管理中非常重要的一环，有利于教师与孩子互相熟悉，让孩子入园后能更快地融入幼儿园生活。小班教师家访主要是了解孩子平时的生活习惯，身体状况，既往病史，如癫痫、过敏史、心脏病等突发疾病。如有这些情况，幼儿园一定要与家长签订责任书，以免出现突发状况时需承担不必要的责任。家访时，教师可以设计一些调查表或调查问卷，进一步了解幼儿、幼儿的家庭环境、家庭教育情况等（表 5-1至表 5-3）。

表 5-1　幼儿家庭生活调查

班级：________　　幼儿：________　　家长：________

<table>
<tr><td>项目</td><td colspan="6">幼儿表现</td></tr>
<tr><td rowspan="3">生活习惯</td><td>按时睡觉</td><td></td><td>睡觉姿势正确</td><td></td><td>饭前洗手</td><td></td></tr>
<tr><td>按时起床</td><td></td><td>不把手指或其他物品放入口中</td><td></td><td>爱护玩具</td><td></td></tr>
<tr><td>按时大便</td><td></td><td>东西放在固定的地方</td><td></td><td>不良习惯</td><td></td></tr>
<tr><td rowspan="4">独立能力</td><td>自己吃饭</td><td></td><td colspan="2">自己扣扣子</td><td colspan="2"></td></tr>
<tr><td>自己穿衣</td><td></td><td colspan="2">自己收玩具</td><td colspan="2"></td></tr>
<tr><td>自己穿鞋袜</td><td></td><td colspan="2">自己洗手擦嘴</td><td colspan="2"></td></tr>
<tr><td>会说普通话</td><td></td><td colspan="2">能对成人说出自己的要求或感受</td><td colspan="2"></td></tr>
<tr><td rowspan="4">礼貌行为</td><td>会说“谢谢”</td><td></td><td colspan="2">接受正确意见</td><td colspan="2"></td></tr>
<tr><td>会说“对不起”</td><td></td><td colspan="2">关心家长</td><td colspan="2"></td></tr>
<tr><td>早起问好</td><td></td><td colspan="2">帮成人做事</td><td colspan="2"></td></tr>
<tr><td>临别说再见</td><td></td><td colspan="2">影响家长工作</td><td colspan="2"></td></tr>
<tr><td rowspan="4">个性</td><td>任性</td><td></td><td colspan="2">骄傲</td><td colspan="2"></td></tr>
<tr><td>娇气</td><td></td><td colspan="2">胆怯</td><td colspan="2"></td></tr>
<tr><td>好强</td><td></td><td colspan="2">怕听批评</td><td colspan="2"></td></tr>
<tr><td>固执</td><td></td><td colspan="2">依赖性强</td><td colspan="2"></td></tr>
<tr><td rowspan="3">生活常识</td><td>知道自己的姓名、年龄</td><td></td><td colspan="2">知道父母的姓名</td><td colspan="2"></td></tr>
<tr><td>能说出自己的性别</td><td></td><td colspan="2">知道父母的工作单位</td><td colspan="2"></td></tr>
<tr><td>知道家庭住址</td><td></td><td colspan="2">知道家里的电话号码</td><td colspan="2"></td></tr>
</table>

表 5-2 家长教育态度调查

班级:________ 幼儿:________ 家长:________

<table>
<tr><td rowspan="3">基本情况</td><td></td><td>受教育程度</td><td>工作岗位或专业</td><td>每周工作时间</td><td>个人兴趣和爱好</td></tr>
<tr><td>母亲</td><td></td><td></td><td></td><td></td></tr>
<tr><td>父亲</td><td></td><td></td><td></td><td></td></tr>
<tr><td rowspan="3">以身作则</td><td>尊敬长辈</td><td></td><td>物品用完归原位</td><td colspan="2"></td></tr>
<tr><td>用语礼貌</td><td></td><td>接受合理意见</td><td colspan="2"></td></tr>
<tr><td>平等和睦</td><td></td><td>要求幼儿的
自己一定做到</td><td colspan="2"></td></tr>
<tr><td rowspan="6">教育方式</td><td>说理</td><td></td><td>迁就</td><td></td><td>任其发展</td><td></td></tr>
<tr><td>打骂</td><td></td><td>要求服从</td><td></td><td>按家长情绪来</td><td></td></tr>
<tr><td colspan="2">是否接受幼儿的合理要求</td><td colspan="4"></td></tr>
<tr><td colspan="2">如何对待幼儿的提问</td><td colspan="4"></td></tr>
<tr><td colspan="2">如何对待幼儿的进步</td><td colspan="4"></td></tr>
<tr><td colspan="2">如何对待幼儿的错误</td><td colspan="4"></td></tr>
<tr><td>备注</td><td colspan="6">1. 项目中请用“能”“尚能”“不能”做记录,也可用文字说明。提问的项目请用文字回答
2. 此表系调查情况,以便进行有针对性的教育,并非评价幼儿、家长。请家长提供客观真实的信息</td></tr>
</table>

表 5-3 幼儿入园情况记录表

各位家长:

您好!

为了使我们进一步了解您的孩子,让孩子更快地适应集体生活,便于教师有目的地进行教育,请您真实、详细地填写下列情况。真诚感谢您的配合!

<table>
<tr><td>幼儿姓名</td><td></td><td>乳名(小名)</td><td></td></tr>
<tr><td>家庭地址</td><td colspan="3"></td></tr>
<tr><td rowspan="3">联系电话</td><td>住宅电话</td><td colspan="2"></td></tr>
<tr><td>父亲电话</td><td colspan="2"></td></tr>
<tr><td>母亲电话</td><td colspan="2"></td></tr>
</table>

续表

<table>
<tr><td rowspan="4">家庭
情况</td><td colspan="3">父亲工作单位</td><td colspan="3">母亲工作单位</td></tr>
<tr><td colspan="3"></td><td colspan="3"></td></tr>
<tr><td colspan="3">家里主要教育者</td><td colspan="3">家里有何特殊情况</td></tr>
<tr><td colspan="3"></td><td colspan="3"></td></tr>
<tr><td rowspan="2">饮食
习惯</td><td colspan="2">能否独立进餐</td><td colspan="2">是否挑食</td><td colspan="2">家长要求</td></tr>
<tr><td colspan="2"></td><td colspan="2"></td><td colspan="2"></td></tr>
<tr><td rowspan="2">卫生
习惯</td><td colspan="3">如厕、盥洗习惯</td><td colspan="3">家长特殊要求</td></tr>
<tr><td colspan="3"></td><td colspan="3"></td></tr>
<tr><td rowspan="2">睡眠习惯
（午睡）</td><td colspan="3">入睡习惯</td><td colspan="3">家长特殊要求</td></tr>
<tr><td colspan="3"></td><td colspan="3"></td></tr>
<tr><td rowspan="2">幼儿
身体状况</td><td colspan="3">幼儿常患什么病</td><td colspan="3">需哪些特殊护理</td></tr>
<tr><td colspan="3"></td><td colspan="3"></td></tr>
<tr><td rowspan="3">个性
品德</td><td>个性</td><td colspan="2"></td><td>礼貌</td><td colspan="2"></td></tr>
<tr><td>对待批评</td><td colspan="2"></td><td>对待同伴</td><td colspan="2"></td></tr>
<tr><td>对待表扬</td><td colspan="2"></td><td>同情心</td><td colspan="2"></td></tr>
<tr><td rowspan="2">学习
习惯</td><td colspan="2">阅读习惯</td><td colspan="2">表达习惯</td><td colspan="2">观察习惯</td></tr>
<tr><td colspan="2"></td><td colspan="2"></td><td colspan="2"></td></tr>
<tr><td>兴趣爱好</td><td colspan="6"></td></tr>
<tr><td>家长要求
及建议</td><td colspan="6"></td></tr>
</table>

（2）邀请家长及幼儿来园熟悉环境。幼儿园在家长来园参观、熟悉环境时，用照片、视频向家长介绍幼儿园的环境布置及其教育意图，尽可能收集幼儿园相关阅读资料分发给家长，让家长了解幼儿园的园所文化和教育理念。让幼儿在家长的陪同下参观幼儿园，认识班上的老师，让幼儿了解幼儿园有滑梯、木马，哥哥姐姐怎样唱歌、跳舞、做游戏。幼儿就会觉得幼儿园有一种无形的吸引力，产生对幼儿园及老师、同学的积极向往。

（3）召开家长会。幼儿园召开新生家长会，让家长了解幼儿园的情况。新生家长会大致包括四个方面的内容：第一，园长向家长整体介绍幼儿园的办学理念、师资队伍、课程设置、幼儿园的配置和设施等；第二，业务园长从专业的角度介绍幼儿的入园焦虑及提出一些有效的应对策略，让家长在了解这些问题的同时做好心理准备；第三，保健老师让家长了解园所的一餐两点、晨检和委托服药等具体日常保健事宜；第四，各班带班老师就开学初班级的工作与家长进行沟通。

资料吧

小二班新生入园家长见面会

各位家长：大家好！

欢迎加入“一幼”大家庭，希望在今后的日子里我们能成为好朋友。首先，自我介绍一下：我是小二班的杨老师，与我共同搭班的是何老师、徐老师。其次，谢谢您对我们幼儿园的信任。我们将不辜负您的厚望，时时牢记肩负的职责，处处提醒自己要用快乐去迎接每一天；要用真情去爱每一个孩子；要用宽容去接纳他们的成长。为了深入地了解每个孩子入园前的生活状况，缓解孩子入园前的焦虑情绪，使他们顺利地度过入园关，进入集体生活，今天我们一起来交流孩子如何更好地适应幼儿园生活等。现在向您介绍一些措施，希望您能仔细听，并与我们配合，谢谢！

一、介绍幼儿园的园所情况

本园是××市一级示范园，今年将达标××省示范园。幼儿园开展了丰富多彩的课程，为孩子们提供快乐的学习环境，为家长提供放心满意的服务。我班是小二班，班级配备两教一保三位老师，介绍三位老师各自的情况及老师联系方式。

二、介绍小班入园离园、接送制度

1. 幼儿在园时间为 9:15－17:20。上午 9:15 前家长把孩子送至班级，交给带班老师。

2. 家长有事中午要接幼儿，到门卫处登记后，由门卫接出幼儿交给家长。

3. 下午 17:20 幼儿离园时，为避免拥挤，请家长严格按照规定的时间准时到大门口来接。如果有事委托他人来接孩子时，请事先与本班教师电话联系，核实后方可接走幼儿。

4. 开学初会办接园卡及校讯通，方便家园联系。

三、介绍晨检

1. 手帕、剪指甲、幼儿卫生。

2. 有危险性的物品。

3. 健康状况：将生病情况告诉老师带好药。（病例卡）

如孩子需要服药，请家长把药包好，并写明幼儿姓名、病症、服用方法及服用时间，以免药物混乱发生意外。写明是否有药物及食物的过敏史。

四、入园后孩子的表现

1. 有一些抵触情绪还是难以避免的，作为家长也不必太过惊慌。

2. 最初一段时间不必详细询问孩子在幼儿园的情况，以免孩子产生压力。

3. 在饮食方面，孩子入园后会出现食量减少、便秘、消化不良等现象。

4. 行为方面，入园后孩子会出现一些行为变化：依恋增强，行为退缩，胆小，沉默不语，反抗性增强等。

适应新环境本身就是孩子心理成熟的一种表现，家长对此要有足够的理解和心理准备。家长在这一阶段也应密切注意幼儿身体与情绪的变化，但一般情况下不要随便给孩子请假，在孩子面前要表现出要求他必须去幼儿园的态度。正常情况下，幼儿会在两星期左右适应幼儿园的生活。

五、家长的态度

孩子是爸爸妈妈的心肝宝贝，当你们看到孩子们变化的情绪时，肯定会心疼。家长很忌讳的有四点：

1. 态度不坚决。看到孩子情绪反应较大，哭泣不停，就答应孩子停几天再入园，这样会使孩子的入园适应期加长。

2. 依依不舍。家长过分呵护孩子也容易使孩子哭闹。有的家长送孩子到园后，不立即将孩子交给老师，而是抱在手中久久不放，其场面甚至令人有生离死别之感受；有的家长虽然将孩子交给了老师，但中途多次窥视，孩子一旦发现，又会哭喊等。家长的这种依恋情绪会激活孩子的依恋情绪，使得孩子的入园适应期更长。

3. 消极的语言暗示。家长因特别关心孩子的在园情况而提不当问题，导致消极语言暗示，如：小朋友有没有欺负你？老师对你好不好？挨批评了吗？这无形中让孩子感到幼儿园是一个不好的地方。

4. 威胁式语言。“不听话把你送到幼儿园，让老师管你。”“不听话就不来接你。”这类语言将幼儿园描述成一个恐怖的环境，加重孩子对幼儿园的恐惧。

不管孩子的哭闹起因为何，父母与教师的沟通、配合很重要。所以家长送完孩子后即可离去，不要在教室外逗留，或者在窗户外面偷看。相信教师会用适当的方法转移孩子的注意力，使之投入到幼儿园的生活中去。

家长要注意多问孩子一些正面的问题，如在幼儿园里有什么高兴的事啊，和小朋友们玩过哪些好玩的游戏啊。最好不要问孩子是不是想妈妈了。本来孩子就觉得离开父母受了很大的委屈，再一强化，很可能使孩子伤心备至，进而更对幼儿园产生逆反心理。如果孩子不愿意说幼儿园里的事情，也不要勉强他，相信过一段时间，他高兴的时候，你不让他说他也会说的。

六、培养自理能力，尽早适应集体生活

1. 进餐习惯：鼓励孩子自己吃饭，不喂饭。吃饭时间要固定，而且要求孩子一定要坐在餐桌旁吃饭，不跑来跑去，不偏食，不挑食。如果家中的食物品种单一，孩子的口味习惯往往也就比较单一，碰到自己没有吃过的东西就很难接受。所以家长要鼓励孩子对各种不同的食物都愿意尝试。在家尽量让幼儿(小班)自己吃饭，吃一口是一口。

2. 午睡习惯：幼儿园午睡时间一般为 2 小时，这是保证孩子有充足的睡眠，利于孩子健康成长的措施之一。在家里没有午睡习惯的孩子，入园前一定要养成午睡习惯。许多孩子在家里往往要家长拍着、陪着、哄着才能入睡，而幼儿园的老师不可能守在每个孩子身边，因此孩子入园后会不适应，家长要培养孩子自己睡觉的习惯。现在幼儿园的睡觉时间从中午 12 点开始，周末在家希望大家也能根据这样的时间安排孩子睡觉。

3. 学习自己穿衣服：幼儿的衣服和鞋一定要舒适、轻便，便于体育锻炼。不穿有帽绳的衣服、背带裤、搭扣鞋，避免运动时给幼儿造成不必要的危险。另外准备一两套内衣裤，因为孩子年龄小，换了环境容易因紧张而尿裤子。衣服或裤子上最好有放手帕的口袋，用别针在衣服上别手帕不安全。

4. 以游戏的形式练习蹲坑：在平地上摆两块砖，间隔一定距离，和孩子比赛上、下、蹲下、起来的动作，并逐渐加宽两块砖之间的距离。然后训练孩子双脚踩在砖头上站立、脱下裤子下蹲、站起来拉上裤子等一系列动作，反复练习，直至熟练。

5. 愿意向老师表达自己的愿望：如想喝水、想小便、身体不舒服时能告诉老师。如果有些孩子在刚入幼儿园时，连一些最简单的本能需要，例如大小便、喝水等，都不会向老师主动提出，就会造成孩子对环境的抗拒。当孩子掌握一些独立生活的本领后，会更顺利地适应幼儿园生活，增强自信心。

6. 家长和老师做好沟通工作：告诉老师自己孩子的特点，如孩子是否能独立上厕所，是否容易尿床，孩子的喜好，孩子的性格特点等。

7. 体检：幼儿在园一年组织两次体检。超过一个月未入园的幼儿，自行体检，持体检单来园。

七、介绍幼儿作息时间表(略)

八、家长的配合工作

1. 准备一个小书包，里面放入一套备用的衣服，孩子大小便到衣服上时，要及时换洗。要在小背包上写清楚孩子的名字，以便于教师辨认。

2. 遵守幼儿园的各项制度，按时接送幼儿，做到不迟到、不早接，有事要请假。

中午不接孩子。请家长放心，家长不要轻易允诺孩子中午来接。如果能坚持 1 个星期，孩子的情况就会改善。

3. 积极参与园里举办的各种活动，请注意随时察看，积极参与。

4. 幼儿及家长患传染病时，应及时通知幼儿园，做好隔离工作。

5. 遇到幼儿之间发生矛盾、纠纷时，家长应采取正确的方法引导、教育或向老师反映，恰当解决，不得训斥、恫吓任何一方幼儿，以确保幼儿身心健康。

6. 讲究公共卫生，不在幼儿园吸烟，不随地吐痰，不乱扔果皮、纸屑。教育幼儿爱护公物，爱护幼儿园的设施、玩具，不随意采摘花草树木。

7. 家长在接送时要把孩子交给老师，接孩子回家时注意安全。（不要随便帮助别人接孩子）

8. 另外我们会积极争取家长资源，丰富主题活动并通过家园栏及时向家长介绍主题活动的目标和需要提供的材料，望家长能大力支持与配合。

上幼儿园是孩子社会化的重要一步，对孩子的成长有很多好处。家长应该坚信孩子有很强的适应能力，只要家长和老师给予适当的帮助，孩子就会发现上幼儿园是一件快乐的事情。相信老师也很重要。幼儿园的老师都是经过专业培训的，他们了解幼儿的心理，富有爱心和责任心。家长的尊重、信任和配合对老师会是很好的激励。年轻的爸爸妈妈们，赶快行动起来，照着以上几点去做，相信你家宝宝肯定能很快地适应幼儿园生活。

谢谢您的鼎力支持。让我们家、园携手，共同努力工作。平时有什么想法或意见请您及时跟我们交流、沟通。

（二）小班入园适应指导

1. 小班入园适应过程中对教师的要求

（1）为幼儿创设充满爱与温暖的环境。在幼儿入园前，教师要为小班活动室创设符合小班幼儿年龄特点的环境。小班环境颜色要柔和，以粉色系为主，也可以是粉红色、浅蓝色、淡紫色、黄色等，一定要避免大红、黑色块强力对撞。幼儿的墙报高度要刚好在幼儿视野范围之内，便于幼儿欣赏与操作，画面形象要可爱、卡通、简单一点。小班幼儿如厕是一件较困难的事，盥洗室也需有相应的标志提示，并且要有幼儿喜爱的画面，如蓝色的海洋和可爱的小鱼等，这样厕所就不会再被幼儿所排斥。再者，要营造一种充满关爱的心理环境。教师的语态、肢体动作、表情等直观形象要有亲和力，给幼儿营造一种充满爱和温暖的心理环境。幼儿眼里的老师没有美丑，却有好坏，语气温柔、低缓，动作轻柔，面带笑容，耐心细致的老师就是好老师；否则，就是凶老师、坏老师和“狼外婆”。因此，对于新入园的小班幼儿，老师要时刻留意自己的行为，特别是在清晨幼儿入园时，要能主动上前几步迎接幼儿，蹲下来和他们打招呼，尽量配合爱抚的动作，让幼儿感受到老师的爱。

（2）《中华人民共和国家庭教育促进法》第四十四条明确指出，“婴幼儿照护服务机构、早期教育服务机构应当为未成年人的父母或其他监护人提供科学养育指导等家庭教育指导服务”。针对小班幼儿入园适应过程中出现的问题和现象，幼儿园和教师有必要通过多种形式与家长保持密切联系，做好沟通工作。同时，根据幼儿入园适应教育的需要，给予家长指导性建议。如幼儿入园前召开家长会或亲子游园会等，让家长带着小班幼儿参观幼儿园和班级，认识并熟悉本班教师，以减轻幼儿面对陌生环境和陌生人时的不适应和焦虑；小班幼儿入园第一周特别提醒家长按时送幼儿入园，提前接幼儿离园。适时缩短新入园幼儿在园时间可减轻他们因远离亲人而产生的恐惧心理。离园时及时与父母，特别是祖父母主动交流幼儿在园情况，以减轻家长因担心小班幼儿入园不适应而产生的种种担心和顾虑。还可以通过信息化平台，及时播报小班幼儿参与的丰富多彩的活动及相关保教指导信息，以加强家长在小班幼儿入园适应过程中的家庭教育质量。

（3）合理安排幼儿入园之初的活动，使幼儿真正感受到幼儿园生活的快乐，真正喜欢幼儿园。由于幼儿的个性不尽相同，对待新环境的反应各异，因此，教师需要根据在入园前对幼儿的了解，对全班幼儿在不同的时期分别进行分组管理、分组教育①。

如第一阶段，按照幼儿能否适应幼儿园的能力分成A、B、C三组，A组为已上过托儿所，适应能力稍强，年龄大一些的幼儿；B组为性格外向、喜欢自由自在，常需成人提醒的幼儿；C组为那些由祖辈抚养，胆小、内向，家里特宠溺的幼儿。教师分别对各组幼儿施以有针对性的教育，重点在C组。对待C组幼儿，教师需要更加有耐心，对幼儿提出的活动要求低，更加注重活动的游戏性，并常常为他们提供特殊服务，如带他们在幼儿园内参观，看哥哥、姐姐上课等。这样既不影响A、B组幼儿的正常活动，又使得C组幼儿在教师的特殊关照下能较快地适应幼儿园的生活。本阶段一般是入园的前两至三周。幼儿初步适应了幼儿园的生活后，一些以往养成的不良行为习惯就不知不觉地表现出来了。

第二阶段，教师可以按行为习惯把幼儿分成A、B两组。A组是有一定自制力、讲究卫生、不侵犯别人、关心集体、能独立吃饭、有良好行为习惯的幼儿；B组是攻击性行为多、不会和同伴相处、乱扔饭菜、卫生习惯和行为习惯较差的幼儿。对A组幼儿教师要多采用鼓励的方法进行教育；对B组幼儿，除了用上述方法外，还要针对个别幼儿的特点进行教育，尽量减少负效应，增强教育效果。例如，班上有一个幼儿行为习惯比较差，通过观察及与家长交谈，教师发现他特别喜欢某一卡通人物，就利用这个角色来帮他改正不良习惯。一段时间以后，他能够与同伴友好相处了；在开展集体活动时，也比较遵守常规。这一阶段一般为入园的第三至四周。

第三阶段，在幼儿适应了幼儿园生活并有了一定的良好行为习惯后，我们在学习活动中按幼儿的兴趣和能力进行分组，A组为小部分发展水平较高、能掌握相当难度活动内容的幼儿；B组为大部分发展水平一般，能掌握稍有难度活动内容的幼儿；C组为少数需在教师指导下掌握稍有难度活动内容的幼儿。A、B组幼儿，以尝试、发现学习方法为主，C组幼儿，则以模仿学习为主，帮助他们完成具体、浅层次的操作活动，重在激发他们的兴趣。例如在制作“扇子”的活动中，我们为C组幼儿提供剪好的图片或彩纸；为B组幼儿除了提供图片和纸外，还提供蜡笔，让他们在贴好纸扇后再进行添画；对A组幼儿，则鼓励他们自己将废旧图书上的画剪下或将教师扎下针眼的画撕下，装饰到扇面上。

以上分组方式不是固定不变的，在每一阶段进行的过程中，教师都要认真观察与评价，及时调整分组，保证每个幼儿都能在原有水平上获得发展。

2. 小班入园适应过程中对家长的要求

（1）重视入园的头几天。小班幼儿刚到一个新的环境参与集体生活，当家长离开时幼儿会感到害怕、紧张和不安全，哭闹是在所难免的。入园头几天，家长应该有这个心理准备。无论工作多么繁忙，都应该坚持送幼儿入园，路上不断地鼓励幼儿勇于面对。家长离开幼儿园时，不论幼儿哭得多凶，自己内心有多么不舍和担心，也不要表现在面部表情和自己情绪中，更不能“一步三回头”。这个时期的幼儿已经能够察言观色，家长的犹豫不决只会助长幼儿的苦恼行为。家长应该很平和地和幼儿道别，表明自己一定要离开幼儿园，自己有工作，下午一定会来接幼儿。家长与幼儿的离别要干净、利落。通常，幼儿与爸爸“分离”的成功率较高，头几天送幼儿入园的任务最好由爸爸担任。当然，家长对幼儿的承诺要遵守，下午按照约定，准时来园接幼儿回家，避免其他幼儿被接走后产生的孤独感。

---

① 雷娟.幼儿园的分组教学之我见[J].新课程(综合版),2019,(12):36.

（2）随时了解幼儿在园的表现，及时与教师沟通。幼儿入园初，家长要经常与班上老师交换意见。如果发现了什么问题，一定要与老师共同商量解决的办法，取得教育观点的一致，与幼儿园共同配合解决。同时，家长还要注意观察幼儿回家后的言行，及时与幼儿谈话，了解其在幼儿园一天的表现和活动情况，不断地以正面教导来强化幼儿的入园意识。①

资料吧

以大带小，帮新生适应幼儿园生活②

为了帮助新生更快地适应幼儿园集体生活，我们结合大班主题系列活动“我是哥哥姐姐”，进行了为期一周的“以大带小”活动。

一、以大带小，准备什么？

1. 明确“以大带小”的目标，积累“以大带小”的经验。我们通过集体教育活动向大班幼儿传达“以大带小”的目的和要求，帮助大班幼儿积累“以大带小”的经验，学习安抚新生的技能。比如，在学习诗歌《我是大班小朋友》时提问：“诗歌里的大班小朋友帮助弟弟妹妹做了什么？你们也是大班小朋友，你们可以为弟弟妹妹做些什么呢？”并通过朗朗上口的诗句“我帮弟弟扣纽扣，弟弟对我说谢谢；我给妹妹讲故事，妹妹乐得哈哈笑……”来激发大班幼儿做哥哥姐姐的自豪感。然后引导大班幼儿讨论“以大带小”的具体要求和方法，为大班幼儿积累一些“以大带小”的经验。

2. 布置“以大带小”的任务，做好充分准备。让大班幼儿学做计划书，并按照计划书的内容做好准备工作。我们往往这样布置“以大带小”的任务：“小班的许多弟弟妹妹在哭，你们每人都要去小班认领一个弟弟或妹妹，想一想可以为弟弟、妹妹做些什么？把要为弟弟妹妹做的事情和需要的材料画在记录表中，并准备好需要的材料。”由于任务指向明确，因此大班幼儿能在制订计划书时进一步明确“以大带小”的具体要求和做法，做好心理和物质上的准备工作。

二、“以大带小”，怎么带？

1. 让大班幼儿认领弟弟或妹妹，缓解新生的焦虑情绪。大班幼儿来到小班，每人找一名小班小朋友，介绍自己的名字，同时拉着小朋友的手请其说出自己的名字。比如，“我叫某某某，能告诉姐姐你叫什么名字吗？”在互相认识后，大班幼儿每人认领一名小班小朋友作为自己的弟弟或妹妹。每天晨间接待时，大班幼儿都到小班安抚自己所认领的弟弟妹妹，并尝试用不同的方式表现自己对小班弟弟妹妹的关爱、安抚。小班幼儿往往能对大班的哥哥姐姐产生亲近感和依恋感，在一定程度上缓解了自己的入园焦虑情绪。

2. 让大班幼儿表演节目，增强幼儿园对新生的吸引力。大班幼儿为小班的弟弟妹妹进行歌曲串烧、舞蹈、走模特步等表演，并邀请小班的弟弟妹妹参与其中。精彩的节目表演吸

① 唐淑，虞永平.幼儿园班级管理[M].南京：南京师范大学出版社，1999：113.

② 张小萍.以大带小，帮新生适应幼儿园生活[J].早期教育（教师版），2012，（9）：47.

引了小班幼儿的注意力，他们不再哭闹，开始跟着大班的哥哥姐姐一起表演，从而逐渐增强了幼儿园对新生的吸引力。

3. 大小班幼儿一起游戏，消除幼儿之间的陌生感。通过混龄游戏，我们让大班幼儿带着小班的弟弟妹妹玩。比如，把幼儿分成大班组和小班组玩“躲猫猫”游戏，先让小班幼儿自由找地方躲藏，大班幼儿寻找；然后双方互换。这类游戏有助于消除幼儿之间的陌生感，能使新生尽快熟悉同伴，缓解对陌生环境的恐惧感。

4. 迟睡早起，安抚新生午睡。我们让大班幼儿迟睡早起，先带着自己认领的弟弟或妹妹如厕，然后帮他们脱衣、脱鞋，安抚弟弟妹妹上床午睡后再回自己的班级午睡。起床时，大班幼儿提前10分穿好衣服和整理好被褥，再去小班手把手地教弟弟妹妹穿衣、穿鞋以及叠被子等。这既能安抚新生午睡，又能培养新生的自理能力。

5. 吃饭时让大班幼儿既喂又教，带动新生主动吃饭。在喂和教弟弟妹妹吃饭时，大班幼儿煞费心思，有的边喂边说：“如果你好好吃饭，吃完饭后姐姐跟你玩你喜欢的‘猫捉老鼠’的游戏。”有的说：“吃了这些饭菜，你就能拥有奥特曼的神力了，哥哥带你去打怪兽。”……在大班哥哥姐姐的“引诱”下，小班幼儿往往会乖乖地听话，主动吃饭。

总之，“以大带小”的活动，不仅给大班幼儿创造了学做哥哥姐姐的机会，锻炼了他们与人交往的能力，培养了他们的责任心和关心、照顾他人的意识，而且还缓解了新生的入园焦虑情绪，培养了新生的生活自理能力，帮助新生尽快适应幼儿园的集体生活。

第三课 小班班级管理

俗语说，没有规矩，难成方圆，这里所指的“规矩”“方圆”就是良好的行为规范的泛指。进入小班以后，幼儿开始进行集体生活。幼儿园一日生活有明显的目的性、组织性和协调性。这些活动的安排对于幼儿的身心和谐健康发展有着重要的价值和意义。幼儿园需要按照合理的节奏和科学的作息等建立小班班级行为规范。幼儿园小班教师应依据《规程》《纲要》《指南》的精神和小班班级特点，科学、合理地制订小班班级管理目标，明确小班班级管理的内容，正确使用具有小班班级特色的管理方法，在小班的日常管理中细致、有效地实施，促进小班幼儿的各方面发展。

一、小班班级管理目标

小班班级管理的目标主要结合小班班级特点，针对小班班级管理的内容来制订。

（一）制订小班班级管理目标的原则

1. 保教结合，保育先行

“保”就是保护幼儿的健康，通常指的是为了保护幼儿的生理健康、心理健康、增强体质、促进生长发育而进行的体格锻炼、预防疾病、执行科学的作息制度和保健卫生制度等活动；"教"即指幼儿园的教育教学活动，即按照全面发展的要求，有目的、有计划、有系统地创设良好的环境，合理安排幼儿生活，培养幼儿良好的习惯，丰富幼儿的知识、经验，发展幼儿的智力，促进幼儿良好的社会适应性等活动过程。

《幼儿园工作规程》第3条指出：幼儿园"实行保育与教育相结合的原则，对幼儿实施体、智、德、美诸方面全面发展的教育，促进其身心和谐发展。幼儿园同时为家长参加工作、学习提供便利条件。"从这一条可以看出，幼儿园保教工作是幼儿园双重任务的核心。

从小班班级管理实践来看，幼儿年龄小，许多生活习惯尚未养成，教师需要首先教幼儿学会最基本的生活常识，获得生活技能，掌握相应的健康知识。这就是保育的目标所在。保中有教、教中有保，幼儿园教育是从保育开始的。小班的班级管理要在确保保教并重的同时，重点关注小班幼儿的保育工作。

2. 保教配合，行为一致

小班班级中的三位老师要分工合作、共同承担保教任务。班级老师在常规的管理中要保持一贯性，一旦制定了班级管理规则，每个老师都必须按照同样的标准去引导幼儿。这样幼儿才会照章行事，规则才会成为行为的准绳。例如，幼儿饮水时不能走来走去，要走到"休息区"坐下；进餐完毕的幼儿在红色"等待区"坐下休息或看书，不能随意大声喧哗、走动，以免影响其他正在进餐的幼儿等。除此之外，在幼儿角色游戏中，每个"工作"（如娃娃家的爸爸妈妈、商店里的营业员、点心店的厨师、服务员，建筑工地的建筑工人等）都有相应的胸卡、挂牌或者头饰，每个角色区的门口都贴有"进人"标记。这样既可以提醒幼儿该在什么地方进行这些活动，又能暗示幼儿要遵守活动规则排队进行这些工作。班上的三位老师应分工明确、紧密协作。两位老师和保育园老师配合是否密切、关系是否和谐直接关系到班级常规管理的成功与否。真正的合作不是工作不分彼此，或界限太清，而是在明确各自职责的前提下，在分工明确的基础上，每个人都能优质高效地完成自己的工作，并在实现班级总体工作目标的前提下，互助互补，才谈得上是成功的合作。教师之间的相互提醒、相互帮助、相互补位是小班班级管理成功的关键。

3. 家园联动，共育共养

《纲要》明确指出："家长是幼儿园重要的合作伙伴，应本着尊重、平等、合作的原则，争取家长的理解、支持和主动参与，并积极支持、帮助家长提高教育能力。"家长与教师间互相信任、理解、相互支持，才能保证幼儿园班级管理工作的有序开展。特别是在小班班级管理初期，幼儿刚入园，幼儿与老师，老师与家长之间都需要一个互相了解、互相信任的阶段。三位老师应本着平等、公平、合作的原则，争取家长的理解、支持和主动参与。教师应尊重家长，积极支持、帮助家长，倾听家长的心声，主动与家长开展多种形式的互动，共同推进班级管理。

（二）小班班级管理的具体目标

小班班级管理的目标应该从两方面来制订。一方面是小班幼儿在入园适应后能在幼儿园一日生活各环节中能理解常规要求，愉快积极地参加集体活动。另一方面则是教师如何科学、合理地开展常规教育，在不同环节管理实施中应具备相应的工作要求（表5-4）。因我国地域差异较大，不同地区园所在幼儿一日生活各环节安排方面差异较大，以下仅供参考。

表 5-4 幼儿园小班一日活动常规要求

<table>
<tr><th colspan="2">项目</th><th>幼儿要求</th><th>带班教师要求</th><th>配班教师要求</th></tr>
<tr><td rowspan="2">晨间活动</td><td>入园活动</td><td>1. 衣着整洁,愉快入园,有礼貌地和老师、小朋友打招呼,与家长告别
2. 乐意接受老师的晨检
3. 在老师的帮助下将自己的衣物整齐地放在固定的衣橱里
4. 乐于参加区域活动,遵守活动规则。活动后将玩具放回原处,摆放整齐</td><td>1. 主动向幼儿、家长问好,态度热情、亲切。
2. 认真观察幼儿的精神面貌及情绪表现(脸色、皮肤、眼神等)有无异常,妥善处理好异常情况。
3. 仔细观察幼儿有无携带不安全物品,如有携带,及时进行教育并妥善保管,并在下午离园时与家长做好交接。
4. 向家长询问幼儿在家的情况(饮食、睡眠、大小便等),听取家长的意见和要求,做好记录。
5. 做好药物交接,准确掌握药品剂量、服用时间、服用方式、服用注意事项。
6. 有计划地组织晨间活动:前一天准备好玩具、活动材料及体育活动器械,让幼儿参加自己喜欢的各种活动(列入周计划)。</td><td>1. 做好活动室内外清洁及开窗通风,通风时间根据天气情况确定。
2. 做好口杯、寝室空气消毒工作。
3. 每餐(点)前 10 min 做好桌面消毒工作。(先用 1∶200的 84 消毒液擦洗一遍,滞留 10 min 后,再用清水擦洗一遍。)
4. 到食堂拿餐具做好早餐前的准备。
5. 协助教师指导幼儿的晨间活动。
6. 掌握幼儿带药情况,做到心中有数,便于个别照料。</td></tr>
<tr><td>早餐</td><td>1. 餐前认真洗手,正确使用肥皂,冲洗干净后对准水池甩三下,洗完后关好水龙头
2. 正确使用餐具、餐巾,养成文明进餐的良好习惯:进餐时不大声讲话,不随便说笑打闹;咽下最后一口饭后再站起来,轻放椅子,离开饭桌
3. 餐后用餐巾擦嘴,然后去盥洗室洗手、漱口
4. 积极参加餐后游戏</td><td>1. 进餐前 15 min 提醒幼儿结束活动,排队盥洗,准备进餐。
2. 进餐前创造愉快、安静的进餐氛围,使每个幼儿积极进餐。
3. 掌握每餐食谱,向幼儿科学地介绍饭菜营养,激发幼儿进餐的欲望。
4. 观察、照顾幼儿进餐,轻声、和蔼地指导和帮助幼儿掌握进餐技能,培养文明进餐习惯及自我服务能力。
5. 观察幼儿食欲、进食量,鼓励幼儿吃完自己的一份饭菜。纠正偏食、挑食行为,提醒吃饭慢的幼儿吃饱、吃好。
6. 提醒幼儿饭后擦嘴、洗手、漱口。
7. 有计划地组织餐后活动。
8. 早餐后,严格按说明逐一为幼儿服药。服药前认真核实,确保正确无误。避免出现错服、漏服、重服、药量不足和过量等现象。</td><td>1. 去食堂领取班级食物,掌握幼儿每餐实际进食量和剩余量。
2. 给幼儿盛饭,动作轻、快,注意夏季散热,冬季保温。稀饭、汤菜在 45℃ 左右领出食堂。
3. 观察幼儿进餐情况,重点指导和帮助吃饭慢的幼儿吃饱、吃好。
4. 幼儿进餐时,不拖地、不扫地、不催饭。
5. 餐后将餐具及剩余餐点收拾干净、整齐,送回食堂。
6. 清洗餐盘、餐巾、口杯并消毒。</td></tr>
</table>

续表

项目		幼儿要求	带班教师要求	配班教师要求
晨间活动	早操	1. 在教师的帮助下整理好自己的服装。冬天不怕寒冷,积极参加锻炼。 2. 听音乐节奏做操,精神饱满,情绪愉快,注意力集中,动作协调,努力达到锻炼目的。 3. 在指定的范围内活动,兴趣浓厚,活泼愉快,学习和提高动作技能。 4. 遵守规则,活动时不乱跑、不喊叫、不打闹。 5. 正确使用活动器械,用完后帮助老师将玩具、器械、材料放回原处并摆放整齐。	1. 做好上操前的准备工作。提醒幼儿如厕、检查幼儿服装、鞋带及场地安全、器械数量等,保证早操活动顺利进行。 2. 精神饱满,口令、示范动作准确、熟练,用语言、动作示范指导幼儿,禁止训斥、拉扯幼儿,保证幼儿情绪愉快地投入活动。配操教师重点指导个别幼儿。 3. 衣着宽松、舒适,便于运动,不穿高跟鞋,保证活动自如。	1. 协助教师做好早操前的准备工作(检查幼儿服装、鞋带,准备活动器械,检查器械、活动场地是否安全等)。 2. 早操过程中,观察并指导幼儿的动作及行为表现,及时排除不安全因素,保证幼儿活动安全。 3. 及时处理好活动过程中的突发事件。 4. 准备干净的毛巾、手纸,随时提醒或帮助幼儿擦汗、擦鼻涕。 5. 早操后整理活动场地、器械。 6. 组织、指导幼儿有秩序地喝水、如厕,培养良好行为习惯并形成班级常规,准确掌握幼儿饮水量,保证饮水量充足。根据幼儿身体状况、活动量大小及天气情况及时调整饮水量。
教育活动	教育活动	1. 如厕、洗手,做好活动准备。 2. 积极参加教育活动,心情愉快。 3. 注意力集中,乐于动脑、动口、动手。 4. 与老师、同伴分享活动经验。 5. 活动结束后,主动整理活动材料,物归原处。	1. 做好充分准备:(1)充分理解、分析、熟悉教学内容,提前一周写好教育活动计划,文字材料能背诵,示范动作要熟练、准确。(2)实物、图片、模型、小实验器材等活动材料应于前一天准备好。(3)活动前提醒幼儿收拾玩具、如厕,做好身心准备。 2. 保证教育活动质量:(1)教育目标明确、具体,符合本班幼儿的发展水平。(2)以幼儿为活动主体,引导幼儿动脑、动口、动手,启发幼儿活动的积极性、主动性和创造性,注重能力与习惯的培养。(3)注意观察幼儿在活动中的表现,针对不同层次的需求进行启发性指导、随机教育和个别教育。(4)研究有效的活动形式和方法并灵活运用。突出重点,解决难点,具有创造性。(5)注意培养幼儿正	1. 教育活动时间不随意打断教师的活动,不随意进出活动室,保持安静。 2. 按照一日常规要求做好保育、卫生工作。 3. 需要时协助教师组织好教育活动,及时处理活动中发生的特殊情况,以保证教育活动的顺利进行。 4. 组织、指导幼儿有秩序地喝水、如厕,培养良好的行为习惯并形成班级常规。准确掌握幼儿饮水量,保证饮水量充足。根据幼儿身体状况、活动量大小及天气情况及时调整饮水量。

续表

项目		幼儿要求	带班教师要求	配班教师要求
教育活动	教育活动		确的坐、立、行姿势和握笔姿势,保护幼儿视力。(6)引导幼儿正确用嗓,保护嗓子。 3. 教师态度亲切自然,语言清晰、简练、准确、规范、儿童化。 4. 亲近、赏识幼儿,富有童心,师生关系融洽。 5. 引导幼儿分析评价绘画、手工等作品,注重作品的展示和保留。	
	户外活动	1. 在指定的范围活动,兴趣浓厚、活泼愉快,学习和提高动作技能,会利用器材锻炼身体,具有基本的自我保护能力。 2. 遵守规则,不乱跑、不喊叫、不打闹,不做危险动作,不玩危险游戏。 3. 在教师的带领下,积极参加劳动、散步、自由活动等,及其他户外活动。 4. 正确使用器械,注意爱护,用完后帮助老师将玩具、器械等材料放回原处并摆放整齐。	1. 每周制订户外活动计划,目标明确,切合实际。 2. 为幼儿创设安全的户外活动环境,准备相应的活动场地、玩具、器械及材料,保证活动的顺利开展。 3. 衣着宽松、舒适,便于运动,不穿高跟鞋,保证活动自如。 4. 组织好幼儿体育游戏活动,准确把握幼儿的动作发展水平,根据幼儿的差异分层次进行指导。 5. 观察幼儿在活动中的动作及行为(面色、呼吸、出汗、动作的协调性等),准确判断运动量大小,及时调整活动进程。 6. 随时观察活动情况,发现不安全因素及时停止活动进行调整,活动中注重培养幼儿的自我保护能力。 7. 保证每天户外活动时间不少于2小时,其中户外体育活动时间不少于1小时。 8. 允许幼儿按个人意愿和兴趣,自由选择有益的活动,自由结伴,自由交谈,适时指导(列入周计划)。	1. 协助教师做好活动前的准备工作(检查幼儿服装、鞋带,准备活动器械,检查器械、活动场地是否安全等)。 2. 在活动过程中,观察并指导幼儿的动作及行为表现,及时排除不安全因素,保证幼儿活动安全。 3. 及时处理好活动过程中的突发事件 4. 准备干净的毛巾、手纸,随时提醒或帮助幼儿擦汗、擦鼻涕。 5. 活动后整理活动场地、器械。 6. 组织、指导幼儿有秩序地喝水、如厕,培养良好的行为习惯并形成班级常规,准确掌握幼儿的饮水量,保证饮水量充足。根据幼儿身体状况、活动量大小及天气情况及时调整饮水量。
	游戏活动	1. 能参加幼儿园的游戏活动,并能遵守集体生活中的一些规则。 2. 愿与同伴一起玩。并愿意和同伴一起使用材料和玩具。	1. 合理调整幼儿的一日活动结构,使游戏成为幼儿的基本活动。 2. 游戏的开展应有一定的目的性 3. 游戏应有一定的启发性。游戏的形式应多样化。 4. 游戏的开展应具有一定的灵活性。	协助带班教师做好游戏活动。

续表

项目		幼儿要求	带班教师要求	配班教师要求
生活活动	午餐	同早餐	同早餐	同早餐
	饭后活动	在教师引导下散步时能对周围环境感兴趣，喜欢观察。	1. 关注幼儿餐后情况，发现异常及时与保健老师联系。 2. 引导幼儿安静活动，不奔跑。 3. 散步时可适当引导幼儿进行户外自然景色的观察（树、花、天空、白云）。	—
	午睡	1. 安静进入寝室，铺平被子，放平枕头。 2. 盖好被子，闭上眼睛，安静入睡，保持正确睡眠姿势（右侧卧或仰卧）。 3. 不带小玩物上床，不东张西望，不蒙头睡，养成良好的睡眠习惯。 4. 早醒幼儿可进行安静活动，不出声响、不影响同伴。	1. 及时、细致地为每一位幼儿盖好被子，纠正不良睡姿，培养幼儿良好的午睡习惯。 2. 帮助难入睡的幼儿尽快入睡，上床半小时后班级入睡率达到 90% 以上。 3. 每隔半小时全面巡视一次，重点观察带病儿，发现其神色异常要及时处理并报告。 4. 随时保持室内空气新鲜。 5. 轻声提醒常尿床的幼儿起床如厕，发现幼儿尿床要及时换洗、晾晒。 6. 检查幼儿服装及鞋袜，缝缀脱落纽扣及破洞，做好值班记录。 7. 看护幼儿睡觉时动作轻、不大声说话，不能以任何借口离岗、做私活、会客、吃零食、睡觉等。 8. 组织幼儿按时起床，起床时观察幼儿情绪有无异常，指导、帮助幼儿穿衣、整理床铺，提醒、帮助起床动作慢的个别幼儿。 9. 幼儿起床后，逐一检查已经起床幼儿的衣服、鞋带，指导、帮助幼儿梳头，组织幼儿喝水。	1. 午睡前放好窗帘，夏季调好空调温度。 2. 起床后开窗通风，整理床铺，湿性擦地，保持寝室内卫生、清洁、整齐、美观。缝补开缝的被子、枕头。 3. 组织、指导幼儿有秩序地喝水、如厕，培养良好行为习惯并形成班级常规。准确掌握幼儿饮水量，保证饮水量充足。根据幼儿身体状况、活动量大小及天气情况及时调整饮水量。

续表

项目		幼儿要求	带班教师要求	配班教师要求
生活活动	午检活动[①]	1. 衣着整洁，愉快入园，有礼貌地和老师、小朋友打招呼，与家长告别。 2. 乐意接受老师的午检。 3. 在教师的帮助下将自己的衣物整齐地放在固定的衣柜里。	1. 主动向幼儿、家长问好，态度热情、亲切。 2. 认真观察幼儿的精神、脸色，摸体温，询问幼儿的健康情况，有无传染病、皮肤病，发现问题及时处理。 3. 向家长询问幼儿在家的情况（饮食、睡眠、大小便等），听取家长的意见和要求。 4. 查看幼儿有无携带不安全的物品，指甲是否过长，发现问题及时处理。 5. 有计划地组织午间活动 6. 午检记录：午检后，带班教师需将午检情况记录下来。	1. 接待家长：要求同带班教师。 2. 协助带班教师进行午检。 3. 协助教师组织午检活动，根据季节提醒或帮助幼儿增减衣服。
	午点	同午餐	同午餐	同午餐
户外活动及户外体育活动		1. 在指定的范围内活动，兴趣浓厚、活泼愉快，学习和提高动作技能，会利用器材锻炼身体，具有基本的自我保护能力。 2. 遵守规则，活动时不乱跑、不喊叫、不打闹、不做危险动作，不玩危险游戏。 3. 喜欢参加各项体育活动。 4. 各种基本动作自然协调，姿势正确。	1. 开展各种体育活动，保证每天体育活动及户外活动的时间，提供安全的场地及器材，充分利用自然条件（水、空气、阳光）开展锻炼。 2. 掌握活动的密度和运动量。 3. 根据气温、活动量及幼儿的体质提醒幼儿增减衣服。 4. 注意幼儿在活动中的身体反映，对幼儿进行安全教育，避免运动伤害。	1. 协助教师做好活动前的准备工作（检查幼儿服装、鞋带，准备活动器械，检查器械、活动场地是否安全等）。 2. 在活动过程中，观察并指导幼儿的动作及行为表现，及时排除不安全因素，保证幼儿活动安全。 3. 及时处理好活动过程中的突发事件。 4. 准备干净的毛巾、手纸，随时提醒或帮助幼儿擦汗、擦鼻涕。 5. 组织、指导幼儿有秩序地喝水、如厕，培养良好的行为习惯并形成班级常规。准确掌握幼儿饮水量，保证饮水量充足。根据幼儿的身体状况、活动量大小及天气情况及时调整饮水量。

① 一些半日制幼儿园有午检活动。

续表

项目	幼儿要求	带班教师要求	配班教师要求
活动区活动	1. 幼儿能按自己的意愿参与活动，并按自己的兴趣选择活动区域。 2. 幼儿能大胆选择材料、大胆尝试操作、摆弄材料，和材料互动；和小伙伴互动；发现问题，思考解决策略，积累经验，体验成功的乐趣。	1. 教师充分尊重、信任幼儿，把幼儿当作独立的个体来看，以此唤起幼儿的主体意识，让他们按照自己喜欢的方式方法参与活动、寻找乐趣、获得发展。 2. 教师应根据本班幼儿的年龄特点、教学计划，按月、周拟定区域活动目标。 3. 教师合理安排活动内容，要丰富有趣、有吸引力；要循序渐进；由易到难选择生活中的知识内容；注意多元化地吸收选择的内容；要注意幼儿的年龄差异和个体差异，使孩子想玩、会玩。	协助带班教师做好区域活动。
离园活动	1. 离园前把玩具、材料、椅子收放整齐、归位，整理好活动环境。 2. 整理自己的仪表，带好自己的物品。 3. 主动向老师、小朋友及其他家长道别。 4. 不独自离开幼儿园，不跟陌生人走。	1. 离园前，与幼儿进行简短谈话。回顾一天的生活，表扬他们的进步，提出新的要求。 2. 检查幼儿仪表是否整洁，提醒幼儿带好回家的物品。 3. 提醒幼儿回家途中的注意事项，进行安全、饮食教育。 4. 有计划地组织、指导等待离园幼儿的区域活动。 5. 有计划地向家长介绍幼儿在园的实际情况，有针对性地向家长提出指导性建议，共同配合教育。 6. 高度负责，把每一个幼儿安全地交给家长，严禁出现幼儿自己离园、被陌生人接走现象。有陌生人接幼儿时，首先与家长（父母）取得联系。得到家长同意，并请陌生人在交接记录本上签字后，方可把幼儿交给陌生人。慎重对待有特殊家庭背景的幼儿。 7. 幼儿离园后，做好活动室物品、材料的整理，检查水、电、门窗是否关好。	1. 指导并帮助幼儿整理仪表。 2. 整理好幼儿的衣物。 3. 协助老师组织好幼儿的区域活动。 4. 下班前将室内外地面、楼梯彻底清理干净，关好水、电和门窗。 5. 清洗口杯，做好消毒准备。 6. 需要老师值班时和保育老师要求一样。

为了达到这两方面的目标，小班教师需要依据小班班级管理目标，对照《幼儿园教师专业标准（试行）》及《幼儿园保育教育质量评估指南》相关文件，更新观念、更新知识，努力提高自身的素质和业务水平。将班级管理目标与班级同时期各类计划的制订联系起来，在各类计划的实施过程中，将教育目标真正落实到幼儿身上，达到促进幼儿发展的目的。

二、小班班级管理的内容和方法

小班班级管理，即小班教师对小班幼儿一日生活中各项常规的管理。一日生活常规指幼儿在幼儿园一日生活的各种活动中应该遵守的基本行为规则。包括各种活动和休息的时间及其顺序的规定，一日生活中各环节的具体制度。对照幼儿园小班一日生活的常规要求，按照一日活动类型划分，小班班级管理的内容主要包括：小班生活活动常规管理、小班教育活动常规管理、小班家长工作常规管理、小班游戏活动常规管理、小班户外活动常规管理、小班班级环境常规管理、小班安全工作常规管理等方面。对于小班班级管理而言，小班生活活动常规管理是工作重点，是小班班级管理的前提和基础；小班教育活动常规管理是小班班级管理中的重要组成部分；小班家长工作管理是小班班级管理的关键，以下主要对这三方面进行梳理。

（一）小班生活活动常规管理的内容和方法

1. 小班生活活动常规管理的内容

我们根据小班幼儿的生理、心理特点和常规教育的规律，从来园活动、盥洗、饮食、午睡等几个环节来规定小班生活活动常规管理的内容。①

（1）来园活动

幼儿活动常规：

➢ 高高兴兴上幼儿园，向老师问早、问好。

➢ 衣着整洁，能高兴地接受晨检。

➢ 进班后在教师的指导下，将脱下的衣服和帽子放在固定的地方。

➢ 学习擦小椅子，双手轻拿轻放小椅子。

对教师的要求：

➢ 热情接待幼儿和家长，仔细了解幼儿在家的健康情况，聆听并履行家长的嘱咐，解答家长的疑问。

➢ 观察幼儿的皮肤、五官、神情，做好笔录，如有异常，迅速与保健室联系并及时处理。

➢ 观察幼儿的情绪，舒缓幼儿不安的情绪，处理突发事件，做好个别幼儿的工作。

➢ 清点人数，做好点名记录。

➢ 教育和指导幼儿学习使用手帕。

对保育员的要求：

➢ 开窗通风，搞好室内外清洁卫生，做到室内外空气流通，室内光线充足。

➢ 配合教师做好幼儿的服装鞋帽穿脱、放置工作。

---

① 唐淑，虞永平.幼儿园班级管理[M].南京：南京师范大学出版社，1999：131－135.

➢ 配合教师做好个别幼儿的情绪转变工作。

➢ 指导个别幼儿学习使用手帕。

(2) 盥洗活动

幼儿活动常规：

➢ 逐步养成饭前、便后和手脏时洗手的习惯。

➢ 洗手前将衣袖卷起，洗手时能按顺序认真地洗。

➢ 洗手时不玩水，学会擦肥皂，洗好后用自己的毛巾擦手。

➢ 能主动向老师表示大小便，学会上厕所小便，逐步养成每日大便的习惯。

➢ 逐步学会饭后漱口。

对教师的要求：

➢ 指导和帮助幼儿按顺序洗手，洗完后擦干，不弄湿地面。

➢ 了解幼儿大小便的习惯，随时观察幼儿是否需要大小便，鼓励幼儿根据需要如厕。

➢ 与幼儿一起制订简单的盥洗规则，以避免发生混乱，如排队等候轮流上厕，上厕所后自行冲厕和洗手。

对保育员的要求：

➢ 做好盥洗前的准备，放好肥皂、消毒毛巾和卫生纸。

➢ 同幼儿一起进入盥洗室，对幼儿盥洗进行具体指导。

➢ 指导幼儿大便时拉下裤子，注意腿部保暖；帮助幼儿便后穿好裤子，注意腹部保暖。

(3) 饮食活动

幼儿活动常规：

➢ 安静就座，愉快进餐。

➢ 学习使用餐具。

➢ 学习文明的进餐行为，细嚼慢咽、不挑食、吃饭时精神集中，保持桌面、地面、衣服整洁。

➢ 学会餐后擦嘴，用温水漱口。

➢ 能主动表示想喝水。

对教师的要求：

➢ 餐前半小时不组织剧烈活动。

➢ 组织盥洗。

➢ 创设安静愉快的氛围，用正面教育的方法，鼓励幼儿吃饱、吃好。引导幼儿正确使用餐具，培养幼儿良好的进餐习惯，减少幼儿的等待时间。

➢ 餐后组织 10~15 min 的散步活动。

对保育员的要求：

➢ 餐前用消毒水擦干净桌子，准备好餐具、温开水。

➢ 少盛多添，根据幼儿饭量增添饭。

➢ 播放轻松、和谐的音乐，让幼儿愉快进餐。

➢ 餐后做好清洁工作。

➢ 对个别吃饭过慢的幼儿给予适当帮助。

- 为幼儿提供随时喝水的条件。

(4) 睡眠活动

幼儿睡眠常规：

- 安静就寝，睡姿正确。
- 在成人的帮助下，能按顺序脱衣服、鞋袜，放在固定的地方。

对教师的要求：

- 提醒幼儿睡前小便，然后安静进入卧室。
- 指导帮助幼儿有顺序地穿脱衣服。
- 帮助幼儿盖好被子。
- 巡回观察幼儿的睡眠情况，纠正幼儿睡眠中的不良习惯，发现异常，及时处理。
- 根据季节掌握午睡的时间。

对保育员的要求：

- 拉上窗帘，适当开窗，创设安静、通风、整洁、卫生的睡眠环境。
- 帮助幼儿穿脱衣服。
- 护理和安慰个别幼儿入睡。
- 起床整理好午睡室。

(5) 散步活动

幼儿活动常规：

- 在老师的带领下，一个跟着一个，有秩序地散步。
- 散步时不奔跑，注意安全。

对教师的要求：

- 带领幼儿有秩序地散步。
- 组织全班幼儿散步，观察事物时请幼儿站立。
- 注意散步路线中的安全。

对保育员的要求：

- 配合教师做好散步的组织工作。
- 注意幼儿散步中的安全。
- 散步前后清点人数。

(6) 离园活动

幼儿活动常规：

- 收拾好玩具，放好桌椅，离开活动室。
- 将脱下的衣服、帽子穿戴好再回家。

对教师的要求：

- 热情接待家长，向家长反映幼儿在园的生活情况、身体状况等。
- 指导幼儿将自己的玩具放在玩具架上。
- 提醒幼儿将自己带来的衣帽等穿戴好后再回家。
- 清点人数，做好交班记录。

对保育员的要求：

- ➢ 亲切和谐地接待幼儿和家长。
- ➢ 和幼儿一起整理玩具、整理活动场地。
- ➢ 做好个别幼儿的稳定情绪工作。
- ➢ 将活动室的环境打扫干净。

2. 小班生活活动常规管理的方法

在制定和实施生活活动常规时，小班教师要考虑本班幼儿的理解和接受能力，切忌限制过多、过死，要逐步引导幼儿学会基本的自我服务能力。教师可以从以下两个方面进行突破：一方面，在制定常规细则时应该周到、全面、细致，在帮助幼儿形成集体生活和安全生活的良好习惯方面要有足够的耐心；另一方面，要随时关注幼儿状态，判断情势，确定规则的可理解性和可操作性，以保证活动的有序进行，同时还要学会进行随机教育。在具体实施过程中，教师需要考虑小班幼儿的发展特点，结合具体活动需要和不同情境，适时采取一种或多种方法、运用多种形式，帮助幼儿理解和掌握常规。

示范、模仿法。小班教师应改变单一说教的形式，以及“不准这样”“不准那样”的戒条，而是采用有趣的教育方法，让幼儿在看看做做中主动、自觉地学习。切记，教师的示范和模仿最好在适宜的教育情境或游戏情境中自然传递给幼儿。幼儿学习叠衣服时，可采用“变魔术”的形式，教师扮演大魔术师，“魔术”的内容就是叠衣服。先引导幼儿将外套脱下，再将衣服的两个袖子往中间折，最后将衣服上下对折成小长方形。经过多次练习，幼儿就能学会叠衣服。开学初，在对幼儿进行点名时，请能力比较强的幼儿和教师配合示范，其他幼儿模仿，既增强了幼儿的自信，又培养了幼儿互相帮助的精神。

儿歌的妙用。儿歌短小精悍，读起来朗朗上口，容易记忆，其形式非常符合小班幼儿的语言发展特点。将这一文学形式用于生活常规管理中，可以起到事半功倍的效果。在小班生活常规中，让幼儿学会洗手、穿脱衣裤是生活活动中的重要环节。在学习过程中，幼儿不是把先后顺序弄错，就是细节达不到要求。教师可以把生活活动中的一些要领编成儿歌，让幼儿在熟练地掌握要领的同时把握动作的先后顺序。如在幼儿洗手时可以边洗手边说《洗手歌》：“卷卷袖口湿湿手，抹抹肥皂搓搓手。冲洗干净，甩甩手。再用毛巾擦擦手。”边对照儿歌内容做出相应的动作。在学习穿脱衣服过程中，教师可以和幼儿一起创编《穿花衣》《扣纽扣》儿歌。为培养幼儿不挑食，喜欢吃各种食物的饮食习惯，我们可以和幼儿一起创编儿首蔬菜儿歌，如《红萝卜，绿青菜》：“红萝卜，绿青菜，红红绿绿真可爱。吃红萝卜和青菜，身体健康人人爱。”幼儿对这些儿歌很感兴趣，很快就能学会。当幼儿在洗手、吃饭或穿脱衣裤等环节忘记了动作先后顺序时，经教师一提醒，都能快速记起相应的动作要领。

夸张的比喻。在小班生活常规中，有时运用夸张的比喻非常有效果。如，吃饭慢是小班幼儿中的常见现象，老师在这方面需要花费较多的精力。当然吃饭慢与幼儿小肌肉发展不成熟有关，更多的还是由于幼儿没有建立独立进餐等饮食生活常规。小班幼儿年龄小，思维仍带有很大的直觉性。另外，小班幼儿还喜欢夸大想象，根据这一特点，我们可以采用夸张比喻的方法使小班幼儿在进餐方面有较大的进步。如，在幼儿吃饭时，通过观察可知，大多数幼儿存在咀嚼慢、不肯吞咽的问题；还有的幼儿存在不喝汤的问题。小班教师可以夸张地比喻说：“看谁是大老虎的嘴巴；谁是狮子王的嘴巴；谁能嚼得快、吃得快。”教师在巡视过程中，还可以不断提醒幼儿说:“怎么看不到老虎的嘴巴在动?”“看看哪只大象把水吸干了”等。经过一段时间的培养,孩子们吃饭的速度就会大大提高,剩饭多的现象也在逐渐减少。①

游戏情境法。小班幼儿的活动带有明显的情绪性,他们常常在兴趣的驱使下自发地进行多种活动。游戏是幼儿的天性,符合幼儿的生理发展水平,能满足其需要。幼儿喜欢在有趣的活动中接受教育。教师通过设置游戏情境引导幼儿主动遵守规则,要比抽象的要求更能引起幼儿的兴趣,幼儿更容易接受和理解,更能形成良好的常规。如开学初,可以组织幼儿玩“找朋友”的游戏,让幼儿在有各种图片的贴纸中找出自己喜欢的贴纸作为标记,学会用标记标识自己的茶杯和毛巾;还可以通过智力游戏“谁来了”,加深幼儿对班上教师的认识,增进幼儿与教师的感情;在“娃娃家”游戏中,幼儿可以练习“穿脱衣服”的顺序和方法,练习洗脸、洗手的方法等。

榜样激励法。榜样激励法是以班杜拉的观察学习理论为基础,借鉴别人的优良品质和模范行为对幼儿进行教育的方法。榜样把优良的品质和行为规范具体化、人格化,形象而生动,具有极大的感染力和吸引力。小班幼儿好模仿,情绪易受感染,通过榜样的优良品质和模范行为,促使幼儿去自觉地学习,并最终内化为自己的行为和品质。运用榜样激励法时,要注意:榜样形象的呈现要及时;榜样的形象要符合小班幼儿的认知特点,是小班幼儿能够理解和接受的;榜样的形象要多样,既有教师选定的,也有幼儿自己认可的。如观看一系列正确进餐行为和做法后,引导幼儿讨论和思考榜样的行为,使幼儿在观察、讨论和思考中得出一系列正确的认知和经验。

注意个别教育。教师研究和应用于小班生活常规管理中的有效方法,往往是根据小班班级特点,指向全体小班幼儿的。教师在关注全体幼儿的同时,也应该关注班上个别幼儿的行为表现,并及时、有针对性地进行纠正与指导。由于小班幼儿的不稳定性,在生活常规习惯培养的过程中,往往是老问题解决了,新问题又出现了。在小班生活常规教育管理过程中,教师应该认识到影响幼儿遵守常规的原因和幼儿生理、心理上存在的差异,尤其是情绪、经验、疲劳或环境对幼儿常规遵守的影响。教师要根据不同幼儿的不同情况有针对性地进行教育。

(二)小班教育活动常规管理的内容和方法

小班教育活动常规管理,主要指的是对一日活动中不包括游戏活动、户外活动的幼儿园教育活动的常规管理。

1. 小班教育活动常规管理的内容

幼儿园教育活动常规既有一般性的组织常规,如排队、举手发言、坐姿端正等;也有特殊教育活动的常规,如针对音乐活动、体育活动等不同教育活动的特点,有一些特别的常规要求。教师应明确各项教育活动的规则要求,并指导、督促幼儿遵守,使教育活动顺利开展,并取得良好效果。具体要求如下:

(1)教育活动中的排队常规。在集体教育、教学过程的组织中,少不了排队这一组织形式。排队既是活动顺利、有序进行的保障,也是一种文明的行为习惯。教师不但要在集体教育活动中组织幼儿排队,还要在日常生活中培养幼儿在人多时自觉排队的习惯。一般有三人以上出现等待的现象,就要自觉排队。要让小班幼儿知道,以下几种情况需要排队:

➢ 盥洗、如厕、饮水时遇到等待现象应排队。

① 吴巧传.谈谈如何进行小班幼儿的常规管理[J].成才之路,2008,(9):83.有改动。

➢ 集体上下楼梯、过走廊，要排好队靠右边走，把左边空出来，供对面来的人用。

➢ 玩滑梯、秋千等大型活动器械时，要排好队，一个接着一个来。懂得先来后到的道理，学会必要的等待，以保证活动的安全。

➢ 在早操、游戏、音乐、体育等活动中，能根据活动的需要和教师的指令，排成各种队形。

➢ 集体出游、散步需要排队。一般排成两路纵队，幼儿两两拉手向前行进。小班孩子可用绳子做护栏，即绳子两端分别由两位老师牵住，孩子排成一路纵队，用右手扶住绳子，就可向前行进。这种方法既安全，又方便年龄小的孩子行走，比一个孩子拉着一个孩子的衣服走，效果要好得多。

（2）教学活动中的其他常规

➢ 集中注意力听老师讲解，按老师的指令开始、展开和结束活动，步调一致、反应灵敏、行动迅速。

➢ 举手发言。养成勤于动脑、积极发言的主动态度。同时又要做到回答问题或要求发言时，应先举手，得到老师的许可，方可起立发言。会安静地坐在自己的位子上等待教师邀请。注意倾听同伴发言，不随便打断或插嘴。

➢ 不随便进出活动室。在教学活动开始前，应做好必要的准备工作，如喝水、如厕；活动进行过程中，不随便离开活动室，能坚持完成学习活动。

➢ 不随便玩弄事先准备好的学具、操作材料等学习用品，以保证注意力集中在当前的活动中。

➢ 坐姿端正。背部挺直，靠着椅背，肩部放松，双手自然放在大腿上。保持正确的坐姿，既有良好的精神面貌，又能保证骨骼的正常生长。

➢ 活动结束后，自己收拾简单的学具、乐器、操作材料等学习用品，整理场地。离开时，能迅速地将椅子轻轻靠近桌子。

2. 小班教育活动常规管理的方法

在生活活动常规管理中使用的示范模仿法、游戏情境法仍旧适用于小班的教育活动常规管理过程，以下重点介绍的是除此之外的方法。

行为练习法。小班幼儿的年龄特点，决定了他们对某一行为习惯的持续性维持的时间很短，如果不加强练习和巩固，良好的习惯是无法形成的。只有建立良好的教育活动常规，才能保证教育活动的各项工作顺利展开。教师需要利用一日生活的每一环节，为幼儿建立良好的教育常规进行巩固和练习。如：在教育活动之间的过渡环节中，通过反复的行为练习和听觉巩固，使幼儿慢慢过渡到一听到某一段旋律（如，1　3　5　$\dot{1}$）反复弹奏时，就知道这是音乐韵律活动的开始音乐。当然，在行为练习法的应用过程中，不能仅仅使用枯燥、单一的反复练习，还需要抓住时机在自然生活环境下进行（如上面的对过渡环节的行为练习）之外，教师还需要创设特定的环境，让幼儿有目的地进行行为练习。特意创设的环境对于幼儿来说是新奇刺激，会给幼儿留下深刻的印象。此外，教师还可以将此方法渗透在游戏、儿歌中来巩固幼儿的认识，并对幼儿进行正确行为的练习和训练，这样才能使幼儿的正确意识真正地转变成良好的常规习惯。

音乐引导法。幼儿对音乐与对语言的感知是同样敏感的。因此，小班教师可以尝试用特定的音乐替代语言的指令，引导幼儿掌握教育活动常规。教师可以通过特定音乐在特定时间的反复播放，使幼儿听懂某段音乐所代表的言语意思，及时做出行为上的反应，并在反复聆听过程中,形成反射行为,久而久之成为习惯。如:将《摇啊摇》这首歌曲作为教育活动过渡环节安静休息的主题曲。教师告诉幼儿,在听到这首曲子的时候,就要安静地把小手放在桌子上,趴在桌子上休息。使用音乐代替教师的语言指令,督促幼儿能够懂得音乐一响,就应该安静地休息,不说话,不乱跑。在此过程中,教师需观察幼儿听到歌曲时的反应,并用语言提示的方法提醒个别幼儿,听从指令休息。

图标指引法。针对小班幼儿的记忆特点,小班教师可以设计特定图标,贴在幼儿活动室的四周,提醒幼儿正确地遵守规则,养成良好的生活常规习惯。如:在小班音乐活动中,乐器及其演奏功能和使用功能都需要幼儿提前了解和掌握。教师可以给每一种乐器设计特定的图标,将图标粘贴在活动室的某一墙饰中,让幼儿在自然环境中自然接触乐器图标。当然也需要结合行为练习的方法不断地进行巩固练习。

(三)小班家长工作管理

《纲要》指出,家长是幼儿园教师的重要合作伙伴,幼儿园应与家庭、社会密切配合,共同为幼儿创造一个良好的成长环境。

班级中各类型的常规培养都离不开家长的支持和配合。只有家、园共同努力,步调一致,形成合力,才能促进幼儿的身心和谐发展。教师有效地开展家长工作,做好家长工作管理,是各项班级管理工作顺利开展的关键。在幼儿园教育教学管理中,如果幼儿园和家长不能取得一致的教育观点,受害者最终是幼儿。

在小班幼儿教师和幼儿互相认识、了解的同时,幼儿身后的家长组成的家长群体与老师也需要一个互相沟通、互相信任的过程,同时还将成为与教师合作的紧密伙伴。

小班教师应与家长建立平等和密切配合的关系。双方应本着互相尊重的原则,就幼儿发展的情况进行商量、计划、切磋和调整。这种关系的良性循环体现为:教师主动工作,家长积极配合,双方成为互相帮助的朋友,共同为幼儿的发展努力;而恶性循环则表现为:教师和家长相互推诿,相互感到不满,并且时有矛盾发生。从家长的角度来说,都希望能与教师建立良好的关系;对于教师而言,良好的家、园关系并不意味着一味地迎合家长,流于表面夸奖和赞美,而是要扎扎实实地工作,坦坦荡荡地与家长沟通。①

1. 家园联系的方式

在幼儿园中,家园互动沟通、合作共育的方式有很多。从小班家长管理实践看,互动沟通的主要方式有家访、家长会、家长开放日、家园联系栏、家长接待日、网络、电话联系等。

(1) 家访。对小班教师而言,主要指幼儿入园前的家访。幼儿进入小班前,教师要利用暑假对班上的幼儿进行家访。通过家访工作,教师可以在入园前对班上幼儿的整体情况及幼儿的家庭环境、家庭教育情况等进行了解。家访的内容主要包括:对本班幼儿的日常生活作息、饮食习惯、身体发育状况、有无既往病史等做一粗略了解;了解本班幼儿的个性特点,为幼儿入园做好准备;认真对待家长的意见和建议,做好与家长的沟通,赢得家长的信任。

(2) 家长会。家长会是幼儿园集中召集家长宣传幼儿园教育理念,主动与家长互动沟通的活动方式。入园前,一般幼儿园会组织小班全体家长召开家长会,时间集中在学期初和学期末。开会前教师会制订详细的计划和方案。开会时教师按照家长会流程进行,让家长了解班

① 朱水莲.组织行为学视角下的幼儿园班级家长团队建设[J].早期教育(教科研版),2013,(5):51-53.

级的工作计划及要求，引导家长做好配合工作。

家长开放日。幼儿园一般会向家长开放一日活动或半日活动，让家长全面了解幼儿在班上学习、游戏、生活等方面的日常表现。从小班班级特点来看，一般都是向家长开放上午的活动。教师在向家长展示半日教育教学管理和幼儿成长发展表现的同时，经常会设计一些体现家、园互动的环节。如：在美工活动中亲子共同制作手工作品；举办亲子游园会、亲子运动会等。

家园联系栏。家园联系栏主要是指在本班醒目的区域创设具有家、园联系功能的墙饰，目的在于通过墙面装饰画中的文字、图片等架起家园之间的沟通与合作。家园联系栏一般会设计在活动室外、距活动室门口较近的区域，这样便于家长及时阅读信息、反馈信息。以小班家园联系栏为例，家园联系栏一般按照幼儿园和家庭设计两大板块，幼儿园板块主要向家长展示本班目前的教育教学计划和教学动态、教育前沿动态（如："小班××主题月计划、周计划、一日活动计划"）等；家长板块主要展示家长反馈的意见或建议及教师反馈信息（如："你说我听""你我来分享"）、育儿信息、家教动态等。有的教师十分重视开展家长工作，充分调动家长参与幼儿园教育的积极性；邀请班上家长轮流撰写自己的育儿心得，每个星期更换一次。

家长接待日。幼儿园或小班班级定期接待来访家长，解决家长对幼儿园教育教学管理的困惑或焦虑；及时沟通幼儿当前的发展状况；查找当前幼儿出现的特殊行为表现，共同商讨解决策略，引导家长支持和配合下一阶段幼儿园或班级的教育教学管理工作。

电子通信实时联系。在当今信息时代，教师与家长经常使用电子通信和网络通信沟通。通过家园校讯通，小班教师可以在幼儿入园的第一个月向家长高频率地发送信息，让家长实时了解幼儿在园动态，缓解家长的焦虑。开通班级 QQ 群、微信群等，与家长沟通本学期的工作安排，号召家长同教师一起齐心协力地完成工作；在学期结束时，还需要回顾本学期的大事件，并对家长的配合给予感谢与表扬，以便更好地激励家长参与共同促进幼儿的发展。小班亲子运动会结束后，教师在班级的论坛中发帖，感谢家长在这次活动中的支持和努力，感谢家长配合老师的工作，并与老师们成为齐心合力的一家人；另外，还表扬家长们在运动会中表现出的强大凝聚力，体现了为他人着想、善于在活动中配合的精神。与此同时，家长们在教师的帖子后面积极回帖，感谢老师们的辛勤付出，夸赞老师们的细心、耐心和爱心，为自己的孩子能在这样一个和谐的集体中生活感到庆幸。

2. 引导家庭参与幼儿园教育的方式

小班教师通过各种方式积极与家长沟通。教师要引导家长以各种方式参与到幼儿园的教育教学中，共同为幼儿的发展创造有利条件。如，参与班级各种活动，参与幼儿园环境的创设，参与幼儿园教育活动（如家长助教、家长义工），等等。

引导家长积极参与班级活动。进入小班，幼儿的依恋对象仍旧以家庭成员为主。因此，小班教师应该因势利导，经常组织一些活动引导家长参与其中。如亲子外出活动、亲子节日活动、家长开放日等活动，让家长在了解幼儿园教育、增进亲子间亲密互动的同时，促进教师与家长、教师与幼儿之间的互动。

引导家长支持和参与幼儿园的环境创设活动。目前幼儿园倡导幼儿、老师和家长利用废旧材料共同设计、制作互动墙饰。教师结合班级主题和相关活动，可以引导家长与幼儿一起在家收集材料并参与制作。如，小班的春天主题活动，教师引导家长利用家里的废旧材料共同制作风筝，并可以让幼儿带着风筝去春游、踏青。此外，教师还可以充分利用家长职业资源优势，带领幼儿参观社会场馆，开阔幼儿的视野，增长见闻。

引导家长利用自身的资源参与幼儿园的教育活动。从管理学的角度来看，团队作用的有效发挥是建立在合理分工基础上的。因此，教师需要组织家长团队的成员各就其位，各司其职，密切配合，发挥整体效能。首先，教师可以在小班家长中选择合适的人（有时间、有热情、有能力），成立家长委员会。家长委员会的职责在于配合教师完成班级工作，与其他家长建立有效的沟通联系，并将家长的建议和意见反馈给教师。其次，建立班级义工机制。在召开家长会的时候，可发放印有义工自愿选择的表格，并向家长介绍表格的内容和参与的意义。大力号召有能力和有时间的家长，自觉自愿地参与班级的事务管理。再次，引导家长利用自身职业优势，建立家长助教机制。请家长到现场，根据主题需要，组织一些教育教学活动。如，班上悦悦妈妈是医院的护士，可以邀请悦悦妈妈担任家长助教，参与到活动“我从哪里来”的教育教学中。

三、小班班级管理实施过程

（一）小班班级管理实施原则

1. 常规管理的目的性与计划性

小班教师进行班级管理时应依据本班幼儿的实际发展水平和班级特点，选择恰当的班级管理内容和方法，确立相应的管理方案和目标。在实施过程中要依据各方案的具体要求，确保各项班级常规管理科学、有效、针对性强。

2. 常规管理的一致性

小班教师在组织一日生活的各项常规管理时，一定要依据班级一日作息时间安排，既要专注于对各个环节的有效管理，又要注意各环节之间的一致性。依据小班幼儿年龄特点，教师在对其进行生活常规和教育常规管理时常常需要示范，引导幼儿了解并掌握常规要求。幼儿园中小班幼儿各项常规要求的掌握离不开家园共育。对于家长工作的常规管理需要和其他幼儿园的生活、教育常规管理要互相渗透，互相配合，协调一致。

3. 常规管理的多样性

小班幼儿身心发展快速，但尚不稳定。小班教师应从幼儿兴趣出发，创设潜移默化的环境，让幼儿在不同的情境中自然习得不同环节的常规要求。

4. 常规管理的持久性

《纲要》指出：“建立良好的常规，避免不必要的管理行为，逐步引导幼儿学习自我管理。”这为小班各项常规管理指明了方向。在各项常规要求的建立和习得过程中，小班教师应该遵循幼儿内在秩序感的发展。设立的常规要求、实施的常规管理不是为了管理而管理，而是要引导幼儿逐步实现自我管理。对于小班而言，实现自我管理的第一步是学习和建立生活、教育等各方面的常规并持之以恒地执行。幼儿园和家长如果能锲而不舍地引导幼儿巩固和练习各项常规，使幼儿逐步形成动力定型，那么实现自我管理的进程就可以更进一步。

（二）实施过程中需要处理的关系

1. 教师与幼儿的关系

尊重个体差异、不忽视“中间群体”是教师在组织和实施各项常规管理中应遵循的原则。教师在组织和实施各项常规管理的过程中，认识并尊重班级中幼儿的不同个性特点，特别要关注班上的特殊幼儿（如年龄较小、有特殊疾病、有问题倾向的幼儿），对其进行有针对性的管理，切不可另眼看待。此外，在特别关注这些特殊幼儿的同时，一定不要忽视那些班级中的“中间群体”，即班级中既不非常优秀也不特殊的幼儿，他们入园适应较快，对教师提出的要求也能认真学习、模仿。很多教师觉得“中间群体”幼儿比较容易管理，对这类幼儿关注较少。其实，每一个幼儿都有安全感和爱的需要，特别是情绪、情感尚不稳定的小班幼儿，忽视了对这一群体的关注会使这些幼儿的心理受到伤害，对于幼儿园教师提出的各项要求也不能获得积极的正向强化，久而久之极易成为潜在的特殊幼儿。因此，小班教师对班级的各项常规管理都需要面向全体幼儿，关注每一位幼儿的有个性的需求。

2. 教师与家长的关系

彼此信任和沟通，加强合作与互惠是处理教师与家长关系时应遵循的原则。在小班班级管理实践中，家长工作是小班各项常规管理的保障。可以说，幼儿园教师能否有效地开展幼儿园班级管理，关键在于幼儿教师能否赢得家长的信任，能否在与家长有效沟通的基础上，引导家长参与到幼儿园的教育教学管理中，加强家园合作，共同分担责任，达到互惠双赢的良好局面，最终为幼儿创造良好的条件，促进幼儿各方面的发展。

课堂实践训练

请为小班班级管理中某一类活动制定管理计划，包括管理目标、内容及其方法。

四、小班班级管理的案例

幼儿园有各自的园本文化、小班学期计划、各项班级常规管理的实施方案。以下介绍几个班级管理的具体实施案例，仅供参考。

（一）小班幼儿入园焦虑解决案例

案例链接

“左手栏”法在应对新生入园焦虑中的运用①

“左手栏”是企业管理上用来改善管理者心智模式的一个概念图。不同的心智模式会导致不同的行为方式。当心智模式与认知事物发展情况相符合时，就能有效地指导行动；反之，就会导致行动低效甚至无效。基于上述对左手栏的理解，我尝试运用“左手栏”法对处理新生入园焦虑的经验和思维方式进行梳理和提炼，以解决目前新生焦虑缓解不明显的问题。

一、运用左手栏的步骤

在具体运用左手栏时可以按照下列四个步骤进行：① 选择一个最近碰到的问题；② 写下右手栏，即当时所发生的对话，甚至是表情、动作；③ 写下左手栏，自己心中想说而未说或不敢说的想法或是感觉、情绪等；④ 反思左手栏，检验自己在对话当中的思考过程。

① 胡译文.“左手栏”法在应对新生入园焦虑中的运用[J].早期教育（教师版），2011，(9)：47.

二、列出左手栏和右手栏

在右手栏中我列入了现有的新生入园焦虑现象，在左手栏中提出疑问，并针对疑问查找相关专业知识，再用收集来的材料针对问题进行反思，以求得解决左手栏问题的策略和改进右手栏现象的方法。

左手栏		右手栏
1.2 分离焦虑能在幼儿的依恋系统与探索系统之间建立起一个连锁机制。这一机制保证幼儿以依恋对象为“安全基地”，逐步地去探究环境，同时又防止幼儿离“安全基地”过远或时间过长。 结论：家长是孩子的安全基地，没有家长的参与，减缓幼儿分离焦虑的活动难以从根本上解决问题。	1.1 家长难道一定要在幼儿入园时离开吗？	1. 幼儿入园哭闹，老师要求家长放下孩子。
2.2 对幼儿进行恐吓或者强行将其与家长分离，这些做法反而会加重幼儿的分离焦虑症状。 虽然幼儿最终都能适应幼儿园的集体生活，但这一时期所产生的负面影响可能会影响其一生。 结论：不能采用上述或其他有可能加重幼儿分离焦虑的手段。	2.1 挂窗帘是为了避免幼儿看到家长情绪更焦虑，但为什么幼儿哭声更大、感觉更恐惧了呢？	2. 个别家长在窗外偷看，致使幼儿向窗户外哭喊。对此，幼儿园往往挂窗帘或者挂布来遮挡幼儿的视线，以致幼儿哭声更大。
3.2 引用 1.2 的结论 结论：在新的安全基地（即老师和新环境）未产生之前，原安全基地（家长）暂不离开。	3.1 为什么开展活动对分离焦虑的减轻只是暂时的呢？	3. 开展活动时幼儿暂时止住哭泣，但活动结束后重新哭泣。个别幼儿的哭声引起了其他幼儿的连锁反应。
4.2 孩子抱物是将对家长的依恋转移到自己熟悉的物品上。 结论：允许幼儿带一些安抚玩具或者自己特别熟悉和喜爱的物品入园能让幼儿在陌生的环境里得到一定的安慰。	4.1 幼儿为什么要抱着自己的物品？这是习惯和自私的表现吗？	4. 幼儿一边哭一边抱着自己的物品。有的教师不允许幼儿这么做，认为幼儿自私，习惯不好。

三、措施——亲子陪同周活动

根据左手栏里梳理出的信息，我设计了如下亲子陪同周活动。

1. 新生入园第一周。教师按小班一日生活环节计划规范组织上午的半日活动。在上午集体教学环节，允许个别幼儿放弃集体教学活动，满足其与家长在自选区域活动探索的要求。集体活动和进餐时，父母与孩子保持一定距离，培养孩子探索环境或从事活动的主动性。在本环节中家长可视孩子状况，逐渐拉开与孩子的距离，甚至脱离孩子的视线。中午进餐结束后，幼儿可随父母直接离园或熟悉一下床位后离园。

2. 新生入园第二周。教师按小班一日生活环节计划规范组织一日活动。在上午集体教学和进餐环节，家长于活动室外以等待为主，教师亲近幼儿，安慰个别情绪不稳定的幼儿。安慰仍不能使幼儿安定的，则带出室外请家长予以安抚。家长进入活动室时以在室内不影响集体活动和进餐活动的形式陪同为主。不搂抱孩子，要避免影响其他已经适应集体活动的幼儿。教师逐渐代替家长的位置，帮助并满足幼儿的合理需求。第二周的午睡环节不要求幼儿一定睡着，家长可陪伴，允许幼儿抱安慰物睡觉。

3. 新生入园第三周。家长撤离幼儿园，由幼儿已经熟悉并投缘的教师代替家长。针对个别难适应的幼儿，允许其熟悉的教师带其到室外自由散步，让其感受到教师和家长一样可以理解自己并安慰自己。

注意事项：在组织新生入园亲子陪同周活动时应注意如下事项。

1. 允许幼儿带安慰物，在不影响集体活动的前提下保留其在家的生活行为习惯。

2. 家长按教师的教育要求，提醒与督促孩子，帮助孩子熟悉幼儿园集体生活规则和习惯。

3. 在前两周的活动过程中，允许幼儿采用自己的节奏逐渐熟悉环境和老师，建立对新环境的安全感；允许幼儿选择与自己投缘的老师。

4. 为避免大量家长在园内影响中、大班幼儿的集体生活，新生亲子周的家长陪同活动宜在正式开学前，提前二至三周开展。

（二）小班新生入园活动方案案例

案例链接

第一学期小二班新生入园活动方案

为了使小班幼儿更好地适应幼儿园的环境和生活，根据小班幼儿的年龄特点和心理特点，本学期我们开展了小班新生入园的活动。

活动目标：

1. 通过活动，让幼儿熟悉幼儿园环境，喜欢上幼儿园。

2. 增进幼儿与教师间的感情和家园间的联系。

活动时间：9 月 1 日（上午）

参加对象：小二班幼儿及家长。

活动一、熟悉幼儿园，认识同伴

准备材料：娃娃家材料、桌面建构材料、各种智力玩具等。

过程与指导：

1. 观察、稳定幼儿来园时的情绪。

2. 引导幼儿愿意上幼儿园，结识新同伴，体验大家一起游戏的乐趣。

3. 引导幼儿认识自己的标记，熟悉活动室、盥洗室、午睡室等环境。

活动二、点心时光

幼儿洗小手、用毛巾擦手、吃点心。

活动三、亲子游戏

游戏名称：逮老鼠

游戏目标：

1. 通过亲子活动的开展，稳定幼儿的入园情绪。

2. 在开展亲子活动的过程中，增进父母与孩子、教师与孩子之间的感情，消除彼此之间的陌生感。

3. 通过和父母玩游戏，练习跑的能力，培养孩子动作的敏捷性。

游戏准备：

1. 在长筒袜内塞入棉花或碎布。

2. 布置场地。

游戏玩法：在一只旧的长筒袜内塞入棉花或碎布，然后用绳子将袜头扎紧当“小老鼠”。妈妈拉着“小老鼠”在前面跑，孩子在后面追着妈妈踩袜子，踩住袜子就算逮住了“老鼠”。

（三）小班家长开放日设计与实施案例

案例链接

改变被动，走向互动

——小班家长开放日活动的设计与实施研究[①]

以往我园在开展小班家长开放日活动时，以主题教学活动为主，活动形式单一；教学时间安排不合理，缺乏对幼儿年龄特点的考虑；设计的活动缺乏创造性；家长参与活动缺乏目的性。这些被动的局面影响并制约着家长开放日活动的质量。小班家长开放日活动的有效开展对促进幼儿园家长工作的开展、教师专业成长、家长教育理念的转变以及幼儿身心的健康发展有着积极的意义。为使开放日活动中的互动更为有效，我园尝试改变传统的以教学活动为主的小班家长开放日形式，突破传统的教学模式，创新开放日活动内容，并取得了一些好的成效。

1. 幸福话感恩活动

针对小班幼儿语言表达能力较弱的特点，结合妇女节、重阳节等节日，小班家长开放日开展幸福话感恩活动。幼儿用自己制作的手工作品向身边的亲人表达爱意和感恩，用简单的语言说一句感谢的话或者说一句祝福的话。

活动反思：小班家长开放日活动从被动转向互动。3 月 8 日是全国妇女的节日，我园借助三八妇女节组织了家长开放日的感恩活动。在活动中，教师鼓励幼儿自己动手为妈妈做简单的礼物，学会关心帮助身边的亲人；活动中，教师引导幼儿与妈妈、奶奶一起参加游戏，让每一名幼儿说一句“幸福悄悄话”，表达对妈妈、奶奶的祝福。家长对孩子赠送的这一份“爱的礼物”连连称赞。

2. 亲子主题秀活动

结合环保、健康等主题，小班家长与教师一起为幼儿搭建“舞台”，让幼儿在舞台上尽情表演。可以邀请爸爸妈妈参与“秀一秀”活动，如家长帮助孩子设计、制作环保时装；邀请心灵手巧的家长为自己设计一套环保时装予以展示。

（1）情感渲染，创设贴合主题内容的环境。环保时装秀正式开始前，教师利用废旧物和环保材料来布置主题墙面，进行以环保为主题的环境创设，做好前期铺垫及情感渲染。

---

① 魏杭琴.改变被动，走向互动——小班家长开放日活动的设计与实施研究[J].新课程（小学版），2013，(4)：168-169.有改动。

（2）核心吸纳，充分发挥幼儿的纽带作用。幼儿是联系家长与教师的纽带。要充分发挥幼儿的纽带作用，把更多家长吸纳到开放日活动中来，这对于促进家、园两个系统之间的联系是很重要的。

（3）由点及面，积极发动家长参与研讨。邀请一部分家长参与前期研讨，教师再细化方案，将各环节衔接起来。进一步发动家长参与到环保时装的制作上来。

活动反思：小班家长开放日活动从常规开放走向主题研讨。小班很多家长，在活动参与过程中比较积极。教师作为活动的设计者，要充分利用各种资源，采用多种形式，为孩子创设合适的游戏环境。看到他们在小舞台上的自信表演，教师和家长都为他们的进步感到高兴。

3. 阳光活力秀活动

阳光活力秀活动是以适合小班幼儿年龄特点的体育亲子游戏为主要内容的家长开放日活动。活动中，主要是邀请幼儿的爸爸妈妈参加，包含幼儿个体的活动和亲子合作游戏。

4. 适合小班幼儿身体发展特点的活动开发

小班幼儿的动作发展快，喜欢模仿和游戏，容易进入到拟人化的情境当中，行动易受情绪影响。因此，在设计小班的体育活动时，教师要以情境角色的方式引导幼儿进行模仿、游戏。在“袋鼠跳跳”活动中，妈妈们扮演成袋鼠妈妈，幼儿则是袋鼠宝宝，妈妈和幼儿一起合作将易拉罐叠高，创设一定的角色引发幼儿游戏的主动性和持久性。

5. 家长游戏规则的建立和履行

开放日活动中，教师、幼儿和家长都要遵守幼儿园规则及游戏规则。所以在活动前，教师要引导家长倾听游戏规则。

活动反思：小班家长开放日活动从活动展示走向合作学习。

6. 亲子同乐活动

亲子同乐活动是促使家长直接参与到幼儿园活动的最为有效活动形式，并能进一步加深对亲子间的相互理解。家长可以了解到幼儿的发展情况，并对幼儿园的教育情况有所了解，有助于帮助幼儿将学过的知识系统化、连贯化；幼儿园可与家长交换意见，确定双方都认为有意义的活动内容，给幼儿园教育带来更多、更广的信息。

（四）班级管理计划案例

案例链接

小二班　第一学期班级管理计划

一、班级现状分析

小二班共30名幼儿，教师团队是新组建而成的，还需要一段时间的磨合。对于幼儿来说，新入园需要有一段时间的适应期。刚开学时，教师需要和幼儿彼此熟悉，建立良好的信任感。教师在开学前熟悉班上每个幼儿的乳名，也能拉近与幼儿的距离。首先，我们将从稳定情绪、培养良好的生活卫生习惯入手，使他们能尽快地适应幼儿园生活，建立良好的师幼、同伴关系，为以后有序的集体生活打下良好基础。

二、班级常规工作

1. 入园准备（稳定情绪）

（1）创设良好的班级环境迎接幼儿。

(2) 稳定幼儿的情绪,与幼儿建立良好的师幼关系,使幼儿适应幼儿园的集体生活,喜欢老师,喜欢幼儿园。

(3) 协调班级保教人员的工作安排,做到有序、有效,创造和谐的班集体。

2. 保育工作(安全、健康)

(1) 培养幼儿良好的卫生习惯。进班第一件事是洗手。做好秋季传染病的预防。

(2) 加强对幼儿体育活动的安全教育。在一日生活中随机丰富孩子的安全知识,教师在户外活动中要提高安全意识,活动前检查器械的安全,并在活动后清点幼儿人数。

(3) 提升幼儿自我保护意识,知道保护自己的方法。如小便、洗手时不推挤,不把玩具放在嘴里,在教室中要慢走。

(4) 提升幼儿生活中的安全意识。幼儿如厕时,老师需在盥洗室里,随时保证幼儿的如厕安全,让幼儿知道在盥洗室不打闹。中午幼儿漱口时需老师看护,使幼儿学会正确的漱口方法,防止幼儿接生水喝。

(5) 关注幼儿的身体状况。新入园的幼儿情绪不稳定,要及时关注幼儿的身体状况。如有异常、突发情况需及时处理。根据天气变化,适当给幼儿增减衣服(天热时幼儿学会擦汗的方法,知道热了自己擦汗)。

(6) 关注幼儿的饮水量。保证幼儿的一日饮水量。

(7) 关注教室内空调的使用。根据天气变化适当地开空调(夏天不低于26℃,冬天不高于20℃)、热水器。

(8) 加强锻炼,提高孩子自身免疫力,保证幼儿每日的户外活动量。

(9) 消毒:每天都要对孩子们用的杯子、毛巾、碗筷消毒。在早上喝完豆浆或牛奶后及时清洗、消毒(每个幼儿都有两套杯子);餐桌在每次幼儿进餐前进行消毒,再用清水擦净;离园时进行室内紫外线消毒;每周五对玩具进行消毒、晾晒。每天做好清洁、消毒、通风工作;预防传染病发生。

(10) 定期检查幼儿指甲,及时提醒家长为幼儿修剪。

3. 日常生活

(1) 幼儿能够高高兴兴地上幼儿园,向老师问早、问好,离园时会说再见。

(2) 主动向老师表示要大小便,学会上厕所,养成饭前便后要洗手的习惯。

(3) 帮助幼儿逐步建立一日生活常规。幼儿认识自己的座位、茶杯、毛巾;通过各种方式使幼儿明确洗手、吃饭的常规,纠正不正确的坐姿,养成良好的午睡习惯,能独自安静地午睡。

(4) 创设宽松的生活环境,使幼儿消除陌生感,保持情绪稳定、快乐,给予个别适应性较差的幼儿更多的关心与引导。

(5) 加强幼儿自理能力的培养。能够自己穿脱裤子、鞋子,尝试自己拉拉链、扣纽扣等。

(6) 能自己独立进餐,不紧不慢地吃完一份饭菜,不挑食、不剩饭,并保持桌面、地面干净,饭后自己用餐巾擦嘴。

(7) 会拿小椅子,主动到相应区域拿玩具,并知道收拾玩具。

(8) 保证幼儿每天的户外锻炼时间,使幼儿积极参与各项活动。

根据小班幼儿的年龄特点,将练习、游戏、竞赛相结合,以游戏的形式为主,寓教于乐。

三、家长工作

1. 做好和家长的沟通工作,及时与家长交流幼儿的情况,建立良好的家园协作机制。

2. 利用校讯通平台发送每日活动内容。每月的个性短信，做到如有幼儿不入园，需要及时询问关注。对幼儿的突发状况、异常情况等及时告知家长，让家长能够及时了解到并进行相应的配合。

3. 家长园地。张贴每周计划、月教育主题、教学内容、育儿经验分享。

4. 家长开放日。家长可以直接了解幼儿园的教育内容和方法，亲眼看到幼儿在园的表现，了解教师的工作情况，也为扩大幼儿的社会交往提供了良好的机会和条件。

四、教师的工作

1. 老师早上开窗通风，擦抹窗台、桌子；扫、擦室内外地面；消毒杯架。

2. 每天以热情饱满的精神状态迎接幼儿，引导幼儿能随着音乐愉快地、精神饱满地做早操。

3. 每月召开两次班级会议，月初做一些活动准备，月末交流本月的班级情况。平时遇到问题时，老师们要互相沟通、协商，及时做出调整，使班级的活动氛围轻松愉快。

4. 教师在活动实施前做好充分的教学准备（包括活动材料的准备，经验、知识的准备）。认真详细地制订周计划、准备教案等，提前准备教学用具，做好课后反思。

五、班级物品管理

1. 定期检查班级中存在的安全隐患。做好班级物品的保管工作，如有需要维修的及时填写维修单，每周五进行班级安全检查，并做好记录。

2. 每天放学前把班级收拾、整理干净后离园，使幼儿和老师在整洁、舒适的集体生活中工作、学习。

3. 每学期末清点班级物品并做好登记。

（五）班级教育教学工作计划案例

案例链接

小二班第一学期教育教学工作计划

一、班级环境创设

创设良好的班级环境，使幼儿参与环境创设，使幼儿喜欢幼儿园集体生活，能高高兴兴地上幼儿园，愉快地、积极地参加各项活动。

幼儿园里真快乐（9月）

主题背景：幼儿入园后，园区周围的环境引起幼儿极大的兴趣和好奇。在孩子的眼里，幼儿园有好玩的玩具、广阔的游戏场所、和蔼的老师和许多同龄的小伙伴。为了帮助初入园的幼儿尽快熟悉幼儿园生活，热爱幼儿园生活，平稳地度过心理断奶期，克服分离焦虑，开展主题活动“幼儿园里真快乐”，让幼儿以积极的情绪状态获得快乐的体验，引导幼儿用乐观的心态面对生活，捕捉生活中的快乐、体验快乐，培养幼儿活泼开朗、积极乐观的性格。

主题目标：

1. 喜欢上幼儿园，喜欢幼儿园的老师、同伴、阿姨等。

2. 初步了解老师的工作，体验老师对自己的关心和爱护。

3. 学会用“请你和我一起玩”等礼貌用语，邀请同伴和自己一起活动、游戏。

4. 感受同伴间亲密友好的关系,体验与同伴一起活动的快乐。

5. 享受与同伴共同创作的乐趣,并乐意介绍自己的作品。

6. 加强自理能力的训练,如穿脱衣服、独立进餐等。

7. 在日常组织的各类游戏中,指导幼儿用正确的方法游戏。

区域布置与材料提供:

● 室内墙面布置

材料:KT板制作的羊、黄色瓦楞纸制作的栅栏。

(1) 布置"和老师、同伴在一起"专栏,收集相关照片。

(2) "我的拼搭作品",展示幼儿拼搭作品的照片。

● 阅读区

(1) 拇指一家人。提供手指偶、小动物手偶。

(2) 提供有关幼儿园内、班级内各区域的图片,让幼儿自由讲述,巩固幼儿对幼儿园环境及班级的认识。

● 拼搭区

(1) 将幼儿自带的汽车玩具展览陈列。

(2) 雪花片等拼搭作品的展示。

● 美工区

(1) 滚画。

(2) 撕贴纸进行粘贴"小羊"羊毛的活动。

(3) 准备各种小动物的图样,让幼儿练习涂色。

(4) 提供各色油泥、模具,让幼儿学习塑形。

● 益智区

(1) 拧瓶盖。

(2) 可视幼儿经验,提供6~10片的拼图。

(3) 毛毛虫夹夹子。

环境预设:白色主题墙小羊

(1) 我爱我的幼儿园。收集幼儿园、班级各区域的照片。

(2) 我的新朋友。幼儿的照片。

(3) 快乐的一天。展示幼儿在园活动时的照片和幼儿说过的话。

我的好朋友(10月)

主题背景:"有朋自远方来,不亦乐乎?"孩子年龄虽小,但心中也有自己的好朋友。在交往过程中,幼儿间已建立了一种基本的亲密关系,即朋友关系。为了让幼儿习得人际交往的基本知识与技能,我们选择了"我的朋友"这一主题活动。

主题目标:

1. 喜欢与同伴进行游戏,乐意参与到同伴游戏中。

2. 能在成人的帮助下逐步形成与他人共处的良好态度;学习并尝试与人交往的方式,促进社会交往能力的发展。

3. 乐于用语言表述自己好朋友的外貌、优点,提高幼儿口语表达能力,进一步增进好朋友之间的情感。

4. 引导幼儿在表演过程中根据音乐作品形象，结合肢体动作表达自己的内心感受。提高幼儿的表演能力，体验参与合作表演的快乐。

5. 能动作协调地用不同形式拍球、纵跳触物，立定跳远。

区域布置与材料提供：

- 阅读区：提供背景图片，投放各种小动物手偶。将阅读读本投放在阅读区，让幼儿进行阅读和排图讲故事。
- 美术区：加入折纸（手帕）材料。

环境预设：

（1）"我的好朋友"，幼儿自制的小名片。

（2）了解幼儿的生日，发动每个幼儿拿一张自己的照片，师生共同布置主题墙面——《朋友的生日》。

（3）教师记录幼儿关心他人的语言文字以及幼儿关心他人的图画或照片，布置在主题墙面上。

（4）提供玩具电话机，供幼儿与好朋友打电话，说说自己的心里话。

秋天的水果（11月）

主题背景：秋天是水果丰收的季节。摸一摸，什么水果圆圆的、表皮滑滑的；尝一尝，什么水果甜甜的；闻一闻，什么瓜很香……秋天的水果在色彩、外形、味道等方面都蕴涵着丰富的教育资源。我们以"秋天的水果"为主题开展活动，根据小班幼儿活泼好动的特点，引导幼儿去观察水果的外形，品尝水果的味道，尝试自己动手剥水果，动手装饰可爱的水果娃娃……

主题目标：

1. 通过观察、品尝以及其他各种游戏活动，让幼儿认识秋天里主要水果的名称、外形特征，引导幼儿感受秋天是水果丰收的季节。

2. 认识秋天常见的树，感知秋天里树叶的变化，知道有的树叶会变黄飘落。

3. 学习用简短的语言描述，培养幼儿的口语表达能力。

4. 让幼儿运用水果、树叶等进行创意造型与趣味联想，体验活动的快乐，并愿意在集体面前展示和介绍自己的作品。

5. 幼儿在老师的帮助下学会自己剥香蕉、橘子，知道常见水果的食用方法。

6. 知道要将果皮、果核丢入垃圾桶。培养幼儿良好的卫生习惯。

7. 结合秋游活动，让幼儿亲近大自然，开阔眼界，关注周围环境的变化。

区域布置和材料提供：

- 果汁吧：水果拼盘（各种各样的水果及水果的相关制品）。
- 阅读区：投放关于水果、树叶的图画书、看图说话书，供幼儿观察、探索、讲述。
- 益智区：水果拼图（自制拼图、配对卡等）。
- 美工区：增加印画材料。
- 主题区：水果海报、水果模型、时令水果。
- 自然角：摆放水果娃娃创意制作，供幼儿欣赏。

环境预设：

（1）收集各种各样的水果及水果的图片，进行展示。

(2) 引导幼儿利用粘贴纸等装饰水果，制作水果娃娃，展示在活动室。

(3) 秋天的树（以掌印画的形式呈现于走廊长卷壁画上）。

冬天来了（12—1月）

主题背景：随着冬季的到来，幼儿逐渐感受到了天气的寒冷。孩子们发现幼儿园里的大树飘落了许多树叶；绿绿的草地变黄了；地上结冰了；早上出门，爸爸妈妈都要给自己戴上帽子、手套、口罩，系上围巾，还要穿上厚厚的羽绒服。在孩子们的自身感知和体验过程中，主题活动“冬天来了”也应运而生。让我们满怀欣喜迎接冬天，并把它作为引导幼儿主动发展的机会吧！

主题目标：

1. 让幼儿初步感知冬季寒冷的季节特征，愿意参加暖身活动。

2. 幼儿从主题活动中知道一年有四个季节，并对大自然的变化能产生兴趣和探究欲望，积极参与活动。认识到冬天里的活动是丰富多彩的，知道圣诞节、元旦、新年都是在冬天度过的，体验节日的快乐。

3. 鼓励幼儿在集体面前大胆表现自己，增强自信心。激发幼儿的探究欲望，在活动中体验过新年带给人们的快乐。

4. 幼儿通过各种活动，感受长大的变化，看到自己的进步，萌发自信心。能愉快地参加游戏活动，感受新年的欢乐气氛，知道自己过了年又长大一岁了，变得更能干了。

5. 通过各类新年礼物的制作活动，让幼儿学习撕、贴、折、捏等技能。

6. 加强寒假安全教育，让幼儿度过一个快乐丰富的寒假。

二、本学期幼儿在各领域的发展目标

语言领域教育目标：

1. 乐意用普通话与人交流，能用简单的语言回答别人的问题，并大胆地表达自己的愿望和要求。

2. 学习安静地倾听他人讲话。能听清楚老师的简单指令并照着指令去做。

3. 喜欢听故事、念儿歌、看表演、看图书，能初步了解其大致内容，能大胆回答老师的提问。

社会领域教育目标：

1. 能感知幼儿园环境的美，爱幼儿园，知道幼儿园的名称。了解自己长大了，是小班的小朋友了。

2. 能从性别、外形等外在特征上比较自己与别人的不同。

3. 乐意参加幼儿园的各种活动，亲近与自己生活密切的人，如老师和炊事员、父母和家庭其他成员，知道如何去称呼他们。并且知道要尊重成人。

4. 学会观察周围的生活环境及变化。喜欢参与各种节日活动，体验节日快乐的氛围。知道9月10日是老师的节日——教师节；10月1日是祖国的节日——国庆节；1月1日（元旦）是新年的开始。

艺术领域教育目标：

- 音乐方面

1. 通过观看大班幼儿的音乐活动，产生对音乐的兴趣和学习音乐的愿望。

2. 能用正确的姿势、自然的声音，一句一句地歌唱；初步理解和表现歌曲的主题、内容、情感。

3. 基本上能随着音乐节奏做上肢或下肢的简单动作和模仿动作，学会一些简单的集体舞、邀请舞和歌舞表演。学会做一些简单的音乐游戏。

4. 能感受性质鲜明单纯、结构短小的歌曲和有标题的器乐曲的主题、内容、情感，并能在感受的过程中产生较积极的外部反应，初步了解舞曲、劳动音乐的特点。

● 美术方面

1. 在教师启发下，对周围美好事物产生兴趣，喜欢参加美术活动，并愿意向别人讲述自己作品的内容。

2. 学习用棉签、纸团、印章、蜡笔、水彩笔、泥、纸、固体胶水等工具和材料，大胆地涂涂画画，粘粘折折，搓搓团团。

3. 学习正确的握笔方法和作画姿势，养成大胆作画的习惯。学习用点、线来表现熟悉的物体。引导幼儿认识6~8种颜色，如红色、黄色、蓝色、紫色、黑色、绿色、棕色、橙色；培养幼儿对色彩的兴趣，初步学会自由选用自己喜爱的颜色作画。

4. 学习撕纸的方法；学习用固体胶水粘贴材料。

5. 学习用搓、团、压等方法制作材料，组合简单的图形。

科学领域教育目标：

● 数学教育目标

1. 在教师引导下，产生参加数学活动的兴趣，能愉快地参加一些有简单数学内容的游戏和操作活动。

2. 能按物体的名称、颜色、大小进行分类。感知同名称的物体、同颜色的物体所组成的集合体。能比较两组物体的大小、两组物体的多少。初步发展幼儿的比较能力。

3. 能区别1和许多；能感知1和许多的关系。能区别上、下两个方位。

● 科学教育目标

1. 在教师引导下，对周围事物产生好奇心，产生观察、摆弄的兴趣。

2. 充分使用幼儿自身各种感官，看看、摸摸、嗅嗅、听听、尝尝，使幼儿感知经常接触的事物，丰富幼儿的生活经验。

3. 喜欢自然界，引导幼儿初步了解秋天和冬天的季节特征，感受自然界的变化。

4. 认识常见的蔬菜(青菜、萝卜和胡萝卜等)，知道其名称、特征及用途；认识常见的水果(橘子、苹果等)，知道其名称和明显的外形特征。

5. 认识几种常见的动物(公鸡、兔子、猪等)，知道其名称、明显的外形特征和主要的生活习性。认识一些常见的花和树木，如鸡冠花、一串红、悬铃木等，能叫出它们的名字，知道其明显的特征，培养幼儿的观察能力。

6. 在教师引导下，接触水、石头等自然物，感知它们的简单特性，并知道要节约用水。

体育领域教育目标：

● 基本动作

1. 走：改进自然走步动作，掌握多种走步方法，提高走步能力。幼儿通过活动学会几种简单的模仿性走步，习惯排队走步，做到排队走步时不东张西望、不掉队。

2. 跑：发展跑的动作，使幼儿能迈开步子跑且跑得平稳。幼儿在活动中能按目标控制跑的方向，在四散跑的过程中能主动躲闪别人。满足跑的需要、培养跑的兴趣。

3. 跳：幼儿在活动中初步掌握双脚向上跳、向下跳、向前跳的动作，满足参加跳跃运动的需要，培养幼儿跳跃的兴趣。

4. 平衡：幼儿初步掌握走平衡木（或 25 cm 内的平行线）的要点，培养幼儿平衡能力。

5. 投掷：幼儿在活动中初步练习投掷动作，锻炼上肢肌肉，培养投掷的兴趣。

6. 钻、爬：通过活动使幼儿熟练掌握基本的爬行动作，正确掌握正面钻的要点，增强钻、爬的兴趣。

● 手的动作

1. 搭积木：幼儿能用积木搭成较为形象的物体，如汽车、手枪等。

2. 穿线：练习穿木珠子或穿线板，锻炼手的灵活性。

3. 拣豆：练习一个一个地拣豆并将捡起来的豆放入瓶中，每分钟能拣 25~30 个。

三、本学期重点关注的问题

1. 培养幼儿的自我服务能力

小班的幼儿应尝试自己穿裤子、袜子、鞋子。秋冬季节，幼儿开始穿上外套、毛衣，会出现拉链拉不上、纽扣不会扣的现象。教师可以利用娃娃穿衣服的活动教会幼儿拉拉链、扣纽扣等，提高幼儿的动手能力。还可以在过渡环节设计“我会穿衣服”的床面游戏，把动手操作的技能和游戏结合在一起，使本身单调乏味的生活能力训练转化为幼儿乐意参加的活动，让幼儿初步感受到生活自理能力的提高。

叠衣服、裤子，卷袜子、脱毛衣这些小小的生活技能，我们把它们都编成了儿歌，使幼儿在朗朗上口的儿歌中掌握叠衣服、裤子，卷袜子的生活技能。

睡觉前，让幼儿养成自己把衣服叠整齐放在脚边的好习惯。脱毛衣时，老师也只帮助幼儿拽出一只袖子，鼓励幼儿尝试自己脱。幼儿的自我动手能力得到了提高，也体会到自己做事后的成功感。

2. 培养幼儿养成良好的卫生习惯

教会幼儿懂得保持个人卫生，学习正确的洗手方法，知道饭前、便后、手脏时要洗手；能愉快、安静地进餐，自己吃完一份饭菜。这半学期，将培养幼儿饭后漱口、擦嘴巴等良好的卫生习惯。在班级门口摆放了汗巾盒、汗巾夹、提示板，提示幼儿及时更换汗巾。

（六）班级总结案例

案例链接

小二班上学期班级总结

我们迎来了新的一年。一月既是新一年的开端，也是一个学期的尾声。为了更好地做好今后的工作，现将上学期的班级情况做以下总结：

班级工作：

● 营造良好的班级氛围，形成团结友爱的班集体。

本学期我们的班集体中新增了 5 名成员。在经过一段时间的适应期后，这些幼儿已经熟悉了同伴、老师，适应了幼儿园的集体生活。我们班级的三名老师之间也形成了默契，在平时的工作中会相互协助、相互合作、相互关怀。在这个班集体中工作、生活的每一位成员，都感到很开心、很温馨。在本学期初，班级中的一名幼儿被查出患有急性淋巴性白血病，班级的家长都很团结、友爱，给她送去了图书、玩具。还自发去医院探望，给她和家人带来了关怀和温暖；老师们也通过短信、电话、探望等方式，陪她玩一玩，和她说一说幼儿园里有趣的事情；而班级的孩子也为她录制了一段视频给她加油鼓励。经过 4 个月的治疗，她的病情有所好转。其开朗的个性、乐观的心态对于她病情的好转很有帮助。我们小二班就是一个温馨、有爱的班集体。

● 做好安全、保育工作。

1. 定期检查班级存在的安全隐患，及时报修，确保幼儿在园的安全。

2. 抓好疾病的预防，做好消毒工作。每天进行通风，湿抹窗台、柜子，消毒桌子、茶杯架，打扫地面等工作；在秋冬季流行病多发期，我们还通过喝板蓝根、熏醋的方式预防疾病；下班后进行紫外线消毒。幼儿所使用的茶杯都有两套，每天早上的牛奶、豆浆杯洗完后都及时进行消毒；幼儿擦嘴毛巾也是每日消毒，幼儿擦手毛巾每周更换 2 次。厕所每日打扫、消毒；玩具每周五进行清洗、晾晒。

● 打造班级特色。

分享时光。这个活动源于托班时的一名幼儿。他每天总会带一种物品到幼儿园，有时是小玩具，有时是好看的书，有时是自己的手工作品。小托班年龄段的孩子本来自我意识就比较强，其他孩子也纷纷将自己喜爱的玩具带到班级。家长也说，玩具放在家里闲着，带到幼儿园大家一起玩，孩子兴趣反而更大了。从这学期开始，我们把每天下午放学前的时间作为幼儿的分享时光。幼儿自发从家里带来了好玩的玩具（有恐龙、娃娃、陀螺……）、好看的故事绘本、巧虎舞台剧 CD 和一些小零食。在分享活动中，幼儿介绍（形容）自己所带的物品，锻炼了语言能力，其他的幼儿也会产生共鸣，纷纷表达自己所知道的知识。分享行为是一种综合性行为，也是社会性行为的一个重要方面。我们通过日常生活活动来培养幼儿自发的分享行为，让幼儿充分体验到给予及被给予带来的快乐和满足以及人与人之间的温暖和爱。

爱的传递。从小托班开始，每个幼儿过生日时，我们班都会送给孩子一张生日贺卡，上面写上对孩子的祝福，让孩子能感受到老师们的爱。

爱的力量。孩子是天真、善良、有爱的。本学期班级一名幼儿患了白血病，我在班级提议要录一段视频给这个孩子。在录视频时，有的孩子几乎要落泪了；有的孩子说我是你最好的朋友；我给你做一张贺卡；我送你一个蛋糕……孩子在用自己稚嫩的语言表达着对同伴的关爱。当这个视频传到生病的孩子那里时，她正在做骨穿。孩子们的语言和表现把她一下子逗乐了，在骨穿中她竟然没有哭。懂得感恩、懂得关爱，是我们想让孩子明白的一个简单的道理。

有用的标记。在拼搭区幼儿常常会发生“我碰到他的作品”“你碰到我的作品”的情况。幼儿想保存自己的作品，但有时会被其他幼儿不小心破坏掉。于是我在开学之初，制作了“请勿触碰”的标志，让幼儿在游戏结束后保存自己的作品。刚开始投放时，幼儿虽然知道有这个标志牌，但不会运用，在搭建过程中常常会发生他的手臂碰倒我的作品，我的作品被他推倒的情况。渐渐地幼儿开始学习运用标志牌了，在搭建的过程中，他会拿来“请勿触碰”牌子，还告诉旁边的幼儿：“不要碰到哦。”其他幼儿就会很小心地搭建。当作品放在展示台上，其他幼儿看到“请勿触碰”的牌子时，也不会再用手摸，而是只用眼睛看了。

我的晨练我做主。本学期开始,我们把幼儿晨练的方式进行了调整,各班分开进行晨练游戏。我们班为幼儿提供了5个游戏作为选择。在晨练的最初日子里,幼儿毫无目的地选择游戏,一会儿玩玩这个,一会儿又玩玩那个。在游戏结束进行讨论时,部分幼儿竟说不出自己今天到底玩了什么。游戏无目的性,幼儿身体各方面的技能得不到长久的发展。针对这一现象,教师设计了一面互动墙,把每一项游戏画出图谱,并在相应的游戏下挂有相应人数的游戏牌。幼儿通过读图的方式,有目的、自主地选择晨练游戏。

教育教学:

创设良好的班级环境,既可以使幼儿参与环境创设,又可以使幼儿喜欢幼儿园的集体生活,能高高兴兴上幼儿园,愉快、积极地参加各项活动。

• 本学期幼儿各方面的发展:

1. 在语言发展方面,我们鼓励幼儿多说,给幼儿表达的机会;通过小故事、儿歌表演,丰富幼儿的词汇,提高幼儿的表达能力。同时注重培养幼儿的倾听能力,使幼儿能够倾听他人说话;和他人说话时,眼睛注视着对方。

2. 在体育发展方面,通过双脚并拢跳游戏和平衡桥游戏,着重锻炼幼儿的跳跃、平衡能力。幼儿在一个学期的锻炼中,双脚并拢跳能够连续跳3次,能够在20 cm平衡桥上行走,我们还通过趣味顶沙包的游戏来锻炼幼儿的平衡能力。

3. 在社会交往方面,幼儿更乐意和同伴分享。会用“我可以和你一起玩吗?”“我可以……吗?”与同伴商量,并初步开始合作。

4. 在艺术方面,幼儿喜欢欣赏绘画作品和歌舞表演。愿意学唱新歌,喜欢念儿歌。能愉快地参加音乐游戏。能用不同的形式参与美术活动。

5. 在数学方面,幼儿通过“通向数学”的活动,渐渐地对数学活动产生了兴趣,对于数量关系、分类和匹配的认知都有了很大进步。

6. 在幼儿自我服务能力方面,小班的幼儿都能很熟练地自己穿袜子、裤子、鞋子。秋冬季节,幼儿开始穿上外套、毛衣。我们用一个娃娃穿衣服的情节使幼儿掌握了拉拉链、扣纽扣的方法。为了巩固幼儿的生活技能、提高幼儿的动手操作能力,我们在过渡环节设计了“我会穿衣服”的床面游戏,把动手操作的技能和游戏结合在一起,使本身很单调的生活能力训练转化为幼儿乐意参加的活动,让幼儿初步感受到自理能力提高的成就感。

叠衣服、卷袜子、脱毛衣这些小小的生活技能,我们把它们都编成了儿歌,便于幼儿掌握。

睡觉前,幼儿已经养成了自己把衣服叠整齐的好习惯。脱毛衣时老师也只需帮幼儿拽出一只袖子。有的幼儿已经能够自己穿毛衣了。这样一来不但幼儿的自我动手能力得到了提高,也让幼儿体会到自己做事后的成功感。

7. 在养成良好的卫生习惯方面,让幼儿懂得保持个人卫生,学会正确的洗手方法,知道饭前、便后、手脏时要洗手;能愉快、安静地进餐,自己吃完一份饭菜。在一年半的集体生活中,幼儿已经养成饭后漱口、擦嘴巴的良好卫生习惯。我们在班级门口摆放了汗巾盒、汗巾夹、提示板,解决了换了汗巾家长会忘记带回家,后又没有汗巾换的情况。

• 区域角色游戏设置:

本学期的区域角色游戏设置了“小小建筑师”“小医院”“我爱我家”“小超市”“美味西点

坊”“好时糖果屋”等。在游戏过程中，增加了角色游戏的服装，如，小医院的护士、医生服；小小建筑师的安全帽。游戏的情节更加丰富。“小小建筑师”里我们设计了给小动物盖房子；“小医院”设计了包糖丸、打预防针的情节；“好时糖果屋”锻炼了幼儿包糖果的技能。一段时间后我们发现有的幼儿包好了糖果后没有事情做，于是我们把糖果罐换成了糖果盒，包好糖果后可以给娃娃家、小医院的幼儿送糖果。渐渐地幼儿产生了互动，开始有幼儿主动来买糖果了。“小医院”中也从一开始小医生、护士没有事情做，到包糖丸给娃娃吃，到看病，忙得是不亦乐乎。

家长工作：

利用校讯通平台的班级在线资源与家长分享了每周计划、月教育主题、教学内容、亲子游戏（育儿经验分享），其中教学内容、月教育主题为重点内容。

教师通过班级的QQ群，发布幼儿的一些图片，让家长可以看到更多的孩子在园照片。

教师利用微信与家长交流幼儿学习、生活的情况，询问幼儿未到班的原因。在家长工作方面，应做得尽量细致，从而赢得家长对我们工作的理解和支持。

家长反馈意见、建议：在家长半日活动的反馈和家长问卷调查中，家长对于老师们还是比较认可的。同时提出一些建议，希望多开展一些讲故事的活动，使幼儿的语言得到更好发展。

本班仍然还存在着许多不足，如，孩子们的常规还有待加强；在午餐方面，还有一些孩子仍旧吃得比较慢；午睡时需要个别提醒等。在今后的工作中，我们将不断地找出差距，针对本班的不足，找出解决办法，努力使班级的每一个孩子都有喜人的进步，使班级工作实现新的跨越！

实践对接

1. 请根据案例内容，回答以下问题：

（1）该案例体现了小班幼儿哪些心理特点？

（2）结合小班入园适应相关内容，分析该如何解决幼儿的入园焦虑？

新生入园的第一天，教室里到处都是哭声。宜宾似乎充耳不闻其他幼儿的哭声，很快就把班上的玩具汽车都找了出来。不一会儿，二三十辆汽车整整齐齐地摆成了一条龙。这时，仕贤走过去拿了一辆汽车（显然，他也想玩汽车），没料到宜宾拿起另外一辆汽车就往他身上打。老师加以制止后，宜宾不再打了，但也不理睬其他人，继续玩他的汽车。子弦从玩具筐里拿了一辆汽车，宜宾看到了，就跑过来要抢，嘴里还嘟囔着说：“汽车，我的。”子弦不给，两个人就在活动室里打起来。吃饭前，大伙收玩具了，宜宾拿着玩具，不肯收，满脸的不高兴。下午的自由活动时间，宜宾喊着“110车，110车”跑过来。原来，明明正拿着一辆警车在玩。宜宾正准备抢，老师制止了他，拿了另一辆车给他玩。他不要，推开了。老师批评了他。过了一会儿，丁丁拿了一辆公共汽车。宜宾又要有所行动了。老师用眼睛盯着他，说不行。老师告诉他可以去跟小朋友商量交换，也可以去拿其他没人玩的玩具，不能抢小朋友的。宜宾扭过身子不理老师。

第二天,宜宾来园时哭了,不让妈妈走。他说:"幼儿园不好玩。"

2. 请尝试去幼儿园小班观察体验一天或半天,用各种方式(手机、相机、录音笔、文字记录等)记录小班带班教师在班级常规管理中使用的语言和行为,结合所学,分析:

(1) 该教师使用了哪些小班班级常规管理方法?

(2) 如果你是小班教师,你觉得你还会根据该班幼儿特点使用哪些方法?

思考与练习

1. 小班幼儿的心理发展特点有哪些?

2. 小班幼儿入园不适应的原因有哪些? 教师和家长应如何应对?

3. 教师对小班幼儿进行常规教育时主要使用的方法有哪些?

4. 设计一份小班第一学期的班级管理计划。

5. 材料分析题

阅读下面材料,回答问题。

(1) 星期一,已经上小一班的松松在午睡时一直哭泣,嘴里还一直唠叨,说:"我要打电话给爸爸来接我,我要回家。"教师多次安慰,他还一直哭。教师生气地说:"你再哭,爸爸就不来接你了。"松松听后情绪更加激动,哭得更加厉害了。

问题:请依据小班生活活动常规管理的方法及要求分析该教师的上述行为。

(2) 小班入园第二周,王老师发现小雅在餐点与运动后,都会哭着要妈妈。老师抱她,感觉她身体绷得紧,问她要不要去小便,她摇头。老师又问她要不要去大便,她点头。老师牵她到卫生间,她只拉了一点就离开了。过一会儿,她又哭了。老师给她新玩具,和她一起玩游戏,但她的情绪还是不好。离园时,老师与她妈妈约谈,告知小雅在幼儿园拉不出大便。第二天早操后,小雅又哭了,老师蹲下轻声问:"小雅是想上厕所了吗?"她点头。老师带她去上厕所,她又只拉一点就站起。"老师陪你多蹲一会儿,把大便都拉出来,好吗?"小雅又蹲下,但频频回头。这时,自动冲厕水箱的水"哗"的一声冲水,小雅"哇哇"大哭,扑到老师身上。老师紧紧地抱住她,轻柔地说:"老师抱着你,好吗?"老师将水箱龙头关小,把小雅抱到离冲水远一点的位置蹲下。小雅顺利拉完大便。连续一段时间,老师们轮流陪小雅上厕所,并指点她观察、了解水箱。小雅渐渐适应了幼儿园的厕所,笑容回到了脸上。

问题:请依据小班生活活动常规管理的方法,分析上述材料中教师的适宜行为。

6. 简答题

(1) 简述小班班级生活管理的发展适宜性要求。

(2) 简述小班入园准备及幼儿入园适应过程中,教师的准备及要求。

7. 活动设计题

新入园的小班幼儿在洗手时出现了许多问题:有的把袖子弄湿、不洗手背、冲不干净皂液;有的争抢或拥挤、玩水忘记洗手、擦手后毛巾乱放在架子上;有的握不住大块肥皂,有的因毛巾离水池远,一路甩水把地面弄湿……

请针对上述问题,设计一份改进小班幼儿洗手环节的工作方案。要求写出:对问题的分析，工作目标，解决各类问题的主要方法。

拓展阅读

家长会发言稿

尊敬的各位家长：

大家好！首先，我代表我们班四位老师对你们的到来表示热烈的欢迎！感谢你们在百忙之中抽出时间来参加这次会议。在你们的支持与配合下，我们班顺利、愉快地完成了上学期的保教工作。下面，我来向各位介绍一下我们班的情况：

一、班况介绍

本学期，我们班除了我和成老师、付老师，又来了一位新老师——×××老师。×××刚刚从学校走上工作岗位，有着一份对幼教事业的热爱和美好憧憬。相信×××老师能很快胜任这份工作。在接下来的时间里，希望家长朋友们能对我们的新老师多一份包容，给她成长的机会。四月份以后，我们班的孩子会多起来，我们会将班级分成两个平行班。两个班的孩子水平都是相当的，保教人员的配置也是一样的。请您放心，无论您的孩子在哪个班，老师都会尽最大的努力把孩子照顾好。

经过一学期的幼儿园生活，孩子们在各方面都有了不同程度的进步和提高，基本上适应了幼儿园的生活，这应该感谢各位家长的支持与配合。孩子们懂得了上课时坐在自己的座位上，养成了在老师的指导下多喝水、勤洗手等良好习惯。户外活动时，多数幼儿知道不离开老师，危险的地方不去。大部分孩子都乐于参加集体活动。

这学期新来的小朋友(金玉坤、孙奥博、杜天阳)经过两周的磨合，也很快就适应了集体生活，养成了主动和小朋友交往的好习惯。

耿雨桐、刘相菲、李佳诺、侯玉雪、温思森，王博文等，各方面的能力都比较强，并能与小朋友友好相处，进步最大的是梁庭宇、杨锦瑞、赵志凯。颜子杰小朋友虽然做事情慢一些，但基本上都是自己的事情自己做，要是胆子再大一些就好了。孙中熠一开始不穿袜子就跑，几天下来袜子攒了一堆，问是谁的也不说。这学期他已经有了很大进步，知道睡觉起来要穿袜子了。多数幼儿会自己吃饭、喝水、吃水果，下一步学习剥鸡蛋皮和橘子皮。大部分幼儿会自己穿鞋，到目前为止还有两三个穿不上的，有几个孩子偶尔还会把鞋穿反。幼儿能主动大小便。知道自己的事情自己做，做不了时能主动请老师帮忙，并初步懂得帮助别人，很多孩子学着帮老师端碗、分加餐等。多数幼儿能用较完整的语言向老师表达自己的意愿，部分幼儿还能与小朋友聊天等。上学期，通过拼插玩具、粘贴、涂色等动手训练，幼儿的动手操作能力都有了不同程度的提高，这个家长们从孩子们的作品中就能看出来。

虽说孩子们有了明显的进步，但也有不足。有个别幼儿偏食较严重(有的不爱吃也不让喂，一喂就哭)，有不喝汤的，有不吃某种水果的，有不吃鸡蛋的等。也有个别幼儿做错了事不让说，一说就哭闹；还有个别幼儿受到批评时不服气，要么用手指着老师，要么怒视老师；还有个别幼儿事事以自我为中心。这与幼儿的心理发展有关,也是独生子女的一个普遍问题。常规培养有待进一步加强。

本学期的教育重点:

1. 继续进行常规培养

幼儿在成人的帮助下喝水、进餐、洗手、如厕、自然入睡,配合成人穿脱衣裤,愿意参加各项集体活动,逐步适应集体生活。

2. 学会倾听,会说

学会倾听,不打断别人的谈话(这也是一个有礼貌的好习惯),学会尊重别人(上课时老师提一个问题,大家都争着说,这与年龄小有关)。喜欢用语言来表达自己的请求与愿望(碗里的饭吃完了,还吃吗?摇头,点头。为什么哭?有的孩子如果老师发现他表情不对或者是在哭,是越问越不说话,只是看着你。)

3. 交往活动

克服自我为中心,乐于与小朋友分享玩具,学习与同伴交往等。

4. 对抗挫折能力的培养

孩子做错了事(如打人)就应该明确地给他指出来,希望各位家长能理智地爱孩子,适当地给孩子一点挫折教育,让他们不但愿意接受表扬,还能勇敢地接受批评。不要无原则地满足孩子的要求,不合理的要求就要拒绝,即使是合理的要求也不要百分百地满足他。给孩子提供一种适度的受挫折的环境,让孩子知道要满足某种欲望,就要付出一定的努力。

5. 对教育内容的安排

教育内容有启蒙阅读、安全教育、手指操等。我们在上午和下午都开设了区域活动。另外,我们还将开设米罗可儿课程。每天的活动内容,我们都会贴在家园导航里面,请家长及时留意;每天的作业和一些幼儿作品也都贴在外面的黑板和展示墙上。家长在每天接孩子时要看一看。

二、请成老师介绍幼儿上学期的生活和学习表现情况(略)

三、安全工作

1. 孩子们的自我保护能力、控制力都比较差,这就需要我们和家长的密切配合。首先是针对生病的孩子,咱们教室门口从一开学就贴上了服用药物的说明。孩子如果在家发烧一定要告诉老师,在家服的什么药,什么时间服的。若孩子体温超过37.5℃,我们会通知家长,幼儿园不给孩子服用任何退烧药物。如果幼儿有过敏史,一定告诉我们。

2. 孩子早上来园时,如果感到不舒服,一定要告诉老师,我们会加强观察,并给予特殊照顾。早上来园时,不要给孩子的脖子戴饰品或口袋里装小东西(口香糖、瓜子、糖等),如果带来了,请家长及时告诉我们,以免发生意外。

3. 春天是各种传染病高发的季节,请家长少带孩子到公共场合。勤给孩子洗澡、勤换内衣、勤剪指甲。

4. 为了安全起见,尽量不要随意让别人来接。在游乐场玩时一定要让孩子在自己的视线之内;玩时不要让孩子捡地上的细小木棍儿玩儿,手里更不要拿尖锐的东西。

5. 定时午睡,定时吃饭,注意做到"三多"和"三少"。多吃清淡的蔬菜和新鲜水果,少吃肉类和煎炸的食物;多给孩子喝白开水,少喝各类甜味饮料;多吃软烂的食物,少吃不易消化的食物。避免暴饮暴食。

四、需要家长配合的工作

1. 防止春季传染病。

(1) 禁止家长入园。

(2) 下午放学后不要在幼儿园逗留。

(3) 严把晨检关,检查孩子的手心、口腔是否有异常。

(4) 请您坚持每天两次给孩子量体温,并于早上来园时告知老师。

(5) 为了保证孩子的安全,我们会严格按照教育局、防疫站制订的消毒制度来做好园区所有的消毒工作,所以请您放心送孩子来园。此外,周末,请您不要带孩子去人多的公共场所(比如超市),可以去露天、通风好的公园;您的家里也一定要多开窗通风;饭前便后要按照六步洗手法将手洗净;不吃不干净的东西;和孩子亲近时一定要先洗手、脸;要给孩子勤洗澡、勤换衣。

2. 如无特殊情况,请按时送孩子来园;如因故不来时,请打个电话或发个短信请假。如果请别人来代接孩子时,请提前通知我们。接送孩子的时候一定要带接送卡。

3. 老人接送孩子的要与其父母多沟通,以便让孩子的父母及时了解孩子在幼儿园的表现,父母也可利用早晚时间打电话向我们询问幼儿的近况。

4. 请多留意教室门口的家教栏,可能有些与主题相关的需要家长配合的内容。另外家长有好的育儿经验也可带来与大家交流。想知道今天孩子学了什么,怎么配合老师的工作呢?请关注宣传栏,老师会定期更换内容,会根据孩子最近的情况张贴育儿文章,每天将幼儿所学的内容和需要您配合的事情写在黑板上。

5. 天气逐渐变暖,请家长利用双休日或节假日多带孩子进行户外活动,带孩子到大自然中去,丰富知识,开阔视野,陶冶情操,锻炼身体。

6. 室内鞋:家长每周刷一次鞋子,刷完后写上孩子的名字周一带回幼儿园,只留一双即可。被褥枕头每月可以抱回家清洗一次。洗完后写上幼儿的名字。

7. 新入园幼儿准备的物品:每人一双小鞋子,放在有照片的位置,一个文件袋(成长档案袋),彩笔,油画棒,手工纸,橡皮泥,双面胶,小瓶胶水,卡纸。

8. 按时交费,每月3号开始交费,计费时间每月25号至下月25号。除了伙食费是按照孩子的考勤按天计算外,其他费用都是按月计算,只要您的孩子来一天也是全额收费。

(金玉坤的枕头没拿来)

我们希望每个孩子在幼儿园都能健康快乐地成长,但由于孩子比较多,有时可能照顾不周,还请您谅解,有问题及时与我们交流。把孩子交给我们,我们就要对孩子负责。我们会像照顾自己的孩子一样照顾好孩子的每一天。如果我们在工作中有什么疏忽,请您直接跟我们说,或者给我们留个小纸条。我们会虚心接受您的意见。希望家长给我们最大的理解和支持,我相信在各位家长的协助配合下,我们的工作会做得越来越好,谢谢大家!

五、家长意见

家长会前,我们征求了家长的意见,大部分家长希望在家长会上能听到有关孩子在幼儿园里的表现,有哪些优缺点,以及家长如何配合幼儿园工作的问题。有的家长建议多给孩子进行一些吃东西方面的安全教育,教育孩子少吃膨化食品。其实这些方面在我们的安全教育活动中都有涉及。

六、活动反思

班里老师开家长会时，只有保育员带着孩子们。一个孩子在玩的过程中摔倒，鼻子受伤了。我们在家长会上向家长道了歉，家长也表示理解。我觉得这件事情我们要负很大的责任。以后的家长会应该在什么时间开更合适，开家长会时应该采取什么样的安全措施是值得我们思考的问题。

单元六　幼儿园中班班级管理

知识目标

1. 掌握幼儿身心发展特点及安全管理知识。
2. 知道如何提高保教质量、如何开展家长工作。

能力目标

1. 会制订中班班级目标。
2. 能掌握管理中班幼儿的基本方法及常见问题的处理方法。
3. 能对班级基本情况进行分析。

素养目标

1. 热爱幼儿教育事业，具有教书育人意识，树立职业道德理想。
2. 不断提高保教实践能力，进而促进幼儿全面且富有个性地发展。

知识导图

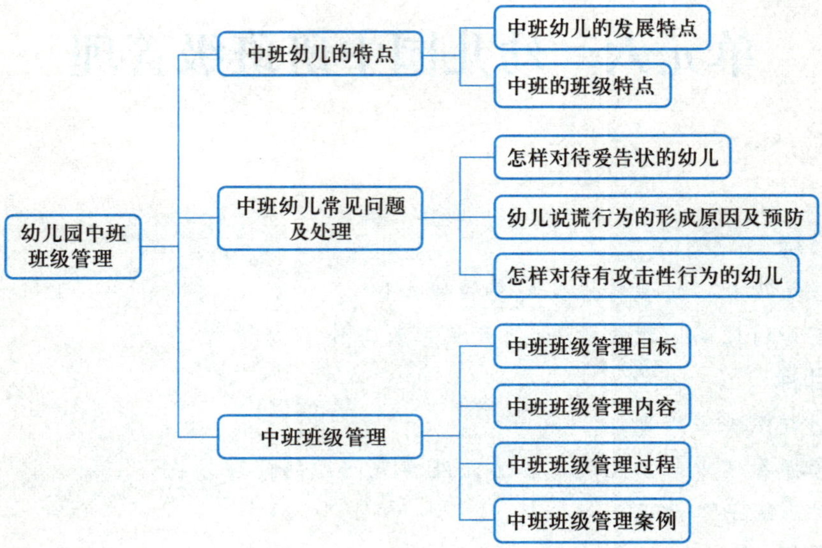
幼儿园中班班级管理
中班幼儿的特点
中班幼儿的发展特点
中班的班级特点
中班幼儿常见问题及处理
怎样对待爱告状的幼儿
幼儿说谎行为的形成原因及预防
怎样对待有攻击性行为的幼儿
中班班级管理
中班班级管理目标
中班班级管理内容
中班班级管理过程
中班班级管理案例

案例导入

聪明好动的凯凯

中班的凯凯很聪明，记忆力很好，但很淘气。在小班时就坐不住，总是在教室里乱跑。现在能坐住了，但是上课不专心，还打扰别的小朋友；有时吃饭、睡觉时还故意大笑，惹得其他小朋友也跟着他学。他还有个特点，就是人越多就越不听话，总想吸引别人注意。凯凯的妈妈也说："凯凯本来在家很乖，家里来人就开始出洋相，弄得我很没面子。"现在班里已有几个孩子的家长提要求，不让自己的孩子挨着凯凯坐。为了不让其他孩子受到凯凯的影响，我们只好让凯凯挨着老师坐，但我担心这样会让凯凯的性格越来越孤僻。凯凯的妈妈担心孩子有多动症。最后我咨询了大学学前教育专业的心理学教师。她说："中班的幼儿自主性比较强，好动、好奇心强，喜欢尝试新事物。对于大人来说很'不好'的事情，可孩子却跃跃欲试。家里来人后他不听话、出洋相，那是孩子希望大家能注意到他。"

针对这一问题，专家给了如下建议：

1. 多给孩子一些关爱，多一些鼓励的语言。当他想吸引大家注意力的时候，不要厉声制止他、当众批评他、指责他，而是欣赏他。

2. 多用榜样来激励他。他不是喜欢看图书吗？那就用图书来教育他。他喜欢打扰小朋友，那就给他讲一讲故事，通过故事告诉他打扰别人是不礼貌的。他不是喜欢看动画片吗？那就挑选一些有教育意义的动画片给他看。

3. 给孩子传授新知识时，要选择他感兴趣的，那样他就会安静了。

4. 家长和教师要学会欣赏孩子，多发现他的闪光点，并进行鼓励，有利于培养孩子的自信心。

出洋相、人来疯，是中班幼儿的年龄特点。我们和家长沟通后制订了相应的计划，两个月后孩子真的有了很大进步！

在幼儿园里，幼儿是班级工作的主体，幼儿教师的一切工作都是为了孩子。管理孩子不是为了限制孩子，而是为了给孩子更大的空间，让孩子掌握必要的规则和方法，更好地去适应班集体，适应社会。幼儿升入中班后，他们的个性逐渐形成和发展，各种心理活动间有了相互的联系，班级各项活动要适应幼儿的个性特点，满足他们的情感需求，允许幼儿的个性得到发展。

中班是幼儿园三年教育中承上启下的阶段，是幼儿身心发展的高峰期。因为中班幼儿经过小班一年的集体生活，已经积累了一定的生活经验和常规知识，所以每位教师都应该认真分析中班幼儿的年龄特点及身心发展特征，制订切实可行的计划，以便在管理幼儿的过程中，将一日琐碎而繁忙的工作变得简单而轻松。这样便能建立良好的常规，让幼儿在这个大家庭中健康、快乐地度过美好的童年。

基础理论

第一课 中班幼儿的特点

一、中班幼儿的发展特点

视频 中班幼儿的发展特点

（一）生理发展特点

参照《指南》中关于4—5岁幼儿身体发展的典型表现，中班幼儿生理发展有如下特点：

1. 身体的发育

幼儿进入中班后，身体各项发育进入一个相对平稳的增长阶段。幼儿的身高一年约增长5 cm，体重约增长2 kg，肌肉力量和耐力、肺活量都有了一定的提高。骨骼富有弹性、可塑性强。幼儿的大脑继续发育，神经纤维逐渐增多，大脑神经纤维的髓鞘化仍处于逐步完善的过程中。4—5岁也是幼儿心脏发育最快的时候。对气候变化的适应能力及对病菌的防御能力也有所提高。总体来说，中班幼儿身体的各个器官、系统正处于不断发育过程中。其机体组织还比较柔嫩，发育还不够成熟，机能不够完善，所以，身体的各方面都显得比较柔弱、稚嫩。

2. 动作的发展

与小班幼儿相比，中班幼儿的动作较敏捷，体力明显增强，已能适应一定的活动量。这时的幼儿身体结实、精力充沛、体力较佳，可以步行一定的路程；活动能力进一步增强，基本动作灵活，喜欢跳、攀、爬等体育项目，并能自如地控制自己的身体。可以左右脚交替单足站立，能练习拍球，能伸手接球，会对准目标丢球、踢球等，大肌肉动作明显增强。4岁也是幼儿的精细动作发展最快的时期，手指动作比较灵活，在没有家长及教师协助的情况下，自己可以熟练地穿脱衣服，完成扣纽扣，拉拉链，自己用筷子进餐等一系列动作。能按老师的要求完成简单的折纸和绘画、涂色等精细动作，并且质量明显提高，既能灵活操作，又能坚持较长时间。

（二）心理发展特点

参照《指南》中关于4—5岁儿童身体发展的典型表现，中班幼儿心理发展有如下特点：

1. 以具体形象思维为主

中班幼儿已积累了一定的日常生活经验，凭借这些经验，他们可以进行积极的思维活动。如果问："5和1相比，谁多谁少"？有些孩子摇摇头说："不知道。"但如果问："5颗糖和1颗糖，谁多谁少？"幼儿则会回答："5颗糖多。"这是因为5和1这两个数字是抽象的概念，难以理解，而5颗糖和1颗糖则变得具体形象了。如果问"1加2得多少？"有些孩子说："不知道。"但是当你问"原来有1个苹果，又给你2个苹果，一共有多少个苹果"？此时孩子一定会说："一共有3个苹果。"因此，教师在教学活动时一定要注意幼儿的这一心理特点。

中班幼儿在理解成人语言时，也时常凭借自己已有的经验。如，妈妈说："今天咱们吃自助餐。"幼儿则理解成了"吃蜘蛛餐，什么是蜘蛛餐，是吃蜘蛛吗？"

中班幼儿开始能对具体事物进行概括分类。分类是根据事物的表面特征（简单的颜色、形状等）来分，如把苹果、桃、梨归为一类，认为这些水果可以吃，吃起来水分多；把太阳、足球归为一类,认为这些都是圆的;把玉米,香蕉归为一类,认为这些都是黄色的。

2. 具有活泼好动的特点

中班幼儿经过小班一年的集体生活,对幼儿园周围的生活环境已经比较熟悉了,再加上大小肌肉的动作比以前灵活了,因而他们总是不停地看、听、摸、动;见到了新奇的东西,总爱伸手去拿、去摸,还会放在嘴里尝尝。他们会积极地运用感官去探索,去了解新事物。例如,喜欢在雨中玩,并且专门走有小水坑的路面;尤其喜欢雪,一定要用手摸摸,再用脚踩踩,甚至放嘴里尝尝;对成人的要求不那么顺从了。

他们的活泼好动还体现在对游戏的兴趣上,游戏的内容更加丰富,而且有一定的情节。角色分配不再满足于自己玩,更喜欢与同伴一起玩,并在游戏中能与他人合作。幼儿特别喜欢玩"过家家"游戏,男孩当爸爸,女孩当妈妈,布娃娃是孩子,他们会给娃娃喂饭、洗澡,生病了还会去看医生、打针等,玩得很快乐。不要轻视幼儿的活泼好动、好玩,在玩耍中他们各方面的能力都会得到进一步的发展。

3. 有意行为开始发展

中班幼儿的情绪比小班幼儿更稳定。他们开始学着控制自己的情绪,使自己的行为不太受情绪的支配。他们可以理解成人向他们提出的要求,能听懂一些道理。当孩子看到自己喜欢的玩具想买时,妈妈告诉他家里已有好多这样的玩具了,他经过考虑能做出不买的决定,而不像小班幼儿那样吵着要买,根本不管家里有没有。在幼儿园里,同伴间发生了矛盾,能在老师引导下协商解决。他们并非在所有的事情上都能控制得非常好,对自己特别感兴趣的事和物,仍会受情绪的影响和支配,甚至会出现情绪"失控"现象,遇到不顺心的事时,仍会大发脾气、会哭闹。

中班幼儿的有意行为明显增加,注意力也相对集中,不容易受外界干扰。中班幼儿能坚持完成某项活动,很少受到外界环境的影响。中班幼儿已能接受老师给的一些任务,完成一些力所能及的事情。例如:帮老师摆放桌椅,能把书本等学习用品放到指定位置;在家里,能够收拾自己的玩具,并能帮助家人收拾碗筷、取放鞋子等。但中班的幼儿有意注意维持的时间较短,受到成人的表扬和鼓励时,幼儿更乐意从事这些活动。

中班的幼儿已有了初步的规则意识,懂得要排队上厕所、洗手、依次取放自己的用具等。游戏也有了目的性,喜欢和同伴一起玩,玩的时间也相对较长,并且在游戏中能控制自己的行为。例如:教师组织了"龟兔赛跑"的游戏,虽然两小组都想赢,但仍然坚持游戏规则"小乌龟要爬着走,小兔子要蹦着走,并且要等前一个小朋友到达终点,另一个小朋友才可以出发"。

总之,中班幼儿比小班幼儿在各方面都有了很大的进步,但总体上来说,这时期的幼儿在生理上还不够成熟、心理发展也不够完善,这就要求教师充分发挥主导作用,遵循幼儿身心发展的规律,采取积极有效的措施和手段,因材施教,使孩子的身心得到最大限度的和谐发展。

二、中班的班级特点

中班幼儿的身心发展有着自己的特殊性。作为中班的教师,必须正视和分析这些特点,采取恰当的措施和方法进行引导,以收到事半功倍的效果。

(一) 幼儿的自我服务意识明显增强

1. 自我服务意识的含义

自我服务意识,是指幼儿在一定的年龄段内照顾、管理自己的意识。如家长溺爱、迁就和包办，幼儿的自我服务意识和自我服务能力的发展会受到限制。

中班幼儿的神经系统和骨骼已比小班成熟，动作协调性也比小班好。他们自我服务的意愿和要求也越强烈，愿意做一些力所能及的事情。如：自己穿脱衣服、鞋袜，整理床铺等；在成人的指导下，也能完成一些简单的家务，这样能让幼儿体验到成功的快乐，从而形成一种自信的品质，这是幼儿将来学习和工作必不可少的。著名教育家陈鹤琴说："做母亲的最好只有一只手。"说的就是要对孩子放一只手，有些问题让孩子自己去尝试着解决。幼儿教师也应该遵循幼儿的发展规律，抓住中班是幼儿自我服务意识发展的关键期这一特点，培养幼儿的自我服务能力。

2. 幼儿自我服务能力弱的原因

我们通过访谈、游戏活动和调查问卷（表 6 - 1）的方式对内蒙古乌兰察布市第二幼儿园的 280 名家长和幼儿进行调查。调查数据表明，幼儿自我服务能力弱的原因如下：

（1）家庭的影响。每个孩子都是家里的小宝贝，家长们个个都可谓是"含在嘴里怕化了，捧在手里怕摔了。"由于家人的宠爱，幼儿事事都被家长的"好心"包办代替了，无形中使孩子缺少了很多锻炼的机会。

（2）家长缺乏耐心而包办或代替。大部分家长看到孩子自己穿脱衣服慢，特别是快上班的紧要时候，干脆就替孩子们做了。

（3）家长对幼儿溺爱而包办或代替。担心让孩子自己吃饭会烫伤，洗手洗不干净，就替孩子们做了。

表 6 - 1 中班幼儿自我服务调查问卷

为了能更好地了解孩子们的自我服务（自己事情自己做）能力，特设此问卷，请各位家长认真如实地填写，每题只能选择一项，在您所选择项下打"√"，如选择"有时"请说明由谁帮助，如有特殊说明请在"备注"栏书写，谢谢各位家长的配合！

内容	能	不能	有时	由谁帮助	备注
1. 自己吃饭					
2. 自己穿衣服					
3. 自己穿、脱鞋袜					
4. 自己洗澡					
5. 自己漱口、刷牙					
6. 自己梳理头发					
7. 自己上下楼梯					
8. 自己上床睡觉					
9. 上学时自己背书包					
10. 自己整理玩过的玩具					
11. 自己整理学习用品					
12. 自己洗手绢、袜子等小件物品					
13. 上厕所后自己能独立解决擦屁股、穿脱裤子					
14. 起床后自己叠被子					
15. 能独立阅读绘本					
16. 根据气候变化，自己增减衣服					

孩子姓名	年龄	性别	家庭成员	父亲学历	母亲学历	父亲职业	母亲职业

3. 幼儿自我服务能力的提高

针对以上原因，幼儿教师制订了一套切实可行的计划来增强幼儿的自我服务意识，提升幼儿的自我服务能力。

（1）充分利用一日生活的各个环节，教幼儿学会一些简单的自我服务技能。如在幼儿午睡的入睡与起床这段时间，是进行自我服务技能训练的好时机。孩子通过对自身衣服的穿、脱，纽扣的扣、解，拉拉链，及对衣服前后的辨识、鞋子的左右分辨及系鞋带等训练，再加上一些竞赛活动，使孩子们在兴趣盎然的游戏中进一步提高自我服务能力。如，在幼儿吃饭时，指导幼儿如何正确拿餐具进餐；幼儿去卫生间时，教师现场指导幼儿如厕、提裤子与洗手等，使孩子们的自我服务能力得到进一步的锻炼。

（2）创设模拟情境。根据幼儿喜欢游戏的特点，让他们在玩中产生“我爱做、我想做、我会做”的积极情绪，在愉快的气氛中，发展他们的能力。可以开展撕面条、做饼干、玩彩泥、用勺舀东西、夹豆子等活动。还可以创设模拟的情境，如娃娃家、爱心医院等区域活动，让孩子们在给娃娃穿衣、脱袜、看病、打针等过程中，逐步学会自我服务的简单技能。

（3）赏识教育与榜样示范相结合。根据幼儿的模仿能力强、自尊心强、希望得到欣赏的特点，当幼儿有进步时，教师及时表扬，用孩子们喜欢的小红花、小星星等小礼物激励他们，树立其在同伴心里的威信。在表扬之后，提出一点要求，幼儿也很乐意接受。利用集体力量来进行教育，往往能收到较好的效果。还可以让表现好的幼儿做示范，起到榜样的作用。

（二）责任意识开始萌芽

在为幼儿晨检的时候，中班的老师经常会听到家长说：“××今天很早就起床了，怕迟到，说今天他是值日生，一定要第一个来。”你会看到晨检后，幼儿会像个小大人一样，忙忙碌碌地擦这擦那……其实，中班幼儿的心中已经萌发出了初步的责任感，觉得自己有责任把值日生工作做好。例如，有一段时间，班里轮流戴胸卡当小班长。佳乐特别积极，轮到她的那天，老师还没到幼儿园，她就第一个来园了。教室的门刚打开，她第一个冲进卫生间，洗好一块抹布把桌椅擦得干干净净的，又和老师一起整理玩具柜，接着，拿喷水壶给窗台上的花浇水；下课后，她主动带领小朋友做游戏，还会帮老师去劝导发生矛盾的小朋友……当老师表扬她，她还自豪地说：“今天我是值日生，应该把事情做好”。

中班幼儿因为自我控制能力增强了，能够理解成人布置的任务，所以他们愿意接受任务并能积极地完成。

课堂实践训练

1. 结合实例分析幼儿自我服务能力弱的原因是什么？
2. 作为教师，遇到班级个别幼儿自我管理能力差，你应该怎么做？
3. 如何为中班的幼儿合理地布置任务？

第二课 中班幼儿常见问题及处理

一、怎样对待爱告状的幼儿

在幼儿园中班，每到课间、餐后等休息的时候，老师的身边总会围满了“告状”的孩子。一会儿这个说：“老师，××小朋友打我了。”一会儿那个又说：“老师，××小朋友在卫生间玩水了。”

“爱告状”是幼儿时期比较明显的特征，是幼儿心理发育成熟的阶段性标志。原因如下：① 与幼儿心理年龄特点有关。② 独立性没有很好地发展起来。③ 依赖心理比较严重。④ 解决问题的能力不够。随着年龄的增长，这种现象会自然减少并逐渐消失。

幼儿园调查显示，每天有60%的幼儿向教师“告状”，中班幼儿较为明显。有的幼儿每天告状次数达5次之多，令老师应接不暇。面对孩子如此多的“告状”行为，成人是否应该制止呢？主要看幼儿“告状”的动机。

（一）幼儿“告状”的几种典型行为

教育心理学的研究结果显示，孩子“告状”的动机主要有以下几种：

1. 心理依赖

幼儿对道德的认识还处在一个非常幼稚的阶段，道德概念和道德知识也比较贫乏。他们对是非、好坏的理解带有自己的直观形象特点，“跟我玩游戏”就是好，“玩具不给我玩”就是坏。孩子年龄小，想法简单，不会去忌讳什么，心里有什么想法马上就会用情感表现出来。情绪也特别容易外露，往往会因为一点点小事，就不满意，矛盾与纠纷也就多了起来。而自己解决问题的能力又不够，于是便去“告状”。如：“老师，我们玩过家家游戏，他们不让我当爸爸”“老师，某某的玩具不给我玩。”此类“告状”都明显地体现出幼儿对老师的依赖心理，以求老师帮助解决问题。

视频 告状有因：幼儿爱告状的原因及动机

2. 宣泄情绪

每个幼儿在家都是家人的掌上明珠，备受长辈的关心和疼爱。他们离开家人来到幼儿园，教师就是最信任的人。幼儿的心理调节能力较差，每当受到他人的伤害或受委屈时，极力想寻求保护，得到老师的安慰和同情。有的孩子与同伴发生了矛盾，或受了委屈时，就会向老师“告状”，这实际上是孩子宣泄情绪、减少忧虑，以达到心理平衡的过程。如“老师，某某吃我的苹果了”“某某抢我的玩具或图书了”。若老师予以解决，幼儿会高高兴兴地继续玩，说明他（或她）是为了宣泄情绪，请求帮助而“告状”。

3. 检举揭发

此类“告状”说明孩子有了一定辨别是非的能力，希望成人对他人的是非判断作出肯定；希望老师对他的行为给予肯定和鼓励。孩子总是先看到别人的缺点，而对自己的缺点，即使和别人的一样也不容易发现。如：“老师，某某把垃圾丢到地上了”“老师，某某小朋友推人”。这是因为幼儿年龄小，对事物的认识判断能力差，而且解决问题的能力也不强，所以想通过老师来解决一些他们认为不对的事情。

4. 维护规则

维护规则类的“告状”是中班幼儿发生频率最高的“告状”行为。当幼儿发现某个小朋友的做法不符合老师提出的要求，违反了班级规则时，此类“告状”行为也就随之产生了。如：“某某把脚放桌子上了”“老师，有小朋友在卫生间玩水呢”等。这些小朋友就像老师的眼睛一样，随时都会帮助老师发现问题，以通过老师来制止同伴的不良行为。

5. 同情心驱使

当幼儿看到同伴受到别人欺负时，他会以仗义者的身份向老师“告状”。中班幼儿已懂得一些初步的道德观念，知道良好行为和不良行为的区别，能粗浅分清行为的是非、好坏，但仍缺乏独立解决问题的能力，所以对教师仍有很强的依赖性。这种现象表明，当幼儿遇到欺负人的不良现象时，会产生同情心和正义感，并向老师报告，如：幼儿看见好伙伴被人欺负，马上向老师告状“某某打某某小朋友了”等。

案例链接

同情心驱使幼儿“告状”

睡午觉的时候，李森小朋友刚到小床上准备盖被子，熊广就把李森手上的被子抢走了。李森哇哇大哭起来。果果看到这种状况，对熊广的这一行为感到很气愤，因此就向老师告状。老师立即过去阻止了这一行为，并对果果进行了表扬。果果的表现说明，他看到其他小朋友受欺负时，会产生同情心和正义感，并能分清行为的是非、好坏，并主动寻求老师的帮助。

6. 逃避责任

多数幼儿会以自我为中心，做错事情又害怕老师的责怪，就想逃避责任，“恶人先告状”，免受老师的批评和惩罚。如玩玩具时，某位小朋友面前已经有许多玩具了，却还是把别人的玩具抢过来占为己有。当那个孩子哭着向他要时，他就推人。看见老师走过来，他却先告状说“是他先抢我的玩具。”这是怕老师责怪自己而为自己开脱的行为。

案例链接

害怕批评，为推脱责任而“告状”

我班有一个叫毛豆的小女孩，每次进行游戏活动时，总是为争抢东西而打架。一次，孩子们玩橡皮泥，毛豆的面前已经有很多了，但还是把乐乐的抢过来占为己有。当乐乐哭着向她要时，她却把乐乐推倒在地。看见老师走过来，她还大声哭着告状：“老师，是乐乐抢了我的橡皮泥。”

该幼儿产生告状行为的心理因素是因害怕被批评而推脱责任。幼儿犯了错误时，怕受到老师的批评，从而就会想办法来推脱责任，往往就会出现这种“恶人先告状”的行为。

其实孩子的“告状”不完全是件坏事，这说明他相信老师，是积极的表现，反映了幼儿对行为规则的认识，道德判断、道德评价能力的发展。作为一名幼儿教师，不管在任何时候，任何情况下，都要以正确的态度来对待“告状”的孩子，以正确、公平的方法来处理孩子之间的纠纷。

如果教师以敷衍的态度来对待幼儿，可能会导致存在安全隐患的事得不到及时解决，更会混淆孩子的是非观念，挫伤孩子的正义感。但若一味“支持”孩子的“告状”行为，事事包办代替，不但会养成孩子的依赖心理，还会助长孩子只看别人的缺点、不看别人的优点、搬弄是非等坏习惯；更为严重的会使孩子从小养成时时窥视他人秘密的不正常心态，导致幼儿将来人格的不健全发展。所以，孩子一旦告错了状，或“恶人先告状”，老师及家长应该及时予以提醒、帮助和纠正，以培养幼儿独立处理问题的能力，促进幼儿良好性格的形成。

（二）教师对幼儿“告状”行为的错误态度和错误教育方法

在幼儿园一日活动中，教师要面对幼儿各种各样的“告状”。有些教师能耐心处理，为幼儿解决困扰；但也有部分教师对幼儿的“告状”采取了不正确的处理方式。总结教师对待幼儿“告状”行为的不当处理，主要有以下几种情况：

1. 态度粗暴

有些幼儿自己处理问题的能力很差，不管遇到什么事情都用“告状”来解决。由于“告状”次数偏多，老师也就对他失去了耐心。当幼儿再去“告状”时，老师的态度就有些粗暴了，如“你事儿真多，动不动就告状。”

2. 不予理睬

有些老师对于幼儿的“告状”很不耐烦，没有从幼儿的角度去尊重他、理解他。只要幼儿“告状”，不管什么原因，都会回以“我知道了！”“去去去，我忙着呢！”来应付幼儿。

3. 凡事老师解决

幼儿每天“告状”次数很多，有些老师为避免麻烦，只要幼儿“告状”都亲自出马替幼儿解决。教师凡事都亲自处理，会让幼儿直接把找教师看作是解决问题的唯一渠道，遇到什么事都会去找老师。

4. 妄下结论

老师没弄清事情是怎么回事，既然来“告状”，那么两个人都有错。虽然看起来比不予理睬强，但实质上性质差不多。在解决事情之后，幼儿还是不理解事情的对错。它仅仅表明事情的完结，幼儿解决问题的能力并没有提升。还有的幼儿教师遇到特别吵闹、调皮的幼儿来“告状”，不问清事情的原委，就去批评调皮的幼儿。这也给其他幼儿造成误解，认为调皮的幼儿做的一定是错的。

教师存在以上的错误态度和错误做法，是因为教师没有重视幼儿的“告状”行为。教师认为那些都是小事，幼儿“告状”都是无理取闹，随便把他们打发了，过会儿就会好的。教师在处理幼儿告状的方式上，没有正确地分析幼儿“告状”的动机是什么。教师能否正确处理幼儿的“告状”对幼儿的发展很重要。要想改变这种现象，就必须让教师重视、了解幼儿“告状”的心理动机，采取正确的方式解决幼儿的“告状”问题。

（三）如何正确对待“告状”

教师是幼儿的启蒙者，必须慎之又慎地对待幼儿的“告状”行为。幼儿很在意教师对自己行为的态度，不管是赞许还是谴责、肯定还是否定，都成了孩子们判断是非、善恶、好坏的最高标准。在幼儿的眼里，教师是最受崇拜、最可信赖的，只有教师才是最公正的“法官”。那么，教师应如何处理幼儿的“告状”行为呢？

视频　正确引导：正确应对爱告状的幼儿

1. 教师要重视幼儿的"告状"行为

"爱告状"是由中班幼儿的年龄特点决定的,教师不要怕幼儿"告状"。从积极的意义上说,幼儿"告状"是他们亲社会的一种表现。教师对幼儿的"告状"应持欢迎的态度。在工作中遇到幼儿"告状",可以先停一停,别急着下结论或不耐烦,微笑会让自己和幼儿都得到放松。要耐心指导、帮助幼儿。只要教师能重视幼儿的"告状"行为,并以恰当的方式加以引导,相信幼儿的这些良好心理品质会得到发展。

2. 认真倾听,"对症下药"

遇到幼儿"告状",教师应耐心倾听,细致、全面地调查、分析争吵的原因,具体问题具体分析,选择适当的处理方法。以下列举几种类型进行分析:

(1) 检举类"告状"行为。幼儿揭发检举他人,目的就是为了讨好老师、表现自己。教师遇到这种情况,不宜鼓励,更不能当着"告状"幼儿的面批评另一个幼儿。可以这样对"告状"的孩子说:"你知道他打人不对,这很好。那你看有什么办法帮助他呢?"帮助幼儿从中吸取教训。

(2) 维护规则类的"告状"行为。这是中班幼儿比较常见的一种行为。此类"告状"有利于老师建立班级常规,也会减少安全事故的发生,应该得到老师的表扬和肯定。

(3) 幼儿为了逃避责任、免受批评和惩罚产生的"告状"行为。老师要分清责任,该惩罚的决不姑息,同时要让本以为告了别人的状自己就没事的孩子认识到:把责任推给别人是不对的,犯错误不怕,改正了就是好孩子,老师还会喜欢他。

(4) 同情心驱使幼儿产生的"告状"行为。这是幼儿道德意识发展的表现,教师应视之为一种可喜的现象,并应及时地加以肯定、鼓励,然后应认真予以引导,与孩子共同商讨解决这些问题的方法。

3. 培养幼儿独立解决问题的能力

教师可以在日常生活中组织幼儿进行各种形式的活动,培养幼儿独立处理事情的能力和良好的品质,减少幼儿的"告状"行为。可以组织幼儿观看动画片、听故事等,有目的地引导幼儿评价其中的人物行为,提高他们的辨别能力,进而减少幼儿的不良行为。也可通过谈话、讨论等形式,讲一些幼儿日常生活中遇到的问题,让幼儿来想办法解决,从而培养幼儿独立处理事情的能力和判断是非的能力。还要教给幼儿一些解决矛盾、处理问题的策略,如学会使用礼貌用语,学会谦让、协商等。

4. 让幼儿相互欣赏,加强交流

(1) 介绍每个孩子的优点。例如,可以这样说:"果果小朋友很能干,轩轩摔跤了,她会把轩轩扶起来,很棒!""朵朵会帮老师拿水杯。"

(2) 告诉幼儿在玩的过程中,如果小朋友用手碰了你一下,那不叫打。那是因为他想和你交朋友,想和你一起玩。

(3) 告诉孩子在与小朋友游戏时,如果想和别人玩耍,要用小嘴巴说,不要用"手"说,做个乖宝宝。

(4) 与家长沟通,让家长理解孩子间的攻击行为。孩子还小,不要轻易地伤害孩子,要正确引导。

孩子的"告状"行为看起来事虽小,但若处理不当,不但会影响师幼之间的关系,还会对幼儿的性格和品质的形成产生重要的影响。作为教师更应该重视幼儿的"告状"行为。只要教师用心就不难发现,爱“告状”的孩子总不乏可爱之处(如关心他人,有一定的正义感)。不管幼儿因为什么原因而“告状”,教师都要以尊重、宽容、理解孩子的态度认真倾听,不能用粗暴的方式来应付。在了解情况后,更要具体问题具体对待,为孩子日后成为“社会的人”和“健全的人”作出应有的努力。这不但是我们的工作,更是我们的责任。

案例链接

案例一　因嫉妒、好胜而产生“告状”行为

有一次,幼儿卢谚看到另一幼儿林好的玩具比自己的多,心里很不平衡,产生了嫉妒心理,就向老师告状说:“林好不给我玩玩具。”卢谚的这种行为表现说明,当幼儿不能分享他人物品时,往往就会产生嫉妒情绪。如果教师对幼儿的这种心理缺乏正确的引导,就会引起幼儿的“告状”行为,对于这样的行为老师应正确处理。

案例二　为表现自我而“告状”

佳佳是一个聪明伶俐的小女孩,一次在蒙氏数学教学活动中,老师请幼儿对操作材料进行排序。因为老师没有叫到她,她就一直在下面大声喊:“老师,叫我去,叫我去……”当看到别人排错顺序时,她就马上站起来大声说:“她排错了!”一脸得意的样子。幼儿对自我评价非常重视,时常想引起老师的注意,特别希望从老师这里得到一些肯定的评价。通常为了满足表现欲望,不分场合。

二、幼儿说谎行为的形成原因及预防

4—5岁的幼儿,思维具有自我中心化的特点。这一时期的幼儿说谎是为了达到某种目的而产生的特定的行为,一般伴随复杂的心理活动。比如幼儿怕大人责骂,会找借口、说谎,这很正常。关键在于家长和教师如何正确对待和引导。

如丁丁对他的同伴说:“我昨天看见这么大一只乌龟!”丁丁用自己的小手比画着:“真是个超级大乌龟!足有那么大。”说着把自己的双臂向外伸开。

贝贝和妈妈在广场上散步,贝贝看见旁边有个小朋友正吃着冰激凌,她的口水都要流出来了,缠着妈妈要买,并说“妈妈,今天太热了,我渴了。”

听到孩子说这些话,我们的第一反应就是“这孩子在说谎!”随后就会对孩子进行道德品质的教育。也许,还会给孩子讲《匹诺曹》《狼来了》的故事,这说明人们对孩子说谎这个问题很敏感。如果是自己的孩子爱说谎,父母就会感到不安和担忧。

其实,幼儿说谎行为与心理发展水平和年龄特征有着密切的关系。研究显示,2岁时,20%的幼儿会说谎;3岁时达到50%;4岁时接近90%;12岁时,这一曲线达到顶峰,几乎每个幼儿都有说谎的行为;16岁时,说谎人数回落到70%。

(一)幼儿说谎的原因分析

1. 家庭的原因

父母是幼儿的第一任老师,再加上幼儿的模仿能力很强,父母的教育方式和不诚实行为,都会对孩子产生潜移默化的影响。

(1)父母的教育方式。父母都有望子成龙、望女成凤的心理,会对孩子要求过高。当幼儿做错了事,家长不是循循善诱、耐心教育,而是采取简单的说教或打骂、体罚,运用强制手段让幼儿认错，造成幼儿为了躲避成人的责罚而不知不觉地开始说谎。这种做法得到父母或老师的宽恕后，下次再做错事时，便学会用说谎来求得宽恕了。比如，幼儿不愿去幼儿园，就会用"我肚子疼""小朋友不喜欢我"等理由。妈妈新买来一个漂亮的花瓶，幼儿在玩耍的时候不小心打碎了，就编造出一些谎言来应付妈妈，以逃避家长的指责和训斥。

（2）父母的不良行为。在幼儿幼小的心灵里，他们对外部的一切都感到好奇，什么都想尝试。在生活中幼儿与父母的接触最多，父母就是幼儿的榜样。父母的说谎行为就等于给幼儿做了一个示范，幼儿也会模仿父母的行为。比如："宝宝你好好吃饭，待会儿吃完了我带你去公园玩。"吃完饭后，家长就把这事忘了，对幼儿来说他会把这件事情深深地记住。还有，家里经常发生的事，爸爸对妈妈说："如果有人来电话找我，就说我不在。"久而久之，幼儿就会学着大人一样欺骗别人。幼儿对大人的一举一动都看在眼里，父母的这些行为悄悄地影响着幼儿的行为。另外，如果大人喜欢夸大其词，把一件微不足道的事情吹得天花乱坠，幼儿也会不知不觉地进行模仿，效仿大人吹牛、说谎。所以，幼儿说谎与家庭的教育方式与态度有很大关系。

2. 幼儿自身的原因

（1）以自我为中心的年龄特点。在幼儿园经常会看到这种现象：几个小朋友在玩玩具，又来了一个小朋友也要和他们一起玩，可是他们不带他一起玩。这时他可能会说："我家也有这样的玩具，是我妈妈给我新买的。你们带我一起玩，我也请你们到我家玩我的玩具。"其实，幼儿的家里根本没有这种玩具，他只是为了能和小朋友们一起玩而编了个故事。

（2）幼儿为了达到某种目的而说谎。幼儿认为正常的途径家长不可能同意，于是就撒一个谎来强调事情的合理性。比如，在蛋糕店前，幼儿想吃蛋糕，就说："妈妈，我好饿啊，都走不动了"。

（3）受自尊心的影响。幼儿的思维方式与成人不同，他们单纯可爱，遇到事情不会从多个角度考虑。在幼儿看来，他自己就不能做错事，做错事就不是好孩子了。当幼儿做错事后，他们会坚决不承认。他们认为，只要他们承认了错误，大人就会把他们当成坏孩子看待，就不喜欢他们了。这样他们感到自尊心受到了伤害，他们宁愿以说谎来维护自己的自尊心。比如，4岁的朵朵不小心打碎了餐桌上的碗，妈妈问起时，她说是家里的小花猫干的。

（4）注意力不集中。多数幼儿的注意力都不会太集中，很容易被其他东西吸引，忘记刚才所发生的事情。比如，当幼儿做错了事情，你和他分析了事情后，问他哪错了，幼儿就说不知道。其实，幼儿很可能忘了这回事，受到责怪后他反而会觉得很委屈，不知自己究竟做错了什么。还有，家长接幼儿回家的路上会问："宝宝，今天幼儿园吃什么？"大多数幼儿会回答："不知道"。这是幼儿的年龄特点决定的。

（5）受成人的暗示而说谎。成人不要用暗示性的语气问幼儿，如，幼儿哭着怎么也不上幼儿园，家长很着急，便问："你今天为什么不去幼儿园？是不是老师不喜欢你？"幼儿会违心地说："是，老师不喜欢我，还打我。"这时幼儿能感受到家长的焦虑和紧张，把注意力集中在成人问话中的"是"和"不是"上，而根本没有注意问话的内容。所以，我们不要用成人的思想去看幼儿，应该正确引导。

（6）混淆现实与幻想。受幼儿年龄特点影响，因记忆不清晰或由于时间概念模糊而造成说话不真实，造成现实与幻想易混淆，甚至把想象、渴望的事情当作现实。幼儿常会把很想得到的东西，当成已经得到的，并非真在"说谎"。如：昨天妈妈答应给婷婷买一个可爱的芭比娃娃,可是还没买呢,她见人便说:“妈妈昨天给我买了一个芭比娃娃,可漂亮了,还会说话呢。”聪明的妈妈会这样说:“宝宝,你没有这样的芭比娃娃,但是你确实很希望有一个这样的芭比娃娃,对吧?你的想象力真丰富!你再想想,你想要的芭比娃娃还能做些什么?我们来编一个芭比娃娃的故事好不好?”

了解了幼儿说谎的原因,我们面对幼儿的“说谎”行为要多一些宽容,多一点理解,更多一些爱心和耐心;不要轻易认定是幼儿在说谎,不要把幼儿一时的表现认定为一辈子的缺点;对幼儿积极的行为表现要给予重视,这样幼儿的说谎行为便会逐渐消失。

(二)幼儿说谎的预防及矫治

那我们应该怎样对待说谎的幼儿呢?

1. 家长方面

(1) 父母要以身作则,避免不必要的谎话和借口,给幼儿创造民主、和谐的家庭氛围。

(2) 父母对幼儿的信任和理解是幼儿诚实的前提条件,要让幼儿知道即使他犯错,你还是爱他的。

(3) 如果幼儿勇于承认自己的错误,请马上用比较特别的语言表扬他。

(4) 不要用严厉的惩罚来威胁幼儿,这个办法往往会让幼儿说更多的谎言,变得更加狡猾,以便不被你发现。

(5) 发现幼儿说了谎,而幼儿又承认了错误,就要与幼儿一起明确下一次遇到类似情况该如何处理。不要立即在他人面前指责或教训幼儿,最好找一个合适的时间单独与其交流。

(6) 平时多关心幼儿的生活,对幼儿的要求要切合实际。幼儿做错事,要认真分析,鼓励幼儿养成良好的习惯和行为。

(7) 在大多数情况下,幼儿是因为害怕受到惩罚而说谎,所以要让幼儿尽可能说出为什么怕父母知道,这样家长才能知道幼儿说谎的真正原因。

2. 教师方面

(1) 教师要以身作则,要根据幼儿的年龄特点,循序渐进地进行引导。

(2) 坚持正面教育,以讲故事为主,如《狼来了》《匹诺曹》等。还可将本班优秀幼儿树立榜样,让其他幼儿向他学习。

(3) 教师要尊重幼儿,给幼儿说实话的权力,对于说谎比较严重的幼儿,要进行单独沟通和严肃批评。

(4) 坚持耐心疏导,做幼儿的知心朋友。当幼儿承认错误时要多鼓励,不要让幼儿产生害怕老师的念头。

(5) 遇到经常说谎的幼儿,要及时和家长沟通,并与家长一起制订改正计划,达到真正的家园共育。

说谎是每个幼儿成长中的一个必经阶段。蒙台梭利讲过,说谎是幼儿心理畸变中的重要缺点。为了防止幼儿说谎,成人要诚实、坦荡、正直、真诚地对待幼儿。加拿大研究人员发现,幼儿爱说谎其实是他们的智力在增长的表现。所以,家长不必过于担忧,只要正确地加以引导即可。科学研究表明,对幼儿而言,幻想性的说谎对幼儿的想象力、创造力和思维能力的培养发挥着不可低估的作用。只要成人根据幼儿说谎的原因进行适当引导,幼儿的说谎就不再是令人头痛的问题;相反,利用好幼儿的说谎行为,或许还可以培养出一个更加充满想象力与创造力的聪慧宝贝。

案例链接

案　例　一

吃中午饭的时候，小俊悄悄地把西芹丢在桌子底下。保育老师发现满地的西芹问道："谁扔的？"玲玲用小手指着小俊说"是他。"小俊也举着小手说道："是她（他随便指着一个小女孩）。"老师把西芹收拾起来继续说道："西芹的营养最好，吃了身体最棒。以后不能随便乱扔。"老师又说："小俊，以后吃不完就对老师说少盛点，不能乱扔，更不能说谎。"小俊嘟着小嘴说："不是我扔的，是他。"他又指着一个小男孩说道。老师纠结于小俊的说谎中。

分析：我们知道老师的出发点是想让小俊承认自己的错误，只要语言承认就好。小俊因害怕受到指责和批评，就是不承认。在以后的生活中，我们留意观察了小俊，发现他表现得很好，也有同情心；就是吃饭时挑食，不爱吃蔬菜。因此，老师就挑食的问题给孩子们上了一节健康活动课，活动中还专门鼓励小俊，说他是健康的宝贝，肯定不挑食；还选他当健康小卫士，而且盛菜时专门给他少点。不久之后，他对吃蔬菜特别感兴趣了，家长也特别感动。

所以，针对幼儿的"说谎"行为，我们应采取适合他年龄特点的教育方法，循循诱导，这样才能不损害孩子的自尊心，使他们健康成长。

案　例　二

今年我们班设立了幼儿生日会。幼儿生日当天，老师会为幼儿准备一个小礼物；组织小朋友为过生日的幼儿唱生日歌，并鼓励小朋友送上生日祝福词；有条件的家长还会准备一个大蛋糕，让全班小朋友一起分享。齐齐的生日到了。早晨，齐齐兴高采烈地来到幼儿园对老师说，今天是她的生日，等中午时妈妈会送来蛋糕。刚十点半妈妈就带着蛋糕来了。中午的时候，老师们开始为齐齐准备生日会，我还送给齐齐一个亲手做的泥工小白兔。这时晶晶举手说："老师，明天我也过生日，妈妈也给我买蛋糕和大家分享，你也送我小白兔。"话音刚落，就有三四个孩子举手说明天也是他们的生日，一会儿全班的小朋友都说明天过生日。我们几位老师不禁捧腹大笑。一直等孩子们安静了，我开始讲解为什么过生日，哪天才是幼儿的生日。通过讨论，孩子们不再争抢着过生日了，作为教师的我也感觉到特别有成就感。

三、怎样对待有攻击性行为的幼儿

幼儿的攻击性行为又称侵犯性行为，是指以直接或间接的方式有意伤害他人的行为。在一般情况下，孩子的攻击性行为常常表现为打人、骂人、推人、踢人、大声叫嚷、叫喊名字、暴力攻击、抢别人的玩具或食物等。

（一）幼儿攻击性行为的特点

研究表明，幼儿的攻击性行为具有以下几个特点：

1. 幼儿的攻击性行为存在明显的性别差异和年龄差异

有研究表明，攻击性行为倾向与雄性激素水平有关，一般男孩的暴力行为偏多。4—5岁是幼儿踢打、哭闹等攻击性行为的多发时期。

2. 幼儿的攻击性行为频繁

4—5岁是幼儿社会性萌芽时期，开始喜欢和同伴一起做游戏，具有强烈的与人交往的愿望；同时又是以自我为中心的阶段，缺少一定的交往经验。因此，这两者之间就会发生矛盾，攻击性行为就比较频繁。所以，在中班每天都会有60%的幼儿发生攻击性行为。

3. 很少有言语的攻击，大部分是身体的攻击

想要的玩具一旦被别人拿走，他们就立刻产生敌意，并用抓、打、咬、抢的方式来夺回玩具。他们的目的只是为了抢回自己喜欢的玩具，而不是伤害对方。

（二）幼儿的攻击性行为形成的原因

1. 幼儿生理特征的影响

研究表明，幼儿荷尔蒙的分泌对攻击性行为有一定影响。那些爱喊叫哭闹、易怒逆反的"难带型"孩子，比较容易产生攻击性行为，但不是绝对的。只要成人根据此类幼儿的特点正确地引导，其攻击性行为是可以减少乃至消失的。

2. 受不良的学习环境影响

幼儿的模仿能力强，一些电视中的暴力行为、书中的不良画面、父母的性格以及为人处世的态度等都会直接影响他们。幼儿没有判断是非的能力，当看到别人的攻击性行为时，就会模仿，不仅伤害了自己，同时也会给其他小朋友带来伤害。

3. 成人不正确的教育方法

有些家长在孩子做错事时，会先大声训斥，接着一顿痛打，而不是和颜悦色地给孩子讲道理，孩子便产生了抵触情绪，感觉委屈。这种不恰当的惩罚方式会助长幼儿的攻击性行为。还有，因父母工作忙，和幼儿交流的时间有限，不能理解幼儿内心的真正需求，而强制幼儿去做他不愿做的事情，这时的幼儿也会采取打人、叫喊等方式来宣泄情绪。长此以往，便在幼儿的心里埋下了攻击性行为的种子。如果家长没有引起注意，任由幼儿发展下去，孩子就会认为这是解决问题的正确方法，继续下去就会养成攻击性行为。

4. 受以自我为中心的年龄特点的影响

4—5岁幼儿的自我意识开始萌芽，事事都以"我"为中心。欢欢和珠珠是好朋友，经常在大院里一起玩。有一天，欢欢带来了妈妈买的小熊优比，珠珠特别喜欢，趁欢欢不注意，拿起就玩。欢欢看到自己喜欢的玩具被拿走，便去抢，珠珠就是不给。欢欢为了夺回自己的玩具，狠狠地把珠珠推倒了。最后以珠珠的胳膊被碰破而结束冲突。

（三）幼儿攻击性行为的矫正

不管因为哪种原因产生的攻击性行为，都会影响幼儿和同伴的关系，更会影响其性格和能力的正常发展。我们可以从以下几方面加以教育和引导：

1. 家长要以身作则

幼儿首先模仿的就是家长的行为。因此，家长要随时想一想自己的行为在孩子面前是否合适，不能在孩子面前吵架、打架、说脏话，更不要对孩子施以暴力。父母对待任何事都要以和平解决的原则来处理，尽量避免在孩子面前采取谩骂、打架的方式来处理问题。

2. 正确引导幼儿与他人交往

每一个孩子都需要朋友。结交朋友是孩子内心的需求，还会为他们改变自己的行为打开一扇门。教师让幼儿换个角度来看，自己同样的行为会给别人带来什么样的感受。通过引导，孩子们慢慢地学会将心比心，也能很快地了解到每个小朋友都有自己的需要、想法和感受。自己做事情时一定要考虑别人的感受，从而学会了理解别人。幼儿园可组织些幼儿生日会、亲子

运动会、庆祝六一、元旦等集体活动。让幼儿在集体活动中多跟其他小朋友接触，改掉唯我独尊、以自我为中心的缺点，从而让幼儿学会分享和共同协作。

3. 提高幼儿的自控能力

引导幼儿用正确的方法来宣泄情绪。4—5 岁的幼儿已经能听懂成人讲话了，我们要多给幼儿讲道理或者用讲故事、做游戏的方式来教导幼儿。当幼儿受了委屈，成人要选择适宜的时间或场合，来引导幼儿发泄情绪，并给幼儿讲清事情的缘由；可以和幼儿玩游戏，在游戏中要特别强调应该做什么和不应该做什么，也可采取换位思考的办法，使他们体验到对方的感受。幼儿自觉性和自控力会相应增强，攻击性行为也会自然而然地减少和消失。

还可以让幼儿自己控制时间，从而培养幼儿的控制能力。如星期天上午，幼儿正在看动画片，父母决定过一会儿上街。父母可以在出门前 10 min 告诉幼儿，再有 10 min 就要出门了，你可以再看 10 min 的电视。再如，幼儿和同伴玩得很高兴，不愿回家，可以告诉幼儿再玩 10 min 就要回家了。这样可以减少幼儿的逆反情绪，从而减少攻击性行为的发生。

4. 坚持正面引导

幼儿在生活中会受到一些委屈和挫折，这些在成人看来不算什么，却会直接影响幼儿的情绪。如妈妈为了督促贝贝晚上早点上床休息，就和她比赛，看谁第一个洗漱好躺在床上。每次妈妈都是故意慢一点儿，第一自然是贝贝。有一天，当妈妈准备躺下时，和贝贝开了个玩笑说：“看你的被子外面有个什么？”她急忙起来看，结果妈妈争了个第一。贝贝不服气地说：“我第一，我第一，你耍赖……”妈妈故意说：“我第一，谁叫你又起来呢？”贝贝便气得哇哇大哭，而且感觉到特别委屈。妈妈知道自己没理，但仍然不让步。僵持了十几分钟，等贝贝的情绪稳定些了，妈妈才开始和她沟通，让她明白，同伴间经常会发生这样的事情，一定不要让自己的情绪受到太大的影响。

俗话说：没有教不好的孩子，只有不会教的“老师”。幼儿懂不懂事，关键在于家长和教师如何教育和引导。正确的教育方式和方法对于幼儿的健康成长起到了决定性的作用。在日常生活中，家长和教师要培养幼儿对他人和事物的爱心，从心理上预防幼儿攻击性行为的发生。要给予幼儿最基本的爱，要真正理解、尊重、满足幼儿的情感需求。因为爱是相互的，只有让幼儿体会到爱的温暖，他们才会有意识去关爱他人和事物。这里所说的爱，不是指溺爱，是真正从幼儿的角度给予他关爱；不是那种物质上的满足而是精神上的关怀。在幼儿成长发育的过程中，产生攻击性行为是一个普遍现象、不足为奇。只要老师和家长携起手来，用足够的耐心、细心教导孩子，为孩子创造一个良好的成长环境和氛围，每个孩子都是好孩子！

案例链接

案　例　一

小朋友们喝完水了，我要他们排好队，准备去操场上活动。小朋友都喜欢站在队伍的最前面，这样，就可以拉着老师的手。一听到站队的指令，A 小朋友便跑过来，用力推开了 B 说：“这是我的老师”，B 小朋友也反过来推她。我轻轻拉过这俩小朋友，温和地说：“你们都很喜欢老师呀，老师也非常喜欢你们。以后你们轮流当排头，这样老师就能拉你们每个小朋友的手了。”两个小朋友开心地笑了。

案 例 二

早餐时间到了，我让小朋友排好队，去卫生间把手洗干净。看着可爱的小朋友们把手放在嘴巴两侧“喵喵喵”地叫着，脚步轻轻地走进卫生间，心里很欣慰。突然听到卫生间有小朋友的哭声，我急忙进去一看，是A在哭，我蹲下来问怎么回事，A哭着说：“是他(B)推我。”这时其他小朋友说：“是A老玩水、玩肥皂，我们后边的小朋友洗不了手”。后来发现，只要有小朋友违反规则，B就会上去“教训”他。

案 例 三

今年班里新来了一位小朋友荣荣。没过几天，老师就发现荣荣老用手指其他小朋友，嘴里还哼哼着不让小朋友挨着她坐。谁坐得离她近，就推谁，要么拿手捅小朋友的耳朵、脸。我告诉她这样做是不对的，她就哭着躺在地上不起来。有一次，一位小朋友搬着小椅子从她身边经过，她故意伸出一条腿把小朋友给绊倒了。后来经过和家长的沟通才知道，荣荣是奶奶带大的，特别以自我为中心，不和任何小朋友玩，而且还有攻击性行为，不管和谁玩都爱打人。针对此种情况，我们几位老师制订了一个计划，并要求家长配合。短短两个月的时间，荣荣就有了很大的进步，也有了好几个伙伴。

课堂实践训练

1. 如果你是一名幼儿园教师，遇到班级有爱“告状”的小朋友，你会怎样处理？
2. 你认为幼儿爱说谎与父母的教养方式有关吗？请谈谈你的想法。
3. 结合实例，分析幼儿的攻击性行为是如何形成的。

第三课 中班班级管理

一、中班班级管理目标

中班是小班到大班的过渡时期。经过小班一年的集体生活，幼儿在各方面的能力都有所提高，但还需要进一步培养和锻炼。现根据《纲要》和《指南》的精神，结合中班幼儿的年龄特点，制订中班的管理目标如下：

(1) 认真学习《纲要》内容，贯彻《纲要》精神，积极学习新的教育理念，探索新的教育方法，本班教师间相互配合，统一教育目标和教育思想。

(2) 根据幼儿园园务工作计划，坚持贯彻“一切以幼儿为中心”的办园宗旨，认真做好保教工作，以促进幼儿身心健康、和谐发展。

(3) 将《指南》的内容认真落实，实施科学的保育和教育工作，以促进幼儿体、智、德、美各方面的协调发展。

(4) 努力为幼儿创造良好的生活环境，坚持正面教育，增强幼儿的自信心，培养幼儿的创造能力。

(5) 班级安全工作要做到“人人讲安全，时时讲安全，事事讲安全”。

（6）做好家园共育工作，取得家长的信任、支持和配合。

结合中班班级管理目标，制订如下安全工作管理目标、教育教学管理目标、家园共育目标和班级环境管理目标。

（一）安全工作管理目标

在幼儿园中班的工作中，安全工作依然是重中之重。中班幼儿活泼、好动，好奇心强，他们什么都想看一看、摸一摸。然而他们动作的灵敏性和协调性较差，又缺乏生活经验，因此，时刻存在着安全隐患。为了落实《纲要》精神，将幼儿的人身安全放在首位，现制订幼儿园中班安全工作管理目标如下：

（1）让幼儿知道一些安全常识，培养幼儿的自我保护意识，上下楼梯不跑、不跳；乘车不把头、手伸出窗外；不拿木棍或锋利的东西跑；奔跑到拐弯处要减速，不推、撞同伴等。

（2）让幼儿控制自己的行为，不靠近危险物品，不到危险的地方去玩；懂得安全使用玩具、用具，如筷子、剪刀等。

（3）让幼儿了解在户外体育活动中如何保护自己的身体。

（4）告诉幼儿遇到危险要保持冷静，掌握一些常见事故的简单处理方法。

（5）让幼儿了解生活环境中的不安全因素，懂得在日常生活中要注意安全，对陌生人、危险事物等有警惕心。

（二）教育教学管理目标

《指南》根据中班幼儿的年龄特点，从健康、语言、社会、科学、艺术五个领域详细描述了幼儿学习和发展的目标。

<table>
<tr><td rowspan="6">健康领域</td><td rowspan="3">身心状况</td><td>具有健康的体态：1. 身高和体重适宜。参考标准：男孩身高 100. 7～119. 2 cm，体重 14. 1～24. 2 kg；女孩身高 99. 9～118. 9 cm，体重 13. 7～24. 9 kg。2. 在提醒下能保持正确的站、坐和行走姿势。</td></tr>
<tr><td>情绪稳定愉快：1. 经常保持愉快的情绪，不高兴时能尽快调整。2. 有比较强烈的情绪反应时，能在成人提醒下逐渐平静下来。3. 愿意把自己的情绪告诉亲近的人，一起分享快乐或求得安慰。</td></tr>
<tr><td>具有一定的适应能力：1. 能在较热或较冷的户外环境中连续活动半小时左右。2. 换新环境时较少出现身体不适。3. 能较快适应环境中发生的变化，如换了新老师能较快适应。</td></tr>
<tr><td rowspan="3">动作发展</td><td>具有一定的平衡能力，动作协调、灵敏：1. 能在较窄的低矮、平整物体上平稳地走一段距离。2. 能以匍匐、膝盖悬空等多种方式钻、爬。3. 能助跑跨、跳过一定距离，或助跑跨、跳过一定高度的物体。4. 能与他人玩追逐、躲闪跑的游戏。5. 能连续自抛自接球。</td></tr>
<tr><td>具有一定的力量和耐力：1. 能双手抓杠悬空吊起 15 s 左右。2. 能单手将沙包向前投掷 4 m 左右。3. 能单脚连续向前跳 5 m 左右。4. 能快跑 20 m 左右。5. 能连续行走 1. 5 km 左右（途中可适当停歇）。</td></tr>
<tr><td>手的动作灵活协调：1. 能沿边线画出简单图形，或能进行简单的折纸。2. 会用筷子吃饭。3. 能沿轮廓线剪出由直线构成的简单图形，边线吻合。</td></tr>
</table>

续表

<table>
<tr><td rowspan="3">健康领域</td><td rowspan="3">生活习惯与生活能力</td><td>具有良好的生活与卫生习惯：1. 每天按时睡觉和起床，并能坚持午睡。2. 喜欢参加体育活动。3. 不偏食，不挑食，不暴饮暴食。喜欢吃瓜果、蔬菜等新鲜食品。4. 常喝白开水，不贪喝饮料。5. 知道保护眼睛，不在光线过强或过暗的地方看书，连续看电视等不超过 20 min。6. 每天早晚刷牙，饭前、便后洗手，方法基本正确。</td></tr>
<tr><td>具有基本的生活自理能力：1. 能自己穿脱衣服、鞋袜，扣纽扣。2. 能整理自己的物品。</td></tr>
<tr><td>具备基本的安全知识和自我保护能力：1. 知道在公共场所不远离成人的视线单独活动。2. 认识常见的安全标志，能遵守安全规则。3. 运动时能主动躲避危险。4. 知道简单的求助方式。</td></tr>
<tr><td rowspan="6">语言领域</td><td rowspan="3">倾听与表达</td><td>认真听并能听懂常用语言：1. 在群体中能有意识地听与自己有关的信息。2. 能结合情境感受到不同语气、语调所表达的不同意思。3. 方言地区和少数民族幼儿能基本听懂普通话。</td></tr>
<tr><td>愿意讲话并能清楚地表达：1. 愿意与他人交谈，喜欢谈论自己感兴趣的话题。2. 会说本民族或本地区的语言，基本会说普通话。少数民族聚居地区的幼儿会用普通话进行日常会话。3. 能基本完整地讲述自己的所见所闻和经历的事情。4. 讲述比较连贯。</td></tr>
<tr><td>具有文明的语言习惯：1. 别人对自己讲话时能回应。2. 能根据场合调节自己说话声音的大小。3. 能主动使用礼貌用语，不说脏话、粗话。</td></tr>
<tr><td rowspan="3">阅读与书写准备</td><td>喜欢听故事、看图书：1. 反复看自己喜欢的图书。2. 喜欢把听过的故事或看过的图书讲给别人听。3. 对生活中常见的标识、符号感兴趣，知道它们表示一定的意义。</td></tr>
<tr><td>具有初步的阅读理解能力：1. 能大体讲出所听故事的主要内容。2. 能根据连续画面提供的信息，大致说出故事的情节。3. 能随着作品的展开产生喜悦、担忧等相应的情绪反应，体会作品所表达的情绪情感。</td></tr>
<tr><td>具有书面表达的愿望和初步技能：1. 愿意用图画和符号表达自己的愿望和想法。2. 在成人提醒下，写写画画时姿势正确。</td></tr>
<tr><td rowspan="4">社会领域</td><td rowspan="4">人际交往</td><td>愿意与人交往：1. 喜欢和小朋友一起游戏，有经常一起玩的小伙伴。2. 喜欢和长辈交谈，有事愿意告诉长辈。</td></tr>
<tr><td>能与同伴友好相处：1. 会运用介绍自己、交换玩具等简单技巧加入同伴游戏。2. 对大家都喜欢的东西能轮流分享。3. 与同伴发生冲突时，能在他人帮助下和平解决。4. 活动时愿意接受同伴的意见和建议。5. 不欺负弱小。</td></tr>
<tr><td>具有自尊、自信、自主的表现：1. 能按自己的想法进行游戏或其他活动。2. 知道自己的一些优点和长处，并对此感到满意。3. 自己的事情尽量自己做，不愿意依赖别人。4. 敢于尝试有一定难度的活动和任务。</td></tr>
<tr><td>关心尊重他人：1. 会用礼貌的方式向长辈表达自己的要求和想法。2. 能注意到别人的情绪，并有关心、体贴的表现。3. 知道父母的职业，能体会到父母为养育自己所付出的辛劳。</td></tr>
</table>

续表

社会领域	社会适应	喜欢并适应集体生活:1. 愿意并主动参加集体活动。2. 愿意与家长一起参加社区的集体活动。
		遵守基本的行为规范:1. 感受规则的意义,并能基本遵守规则。2. 不私自拿不属于自己的东西。3. 知道说谎是不对的。4. 知道接受了的任务要努力完成。5. 在成人提醒下,能节约粮食、水电等。
		具有初步的归属感:1. 喜欢自己所在的幼儿园和班级,积极参加集体活动。2. 能说出自己家所在地的省、市、县(区)名称,知道当地有代表性的物产或景观。3. 知道自己是中国人。4. 奏国歌、升国旗时能自动站好。
科学领域	科学探究	亲近自然,喜欢探究:1. 喜欢接触新事物,经常问一些与新事物有关的问题。2. 常常动手动脑探索物体和材料,并乐在其中。
		具有初步的探究能力:1. 能对事物或现象进行观察比较,发现其相同与不同。2. 能根据观察结果提出问题,并大胆猜测答案。3. 能通过简单的调查收集信息。4. 能用图画或其他符号做记录。
		在探究中认识周围事物和现象:1. 能感知和发现动植物的生长变化及其基本条件。2. 能感知和发现常见材料的溶解、传热等性质或用途。3. 能感知和发现简单物理现象,如物体形态或位置变化等。4. 能感知和发现不同季节的特点,体验季节对动植物和人的影响。5. 初步感知常用科技产品与自己生活的关系,知道科技产品有利也有弊。
	数学认知	初步感知生活中数学的有用和有趣:1. 在成人指导下,感知和体会有些事物可以用形状来描述。2. 在成人指导下,感知和体会有些事物可以用数来描述,对环境中各种数字的含义有进一步探究的兴趣。
		感知和理解数、量及数量关系:1. 能感知和区分物体的粗细、厚薄、轻重等量的方面的特点,并能用相应的词语描述。2. 能通过数数比较两组物体数量的多少。3. 能通过实际操作理解数与数之间的关系,如 5 比 4 多 1,2 和 3 合在一起是 5。4. 会用数词描述事物的排列顺序和位置。
		感知形状与空间关系:1. 能感知物体的形体结构特征,画出或拼搭出该物体的造型。2. 能感知和发现常见几何图形的基本特征,并能进行分类。3. 能使用上下、前后、里外、中间、旁边等方位词描述物体的位置和运动方向。
艺术领域	感受与欣赏	喜欢自然界与生活中美的事物:1. 在欣赏自然界和生活环境中美的事物时,关注其色彩、形态等特征。2. 喜欢倾听各种好听的声音,感知声音的高低、长短、强弱等变化。
		喜欢欣赏多种多样的艺术形式和作品:1. 能够专心地观看自己喜欢的文艺演出或艺术品,有模仿和参与的愿望。2. 欣赏艺术作品时会产生相应的联想和情绪反应。
	表现与创造	喜欢进行艺术活动并大胆表现:1. 经常唱唱跳跳,愿意参加歌唱、律动、舞蹈、表演等活动。2. 经常用绘画、捏泥、手工制作等多种方式表现自己的所见所想。
		具有初步的艺术表现与创造能力:1. 能用自然的、音量适中的声音准确地唱歌。2. 能通过即兴哼唱、即兴表演或给熟悉的歌曲编词,来表达自己的心情。3. 能用拍手、脚踏等身体动作或可敲击的物品敲打节拍和基本节奏。4. 能运用绘画、手工制作等表现自己观察到或想象的事物。

(三)家园共育目标

家园共育即家长与幼儿园共同完成对孩子的教育。《纲要》指出:家庭是幼儿园重要的合作伙伴。教师应本着尊重、平等、合作的原则,争取家长的理解、支持和主动参与,并积极支持、帮助家长提高教育能力。而幼儿园家长工作的出发点就在于充分利用家长资源,实现家园互动、合作共育。教师可以通过如下的方式来加强家园合作:① 加强家园沟通,帮助家长认识幼儿期家庭教育的重要性。② 充分利用好家园共育栏,及时向家长宣传有关幼教知识,让家长及时了解幼儿在园情况。③ 利用早晚接送幼儿的环节,积极、主动地与家长沟通幼儿在园情况。④ 通过家访、电访和微信等形式与家长保持密切联系,及时交流幼儿的生活学习情况,向家长推荐优秀的书籍和文章。⑤ 定期召开家长会,尽量让家长满意、放心,以取得家长对班级工作的支持与配合。⑥ 组织好家长半日开放活动,让家长看到孩子在幼儿园时的表现。

(四)班级环境管理目标

根据中班幼儿的年龄特点开展环境教育,让幼儿在“学做人、学生活、学学习”三个方面都取得一定的进步。教师在班级管理方面可以采取如下措施:① 创设优美的班级环境,激发幼儿爱护班级环境的情感。② 将环保教育渗透于日常生活教育中。③ 开展环保活动,丰富孩子的环保知识,培养孩子的环保意识,强化孩子的环保行为。④ 家园同步教育,让环境走进家庭教育。⑤ 师生共同努力,创设友爱、和谐的班级环境。

二、中班班级管理内容

在幼儿园中,班级常规的好坏直接影响班级幼儿的成长和教师组织一日活动的质量。一个班级如果没有好的常规,班级幼儿就没有好的习惯,教师就会因维持活动的各个环节秩序而影响活动质量;相反,一个班级如果建立了完善的常规,形成一个自然有序的学习、生活环境,既能让幼儿在一个良好的环境中不断进步,又有利于各项活动的组织与开展。所以说,良好的一日常规是进行一切教育教学活动的基础。

(一)中班一日常规管理的内容

幼儿园中班一日常规管理的内容包括如下几个方面:

1. 入园活动常规

衣着整洁、高高兴兴入园;主动向老师和小朋友问好,和父母说再见;乐于接受晨检,主动告诉教师自己哪里不舒服;将自己的衣帽放在指定的地方;能按要求完成值日生工作;积极参与到晨间活动中,遵守活动规则。

视频 中班幼儿一日常规管理的内容

2. 早操常规

整理好自己的服装,能精神饱满、情绪愉快地跟着音乐节拍做操;注意力集中、姿势正确、动作协调,达到锻炼目的。遵守活动规则,活动时不乱跑、不打闹、不喊叫;理解教师的口令,能用教师教的一变二、二变四的方法,尽快站好队形。

3. 教学活动常规

教学活动前,逐渐转入安静状态。在老师的指导启发下,逐渐养成动脑、动手和手脑并用的习惯。在教育活动过程中积极思考,踊跃发言;教学过程中不干扰别人,不和小朋友发生争执，不影响教学秩序。

4. 饮水、吃水果、吃点心活动常规

自觉排队接水，不推挤，用自己的杯子喝水；喝水时不说笑、不浪费水，杯子用后放回原处；知道喝水、吃点心的重要性，每次将杯内的水喝完，不私自去倒水；让幼儿知道除了固定的喝水时间，口渴随时找老师喝水；喝完水后吃教师事先准备好的点心，每人一份。吃完点心或水果后擦嘴、漱口、洗手。

5. 盥洗活动常规

养成饭前、便后洗手的习惯。洗手时不拥挤，正确掌握七步洗手法。洗手时不玩水，用自己的毛巾擦干手，毛巾放在固定的位置。自觉遵守盥洗规则，动作迅速、认真，不弄湿衣服和地板。

6. 户外活动常规

整理好自己的服装，上下楼梯靠右行，精神饱满、情绪愉快地参加户外活动。遵守活动规则，活动时不乱跑、不打闹、不喊叫。在指定范围内进行活动，在活动的过程中兴趣浓厚，注意力集中，达到锻炼的目的；正确使用器械，注意保护，用后让值日生帮助老师放回原处并摆放整齐。会利用器械锻炼身体，锻炼时学会自我保护。不做危险的事，不在危险的地方玩，在老师的提醒下控制运动量。

7. 进餐活动常规

餐前采用七步洗手法正确洗手。愉快、安静地进餐，逐步掌握独立进餐的技能（一手拿勺子，一手扶住碗，喝汤时两手端着碗）。正确使用餐具，进餐时要细嚼慢咽，不挑食，不剩饭菜，不浪费食物，不弄脏桌面、地面和衣服。不要将自己不吃的饭菜放到别人碗里。轻放椅子，离开饭桌，送回餐具。饭后漱口、擦嘴、洗手，积极参加餐后散步活动。

8. 午睡活动常规

散步后如厕，不高声讲话，安静进入寝室，摆好枕头，铺好被子。按顺序脱鞋、袜子、裤子，最后脱上衣，并叠整齐放在固定的地方，鞋摆整齐放在床下。晚睡或早醒的幼儿要保持安静，不要打扰同伴。不带小玩物上床，闭上眼睛，不蒙头，养成良好的睡眠习惯（右侧卧或仰卧）。

9. 起床活动常规

按时起床，能按顺序穿衣服：上衣—裤子—袜子—鞋，能认识左右鞋，并穿好鞋，会拉拉链。让幼儿学习整理床铺，叠被子时先将两边往中间折，再从两头折起来，放置在床固定的一头。枕头放在被子上面，放平，把床单铺平整。

10. 离园活动

离园前把活动材料、桌椅、玩具摆放整齐、归位，整理好环境。不离开老师的视线，不跟陌生人走。穿戴好衣帽，带好回家物品，有礼貌地向老师、小朋友说再见。

（二）中班生活常规管理方法

大多数幼儿是家里的小公主、小王子，父母和长辈对他们无微不至的照顾和关爱让孩子有莫大的优越感，所以幼儿在一些生活习惯上往往没有原则，餐后垃圾到处扔，玩具满地都是，衣服不会放……真的是让教师很头疼。因小班幼儿刚离开家庭进入幼儿园，很难摆脱对家长的依赖，会经常哭闹，还会经常生病，所以部分幼儿需要 2~3 个月才能适应集体生活，这样不利于小班常规的培养。所以,幼儿刚升入中班时是常规培养的关键期。

1. 中班生活第一天

在幼儿升入中班的第一天,设法用玩具吸引他们的注意力,让幼儿玩自己喜欢的玩具,稳定他们的情绪。这时,再告诉他们“做什么,怎样做”,他们会比较容易接受,并且第一次的印象会成为良好习惯的开端,使孩子们在不知不觉中服从常规要求,顺利适应集体生活。

2. 由易到难,循序渐进

教师都希望把自己的班级常规抓好,但要明确幼儿的年龄特点,千万不能搞“一刀切”,更不能急于求成。多年的经验告诉我,常规教育必须有一个“序”,就是什么常规在什么时候教才合适,教到什么程度才适宜,遇到问题,怎么去调整?

中班上学期的培养目标是:认识自己的衣服和衣服的正反,会脱衣服,知道把脱下的衣服放在固定的地方;中班下学期的培养目标是:在老师的帮助下会穿脱衣服,初步学会扣纽扣,并会把衣服叠放整齐。幼儿间的个体差异很大,再加上中班幼儿的观察能力不够,动作协调性差。因此,在中班时,让幼儿掌握衣服的正反翻转是不适宜的。针对幼儿的年龄特点,可以设计“南瓜娃娃不见了”的活动。在这一活动中,幼儿通过阅读和操作活动,学会分辨衣服的正反、前后。通过活动,能力强的幼儿,能大胆尝试自己穿脱衣服;知道应将脱下的衣服及时翻转好,这样才不会出现像南瓜娃娃一样把衣服前后穿错、里外穿反。到了中班下学期,幼儿各方面的能力都上了一个台阶,可以采用集体教育与个别教育相结合的方法;结合幼儿穿着的衣服,从标志、缝线、图案等方面来教幼儿学会区分衣服的里外、前后,逐步让幼儿知道衣服应该怎么穿才是对的。这时候的幼儿接受能力逐步增强,学起来也快。

3. 利用儿歌、培养技能

在生活常规活动中,洗手、午睡、穿脱衣裤是重要的三项。在生活中,幼儿不是把常规的先后顺序弄错了,就是达不到要求。将这些内容编成儿歌,既可让孩子熟练地掌握要领,又可明确动作的先后顺序。如:

穿衣:抓领子,盖房子;小老鼠,出洞子;吱扭吱扭上房子。

扣纽扣:小纽扣,要扣好;从下面,往上扣;一颗颗,要扣牢。

午睡前儿歌:幼儿园,静悄悄;小朋友,要睡觉;睡觉前,要小便;呼噜呼噜睡得好。

午睡歌:午睡到,午睡到,小朋友们准备好;枕头放放平,花被盖盖好;再把鞋子摆放好;先脱裤,后脱衣,跟我一起睡午觉,看谁先睡着。

洗手歌:吃饭之前要洗手,轻轻拧开水龙头;先把小手打打湿,再用肥皂搓搓手;洗手心,洗手背,甩甩小手擦干净。

漱口歌:手拿小茶杯,喝口清清水,抬起头,闭上嘴,咕噜咕噜吐出来。

如厕歌:小朋友,做得到,排队如厕纪律好。不喧哗、不打闹,争做文明好宝宝。

儿歌编好后,孩子们很快就学会了。特别是在洗手这一环节中,有的孩子忘记了动作的先后顺序。但只要在老师的提醒下,背一背儿歌,动作要领就掌握了,手也就洗得很干净了。

4. 幼儿一日生活中的教育

可利用日常生活活动向幼儿实施全面发展的教育。教师在组织幼儿日常生活活动的过程中，可进行有针对性的教育和随机教育。例如，组织幼儿进餐时，除了照顾幼儿吃饱、吃好，培养幼儿不挑食、不偏食的良好进餐习惯外，还应充分利用幼儿进餐的机会，教幼儿认识并学会餐具、食品等相应的词汇，如“今天炊事员阿姨给我们做的菜多香啊！多美啊！绿色的菠菜，红色的胡萝卜，黑色的木耳，白色的豆腐，还有圆圆的小丸子呢！”还可以结合幼儿行为表现，进行品德教育，例如，当幼儿不小心把食物掉在地上，因怕老师批评，就轻轻地踢到别的小朋友脚底下……此时，教师就可以进行随机教育。同样，在盥洗、如厕、饮水等环节，幼儿之间是否友爱、是否讲文明礼貌、是否爱护公物、是否尊重别人等，教师都可以随时发现问题、现场解决问题，并予以指导。

教师在组织幼儿的日常生活活动时，应从幼儿教育的目标出发，把幼儿园的日常生活活动作为教育手段加以利用，时刻做到“眼中有幼儿，心中有目标，处处有教育”。

5. 中班幼儿如何饮水

作为教师，我们常常听到这样一句话：“老师，麻烦你让我的孩子多喝点水”“老师，雅尼这几天有点咳嗽，让她多喝点水”。即使家长不提醒，教师也要常提醒孩子们喝水。但每个班都有几个不爱喝水的孩子，可采取以下方法：

（1）说教的方法。生活中可以时时刻刻告诉孩子喝水的重要性。可以告诉孩子喝水可以不生病，可以变漂亮，可以皮肤好，这样孩子就会高高兴兴地喝水。

（2）利用游戏的方法。让孩子在游戏中，自然地多喝水。比如，老师对孩子说小汽车多加点油啊，这样小汽车才能跑得快；小花儿多喝点水，不喝水就像仙人球满身是刺。

（3）实物诱导的方法。准备动物饼干，对孩子说咱们让小动物在小朋友的肚子里游泳吧，那咱们先让肚子里的游泳池装满水，然后再让小动物进到小朋友的肚子里游泳，这样孩子在游戏中，就轻松地把水喝进肚子里了。

（4）陪伴的方法。老师和小朋友一起喝水，老师自己喝水时大口大口地喝，带动孩子产生喝水的情绪，这样孩子也会很有兴趣大口大口地喝水。

（5）比赛的方法。教师可以和孩子比赛喝水，教师故意慢点，把第一留给幼儿，但要注意安全，以免幼儿呛水。

6. 榜样的力量

利用中班幼儿处于具体形象思维阶段，喜欢模仿的特点，进行常规教育。例如，每次在擦嘴巴或者是擦小手时，总会有一部分幼儿不能按要求将毛巾自觉地整理好。有几次我们发现萍儿总是把乱糟糟的毛巾整齐地挂好。我们马上表扬了萍儿，并请她来监督幼儿挂毛巾，还鼓励其他幼儿向萍儿学习。幼儿都很喜欢模仿，也特别容易受到鼓舞，所以在几次鼓励后全班幼儿都想改正自己的缺点，成为大家学习的榜样。

7. 小红花的作用

每个孩子都希望得到小红花，并以此为荣。以前在评比小红花时，我总是笼统地说要各方面表现好，上课发言积极、坐得神气、睡觉乖、吃饭香等。可我发现中班幼儿的自控能力还不够好，所以对他们的要求还不能太多。现在，我们一改以前的做法，从以前面面俱到的要求到现在的每星期只定一条规则，每周一公布一条要求，告诉幼儿这星期小红花要找的朋友是什么样的。只要幼儿在这个星期符合这一条，就可以得到小红花。然后我将具体要求贴在家长园地上，让家长也一起来督促孩子。通过一段时间的实践，我发现孩子们遵守规则的意识增强了,常规也越来越好了。当有个别小朋友不遵守规则时,旁边的小朋友就会提醒他。其实我们更提倡多采用精神奖励,例如:微笑、亲抚、拥抱等,但是也一定要具体。如幼儿第一次把衣服穿好了,教师应该马上给予肯定和赞许:“你真能干,做得真好,希望你明天也能这样”。

案例链接

案例一 不睡午觉的幼儿

中午幼儿不睡觉,不但影响自己的健康,也影响其他幼儿休息。我们班的龙龙就是这样,刚升中班第一天,他躺在床上翻来覆去就是不睡。我走到他跟前问他为什么不睡?他说睡不着。等离园时,我和龙龙的妈妈沟通时才知道,龙龙在小班时就一直这样。我们想了好多办法,都无济于事,最后决定用催眠曲试试。我们只选了一首催眠曲重复播放,没想到效果很好,听着听着,龙龙开始闭上眼睛,不一会儿就睡着了。

案例分析:好多幼儿从小在家就没有中午休息的习惯,现在改起来特别难,这就需要我们教师不但要有足够的耐心,还要有正确的、适合孩子的方法。

案例二 如何让宝贝成为生活的小主人

幼儿园中班的幼儿,已经有了基本的生活自理能力,比如穿衣、叠被、擦桌子,但离独立生活还差很远,还需要再学习。如何真正使孩子成为生活的小主人?

首先,全班孩子排队出去的时候,一个具有“领导风范”的小班长是不能少的。对于那些平时不敢在众人面前发言的孩子来说,当小班长是一个很大的考验和锻炼。每天换一个小班长,对所有的孩子都有一个激励的作用。

其次,在周末班级大扫除时,利用 15 min 左右的时间,让孩子们参与其中。比如收拾自己的小柜子,帮助老师整理区域,让孩子们相互参观,评选出收拾得又整齐、又干净的区域,给予“最佳劳动奖”。这样孩子们会对劳动产生浓厚的兴趣,在家中也会帮父母干一些活儿。

使孩子做自己生活的小主人,不光要培养其适应生活的能力,还要放手让孩子充当“管理者”,让孩子自己来“管理”自己。如果有可能,可以试着让孩子来当小老师,将自己知道的事情讲给小朋友听。让孩子和老师一起在晨间接待,为小朋友分碗勺,帮助弱小的小朋友等。这样并没有累着我们的孩子们,反而让他们感觉自己已经真正长大了,可以干许多大人干的事情了。相信这样得到锻炼的孩子能够有更大的信心来适应未来生活。

案例三 不爱漱口的贝贝

贝贝小的时候,只要给她讲《大怪小怪》的故事,她就会乖乖地漱口。长大了,她说故事是假的,也没什么大怪小怪,每天漱口前都要磨蹭一会儿。我鼓励过她,也严厉地批评过她,可是都没有办法改变她。后来,我就利用幼儿爱游戏的特点,有时和她比赛看谁漱得又快又好;有时让她当妈妈,我当孩子,我故意磨蹭着不去漱,等她叫我几遍我才去,有时她着急还来拉我漱口。就这样,她每天都积极地漱口了,有时候还帮我把漱口水接好,把牙膏也放好。我感觉特别高兴,也会不失时机地表扬她。

案例分析:不管是家长还是教师,在培养幼儿的生活习惯上,都遇到过头疼的问题,既让我们生气,又让我们无奈。此时,我们一定要冷静,不要和幼儿生气,多想一些游戏的办法,让幼儿主动、积极地去做,如,比赛穿衣、穿鞋、脱衣、走路、跑步等。

(三)中班家长工作管理的内容和方法

陈鹤琴先生指出,“幼儿教育是一件很复杂的事情,不是家庭一方面可以单独胜任的,也不是幼儿园一方面能单独胜任的,必定要两方面共同合作方能得到充分的功效”。

视频 重家园——家园共育

家园共育的本质特点就是一个“共”字,幼儿园一定要注重家长和园所以及班级的互动,幼儿园既要帮助家长转变教育观念,提高家长科学育儿的水平,同时也要向家长宣传幼儿园教育的目标和要求,以实现家园同步教育,促进幼儿健康和谐地发展。

在小班,家长关注更多的是保育方面的工作。到了中班,家长会认为孩子长大了,不只是关注保育方面的工作,更重视教育教学活动,重视环境卫生,重视教师与家长的沟通等。所以,给中班教师也提出了更高的要求。为了实现中班家长工作的目标,让家长更加信任、支持班级工作,使家、园两个轮子共同转起来,可采取以下措施:

1. 充分利用好幼儿入园、离园的环节,与家长面对面交流

家长把孩子交给教师,就会对教师产生一种期望,“老师对我的孩子好吗?”“老师能否多关照我的孩子?”……因此,教师主动、真实地向家长反映幼儿的在园表现,非常重要。直接面谈是家、园联系的重要方式。教师一定要了解和掌握每一个幼儿的在园情况,利用此环节,主动、积极地向家长反映。让家长感觉到教师对自己孩子的爱和关心。当然,教师一定要注意与家长沟通的技巧。

(1)微笑是一张名片。教师在与家长初次沟通时,第一印象很重要,从眼神、体态语言到口头语言、语调都要尽量表现出对家长的尊重。不管面对孩子还是家长,要时刻保持微笑,让家长感受到教师的亲和力,让家长从心理上不排斥教师,愿意与教师沟通。哪怕是面对家长的误会和牢骚,教师也要微笑以对,做到“笑迎家长、笑送家长”。

礼貌是一股暖流。有人把幼儿教师比作幼儿园的“礼仪小姐”,教师对家长的接待工作,直接关系到幼儿园的声誉和形象。对家长热情周到,真诚接待每位家长,是教师的职业修养,是树立教师在幼儿和家长心中地位的必要条件。

(2)善于倾听。用心倾听有助于帮助教师搜寻到有效信息,并作出适宜的反馈。在倾听家长说话时,不要打断,也不要表现出不高兴或不耐烦,要有目光的接触,要不断地点头肯定、赞许,给予家长积极的反馈。如果你忙于向家长倾诉,家长就不想听了,也不愿意做出回应。如果家长提出谴责或要求,不要有戒心,先倾听,再回答。

要注意说话的技巧。说话是表达自己思想和感情的一种方式,要想让家长对自己说的内容感兴趣,愿意听并能听明白,要注意尽量用柔和、缓慢的声调来表达;还要根据家长的年龄、经验、学历、思想观念等方面来决定自己的表达方式。在讨论幼儿的行为时,要征求家长的意见,了解家长的看法;在反映幼儿情况时,用“我”的句式来表达教师对幼儿的担心,如当××扔玩具时,可以说“我担心他会打伤其他小朋友”。

小贴士

和家长沟通必备语言

您的孩子最近表现很好，如果在以下几个方面改进，孩子的进步会更大。

您有什么事情需要我们做的吗？

您有特别需要我们帮助的事情吗？

这孩子太可爱了，老师和小朋友都很喜欢他，继续努力。

谢谢您的理解，这是我们应该做的。

您的孩子最近经常迟到，我担心他会错过许多好的活动，我们一起来帮他，好吗？

您的孩子最近没有来园，老师和小朋友都很想他，真希望早点见到他。

请相信孩子的能力，他会做好的。

幼儿园是营养配餐，为了孩子的健康，我们一起改掉他挑食的习惯，让他吃饱吃好。

近期我们要举行××活动，相信有您的参与支持，会使活动更精彩。

幼儿园网站内容丰富多彩，欢迎您经常浏览，及时沟通。

我们向您推荐好的育儿知识读物，您一定会有收获的，孩子也会受益。

请您不要着急，孩子偶尔犯错是难免的，我们一起来慢慢引导他。

谢谢您的提醒，我查查看，了解清楚再给您答复吧。

您有什么想法，我们可以坐下来谈谈，都是为了孩子好。

孩子之间的问题可以由他们自己来解决，放心吧，他们会成为好朋友的。

很抱歉，孩子受伤了，作为老师我们也很心疼，以后我们会更加关心他的。

这件事由××负责，我可以帮您联系一下。

感谢您这样直言不讳地告诉我们这些事情，您的建议我们会考虑的。

您的心情我很理解，等我们冷静下来再谈好吗？

（3）为幼儿建立成长档案。幼儿成长档案是家园沟通的桥梁，可以记录幼儿一日生活、游戏和学习中的点滴，如幼儿的手工作品、照片、有进步时受表扬的记录、师幼的对话、家长对幼儿在家里生活的反映和评价等，是很受家长欢迎的。教师一定要做好计划，如什么时间记录，记录哪些幼儿，记录什么内容，等等。这就要求教师平时一定要观察每个幼儿的点点滴滴，使幼儿的成长档案如实地反映幼儿的成长情况。

2. 充分利用多种媒介和通信手段

（1）家园联系册。家园联系册是经常使用的家园交流方式，家长和教师每周如实反映幼儿在家、在园的基本情况。内容包括：幼儿及家长的姓名、电话、单位、住址；幼儿在家、在园的生活、学习；班级近期的活动安排要求；家长对幼儿园或班级的意见或建议。

（2）手机微信。很多父母工作繁忙，不能亲自接送孩子。对于这部分家长来说，了解幼儿在园情况、了解班级的教育理念及方式、了解班级近期活动的安排非常重要。手机微信是班级最常见、最方便的家园联系方式。内容涉及每周活动安排、班级活动照片、疾病的预防、班级活动详情、科学育儿常识等，如通知类信息“尊敬的各位家长您好：宝宝已经升入中班了，有一些要求需要重新适应，希望家长尽力配合。每周一早上8:00升国旗，请家长准时送幼儿入园。为了丰富班级的图书角，明早入园时每位幼儿需要带2本图书。谢谢您的配合！××老师”。

（3）调查问卷。学期结束或在重大活动时向家长发放调查表，让家长及时反馈一些信息，以便班级适时调整教育方法。

（4）家教宣传栏。一般设在班级门口，家长能够直观、形象地了解班级的各方面信息。内容包括：幼儿保健、教育教学、家长园地、活动新闻、家园配合、班级计划等。

此外，还可以采用家访、预约、园报等间接沟通方式。

3. 大型活动的组织和安排

在幼儿园里，大型活动的组织与安排也是家园共育的重要方式，如各类家长会、家长半日开放活动、周末宝宝大聚会、亲子运动会、各节日的主题活动等。

视频　端午节主题活动

（四）中班安全常规管理

幼儿日常活动中的安全管理是一日工作的重中之重。作为幼教工作者，首先要确立“责任重于泰山”的思想意识。中班幼儿的身体状况与小班比有明显的不同，他们精力旺盛，爆发力强，对体育活动充满兴趣；喜爱游戏、好学好问，能较好地控制自己的行为；初步表现出明显的个体差异。在安全工作中，需要中班教师更加细心，要防患于未然。

1. 对幼儿的要求

（1）幼儿在教室内要轻走慢行，避免快跑、相撞、摔倒；上下楼时能做到不推拉、不跳台阶。

（2）幼儿知道不跟陌生人走，不吃陌生人的东西；懂得不能随便离开大人或集体。

（3）幼儿知道不将手放在门缝间、桌子间、椅子间，以免受伤。

（4）幼儿在户外玩玩具或玩游戏的时候，能互相谦让、不拥挤；拿器械时互相帮助，保证安全。

（5）幼儿知道不能碰电插座等危险物品，知道剪刀的危险，会正确使用剪刀。

（6）幼儿知道乱吃药和吞食异物；知道不把纸团、扣子等塞到耳、鼻里；也知道不能把异物放到嘴里，午睡时不玩衣物等物品。

（7）幼儿在家或在其他地方玩时不能爬阳台，并认识常见的交通标志。

（8）家长定期为幼儿剪指甲，以防幼儿抓伤别人或挠伤自己。

（9）幼儿能熟记家庭地址、电话号码、父母姓名等；认识特殊的电话号码110、119、120等。

2. 对教师的要求

（1）教室的门把手要相对固定，防止幼儿在开门、关门时发生挤手或者夹手等现象；对门锁进行安全处理，防止幼儿进到里面出不来发生危险。

（2）幼儿在盥洗室洗手、大小便时，教师要提醒幼儿不将水溅到地上；门口可贴上红色的警示线提醒幼儿慢行、不能跑。

（3）在楼梯的拐角处，要进行安全处理，防止幼儿碰伤和磕伤。

（4）对于班级的踢脚线、饮水区的边缘线，凡是幼儿能触及和易滑倒受伤的地方都要进行安全处理。

(5) 在进行户外活动时，教师要对院内草坪中的下水道井盖进行彩色喷绘，提醒幼儿和家长注意安全。

(6) 开展安全教育月活动。为了把安全细化为每个幼儿的实际行动，在不同的月份里，有侧重地进行安全教育，如9月份为“升班安全月”。

(7) 饭菜的温度要适宜，分饭桶或汤盆不放在地上，避免烫伤幼儿。

(8) 班级电源插座要在1.5米以上，严格使用方法，定期排查维修，做到人走灯灭、人走水关。

案例链接

防止被陌生人接走

沈一凡小朋友的父母工作特别忙，平时都由奶奶接送。今天由“楼下的阿姨”来接她。我说：“凡凡，今天谁来接你了？”扮演者说：“我是凡凡楼下的阿姨，今天她妈妈打电话说奶奶有事儿，她也在单位开会，由我来接凡凡。”我看看凡凡，从她的眼神中发现了她的犹豫。我说：“凡凡，你认识阿姨吗？”她先是摇摇头，又说认识，随后就和楼下的“阿姨”离开了教室，到院里的滑梯旁玩耍。我一直在观察她，没看到凡凡有一点害怕，玩得很开心。我也到滑梯旁，再次问凡凡：“这是阿姨吗？”出于孩子爱玩的天性，她随口说了句“是”，便又跑去玩了。我又让凡凡来到我的身边，问她为什么跟这个阿姨走，她说：“好多小朋友都回家了，还没有人来接我，我想赶快回家。”

分析：大部分幼儿的想法很单纯，安全防范意识差，在孩子着急回家又没有家人来接的情况下，只要有人来接就和别人走。通过此次演习活动，我们又上了一节安全教育活动课，对这类幼儿进行进一步的教育和指导，逐渐培养孩子的安全意识。同时，也让我们更加清楚地认识到在幼儿离园的时候，教师要特别细心，多一分安全意识，严格使用接送卡。若发现有不认识的家长，一定要确认好再让孩子离开。

（五）中班游戏管理的内容和要求

4—5岁的幼儿逐渐懂事了，自我控制能力也增强了，喜欢跑、跳、攀、钻等各种活动。游戏的内容也更加丰富了，有了一定的情节。这就要求家长要尽量多抽出时间来陪孩子进行一些有趣的游戏。幼儿在和小朋友做游戏时也能够表现出协作和谦让，并能够自己设计游戏步骤和情节；幼儿之间如果发生争执，可能会有一些幼儿出来调解，解决矛盾的方法也有所进步，是非观念在幼儿头脑中已初步形成。常常看到幼儿在玩角色游戏时，都愿意当“好人”，很少有人愿意当“坏蛋”，即使当“坏蛋”也得当一个本事特别大的“坏蛋”。所以作为教师和家长必须结合幼儿的年龄特点安排游戏活动。

1. 在游戏活动中对幼儿的要求

(1) 喜欢参加各项游戏活动，并按规则要求开展游戏。

(2) 能按自己的意愿选择游戏，爱护游戏中的材料、玩具，轻拿轻放。

(3) 和同伴商量着玩、合作玩；不经别人同意，不随便拿别人的东西。

(4) 在游戏中能恰当地使用礼貌用语。

(5) 能根据游戏的需要，在教师指导下用多种材料制作简单的玩具，来丰富游戏内容。

(6) 会按照图片或根据自己的想象,用结构材料进行造型,掌握一定的拼搭技术。

(7) 遇到困难时能动脑筋想办法自己解决;遇到纠纷时能在老师的帮助下商量解决。

(8) 在游戏结束时,会帮助老师收拾活动器具,整理场地。

2. 中班幼儿游戏活动教案

案例链接

废旧报纸的利用

活动目标:

1. 训练幼儿走、跑的基本动作。

2. 通过游戏,培养幼儿团结协作、互帮互助的良好品质。

3. 让幼儿探索报纸的多种玩法,发展幼儿的想象力和创造力,激发幼儿积极参与活动的愿望。

活动准备:废旧报纸若干,宽敞的活动场地和跑道。

活动过程:

1. 让幼儿活动身体的各个关节,为游戏活动做好准备。

把幼儿整齐地带到户外,播放音乐,带领幼儿一起活动身体的关节,为游戏活动做准备。

2. 引导观察,激发兴趣。

(1) 教师问幼儿废旧的报纸都能做什么?让幼儿大胆想象,并引导幼儿观察手中的纸球,让他们说说这是用什么做的?好玩吗?你会玩吗?你还会用这些报纸做什么样的游戏?

(2) 教师示范动作:将报纸展开平放在胸前,报纸就会掉下来;如果将报纸展开平放在胸前,尽快跑起来,报纸就不会掉,但等到停下来时报纸又会掉下来。

3. 让幼儿亲身体验

教师为每个幼儿发放一张报纸,并请幼儿把报纸放在胸前体验;再让幼儿找到自己的跑道进行快跑体验。让幼儿说出自己的报纸不掉的方法,让幼儿相互帮忙,争取每个幼儿都能体验到快乐。

4. 自由练习

让幼儿自由游戏。教师在游戏过程中注意观察,适当地给予帮助,并提醒幼儿在游戏中注意安全。对于能力弱的幼儿,教师要重点指导。

游戏接近尾声时,可以组织幼儿讨论和发表自己的游戏体会和心得。教师出示一张报纸,请小朋友想想:报纸除了这样玩,还能做其他的游戏吗?引导幼儿想出其他的游戏玩法,教师对幼儿的新玩法要加以肯定,并请小朋友上来示范练习,如打纸球,踩在纸上跳舞,头顶报纸走等。

5. 结束活动,放松身体。

播放音乐,让小朋友听着音乐走回活动室。

活动延伸:让幼儿将此游戏带回家,和父母一起玩。

活动反思:

1. 因为幼儿以前没有玩过报纸游戏,所以对于废旧报纸的玩法了解得不够。

2. 幼儿把报纸放在胸前跑时,只顾低头看自己的报纸,这样幼儿会摔倒,存在安全隐患,教师要预先防范一下。

三、中班班级管理过程

（一）中班班级管理实施原则

科学、合理地制订中班班级各项常规要求。班级常规管理无论对维护班级教育秩序，还是对幼儿的健康发展，都有着积极而重要的意义。通过常规管理，可以将道德教育与幼儿的生活紧密结合起来，不仅可以使幼儿形成良好的生活习惯，还可以增强幼儿行为的目的性，发展幼儿自理、自律能力，处理师幼、幼幼关系，树立集体意识，形成良好的个性品质。制订中班幼儿各项常规时要以《纲要》为依据，结合中班幼儿的年龄特点和幼儿的实际发展水平来进行。

要有目的、有计划地实施中班各项班级常规管理。每个班级幼儿的特点不尽相同，在实施常规管理时要有一个通盘的考虑。要依据中班幼儿的实际发展水平和班级特点，选择适宜的管理内容和方法，确立相应的方案和目标，有计划、有目的地来实施。

实施各项中班常规管理要求要持之以恒，最终引导幼儿实现自我管理。教育家蒙台梭利指出：教师应该遵循幼儿内在秩序感的发展规律，应该注重对幼儿内在秩序感的培养，所以教师现在实施的一切管理都是为了以后不管或少管，最终让幼儿实现自我管理。对于中班幼儿而言，他们的能力在逐步提高，他们在活动中表现出更多、更强的积极性与参与性。我们可以利用中班幼儿的这一特点，对幼儿持之以恒地进行教育和指导。让幼儿在反复练习的过程中，习得自己的经验，形成自己的习惯，逐步实现自我管理。

教师在班级常规管理中要保持一贯性。教师间能否密切配合，直接关系到班级常规管理的成功与否，所以在班级常规的建立中，教师要相互提醒、相互帮助、相互补位，特别是对幼儿常规的制订、实施，应共同商讨，在确定方案和要求后大家共同去执行，千万不能一个紧一个松，以免使孩子形成两面性，从而不能让常规形成一种习惯。

教师要严格执行常规要求。一是指教师对自己严格要求；二是指教师对幼儿严格要求。首先，班级的每位教师要认真学习园内的各项规章制度，并严格遵守。在班级常规中，班主任要把职责、任务等分别落实到每位教师身上，大家各司其职、各负其责。其次，对幼儿严格管理是需要班级教师共同执行的。要做到制度面前人人平等，不能出现不公或偏颇。

总之，班级管理工作是一门学问，它是一项十分细致而又具有一定挑战性的工作。需要教师既用心、又用脑，随时发现问题，不断改进方法。且在工作中要求“全”“活”“异”“新”，将幼儿的教育时刻贯穿于一日生活中，这样才能让班级的常规管理工作更加出色。

（二）中班班级管理工作计划（以中班第一学期为例）

1. 指导思想

新学期到了，家长和孩子们带着希望和期待升入中班。孩子们希望见到新老师美丽的笑容，学到新奇有趣的知识；家长们希望看到能让他们放心的老师，让孩子们健康快乐地成长。为了做个“让幼儿喜欢、家长满意的教师”，我们带着信心、爱心和童心开始了新的启程。

我们根据中班幼儿的年龄特点和中班第一学期的培养目标，结合本班幼儿的实际发展水平，来制订本学期的班级管理工作计划。

2. 班况分析

有了小班一年的基础，幼儿在学习和生活上都有了很大的进步，大部分幼儿已经养成了良好的行为习惯。和小班幼儿相比，中班幼儿更自主，好奇心更强，更喜欢参与探索性的活动，不喜欢完全按照成人的要求去做。本学期我们将以培养幼儿的一日常规和幼儿的自我服务能力为主来开展工作。

3. 保育工作

保育工作是幼儿园的重中之重，也是家长最关心的工作。为解决家长的后顾之忧，教师必须努力做好保育工作。

（1）认真做好幼儿晨检、服药、各项消毒记录。便于三位教师能及时、全面地了解幼儿的各方面情况。

（2）每天做好清洁、通风工作，预防传染病的发生。严格执行幼儿一日生活作息制度，合理安排好幼儿的一日生活，整理好室内外的环境卫生，为幼儿创设一个干净、整洁的生活环境。

（3）培养幼儿良好的个人卫生习惯，让幼儿学会饭前洗手、饭后漱口、使用毛巾、认真洗手、不玩水、不能把脏东西放入口中，防止病从口入。

（4）培养幼儿不挑食、不偏食、不剩饭菜，不弄脏桌面、地面等好习惯，知道爱惜粮食。

（5）为进一步加强幼儿的自我服务意识，让幼儿自己有次序地脱衣物、鞋子，并把它们放在固定地方。起床后，自己穿鞋、穿衣服，保持仪表整洁。

4. 教育教学工作

（1）为继续加强幼儿的常规培养，应采用多种形式对幼儿进行常规训练，逐步培养幼儿的自我控制能力。

（2）在区域活动中培养幼儿之间的友爱、谦让、协作精神，重点培养幼儿的阅读兴趣与阅读能力，提高幼儿的讲述能力；帮助幼儿掌握阅读的方法，能逐页翻读、学习。

（3）在学习方面要进一步培养幼儿的动手操作能力，初步激发幼儿的探索欲和求知欲。为此，在艺术课里加进一些折纸、撕贴等技能训练内容。

（4）中班幼儿在表达自己的想法时很大胆，但在安静听别人讲话方面比较欠缺，与同伴间缺少协商、合作意识。

善于倾听是每个人不可缺少的一种修养。学会倾听不但能正确、完整地听取所需的信息，而且还会给人留下认真、尊重他人的印象。为培养幼儿良好的倾听习惯，可以采取以下措施：对幼儿进行个别交谈，告诉幼儿为什么要安静地听别人讲话，在日常生活中应该怎样做。多为幼儿播放音像作品，让幼儿安静地听，听后需要回答老师的问题。在入、离园活动中，开展形式多样的表演、讲故事、小新闻发布会等活动，引导幼儿认真听同伴讲述，鼓励他们积极参加表演。

（5）为了提高幼儿的自我保护意识，每周安排 10 min 的安全教育活动。

（6）为了提高幼儿的免疫力，要加强体育锻炼和户外活动。

5. 家长工作

幼儿刚升入中班，家长会寄予很多希望。为了让家长及时、准确地了解幼儿在园情况，可采取以下措施：

(1) 召开班级家长会,让家长了解班级工作计划,并主动参与进来。

(2) 每周填写《家园联系册》,认真、客观地向家长反馈幼儿在园情况,让家长更好地了解幼儿园的教育及发展情况,促进家、园共育。

(3) 通过微信平台,及时向家长发送幼儿在园内活动的照片和视频。

(4) 通过向家长开放半日活动,让家长了解幼儿在园生活和学习情况。

(5) 每周一向家长公布本周的教学活动计划,家、园配合,共同为幼儿的成长而努力。

资料吧

中班第一学期各月活动安排

九月:

(1) 稳定新生的情绪,加强师生感情,让幼儿喜欢来幼儿园并交上好朋友。

(2) 召开班级家长会,争取得到家长的配合,抓好本班的各项活动常规。

(3) 开展“我爱我老师”的专题活动,让幼儿了解“教师节”的来历,并懂得感恩教师。

(4) 学习中班的新操。

(5) 进行“中秋节”主题教育,感受我国传统节日的团圆氛围。学习、欣赏关于中秋节的古诗词。

十月:

(1) 开展“国庆节”的专题活动,了解国庆节的来历,萌发幼儿的爱国情感。

(2) 组织家长半日观摩活动。

(3) 继续抓好常规教育,重点培养幼儿的自我服务能力。

十一月:

(1) 做好保育工作,防止幼儿因天气变冷而感冒。

(2) 天气变冷,幼儿穿衣变厚,提醒幼儿如厕后整理好衣物。

(3) 帮助幼儿养成良好的绘画习惯和读书习惯,做到用完的物品要放回原位。

十二月:

(1) 环境创设:“欢迎您,冬爷爷”。

(2) 教育幼儿多锻炼身体,抵御寒冷、预防感冒。

(3) 了解家长的需求,解答家长疑问。

(4) 编排各类节目,做好庆祝“元旦”的工作准备。

翌年一月:

(1) 环境创设:“中华民族一家亲,同心共筑中国梦”。

(2) 准备学期末家长会工作。

要求班内三位老师密切配合,提高工作效率。在日常工作中处处用心观察幼儿的一举一动,让每一个孩子都在老师的视线范围内,做到眼到、手到、心到,圆满完成本学期的保育目标。

四、中班班级管理案例

案例链接

案例一　中班班主任班级管理案例

幼儿的健康成长离不开每一位教师的关爱，更离不开班主任的管理和指导。作为一名班主任，应该从哪些方面来开展班级工作呢？

一、创设环境

《纲要》指出："环境是重要的教育资源，应通过环境创设并有效地利用环境促进幼儿的发展。"班级环境是为幼儿来服务的。班级这个空间能不能吸引幼儿？能不能有利于控制幼儿的吵闹行为？这是在班级环境创设时需要考虑的问题。环境要结合中班幼儿的年龄特点来进行合理的布局。

（一）为孩子创设丰富的物质环境

以安全为前提投放物品，创设温馨的环境。因中班幼儿活泼好动，班级的环境创设中所要投放的物品都必须是柔软和安全的，从物质环境上杜绝安全隐患。如：班主任要对所投放的玩具进行安全排查；墙面要进行软包装；定期检查玩具架、玩具筐的安全稳定性。各个区角的材料要根据活动内容投放，并让幼儿学会自主探索。

（二）班级空间环境内容

家园联系栏：包括家园共育内容、温馨提示、科学育儿、预防传染病等社会热点内容，每月更换。

温馨班务栏：包括作息时间表、一日工作规程、一日消毒时间表等。

生活单元墙：三卡三袋、室内吊饰。

主题墙：包括元旦、教师节、六一等月主题活动。

区角活动：益智区、建构区、美工区、语言阅读区、角色区（如邮局、娃娃家、超市等）。

卫生间：设置排队洗手和七步洗手法的标志。

衣帽室：一人一柜，并贴好标签。

休息室：空间设计要求温馨、安静。

二、建团队

"没有完美的个人，只有完美的团队。"作为一名班主任，一定要进行科学、合理的保教分工，同时也要创设健康、和谐的文化氛围。

（一）进行科学、合理的保教分工

中班一般有三位保教人员，为了更好地进行班级管理，需要有组织架构，并进行合理分工，详见幼儿园班级一日工作规程。

（二）创设健康、和谐的文化氛围

作为一名班主任，一定要处理好以下几方面的关系：

1. 处理好同事关系，做一个让同事信任的班主任。

班主任要和同事相互信任、相互帮助、相互理解，真诚和谐相处，努力为幼儿营造一个和谐、温馨、充满爱的学习生活环境。同时，班主任还要以身作则，事事做在前，不怕脏、不怕累。

2. 处理好师幼关系,做一个让幼儿喜欢的好老师。

作为班主任,要具备“三心”。爱心:只有喜欢孩子,发自内心地爱孩子,才会真正地走进孩子的内心世界,才会真正理解孩子的需求;耐心:对待烦琐的幼儿工作,我们一定要细心观察、耐心询问,了解幼儿的真正想法,不可采取粗暴、过激的态度;公平心:作为一名班主任,一定要公平、公正地对待班级内每一个孩子,不论孩子是丑是美,家庭是穷是富,决不偏宠、偏爱,否则,我们会失去在幼儿心中的威信。

3. 处理好家园关系,做一个让家长认可、满意的班主任。

家长的认可和支持对于班级工作的顺利开展非常重要。作为一名班主任,要树立为家长和幼儿服务的意识,用自己的专业知识和经验指导家长对幼儿的教育,主动积极地和家长沟通孩子在园情况,共同配合教育好幼儿。

班主任一定要具有团队合作意识,积极带动班级成员团结一致,和谐相处。多表扬同事,处处起带头示范作用,共同努力创设健康、和谐的文化氛围。

三、保安全

幼儿园是孩子学习、生活的场所。作为一名班主任,首先要确立“安全第一,警钟长鸣”的思想意识。三位教师一定要在思想上达成共识,在行动上达成一致,一定要对班级进行安全维护排查,随时消除安全隐患。其次,把安全教育渗透于一日教育活动中,如午睡时间是教师最放松的时候,有的幼儿会趁老师不注意,把一些短铅笔、小橡皮等带到床上玩,会造成一定的安全隐患,所以我们教师在组织一日活动中,每个环节都要不厌其烦地讲安全、落实安全措施。为了确保幼儿的安全,家、园在思想上和行动上一定要一致。如早晨家长帮助检查幼儿的口袋,需服药幼儿的家长一定要写清楚幼儿的姓名、药名、药量、服用时间等。为了确保幼儿安全,可将安全教育分周进行。

第一周:组织幼儿熟悉幼儿园的环境及班级的分布情况。

第二周:加强体育锻炼,增强幼儿在体育活动中的自我保护意识,有效避免意外发生。

第三周:教育幼儿勤剪指甲,以防抓伤自己和别人。

第四周:告诉幼儿不带小刀等危险物品上幼儿园,让孩子明白做危险事情的后果。

第五周:教育幼儿不跟陌生人走,离开集体或家长时要打招呼。

第六周:让幼儿知道安全用药,不乱吃药和吞食异物。

第七周:手工课的安全教育,不玩剪刀,小心伤人、伤己。

第八周:团结小伙伴,不打架,不欺辱小朋友,学习关心、帮助他人。

第九周:午餐时的安全教育,教育幼儿不大声喧哗,注意用餐礼仪。

第十周:教幼儿做自己力所能及的事,在劳动中进行自我礼仪教育。

第十一周:午睡时的安全教育,不允许幼儿在床上玩和站,学会安静午休、不打扰他人。

第十二周:学习有秩序地出入教室,不推不挤不跑,教师应及时排除园内、班内不安全因素。

第十三周:家园配合,让幼儿知道幼儿园名称、家庭住址、父母姓名,父母电话。

第十四周:教孩子学习一些自救方法,使孩子掌握基本的应变能力,如受伤了找大人帮助等。

第十五周：丰富孩子的社会经验，让他们学习一些安全规则，如与家人走散了要找警察等。

四、培养常规

好的班级常规有利于幼儿养成良好的习惯。根据中班幼儿的年龄特点，我们不要盲目地进行常规培养，一定要运用智慧帮助幼儿。在幼儿的常规培养中班主任应该做到：

（一）以身作则，身正为范

“孩子是老师的影子，老师是孩子的镜子”。教师要时刻注意自己的言行，要给幼儿做好示范带头作用。爱模仿是中班幼儿的天性，不管是电视里的内容还是现实中的，他们都会刻意地去模仿，包括教师的口头禅都会被幼儿模仿。如教师在组织幼儿进餐时，老师说“餐前礼仪”，幼儿回答：“锄禾日当午，汗滴禾下土……”；教师为幼儿发好饭菜后说“请小朋友吃午餐”，幼儿回答：“谢谢老师，老师辛苦了。”就是这一细节，回家吃饭时，大部分幼儿会模仿。幼儿当老师，把家长当成幼儿，而且要求家长必须说完才能吃饭。因此，我们在面对幼儿时，要严格要求自己，为幼儿树立良好的形象和榜样。

（二）家园共育，培养常规

我们经常说“5+2＝0”，如果幼儿在园表现很好，周六周日两天在家松懈的话，会影响幼儿的常规培养。如好多家长反映说：“周六周日在家不好好吃饭，吃太多零食，不爱喝水，玩具乱扔等。”所以我们一定要做好家长的工作，帮助家长学习一些科学的育儿方法，让幼儿的良好行为习惯在家里也能得到强化。

幼儿常规培养的建议：

1. 能正确使用礼貌用语“请”“谢谢”“对不起”“老师好”“再见”等。

2. 鼓励幼儿自主大胆地从区角活动或玩具中选择自己喜欢的活动项目或玩具，独自或与同伴一起玩；活动结束时，放固定的音乐提醒幼儿快速整理玩具并放回原处。

3. 玩玩具时引导幼儿轻拿轻放，玩完后分类摆放，物归原处。

4. 在饮水、如厕、取放材料和玩具时，要求幼儿必须排队进行。

5. 用示范法引导幼儿在室内和室外用不同的音量说话。

6. 教师在组织教育活动前，运用音乐律动、手指操等游戏引导幼儿保持安静。

7. 教师在组织教育活动时，有意识地多和坐不住的孩子及爱打闹的孩子互动。

8. 教师在组织教育活动时，用目光随时与孩子交流，让孩子知道老师时刻关注着他。

9. 日常生活中，教师要有意识地安排让好动的幼儿和安静的幼儿坐在一起。

10. 班级中三位老师分工合作，默契配合，对待幼儿的态度和观点要一致、行动要统一。

11. 教师要运用榜样示范法，多表扬正确做事的幼儿，让幼儿相互学习。

12. 老师要关注所有的孩子，多鼓励调皮的孩子和性格内向、不爱说话的孩子。

13. 老师要不厌其烦地去说、去做、去引导幼儿，随时告诉幼儿应该做什么？怎么做？不能做什么？为什么？

14. 让幼儿学会等待、谦让和分享，减少幼儿间的矛盾。

15. 教师要经常抱抱、摸摸、亲亲幼儿，让孩子感受到教师的爱，更加信任教师，有利于培养幼儿的常规。

16. 与家长进行及时、有效的沟通，有利于幼儿常规的培养和巩固。

17. 午睡时按常规流程操作，照顾好每一位幼儿，减少午睡时的安全事故。

18. 重点抓好个别调皮幼儿的常规。

19. 妙用红花、五角星等奖励评比活动，如几颗星星可换什么礼物，可参加什么活动。

20. 在任何活动前，都要给幼儿讲清活动规则、注意事项及要求。

21. 教师多用丰富、形象的肢体动作和语言影响幼儿的言行。

22. 进餐时，组织幼儿分组依次搬椅子、洗手、吃饭，吃饭时需要安静。

23. 教师要以身作则，从坐、立、行、说等角度为幼儿做榜样。

24. 帮助、引导幼儿学会用适宜的方式得到自己想要的东西，而不是用抢、夺等攻击性行为方式得到自己想要的东西。

25. 引导幼儿正视行为背后的后果。如老师把××从区角活动中请出去，是因为他总打人。老师找他谈话后，允许他选择别的活动，两次打人后不让他再玩了。如果幼儿在阅读时撕掉了一页，在还书之前要把那页粘上。

26. 多用游戏的形式，进行听口令行动。

27. 在游戏中学习常规，常规面前师幼平等。

28. 运用儿童文学作品、故事等促进幼儿常规的养成。

29. 善用摇铃、拍手次数、唱歌、播放音乐等暗号，引起幼儿注意。

五、重家园

父母是孩子的第一任老师，家庭是孩子的第一所学校。家、园如同一辆车的两个轮子，只有同向运转，才能促进孩子健康、和谐地发展。架起家园共育的桥梁，是幼儿园顺利开展工作的保障。作为班主任，应该做到以下几点，以取得家长的信任和支持。

（一）会笑——用微笑温暖家长和孩子

微笑会带给别人安慰与鼓励，给人阳光般的温暖，让人可以抵抗心底的寒冷。幼师从事着烦琐而复杂的工作，一定会有很多不开心的事儿，但面对天真活泼的孩子和忙碌了一天的家长，一定要学会微笑，让孩子感到安全、让家长放心。如早晨亲切地对孩子说声："宝贝儿，早上好。"用微笑面对家长说声："您还有需要嘱托的吗？"面对家长的离开，微笑地说声："再见，您慢走。"开心、幸福的一天就这样开始了。当教师面带微笑与家长交流时，那种温和、平静的气质，就会让家长产生信任感，所以微笑可以让教师更具有魅力和自信！能更好地促进家、园沟通。

（二）会听——做好家长的忠实听众

幼儿教师一定要学会倾听，认真听孩子说的每一句话，认真听家长说的每一句话。早晨，家长送孩子入园，对于家长的一些嘱托，要认真倾听并进行记录。例如，宝宝刚打完预防针，不能吃辛辣、冷凉的食物，记录之后要认真去实施。同时，面对形形色色、素质参差不齐的家长，只要是家长在和老师进行诉说，老师就要认真听家长把话说完，再去发表对于此事的看法。例如，班里有个小朋友在幼儿园不小心受伤了，家长知道后不高兴，难免会发牢骚，面对此事，教师所要做的是认真、严肃地听家长把话说完，让家长尽情地发泄他们的情绪，等家长情绪稳定之后，再和家长解释和沟通。

（三）会做——努力照顾好每一位幼儿

幼儿是家园联系的纽带，所以，和家长沟通的前提是一定要关照好每一位幼儿。家长更多担心的是,老师是不是把我的宝贝照顾得很好?今天我的孩子在幼儿园开心吗?我的孩子很调皮,他会安全吗?是不是老师又批评他了?……当然,每个家长的顾虑是不一样的,所以,作为班主任,一定要知道家长的愿望是什么,一定要严格落实好各项工作流程,做好保教工作,让家长放心。

中班幼儿的活动量加大了,容易出汗,教师一定要随时提醒幼儿增减衣服,以防感冒;天气凉了,提醒家长给幼儿加衣服;春天是容易感冒的季节,提醒家长回家后也要给幼儿多喝点水;或者,个别幼儿的午餐没吃好,主动告诉家长等。对于生病不来园的幼儿,一定要打电话多问候。总之,要用爱心、细心、耐心照顾好每一位幼儿,让家长看在眼里、感动在心里,只有这样,家长才能更加支持幼儿园的工作。

(四) 会想——学会换位思考,将心比心

凡事多站在别人的角度上想想。在带班的时候,多站在幼儿的角度想想,才能让幼儿喜欢;面对家长的时候,多站在家长的角度想想。家长的观点,不管正确与错误,都是为了孩子,一定有他们的道理。有一次,因为一点小事,成成将煜煜的胳膊咬了。家长看到自己的宝贝儿子受伤,心里肯定不是滋味,就针对此事发了一些小牢骚。教师首先可以给予家长真诚的道歉:"宝贝受伤了,我们也很心疼,对不起,请您原谅!我们的心情和您是一样的,我们想爱护每一个孩子,想让每一个孩子都能健康、快乐,但是宝贝们也需要时间建立良好的常规,我们会继续努力的,请您给我们时间。"之后,可以告诉家长,我们第一时间带宝贝去了医务室,给宝贝进行冷敷,抹了药膏,而且我们一直在观察着宝贝。家长知道我们对宝贝的细心照顾,情绪能更加缓和一些。最后,告诉家长,回家后注意观察,给宝贝再抹点药膏等。到了第二天,家长来送孩子时,再询问一下家长孩子晚上的情况,并告知家长今天会更加注意宝贝一些。将心比心,用爱心、细心、耐心换取家长们对幼儿园的谅解和信任。

(五) 会说——鼓励家长、感谢家长

每一个班级总有几个不是特别关注幼儿园和孩子的家长,但也有一批特别支持和信任幼儿园的家长。对于支持和信任的家长,班主任要找各种各样的机会,不吝溢美之词地去感谢她们,真诚地对她们说声"谢谢",让她们有更大的动力和我们配合得更好。同时,也要给予其他家长一些鼓励,让她们也看到希望。也可以用家长带动家长,搞好家园工作。

在开家长会的时候,可以带着平时很配合工作的几位家长的作品,和所有的家长进行了分享,并且问这几位家长"您和孩子一起学习的感受如何?""您平时工作也很忙,那您觉得完成这些额外的工作累吗?"等,给予另外一些家长启示,也给他们树立榜样。同时,积极利用好微信、电话等通信工具,把每天需要家长配合的工作及时传达给家长,并且对配合好的家长进行感谢和鼓励。也会告诉幼儿,回家之后要表扬自己的妈妈,对妈妈说"妈妈,您真棒,老师说谢谢您支持我们班的工作!"此时,好多家长都会特别感动。

六、重教学

建立常规才能保证幼儿一日活动的有效开展。在幼儿的一日活动中,如何让教育活动发挥最大的价值和功能呢?制订出合理的月、周、日计划,并严格落实执行是关键。

班级教学周计划

月 日— 月 日

时间		第一节活动	游戏、区域活动	第二节活动
星期一	上午			
	下午			离园活动
星期二	上午			
	下午			离园活动
星期三	上午			
	下午			离园活动
星期四	上午			
	下午			离园活动
星期五	上午			
	下午			离园活动
生活活动				
家园共育内容				

班级教学月计划

月

本月重点			
常规教育活动内容			
主题活动及主题环境创设			
区域活动内容			
家园共育内容			
教育内容	领域	活动名称	活动目标
	语言		
	社会		
	健康		
	艺术		
	科学		
备注			

七、管物品

5S管理是指在生产现场中对环境、人员、机器、材料等生产要素进行有效管理、调整和优化。“5S”是整理（Seiri）、整顿（Seiton）、清扫（Seiso）、清洁（Seikeetsu）和素养（Shit－suke）这5个词的缩写。整理，就是区分必需品和非必需品，现场不放置非必需品，将混乱的状态收拾成井然有序的状态；

视频 世界读书日主题活动

整顿，就是能在 30 s 内找到要找的东西，将寻找必需品的时间减少为零；清扫，将岗位保持在无垃圾、无灰尘、干净整洁的状态；清洁，将整理、整顿、清扫进行到底，并且制度化，管理公开化，透明化；素养，对于规定了的事，大家都要认真地遵守执行。

5S 管理在班级的管理中有何作用呢？《纲要》中明确指出：“科学合理地安排和组织幼儿一日生活”“建立良好的常规。避免不必要的管理行为，逐步引导幼儿学习自我管理。”以“整理、整顿、清扫、清洁、素养”为主要内容的“5S”管理，是一种通过规范现场、营造有序环境，培养幼儿良好习惯的管理方法，其最终目的是提升幼儿的品质。让孩子在一定的规则和规律下成为自立、自主、自律的人。

（一）培养幼儿的有序意识，让标记告诉孩子“我该怎样做”

老师可以借助图示标识，提醒幼儿参照图示做好相应的准备，帮助幼儿建立生活常规。幼儿午睡时脱下的鞋子，常常散乱地扔在地板上，不但影响了卧室的整齐和美观，还要在起床时到处找鞋。老师在幼儿放鞋处用线或图形标识，幼儿就可以按照标记摆放。为了解决幼儿在排队和换鞋时候出现的拥挤、椅子凌乱等问题，老师就以红色和蓝色的线条设立“排队区”“换鞋区”等，让孩子懂得按序排队，使班级形成有序的生活氛围。

（二）培养幼儿规则意识，让每个物品都有一个“家”

活动室里的玩具、学具多种多样。老师要让所有的物品都有自己的标签和位置。这样可以帮助幼儿提高有序取、放物品的能力。如在摆放物品的位置处就应贴有相应的标记。标记应适合中班幼儿的年龄特点，可选用图片、图形、颜色等作为标记，也可使用数字或幼儿自己设计的标记图。总之，能够让幼儿按物品上的标志寻找相应的柜子进行摆放，不但让柜子整齐有序，也便于幼儿收拾和检查，逐步培养幼儿的服务意识。

（三）培养幼儿的参与意识，让孩子成为真正的小主人

中班幼儿已具有初步的自我意识，好奇心极强，喜欢参与探索性的活动，不喜欢按照大人的要求去做。所以，教师在制订班级常规的时候，要请幼儿一起参与。

幼儿参与建立班级常规，就比较容易接受和遵守这些规则。作为老师应成为一个观察者和协助者，鼓励幼儿自己去想、讨论、尝试。只要教师能持续训练、督促幼儿，就会使其形成良好的行为规范。

案例二　善于发现孩子的闪光点

洋洋是班里个子最高、最调皮捣蛋的孩子。每当课堂提问的时候，他总是不举手就大声嚷嚷，要不就会发出奇怪的声音，惹得小朋友们哈哈大笑。区域活动时，他带着其他小朋友模仿奥特曼的动作，打打杀杀，让人很担心出现安全事故。洋洋平时也爱打人，经常有幼儿来告状。我以前总批评他为什么打人，且每天批评很多次，作为老师的我也感到特别无奈。于是，我每天重点观察他的言行，寻找他的闪光点。后来利用他语言表达能力强的特点，把好插嘴转化为在教育活动中的积极发言；利用他自我服务能力强的特点，把好动转化为热心为同伴服务；利用他号召力强的特点，把打人变成约束自己争做小老师。这样，他忙这忙那，也就没时间淘气捣蛋了，他的缺点也逐渐地克服了。三个月下来，他变成了班上的小骨干，成了我的得力助手。其实，每个孩子都有多方面的潜能，需要教师用自己的慧眼去努力发现。幼儿也和成年人一样，同样希望受到尊重，所以无论幼儿所做的事是对还是错，都要对事不对人，尊重幼儿与严格要求相结合，但决不放纵。

案例三　小班长的作用

中班幼儿仍缺乏自控力，常把玩具材料、书籍等物品到处乱扔。看到幼儿不保护班级的环境，我特别生气，也经常批评不听话的孩子，可是都无济于事。有一次培训的时候，讲师教了一个方法，我觉得挺好的，便抱着试一试的心理，在我班做试验。我采用物品管理责任到人的做法，把活动区分成几个区，并设计了徽标，每周五下午评选“小管家”。具体方法为“建筑区”的小管家负责整理该区积木；“毛巾区”的小管家负责检查毛巾收挂情况，如发现毛巾没挂好，及时提醒；“图书角”的小管家负责检查图书摆放、损伤情况，及时制止撕书行为并要求及时修补等。孩子们都很满意教师分配的工作，并把它看作是一项荣誉。到了周末，再和幼儿共同评出优秀的小管家，奖励大红花。然后重新评选这几个岗位的新管家。这么一来由于小管家经常清扫整理，本班在任何时候都很整洁，物品也有了明确、标准的摆放位置。当然在选小管家时要给每个幼儿相同的机会。只有这样才能使得每个幼儿体验到小管家的辛苦，才能共同保护好班级的环境。自此以后无论是幼儿还是老师存取东西都成了一件轻松简单的事，而且由于物品摆放合理，班上的安全事故也明显降低。把班里的事情分配给小管家管理，既让幼儿得到了锻炼，又培养了他们的责任心，还能使得班级环境井井有条。不过实施这一制度并不是让老师“放假”，而是需要动更多的脑筋，既要了解班级情况，又要掌握各位小管家开展工作的情形及他们的思想波动，适时加以引导启发。

案例四　爱可以改变一切（2013 年全国幼儿教师职业技能大赛获奖教案）

“爱可以改变一切。”我第一次听到这句话时，还是学生时代。这句话就像一阵风一样轻轻地从我耳边溜走，一直到毕业后在从教的实践中，我才悟出这句话的真谛。

我们班的轩轩小朋友性格特别内向，依赖性强，平时少言寡语，也不怎么和小朋友一起玩耍。她的这一性格引起了我的注意，但可能是经验太少的原因，我并没有主动和轩轩的姥姥（一直是姥姥接送）沟通。有一天我们正在班上做手工，突然看到窗户上有两个影子，仔细一看是轩轩的姥姥和一位年轻女士，我忙走出门口接待。轩轩的姥姥介绍，这位女士就是轩轩的妈妈，在外地上班，隔段时间回来看看轩轩。我忙把妈妈带到轩轩跟前，高兴地说：“轩轩，你看谁来了。是妈妈，妈妈回来看你了！”可是，出乎我意料的是，轩轩并不像其他孩子一样高兴地抱住妈妈，又哭又撒娇，而是满不在乎的样子，继续做手工。此时，我看到轩轩妈妈的眼睛已经红了。于是她便蹲下来，跟轩轩说：“妈妈回来了，让妈妈抱抱。”可轩轩却噘起小嘴摇了摇头。轩轩的表情告诉我，她好像在思考什么？轩轩妈妈将轩轩抱走的瞬间，轩轩终于大声哭出来了。她那委屈的泪水流在妈妈的身上，此时教室里鸦雀无声。当妈妈抱着轩轩准备走出教室时，我们班小朋友在我的带动下，热烈鼓掌，有的孩子看到此情此景哭了出来。

事后，我一直在思考，我们班是不是还有其他类似的小朋友，父母因为工作问题，经常不能回家，平时由爷爷奶奶或姥姥姥爷照顾？可是，作为孩子，他们内心的需求又是什么呢？我不由得想起一首歌《爱我你就亲亲我》。难道身为父母，连孩子基最本的需求——亲亲我、夸夸我、抱抱我、陪陪我都满足不了孩子吗？

从那天起，我便用心观察轩轩和其他类似的小朋友，尤其是轩轩。我一有好吃的、好玩的（哪怕是一块糖），也小心翼翼地装在兜子里，等方便的时候就悄悄地给她，并告诉她我很喜欢她。在日常的游戏活动中,我总是主动拉起她的手,带领她和其他小朋友一起玩。这样坚持了大约两个月的时间,轩轩变得开朗了许多。她会积极参加到游戏中,也主动和其他小朋友一起玩了。望着她欢快的背影,我不由得露出了幸福的笑容。

父母是孩子的第一任老师,家庭是孩子成长的第一所学校。我想对所有的父母说:“您的爱可以改变孩子的一生”,请您亲亲孩子、夸夸孩子、抱抱孩子、陪陪孩子,让孩子从小在有爱的氛围中快乐地成长。

当然,作为教师的我,深深地明白爱孩子是每个教师的职责。教育家夏丏尊说过:“教育没有情感,没有爱,如同池塘没有水。没有水,就不能称其为池塘,没有爱就没有教育。”在从教后的几年中,我每天都是怀着爱心来工作的。爱是给予、是付出。爱孩子,可以让孩子的世界变得丰富多彩;爱孩子,可以让笑容常驻孩子的脸庞;爱孩子,可以让孩子成为快乐的天使。但愿每位父母、每位教师用爱陪伴着可爱的孩子们,让春天永驻孩子的心田!

案例五　教师的情绪管理

记得当时是刚接新班不久,班上的琪琪特别内向,胆子小,依赖性强,我对她格外关注,给予她更多的关爱。每天她入园时我都在门口等待她,微笑着和她打招呼,并给她一个热情的拥抱,琪琪也特别高兴。有一天,我心情不好,在早晨琪琪来幼儿园时,只是淡然地打了个招呼。等我心情好的时候,我观察到琪琪今天闷闷不乐的。等到中午饭后我和琪琪聊天时,问她今天怎么了?她说:“老师,是不是今天你妈妈批评你了,打你了?”我问:“琪琪为什么这么说?”她说:“因为你今天不高兴,早晨没和我拥抱。”这时我才发现,我心情不好,也影响了她的心情。我赶快把琪琪抱在怀里,对琪琪说:“都是老师不好,对不起。”

案例分析:教师心情稍有不好,对自己来说倒没什么大不了的,但是对孩子的影响却特别大。教师一定要学会管理自己的情绪,自己有再大的委屈,也不要带到工作中,尽量给可爱的孩子们创设一个轻松、快乐的环境。

案例六　幼儿同情心的培养

有一天下午起床后,我正在给女孩们梳头发,王枫走过来说他肚子疼。我用手轻轻给他揉了揉,告诉他过一会儿还疼就告诉老师。正当我组织教育活动时,突然听到“哗”的一声,王枫吐了一地,脸上、身上全是呕吐物,见此情况我急忙替他擦脸,帮他脱下弄脏的衣服。毛毛看见了,把自己干净的衣服递给我说:“老师,我把衣服借给他穿”。当时,我很感动,一个5岁的孩子在没人提示下主动帮助同伴,真有点出乎我的意料。回头再一看,大部分幼儿用手捏着鼻子,捂着嘴巴,一副厌恶的表情。

平时我们总是耐心教育幼儿互相关心、互相帮助、互相照顾,而现实当中却是另一番景象。我帮王枫换好衣服后,关心地问他:“王枫,刚才大家都笑你,你心里好受吗?”王枫难过地摇摇头,接着我向其他小朋友提出一个问题:“看到别人生病了,你应该怎么办?”“应该拿衣服给他换,倒杯水给他喝,不应该……”大家发言非常积极,最后经过讨论,小朋友知道我们班是一个大家庭,每个人都会有困难,都需要别人的关心和帮助,我们应该像一家人一样热心帮助小朋友。

这次突发事件,让我悟出一个道理,同情心离孩子们已经越来越远了。孩子们被大人的爱包围得水泄不通，不懂得怎样去关心、同情别人，事事以自我为中心，常常为了玩具你争我夺，不会谦让。可孩子们总会长大，总会离开父母，他们要生存，不仅靠有一技之长，更重要的是学会如何与人交往，如何同情关爱别人，建立良好的人际关系。作为幼儿教师，培养幼儿高尚的道德品质是幼儿教育目标之一，要抓住日常生活中的每一件小事，把握教育的契机，方可收到事半功倍的效果。

案例七 丹丹的压力

升入中班的时候，丹丹入园晚了两周，每天入园时都大哭大闹不愿意进班。每天放学前答应得好好的，明天来园时不哭了，可是第二天来时依旧哭闹，没有一点改变。刚开始，我只是认为她在家待的时间久了，不习惯幼儿园。在这期间我想了很多办法，没有一点效果。给她比别的幼儿多一份糖果、多一些关注，都无济于事。

和家长沟通，家长也说不出什么原因。丹丹一天天在园里玩得很开心，可就是偏偏在每天入园时哭闹得厉害。经过和周老师探讨、观察后，我们又安排让妈妈与孩子进行谈话。丹丹妈妈反馈的有两点：① 孩子想在家和姐姐一起吃早点。② 丹丹前两周没来园，课程比别人学得晚，感觉落后于其他小朋友。

我的确忽略了中班幼儿的要强心理，没有想到她两周落下的课程，还是像往常一样进行新的课程。没有注意到丹丹会在这些事情上有压力。

知道了情况，我们让丹丹当小组长，是小组长就说明你很棒。小组长中有平时特别淘气的、有腼腆的、有自信的、也有略差一点的。并且和丹丹说："看我们丹丹表现多好，比别的小朋友晚来了半个月，但是一点没比别的小朋友差。要继续努力。既然可以表现这么好，明天来幼儿园就不可以哭鼻子了哦，因为你必须给你们组的小朋友做榜样。"

第二天早晨，我担心的一幕再也没有发生，丹丹高高兴兴地走进幼儿园。他爸爸回来送药，丹丹也没有像以前那样扯着爸爸的衣服不让走。

看来有的事情真的不是看到的那样复杂。此事虽然不是什么大事，但是解决掉之后自己心里还是有那么一点点自豪。

案例八 不想玩游戏的孩子

观察记录：

活动名称：双脚跳圈

观察对象：中班幼儿张荣轩

观察时间：20××年×月××日

观察目标：

1. 幼儿大胆尝试双脚跳圈的乐趣。
2. 培养幼儿遵守游戏规则的意识。

观察分析：课间操结束后，我组织幼儿进行户外活动。很长一段时间里，我发现很多幼儿不能很好地双脚向前跳。今天突然想到了小时候玩跳方格，奇思妙想变成双脚跳圈。用粉笔在地毯上画圆圈，圆圈比人数多一个，这样就不会出现拥挤、打闹的现象。

快乐的游戏马上就要开始了，孩子们的脸上都充满了对新游戏的期待。这时张荣轩小朋友走过来说："老师，我不想玩。""为什么不想玩？""我肚子疼。"我心里纳闷。刚才做操时好好的，怎么突然肚子疼呢？我说："老师给你揉揉肚子好不好？""不用不用，我在这儿站一会儿就好了。”张荣轩小朋友着急地说道。以前玩游戏的时候也出现过这种情况。只要遇到他不想玩或不敢玩的游戏他就装病或者上厕所，总之特别不敢尝试新的事物。

采取措施：为了帮助张荣轩克服胆小的毛病，让他和同伴们在一起体验双脚跳圈的乐趣，我采取了以下措施。

1. 以静观动

让他在旁边观察其他幼儿怎样将脚并拢，怎样发力向前跳，我在旁边帮助他总结起跳的要领，掌握了要领之后，鼓励他大胆尝试。

2. 参与其中

一开始他不敢向前跳，也跳不到指定的圆圈内，我就在旁边大声地鼓励他。他说：“老师，我还是不敢跳，你能不能抓着我的手”，看着他充满期待的眼神，我心里犹豫了一下，是要帮助他，还是让他自己尝试？凡事由易入难，于是我先抓着他的双手向前跳，再抓他的单手向前跳，最后鼓励他自己慢慢向前跳。张荣轩小朋友掌握了起跳要领，加上老师和小朋友的鼓励，他开心地和小伙伴们一起跳圈，没有了游戏前的恐惧感。

3. 多加锻炼

在日常生活中，我们可以让幼儿多做一些力所能及的事情，如小班长、值日生，多给他们一些锻炼的机会。

获取成效：对于这种不自信、胆小的孩子，我们应该鼓励他们，给他们创造锻炼的机会，挖掘他们的优点，让其他幼儿给他们赞赏，让他们的脸上时刻挂满自信的笑容。

案例九　兴趣的重要性

每天做完操回到教室里后，需要孩子们自己脱去外套，把衣服叠好放在衣帽柜上。有一天，我进去检查了一下，发现好多孩子根本没有学会叠衣服，他们将衣服胡乱一团就算完成了任务。怎样才能教他们正确地叠衣服呢？我与同班的老师商量后决定，在中午午睡前教小朋友们叠衣服。“关上门，抱一抱；点点头，弯弯腰；两手抓，送回家。”我边念儿歌边叠衣服。孩子们觉得很有趣，边念儿歌边津津有味地叠起来，学得特别开心、快乐。不知不觉中将叠衣服的技能学会了。从此以后，衣服乱卷的现象杜绝了，衣服叠得又好又快。作为教师，遇到问题一定要站在幼儿的角度去想，从幼儿的兴趣出发，相信一切问题都会迎刃而解。

当幼儿如厕后提不好裤子的时候，还有一首如厕儿歌：左手抓，右手抓，抓住裤腰往下拉，露出小屁股，哗哗哗。如完厕，别着急，一层一层往上提，两只小手齐用力，直到盖上小肚皮。

实践对接

1. 如果你是班主任，你会怎样设计中班的安全管理目标？
2. 请你设计一个“中班家长会活动”的方案。
3. 怎样帮助幼儿纠正不良的进餐习惯？

思考与练习

1. 应该建立怎样的亲子关系,才能促进幼儿身心健康发展?
2. 作为教师,应该如何帮助内向、胆小的孩子?
3. 请你结合幼儿的年龄特点设计一节中班幼儿的游戏活动。
4. 请你结合《指南》的内容,设计一篇中班幼儿的语言教案。
5. 为什么说家庭是幼儿成长的第一所学校,父母是孩子的第一任教师?
6. 怎样帮助幼儿养成良好的午睡习惯?

拓展阅读

中班家长半日开放活动方案

活动时间:20××年×月××日(星期五)上午。

活动地点:中班教室内。

活动目标:

1. 向家长展示中班的课程特色、教学过程,让家长了解老师的教育教学活动内容和方法,为家长进一步了解班级的教育教学工作打开一扇大门。

2. 让家长了解幼儿在园生活、活动情况,引导、鼓励家长参与到教育活动中来,进一步增进亲子感情、促进幼儿发展、促进家园共育。

3. 教师也可以通过开放日活动更好地了解家长,了解家庭教育方式,从而有针对性地进行指导。

活动内容:入园活动、早餐、早操及户外活动、主题教学活动、特色教学、区角活动。

活动准备:

1. 以微信形式和口头形式通知家长具体的活动时间、地点、目标,请家长做好准备。

2. 各位教师从细节入手,对每一个环节进行周密策划。

家长半日开放活动通知

尊敬的各位家长,您好!为了让您形象、直观地了解幼儿在园基本情况,了解幼儿在集体活动中的表现,进一步增进亲子感情,促进幼儿和谐发展,我班定于20××年×月××日(星期五)上午7:30—11:45在中班教室内组织半日开放活动,特邀您参加。请您准时到园,谢谢您的配合。

×××班×××老师

班级家长半日开放活动温馨提示

我班全体教师和幼儿欢迎各位家长朋友参与到我们的活动中来，为了不分散幼儿的注意力，使各项活动有序开展，请家长朋友给予以下的配合，谢谢！

（1）请您将手机调到震动或无声，以防分散幼儿的注意力。

（2）在幼儿进行各项活动时，请您保持安静。

（3）在上课、加餐等环节，请您不要催促幼儿。（如快回答问题、快点吃。）

（4）为了给孩子一个宽敞的空间，在孩子洗手、喝水、取餐时，请家长在活动室外耐心等候，请勿进入室内。

（5）一切活动以幼儿为主。在室内游戏时，幼儿先进入活动室，家长后进入。

活动流程及教师间的分工：

时间	内容	责任分工	幼儿常规要求
7:40—8:10	晨间活动	1. ______负责晨检，接待家长。 2. ______指导幼儿游戏活动。 3. ______负责打扫卫生、开窗通风，为幼儿准备早餐。	1. 主动向老师、小朋友问好。 2. 愉快地参与游戏活动。 3. 将自带衣物整齐地放入衣柜中。
8:20—8:50	早餐	1. ______负责组织幼儿餐前礼仪。 2. ______负责为幼儿分发饭菜。	1. 餐前用消毒毛巾消毒、擦手。 2. 学会正确使用餐具，不挑食，不剩饭。 3. 安静进餐，坐姿良好。饭后漱口、擦嘴。
8:55—9:20	主题教育活动	1. ______负责组织教学活动。 2. ______协助另一位教师组织活动。 3. ______为幼儿准备早点、水。	1. 注意保持上课常规。 2. 积极参与到游戏中。 3. 认真听教师讲课。
9:25—9:50	如厕、饮水、加餐	1. ______负责组织幼儿如厕。 2. ______负责为幼儿发水、早点（中、大班幼儿自理）。 3. ______负责及时整理卫生（卫生间）。	1. 男女孩分开如厕，如厕后整理好衣服。 2. 排队取水，不挤、不抢，喝水时不洒水。 3. 安静吃加餐，不浪费。
9:55—10:50	晨间操及游戏活动（如厕、喝水）	1. ______负责组织幼儿穿衣服、整队，带领幼儿做操。 2. ______清点幼儿人数，加强幼儿的安全教育。 3. ______整理班级，为幼儿准备第二次水。	1. 整理好自己的服装，精神饱满地跟着音乐节拍做操。 2. 注意力集中，姿势正确、动作协调。 3. 遵守活动规则，活动时不乱跑、不打闹、不喊叫。
10:55—11:20	特色教学	1. ______负责组织教学活动。 2. ______协助另一位教师组织活动。	1. 注意保持上课常规。 2. 积极参与到游戏中。 3. 认真听教师讲课。

续表

时间	内容	责任分工	幼儿常规要求
11:25—11:50	区角活动	1. ______负责组织活动。 2. ______负责配合。 3. ______为幼儿做餐前准备。	1. 幼儿积极认真阅读。 2. 阅读后和幼儿分享内容。
11:55—12:00	活动结束	1. ______负责组织幼儿。 2. ______负责与家长沟通。 活动结束后,幼儿留园;家长填写调查问卷,感谢家长参加。	1. 幼儿跟随音乐如厕。 2. 和教师做餐前准备。

活动流程:

(一) 来园活动

活动时间:7:20—7:40

活动地点:中班教室

活动内容:自由阅读,值日生帮助教师擦桌椅。

活动目的:教师在等待其他幼儿入园时,与部分家长做简短交流。

(二) 晨间活动

活动时间:7:40—8:10

活动地点:幼儿园操场

活动内容:女孩走平衡木,男孩滚球。

活动目的:

1. 发展幼儿的动作协调性和平衡能力,体验与同伴共同游戏的快乐。
2. 教师介绍活动内容,激发幼儿参与活动的兴趣。
3. 教师提醒幼儿,活动后将活动材料放回原处。
4. 教师和家长沟通开放日活动的温馨提示内容。

(三) 早餐

活动时间:8:20—8:50

活动地点:幼儿餐厅

活动目的:

1. 培养幼儿学会正确使用餐具,不挑食、不剩饭。
2. 培养幼儿安静进餐,坐姿良好,饭后漱口、擦嘴。

(四) 教学活动

活动时间:8:55—9:20

活动地点:中班教室

活动内容:《小猪变形记》。

设计意图:《小猪变形记》是一本集幽默、想象、哲理于一体的绘本,没有一句教导、没有一丝说理、没有一点喧闹,却能启发孩子深深的思考。寓深刻的道理于诙谐的故事,让孩子能轻松理解:“欣赏自己,做自己才是最快乐的”。

视频　中班语言《小猪变形计》

活动目标:

1. 理解故事内容,感受故事的趣味性,激发了幼儿的好奇心和探究欲望。

2. 能够用语言、动作等形式大胆讲述小猪变形的有趣经历。培养幼儿的语言表达能力和创造能力。

3. 体验故事内容,让幼儿懂得欣赏自己,理解“做自己才是最快乐的”这一道理。

活动重点:能够了解小猪为什么要变形,体会小猪的心理变化,能够根据图画内容讲述小猪变形的有趣经历。

活动难点:让幼儿懂得欣赏自己,理解“做自己才是最快乐的”这一道理。

活动准备:PPt(图片、视频),小猪手偶一个,大象、袋鼠、小鸟的头饰各一个。

活动过程:

1. 谈话导入

教师问:小朋友,请你们告诉老师,什么时候你是最快乐的呢?(幼儿自由回答)

教师总结:也就是说,我们做自己喜欢的事情,做自己擅长事情的时候,我们都是快乐的。

今天,老师带小朋友一起看一个关于小猪变形的故事,看看小猪什么时候最快乐呢? 首先要看书的封面,你从封面上看到了什么?(幼儿自由回答)

2. 讲述故事

教师边出示课件,边绘声绘色地讲述故事。

出示PPt1,一天,小猪正在泥潭里快乐地玩耍

出示PPt2,突然,他看到一只大象在河边玩水,他瞪大眼睛,盯着大象瞧。“我敢说,做大象一定很刺激。”小猪想到了一个绝妙的好主意。

出示PPt3,小朋友们,猜一猜小猪想到了什么好主意呢?(变成大象)那怎么变呢? 小猪在自己的鼻子上绑了一根长长的塑料管子,在两只耳朵上绑了两片大树叶,然后他跺跺脚就出门去。

出示PPt4,小朋友看一下他碰到了谁?(袋鼠)

出示PPt5,他和袋鼠说了什么?

出示PPt6,他是怎么变成袋鼠的?

出示PPt7,他又出门后碰到了谁?(小鸟)

他和小鸟说了什么?

教师说:“请小朋友们自己安静的看一下后面的几幅图,又发生了什么?”(教师播放PPt8、9、10、11,幼儿自己观看。)

出示PPt12,这些就是小朋友刚才看到的几幅图,现在请你来说一说,小猪又想变成谁?(小鸟)他是怎么变的? 变成功了吗?

请小朋友们回想一下,大象的快乐是什么?(玩水,帮助别人)

小鸟的快乐是什么?(自由快乐地飞翔)

教师引导幼儿说:“可以飞到太空上,畅游整个宇宙。可以飞到天上,变成星星,照亮整个

天空。可以飞到夜空中，变成一轮圆月，照亮大地。”

教师总结：对，我们每个人都有自己的快乐，每个小朋友也都很优秀，有的会唱歌，会跳舞，会弹琴，都有不同的优点，所以我们不要刻意去模仿别人，要懂得欣赏自己。“做好我们自己才是最快乐的。”

3. 开展角色游戏：教师引导幼儿回忆故事情节，然后让幼儿戴上头饰，分别扮演小猪、大象、袋鼠、小鸟，分角色进行表演，体验还是做小猪做最快乐的过程。

4. 分组讨论：幼儿分组讨论：这是一只怎样的小猪？（可爱的、调皮的、有趣的、傻乎乎的、有想象力的……）

活动延伸：可以让幼儿续编故事，创编故事，引导幼儿说出自己的本领，教师总结每个人身上都有与众不同的优点。可以延伸到美工区，让幼儿画或者制作故事中的内容。可以在角色区投放相关的材料，让幼儿进行表演游戏。可以让幼儿在建构区搭建故事中的建筑。可以在让幼儿学习小动物的走路方式，可以在垫子上学习小猪打滚。

活动反思：这是一本幽默诙谐但又充满了寓意的绘本，整个活动结束后，三个教学目标都完成得较好，幼儿理解得也特别到位。在设计课程时，我安排了许多夸张的语气词，来提高幼儿对故事的理解，使孩子们在轻松愉悦的氛围下深入地了解故事；在角色游戏中，孩子们通过一次又一次不懈地变形失败，最后意识到做自己才是最快乐的。

（五）如厕、盥洗、吃点心

活动时间：9:25—9:50

活动地点：中班教室

活动目的：

1. 引导幼儿自觉用肥皂洗手，不玩水。如厕后提好裤子。

2. 指导幼儿有序取用点心、取水，鼓励幼儿安静地吃完点心、喝水。

（六）晨间操及游戏活动

活动时间：9:55—10:30

活动地点：幼儿园操场

活动内容：集体做操后，组织幼儿游戏活动。

活动目的：

1. 幼儿整理好自己的服装，队列整齐，在教师和音乐的带动下，精神饱满地跟着音乐节拍做操。

2. 幼儿注意力集中，姿势正确、动作协调。

3. 幼儿遵守活动规则，活动时不乱跑、不打闹、不喊叫。

活动内容：“山上有个木头人”

活动目标：

1. 能用普通话正确念儿歌，能区分韵母 an 和 ang 的发音。

2. 能听懂游戏规则，在老师的提醒下，能按游戏规则进行游戏。

3. 培养幼儿的表演能力和自我控制能力。

活动准备：安全、平坦的操场，音乐。

活动过程：

1. 教师带领全体幼儿跟随音乐节拍做活动前的热身运动。

2. 教师导入游戏：今天老师要带小朋友做一个好玩的游戏——“山上有个木头人”。小朋友学会后回家可以和爸爸、妈妈一起玩。

3. 教师边念儿歌边表演动作，激发幼儿对游戏活动的兴趣。

4. 教师带领幼儿熟悉儿歌2~3遍，并和幼儿一起回忆儿歌里说到了什么？你觉得应该怎样玩？

5. 教师介绍游戏规则及玩法。

幼儿边念儿歌边做动作，念完儿歌后，能逼真地做出变形金刚、超人、老人、各种小动物等造型，并保持静止不动，不许说笑谁先忍不住动或笑了，就算输。输的幼儿伸出手给同伴，同伴就拉住他的手说：“本来要打千千万万，现在时间来不及，马马虎虎拍三下，一、二、三！”在输的幼儿手上轻拍三下，游戏重新开始。

6. 全体幼儿围成一个圆圈进行游戏。

师生边念儿歌边做动作，带领并鼓励幼儿摆出各种各样的身体造型。儿歌念完后，教师可故意先动，伸出一只手做挠手心的动作，感知游戏的趣味性。游戏继续进行，教师边提醒幼儿遵守游戏规则，边对能力弱的幼儿进行指导，帮助幼儿熟悉游戏规则和玩法。还可以请个别幼儿展示自己创编的动作和造型，激发幼儿的想象力和创造力。

7. 听教师口令做动作

为了增加游戏的难度和趣味性，教师可变换游戏方式，改编儿歌。如教师念着“三人一组抱头”“两人一组蹲下”等儿歌继续游戏。若未发现一个幼儿动，教师可以说：“木头人解放了！”全体欢呼。游戏可反复开展2~3遍。

活动结束：教师带领幼儿跟随音乐做整理运动，带幼儿回教室。

活动反思：幼儿特别喜欢户外游戏，大部分幼儿能做好此游戏。

附：儿歌1. 山上有个木头人，山上有个木头人。三个好玩的木头人，不许说话不许动。

儿歌2. 我们都是木头人，我们都是木头人，扛起枪来打敌人。一不能动，二不能笑，谁动谁笑就打谁。

（七）如厕、盥洗、喝水10:35—10:50（同上）

（八）特色教学

活动时间：10:55—11:20

活动地点：中班教室

活动内容：摇篮曲

活动目标：

1. 让幼儿学会唱《摇篮曲》，并能带有一定的感情。

2. 让幼儿欣赏、感受与“母爱”有关的音乐，引发孩子对妈妈的爱。

3. 指导幼儿用柔和、甜美的声音学唱这首歌曲，感受歌曲的柔情，懂得感恩妈妈。

4. 鼓励学生尝试进行简单的即兴创作和表演活动。

活动准备：挂图、电子琴、《世上只有妈妈好》的曲谱

内容简介：

《摇篮曲》是德国作曲家勃拉姆斯的代表作品。此曲为民歌风格，作于1868年。全曲为方整性结构，由两个乐段构成，每个乐段有两个乐句，$\frac{3}{4}$拍，每句都是由第三拍弱拍起唱。形成

弱、强、弱、弱的舞曲风格，摇摆韵律。《摇篮曲》也叫催眠曲，原指母亲在摇篮旁为抚慰婴儿安静入睡所唱的歌曲，以后逐渐成为一种独立的音乐体裁。不同国家、不同民族、不同地区都有自己的摇篮曲。许多著名作曲家，如莫扎特、舒伯特，都写过这类歌曲。音乐中舒缓的旋律，再加上装饰音的运用，勾画出一幅母亲对孩子亲切抚慰的动人画面，也表达了人类最崇高的感情——母爱。

活动过程：

1. 教师引导幼儿感受妈妈的爱。

教师弹奏歌曲《世上只有妈妈好》，试着让幼儿合唱。

师问："这首歌叫什么名字？每当你们听到或唱起这首歌时，你们会想到什么？有什么样的感受？"请几个幼儿谈谈自己的想法。

教师总结："是的，世上只有妈妈好。妈妈的爱是最伟大、最无私的。妈妈那么爱你们，那你们爱自己的妈妈吗？你们怎么表达自己对妈妈的爱呢？"让幼儿表述。（如：拥抱、亲吻、给妈妈洗脚等。）

2. 欣赏《摇篮曲》。

（1）教师边弹琴边唱《摇篮曲》。

（2）幼儿欣赏歌曲《摇篮曲》，然后让幼儿随琴声在心里哼唱歌曲《摇篮曲》。

（3）教师弹奏歌曲旋律，先让幼儿大声、小声地跟着唱，再引导幼儿用柔和、甜美的声音来演唱这首《摇篮曲》。

（4）师生共同讨论这首歌曲所表达的内涵，让幼儿想想在唱这首歌时，想到了什么？

教师引导幼儿：让我们把自己想象成依偎在母亲怀抱里的婴儿，或想想自己的母亲，感受、体会一下母爱。

3. 创作与表演

（1）教师和幼儿创编一些简单的动作，帮助幼儿记忆歌词，更好地理解这首歌的含义。

（2）师幼一起边唱边表演，也邀请家长一起参加游戏，引导幼儿拥抱妈妈。

4. 教学总结

表扬幼儿，跟幼儿说通过你们的表演和演唱，让我感到你们和妈妈之间的爱是那么深厚。妈妈的恩情就像温暖的阳光，无时无刻不在照耀着我们。为了你们，妈妈付出了许多许多。看看妈妈眼角的皱纹、忙碌的身影，你们闭上眼睛，听着音乐，想一想妈妈给你做饭、买新衣、买玩具、接送你们上幼儿园的情景。此时此刻，你最想对妈妈说些什么呢？并让幼儿对妈妈说一句感谢的话。

活动反思：孩子虽然小，不怎么会表达对父母的爱，但通过教师的引导，学会了感恩妈妈。

（九）区角活动

活动时间：10:25—11:50

活动地点：中班教室

活动内容：生活区：串珠子，夹毛线团。

建构区：各种积木。

益智区：各种动物拼图、数字配对。

爱心医院区域："我生病了"。

美工区：绘画"可爱的小乌龟"。

活动目标：

1. 锻炼幼儿的动手能力和手眼协调能力。

2. 在区域活动中培养幼儿的合作精神。

3. 培养幼儿懂得安静进行区域活动，不打扰他人。

（十）活动结束

活动时间：11:55—12:00

活动地点：中班教室

活动内容：致结束词，发放家长调查问卷。

活动目标：

1. 简单总结今天的活动内容，感谢家长参加。

2. 发放家长调查问卷，并让家长认真填写，明早幼儿入园时上交。

幼儿园家长调查问卷

亲爱的家长朋友：

您好！在您的大力支持和配合下，我班的工作进展得非常顺利。我们目睹孩子们的成长和进步，感到无比的欣慰，同时更期待着在新的学期里，孩子们会有更加令人欣喜的变化。为了家园更好地合作，使幼儿更加健康、和谐地成长，请您为我们的各项工作提出宝贵的建议和意见，真诚地感谢您的参与！

项目	(　　)老师	(　　)老师	(　　)老师
教师关爱、了解您的孩子吗？您的孩子喜欢老师吗？	优(　) 良(　) 一般(　)	优(　) 良(　) 一般(　)	优(　) 良(　) 一般(　)
教师在仪表言行、为人师表方面，表现如何？有无语言不当及变相体罚行为？	优(　) 良(　) 一般(　)	优(　) 良(　) 一般(　)	优(　) 良(　) 一般(　)
您嘱托老师的事情，教师态度如何？能否做到？	优(　) 良(　) 一般(　)	优(　) 良(　) 一般(　)	优(　) 良(　) 一般(　)
当孩子遇到困难时，教师是否耐心热情地帮助、引导孩子解决？	优(　) 良(　) 一般(　)	优(　) 良(　) 一般(　)	优(　) 良(　) 一般(　)
教师在照料幼儿生活方面是否细致？有无饮水不足、穿反鞋等现象？	优(　) 良(　) 一般(　)	优(　) 良(　) 一般(　)	优(　) 良(　) 一般(　)
教师在文明礼貌、品德及良好行为习惯的教育方面，表现如何？	优(　) 良(　) 一般(　)	优(　) 良(　) 一般(　)	优(　) 良(　) 一般(　)

续表

项目	(　　)老师	(　　)老师	(　　)老师
您的宝宝在哪些方面进步很大？您更重视宝宝哪方面能力的培养？			
您认为班级老师的工作在哪些方面还有待于进一步提高和加强？			
您对幼儿园的伙食(色、香、味、量、营养)是否满意？有何建议？			
您对幼儿园的教育理念和教学工作是否满意？有何建议？			
您对幼儿园的管理是否满意？还有哪些建议？			

注:我们将根据您的建议调整教师和幼儿园的工作,请您务必填写清楚班级(不需填写幼儿姓名),明早投到幼儿园大厅门口的意见箱内,谢谢您的配合!

单元七　幼儿园大班班级管理

知识目标

1. 了解大班幼儿的身心特点及发展规律。

2. 理解幼儿园大班的班级特点，根据大班幼儿班级特点组织和管理班级各项活动。

3. 熟悉和掌握大班幼儿面临的各种问题，做好大班幼儿的幼小衔接工作，完善大班班级组织和管理工作。

4. 理解制订大班班级管理目标的原则，熟悉和掌握大班各项常规管理的内容和方法。

能力目标

1. 会制订大班班级目标。

2. 能运用班级管理基本方法进行大班班级管理。

3. 能够进行幼小衔接教育与管理工作。

素养目标

1. 热爱幼儿教育事业，具有教书育人意识，树立职业道德理想。

2. 不断提高保教实践能力，进而促进幼儿全面且富有个性的发展。

知识导图

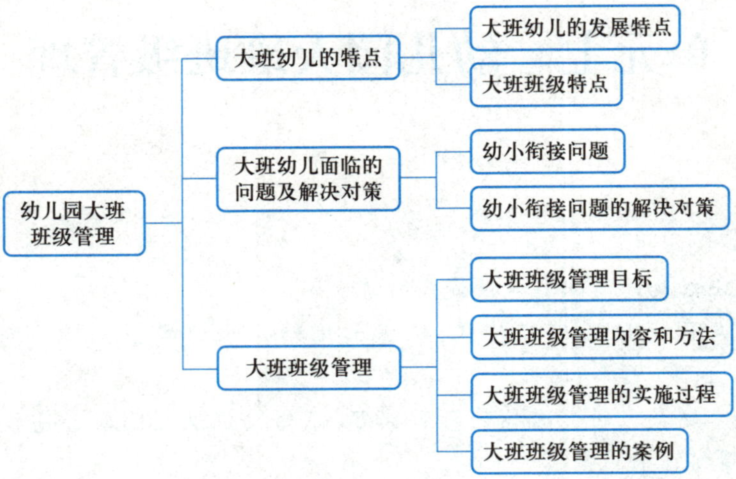
幼儿园大班班级管理
大班幼儿的特点
大班幼儿的发展特点
大班班级特点
大班幼儿面临的问题及解决对策
幼小衔接问题
幼小衔接问题的解决对策
大班班级管理
大班班级管理目标
大班班级管理内容和方法
大班班级管理的实施过程
大班班级管理的案例

案例导入

老师不在

大班的孩子们马上要入小学了。到了小学,每节课之间有十分钟的自由活动时间。为了让孩子们体验课间十分钟,我们在一日活动中设置了几次课间十分钟。

情境描述:“好了,现在我们休息十分钟,十分钟后我们坐回来,然后再来安排接下来的活动,好吗?看好时间哦!”为了让孩子们能更有时间观念,我在开始时反复给他们强调时间,通过观察开始休息时的时间来计算十分钟后分针会指到哪个数字。教师也预设在10分钟内要观察孩子们是否在游戏中关注了时间的变化,然而新的问题出现了。“老师,阳阳不做自己的事儿来影响我做作业!”“老师,谷若岩说了难听的话!”“老师,美美和苏琪他们两个在浪费大家的手工彩纸!”……短短的几分钟,到处充满了告状的声音。此时我开玩笑地对孩子们说:“老师不在,现在老师不在哦!”我是想通过告诉他们“老师不在”,来让他们自己处理自己的事情。孩子们似乎理解了,随后来告状的人也少了。孩子们还会互相转告:“老师现在不在!”最后,没有人再来向我告状了。

分析反思:通过课间十分钟的体验,孩子们从找老师报告到自己处理事情,从报告别人到管理自己,在渐渐地过渡着。在十分钟的时间里,当孩子们反复来报告的时候,老师用开玩笑的口吻来提醒孩子现在是课间十分钟,有事情老师都不在身边的。有的孩子会觉得很好玩,我说老师不在而明明就在教室里做自己的事情,个别孩子会开玩笑地说老师应该去办公室里的。以后可以多让孩子们尝试课间十分钟,不断地创造条件培养孩子独立处事的能力,为幼小衔接打好基础。

幼儿园的班级管理工作并非一日之功,它需要教师在《纲要》和《指南》的指导下,不断努力,不断探索班级管理的新思路,这样才能在实际工作中做到循序渐进、游刃有余。大班的幼儿一般是5—6岁,作为幼儿园毕业班的孩子,他们在经过两年多的历练之后长大了许多,无论是身体还是心理均表现出其特有的“成熟”。本单元主要讲述教师如何依据大班幼儿身心发展的特点,依照大班幼儿班级特点,运用不同的管理策略,科学、合理地组织幼儿园大班班级常规管理工作。

基础理论

第一课 大班幼儿的特点

一、大班幼儿的发展特点

(一)生理发展的特点

大班孩子骨骼的骨化程度较高,富有弹性,受压易弯曲变形或骨折;肌肉较柔软,力量和耐力较差,容易疲劳;皮肤娇嫩,表皮层比较薄,抗感染能力较弱,受伤后需要及时消毒;呼吸道与成人相比较窄且小，肺部的发育程度较差，呼吸道感染易出现呼吸困难；免疫功能还不成熟，容易感染疾病，如水痘、腮腺炎、手足口病等。

大班幼儿的大脑结构已经相对成熟，接近成人水平：(1)兴奋性增强。大脑皮层细胞的活动能力增强，睡眠时间减少，活动时间延长。(2)抑制过程有所发展。此时的幼儿能根据要求安静地坐下来听故事或者参加某一活动，并控制自己的行为。但此时大脑的兴奋和抑制过程仍不平衡，兴奋过程仍然强于抑制过程。

大班幼儿的动作发展得很快，可以连续行走 20~30 min 而不感到疲劳。大肌肉动作如走、跑、跳、钻爬、攀岩等明显比中班有所进步。手部小肌肉动作更加灵巧，手眼协调能力增强，例如，可以灵活使用剪刀，会用橡皮泥等材料捏出各种造型等，还能正确使用画笔、铅笔进行简单的美工活动。

(二) 心理发展的特点

1. 语言能力进一步发展

大班幼儿词汇量更为丰富，扩充至 3 000~4 000 个，词类范围扩大，对词义的理解加深。此时的幼儿能用清楚的、连贯性的语言表达自己的愿望和要求。和别人交谈时，用词较恰当，能够较完整地复述故事，能看图编故事，还能围绕一个主题编故事。在语音方面，能够做到发音正确，咬字清楚，而且能分出四声，并按语句内容调整自己的音调。此外，大班幼儿还会使用各种复合句和连接词，口语表达能力有了进一步提高。

2. 抽象逻辑思维开始萌芽

整个幼儿期，思维的主要特点是具体的、形象的，但是，5—6 岁的幼儿已经明显地出现了抽象逻辑思维的萌芽。例如，5—6 岁的幼儿能根据概念对事物进行分类。如果给幼儿 9 张画有水果、餐具和衣服的图片，他们会很快把 9 张图片按照水果、餐具、衣服分为 3 类。再如，5—6 岁幼儿对比较抽象的概念、对事物的因果关系的掌握等都有所发展，他们会说“这个东西沉不下去，因为它是木头做的，木头就沉不下去”。4 岁的孩子只能从事物表面找原因。如问：“乒乓球为什么会漂起来?”4 岁儿童会回答：“因为它是白颜色的。”

3. 心理活动开始向有意性发展

5—6 岁的幼儿已能初步控制自己的行为，有目的地进行活动，心理活动开始向有意性发展。老师让 5—6 岁的幼儿在家里把不用的食品盒收集起来，做成汽车等玩具，大部分幼儿会主动积极地去完成。5 岁的孩子能在游戏活动之前提出一定的目的和计划，有意地关注游戏活动过程。

4. 情绪情感逐渐稳定

每个人都有喜、怒、哀、乐等情绪表现，以反映内心的感受、实现与他人的交往。幼儿的情绪情感表现同样很丰富，但也比较容易变化。就幼儿来说，年龄小的幼儿情感变化比较大，随着年龄的增长和教育的影响，5—6 岁幼儿的情绪情感逐渐稳定。例如，摔痛了能忍着不哭，能建立稳定的同伴关系等。

5. 自我意识及合作、交往能力增强

5 岁以后，儿童的个性特征有了较明显的表现，其中最突出的是儿童自我意识的发展。幼儿期自我意识的发展主要表现在自我评价、自我体验及自我控制三方面。大班幼儿的自我评价从依从性评价向独立性评价发展。他们不再轻信成人的评价，当成人的评价与幼儿的自我评价不一致时，他们会提出申辩。同时，幼儿的自我评价开始从个别性评价向多元性评价发展。例如大班幼儿在评价自己时会说："我会唱歌跳舞，但画画不行。"此外，大班幼儿的自我控制能力增强，这既表现在他们对动作准确性的控制上，又表现在他们对自己行为的控制上，如规则意识、坚持性增强等。大班幼儿的合作能力和交往能力已有很大发展，他们与同伴的交往占据日常生活的大部分时间。在交往过程中，幼儿学会了与人合作。他们不仅注意自己的活动，而且还注意同伴的活动。遇到共同的兴趣和目标时，幼儿之间会有很好的分工、合作。此外，他们还会主动向同伴学习，一起讨论问题。

6. 爱学、好问，有极强的求知欲望

学前后期的儿童对周围世界有着积极的求知探索态度，他们不但爱问"是什么"，还想知道"怎么来的""什么做的"。儿童还常常会提出这样的问题："为什么月亮会跟着我走？鱼儿为什么能在水里游？""电视机里的人怎么会走路、说话？"有的儿童还喜欢把玩具拆开探索其中的奥秘。儿童开始对自然现象的起源和机械运动的原理等产生兴趣，渴望得到科学的答案。

7. 阅读兴趣显著提高

大班儿童不但对图书的阅读兴趣浓厚，能较长时间专心地看书，对内容的理解能力较强，而且开始对文字产生兴趣。当他们在书中或广告招牌中看到自己认识的汉字时会非常兴奋，还常常缠着成人教他们认字。识字积极性很高，记忆力也很强。他们还常常在自己的绘画作品中写上歪歪扭扭的汉字。到了大班下学期，儿童们会聚在一起，边看图书边连猜带蒙地念书中的文字，阅读成了他们很大的乐趣。

8. 象征性游戏趋于成熟，表现与表达方式多样化

5—6岁儿童玩角色游戏时，对角色的兴趣比对物体的兴趣浓厚，注意到了一个主要角色和几个有关的其他角色的关系。儿童的思维正在进一步向抽象化发展，在游戏中较多出现用语言和动作来替代物体的行为。幼儿之间对替代物的一致认同程度提高，游戏中发生争执的情况减少。游戏的主题除了来自儿童的生活外，还来自影视作品。在角色游戏中能综合自己所经历过的各种生活内容，概括和创造性地再现一般的生活情景。这一年龄段的儿童表现欲望强烈，他们会用多种方式表达自己的想法。如在美工活动中会用多种工具进行绘画创作；在音乐活动中会通过歌舞、乐器、语言等方式表达自己对音乐的理解；外出参观后，儿童会用绘画、建构等方式反映自己的所见所闻；还热衷于戏剧表演。

9. 自我管理能力增强

经过小班与中班的生活常规教育，大班幼儿的自我管理能力明显增强。他们不像小班幼儿那样凡事都需要老师帮忙，而是可以自己解决一些生活中的常见问题。而且，大班幼儿可以自己管理自己的情绪，不会经常哭闹着找妈妈。他们可以更好地理解规则并且按照规则去办事，较少随意行事。

二、大班班级特点

1. 幼儿人数增加，班级容量增大

伴随着幼儿年龄的不断增长，大班幼儿人数已由小班的25人，中班的30人扩充到了35人，人数的增加不仅拓宽了幼儿的交际范围，更增加了幼儿之间相互学习的机会。

2. 班级布置更侧重于知识性和互动性

与小班、中班色彩艳丽的墙面布置相比,大班班级的墙面布置内容更加丰富,更多的儿童作品被充分利用和展示。大班班级墙面的布置更多的是侧重于知识性和互动性,将知识融入幼儿的学习环境中。幼儿成为环境布置的主人,让环境会说话。

3. 大班社会性活动增多

各类区角活动开展得很充分,幼儿的语言沟通能力和社会交往能力得到更好的提高和发展。

4. 集体感、责任感增强

大班幼儿对集体观念有更直观的理解。在团队活动中懂得“集体力量大”的道理,通过与班级间的竞赛活动,幼儿懂得个人与集体的重要关系,有更强的集体责任感,能够用自己良好的表现为班级增添荣誉。

5. 解决问题的能力有所提高

大班幼儿能够做到自己的事情自己做,遇到困难能自己积极处理克服,不会急着向老师求援,解决问题的能力有很大的提高。

第二课 大班幼儿面临的问题及解决对策

大班幼儿精力旺盛,爆发力强,个性已经开始发展,各种心理活动已经有了互相的联系,先前的心理活动和先前形成的态度会影响后来的心理活动和态度。大班开展的活动要适应幼儿的个性特点,满足他们的情感需求,允许幼儿的个性得到体现,从而使幼儿在活动中充分发挥其自主性。大班幼儿经常会发生咬人、打人、扔玩具等攻击性行为。这个时期的幼儿,个性发展初具雏形,可塑性很大。

作为幼儿教师,应正确地了解幼儿的心理发展特点,避免对幼儿进行训斥、责备,用积极、鼓励的形式,让幼儿树立自信、了解攻击性行为的危害。用我们的爱,让幼儿有安全感,从而把所有的精力都放到活动中去,减少攻击性行为的发生。同时,我们在日常的教学管理中,应该加强个性化的教育,这样才能使幼儿的各种能力得到更好的发展。当然幼儿的个性形成是一个长期过程,这就需要每个教师有育人之爱心,有耐心,有奉献精神,因势利导,因材施教。

一、幼小衔接问题

幼小衔接是依照儿童身心发展的特点,协助儿童顺利地从幼儿园阶段过渡到小学阶段。幼小衔接是儿童身心发的客观需要,是由儿童身心发展规律决定的,主要包括外在学习环境的衔接和儿童内部精神的衔接。幼儿园和小学有着不同的教育氛围和教学风格,既相互区别又相互联系。就儿童的内在学习而言,通过幼小衔接教育活动的设计,使得儿童即使经历从幼儿园到小学的过渡,依然受到一致的教育目标和期望,仍然能够保持一种持续的状态。从 20 世纪 90 年代开始,幼小衔接问题便受到世界各国普遍重视,并作为世界教育研究的重要课题之一。从幼儿园到小学阶段的过渡,对儿童来讲是一个很大的飞跃。儿童从幼儿园进入小学,往往表现出明显的不适应。我们作更深层次的研究之后发现幼小衔接工作中存在着一些问题。

1. 单向性

不少幼儿园把幼小衔接当作一项重要工作来做，积极开展幼儿入学前的准备工作，无论是在教学要求、内容、方法还是作息时间方面都主动向小学靠拢，而大部分小学却无动于衷，不主动与幼儿园接触，也很少考虑初入学儿童的身心特点，造成了衔接工作的单向性。事实证明，双向准备才是解决幼小衔接问题的有效途径。

2. 片面性

幼小衔接工作的片面性表现在重知识准备，轻能力培养。只关注儿童认识了多少字，会做多少算术题，不关心儿童的学习兴趣、学习习惯及学习能力，不关注孩子的独立生活能力、交往能力、挫折承受能力等；只关注儿童的生理健康，忽视了儿童的心理健康。在非智力因素方面培养不够。在幼儿园，教师较多地从幼儿的年龄特点出发，从他们的兴趣出发，采用游戏形式组织教育教学活动，主要利用儿童的无意注意。上小学后，需要儿童较多地进行有意注意，同时还要有明确的任务意识、规则意识、自制能力、坚持性、自我服务能力等。很多幼儿园在这些方面没有对幼儿进行有意识地培养。

3. 突击性

有的小学在招收新生时，进行所谓的摸底测验，主要内容包括识字、计算等，并以此为依据决定是否接受新生入学或给新生编班。摸底测验的成绩也成为小学教师、幼儿家长衡量幼儿园教育、教学质量的标准。一些幼儿园不得不在大班阶段对幼儿进行相应的突击训练。

4. 盲目超前性

有的幼儿园为了迎合家长或过于考虑小学读、写、算的教育要求，将小学的部分学习内容提前教给幼儿，背离《纲要》的要求，拼命在知识上加码；有的甚至用小学一年级的课本进行教学；有的还把小学的一些做法如考试、留家庭作业搬到幼儿园。过早地让幼儿进行紧张的学习活动，会致使儿童在入学后出现下列情况：入学初感到学习很轻松，出现上课不专心、做作业不认真等现象，形成了不良的学习态度和习惯；随着学习内容的加深，难度的增加，“储备知识”的用完，又缺乏认真学习的习惯，这时就出现了困难，导致学习“没后劲”等问题。

5. 表面性

不少幼儿园的幼小衔接工作只停留在表面上。如有些幼儿园大班，课桌的摆放形式有所改变，课间延长，游戏时间、活动数量减少；有些幼儿园只组织幼儿到小学参观一下或请小学生回幼儿园介绍一下小学生活。儿童的适应能力，有意注意的持久性，学习的主动性、积极性、自制力等常常被忽略了。学前教育的准备意识不强，没有具体措施。学前教育的性质是小学教育的准备阶段，《中共中央　国务院关于学前教育深化改革规范发展的若干意见》中明确指出：坚决克服和纠正小学化倾向，小学起始年级必须按国家课程标准坚持零起点教学。”

二、幼小衔接问题的解决对策

1. 在观念上重视幼小衔接

（1）正确认识幼儿园和小学两种教育机构的不同。从幼儿园教育到小学教育的转变过程中，儿童不仅面临学习环境的变化，还要实现角色期望及行为规范的转换。幼儿园与小学两种教育机构的不同表现在：学习环境不同，师生关系不同，社会要求不同，生活作息制度不同，教育内容、教学方法不同。

学习环境不同。幼儿园的活动室,一般布置得美观、生动、形象、富有儿童情趣,桌椅可移动,有自然角、图书柜、玩具,供儿童观察、游戏、劳动、娱乐之用;幼儿园的物质环境与和谐的心理环境,为儿童活动创设了积极宽松的氛围。小学的教室多数只有桌椅,座位固定,没有玩具、图书和其他设备,对儿童缺乏强烈的吸引力;场地上的运动器械多半是全校学生合用的,供低年级学生使用的器械较少。

师生关系不同。幼儿教师是幼儿的支持者、合作者、引导者。幼儿教育保教并重,教师全天参加儿童的游戏、娱乐、日常生活等各项活动,对幼儿的冷暖、饮食、睡眠、如厕、清洁卫生各个方面都照顾,师幼个别接触与谈话的机会较多,慈母般地关爱儿童,师幼之间往往形成亲密融合的心理氛围。幼儿在教师的照料下生活,心理上依赖教师,自己独立支配的活动较少。在小学,教师的主要精力放在教学上,重视完成各科教学大纲,教材的进度、作业批改及课堂纪律,对学生生活关注较少。教师与儿童的互动,主要放在课堂上,除班干部和有特殊行为问题的学生外,师生个别接触的机会较少。多数教师态度严肃,要求严格,批评、斥责比较严厉,和幼儿教师有显著的不同。这样就增加了幼儿在适应中的心理距离,使其感到压抑和生疏。

社会要求不同。幼儿园以游戏为主要活动形式,游戏灵活、自由、趣味性强,没有严格约束力、规范性,是启蒙教育,着重于使幼儿能全面和谐发展,使每个幼儿在原有基础上得到最大发展;培养幼儿的学习兴趣,传授周围环境中的粗浅知识,引导幼儿形成良好的学习习惯,幼儿的学习常渗透在各种儿童感兴趣的生动、形象的活动之中;学习的收获没有严格的评分标准,不许考核,没有压力,儿童的学习责任感较淡,幼儿园教育是一种非义务教育。小学以上课为主要活动形式,须依据国家统一规定的教学计划、教学大纲和教材进行系统的文化知识教育,要达到一定的质量要求。小学生的学习是一种社会义务,必须系统地掌握关于自然或社会的基础知识、基本技能,接受基本的学习能力训练,这是社会赋予学生的责任。学生必须努力学习,上课认真听讲,刻苦练习,积极思考,完成作业,参加考试。

生活作息制度不同。从睡眠时间来看,幼儿园大班幼儿一天的平均睡眠时间为 12 h,小学一年级的平均睡眠时间为 9 h,两者相差 2 h 左右。幼儿的上课时间与小学差别更大。幼儿园大班每天上 3 节课,自由活动、游戏的时间较多。小学一年级学生每天上四五节课,活动时间较少。

教学内容、教学方法不同。幼儿园以发展口头语言为主,学习周围环境和日常生活中的粗浅知识技能,不强调系统性;小学以学习书面语言为主,强调系统的文化知识教育和读、写、算的基本训练。幼儿园从幼儿思维的具体形象性出发,较多采用直观教具和多样化的方法;而小学形象化的教学方法逐渐减少。

(2) 正确认识幼儿身心发展的客观规律。儿童在不同的发展阶段,机体的各个器官和系统发展成熟的程度不同。如在运动技能方面,幼儿园儿童会走、奔跑、跳跃、弯腰、下蹲及会运用脚、身躯和手指做各种动作,他们的走、跑、跳、攀登、投掷等基本动作逐渐熟练和协调,但肌肉动作仍不够灵活和准确;进入小学后,还要经过一个发展、练习的时期,才能迅速而准确地进行手工、书写等活动。儿童的注意、感知、记忆的随意性,思维、语言能力,情感和意志水平在不同的发展阶段有质的差别。在社会性发展方面,幼儿园儿童的自主性逐渐增强,对同伴交往的需求日益迫切,但集体意识、坚持性和自制力的进一步发展还要在小学阶段完成。

(3) 积极借鉴国外幼小衔接的有益经验。幼小衔接问题,受到了世界各国的普遍重视,许多发达国家进行了大量研究,根据儿童身心发展的特点和规律,结合各国实际的教育状况提出了诸多解决幼小衔接问题的方法。我们可以借鉴国外幼小衔接在教育机构设置、课程设置、课程培训、家长工作等方面的经验进行尝试。

2. 实践中的可供操作的措施

（1）做好幼小衔接的一些措施。做好幼儿园与小学的衔接，使幼儿尽快适应小学的生活，是一个较为复杂的问题，仅仅依靠幼儿园的力量是难以解决的，需发挥幼儿园、小学、家庭三方面的积极性，共同做好工作。

幼儿园是做好幼小衔接工作的关键因素。幼儿进入小学前必须达到一定的身心发展水平，才能适应小学的学习和生活，而幼儿的身心发展水平在很大程度上取决于幼儿园的保教质量。因此幼儿园必须通过各种保教手段提高幼儿各方面的素质，增强环境适应能力。

幼儿园阶段要保证幼儿充足的营养和休息，防治疾病，注意安全，使幼儿身心健康。要重视体育活动，积极锻炼，增强体质；坚持生活制度的规律性，健全神经系统的正常发展，关心幼儿的情感和自主调节能力；保护和训练幼儿的感官，特别是视觉、听觉器官；培养幼儿的独立生活能力，如能独立进餐、如厕、游戏、劳动、整理学习用品，完成力所能及的任务等；培养幼儿学习的兴趣和求知欲，幼儿园不仅要用生动形象的内容来吸引幼儿的注意力，更重要的是激发幼儿的学习兴趣，有学习新知识的要求和愿望，从学习中得到满足和愉快，产生学习的主动性、积极性，得到可持续发展；发展幼儿的智力，有意注意是儿童进入小学后顺利学习的基本条件，幼儿园应培养幼儿能在一定程度上控制自己，使精神集中，并随年龄的增长，适当延长有意注意的时间；发展幼儿的思维和语言能力，对常见的事物能进行初步的分析、归类、比较，形成简单的概念，在集体中能大胆讲话，发音正确，口齿清楚，语句完整连贯，能清楚地表达自己的思想见解；培养幼儿动手操作的能力，在教师指导下学会使用简单的工具、文具；培养幼儿良好的个性品质，如保持愉快、饱满的情绪，活泼开朗，学会分享、合作、互助；重视幼儿非智力因素的培养。

与幼儿家长、小学教师保持密切联系。《纲要》很重视家园合作。幼儿园要定期和不定期与家长交流育儿知识，提高家长的育儿素质，经常保持联系，纠正家长不正确的教育态度、方法，使家、园教育一致；幼儿教师主动与小学教师联系，如通过个别访谈、组织参观活动、座谈会等，倾听意见，不断改进教学内容、方法，为小学一年级教师准备一份较为详细的幼儿各方面的发展情况表，以便教师能全面系统地了解新生。

做好幼儿园大班后期工作。幼儿园大班应更集中、更直接地对幼儿进行入学准备教育，为幼儿做好体力、智力、品德、意志和生活习惯等各个方面的入学准备。幼儿教师要向大班幼儿介绍小学情况，并创设条件，使幼儿能与小学有直接接触机会。组织幼儿参观附近小学，逐步熟悉小学环境；观察一年级上课情况，培养幼儿上小学的欲望。组织幼儿参加少先队活动，树立幼儿戴红领巾的光荣感；组织大班幼儿和小学生一起春游、开联欢会或进行其他活动，增进幼儿和小学生之间的友谊；请一年级小学生回园谈学习体验与收获；向大班幼儿提出要求，逐步养成小学生应有的良好行为习惯和学习能力。良好行为习惯包括按时休息、按时上学，认真学习、严格遵守上课纪律，注意力集中、不做小动作，不随便讲话，积极思考问题与发言，爱护书籍、文具等。文明礼貌，乐于助人，尊敬师长。不断提高学习能力，培养书写能力和正确的握笔姿势。教师有计划地指导幼儿阅读，使幼儿学会从左到右，从上到下有顺序地看书；幼儿园大班还可以改变环境布置，调整作息时间，延长上课时间至 35 min，适当增加各种智力活动，加速幼儿适应小学生活的步伐;做好大班幼儿的毕业离园活动,举行毕业典礼,可邀请小学教师或小学生代表参加,会上有代表讲话,表示祝贺和对孩子的美好祝愿,并提出希望。中班小朋友可向哥哥姐姐表达庆贺或互相赠送自己制作的礼物,会后还可拍照留念,使整个结业会在热烈气氛中进行,使幼儿充满欢乐和自信,迎接新的学习生活。

(2) 小学是做好幼小衔接工作的重要因素。小学教师应全面了解幼儿、熟悉幼儿园的工作。小学教师要深入了解幼儿在幼儿园的情况、在家的表现、父母的态度、家教环境,指导家长为幼儿入小学做好必要准备,尽量与幼儿接触,谈论幼儿感兴趣的问题,消除幼儿的陌生感。

科学制订小学初的生活制度,努力减少"坡度"。一年级教师应根据本班儿童的实际情况和大班后期课程设计的特点,适当安排小学生入学初的课程、课时,增加活动性课程,减少知识性课程,增加户外活动时间和儿童感兴趣的活动,尽量减少作业任务、控制家庭作业量,动静搭配,寓教育于游戏中,调动儿童的学习积极性。

配合幼儿园做好大班后期衔接工作。小学教师要热情接待来参观的幼儿,开展活动时主动邀请大班幼儿,教育小学生热情照顾幼儿园的小弟弟小妹妹,加深幼儿对小学的了解,并对小学环境、老师、同学产生亲切感。

(3) 家庭是做好幼小衔接工作不可缺少的因素。家庭要重视幼小衔接工作,激发幼儿入小学的积极性;家长要了解幼儿园、小学在各方面的区别,及小学对新生的要求;家长要了解孩子各方面的发展水平和存在的问题,调整教育方法,带幼儿参观小学,接触邻居小学生。

安排好孩子的假期生活,制订科学的暑假作息时间表,安排好孩子的生活、学习,使之有规律。培养巩固孩子的生活自理能力和良好的生活习惯。

帮助孩子度过"困难期"。孩子即将进入陌生的学习环境,面临新的学习任务和与人交往的问题,家长要助孩子一臂之力。照顾好孩子,保证充足营养;帮助孩子解决小学中遇到的困难,进行正确启发、引导;引导孩子正确处理学习与玩的关系,正确对待与同伴交往中的矛盾;教育孩子学会商量,懂得谦让;如果遇到难解决的问题应主动与小学教师联系。

(4) 幼小衔接要注意防止幼儿园小学化。幼儿园的主要任务是培养幼儿的独立生活能力,使幼儿形成良好的生活习惯。学前教育阶段不宜对幼儿过早地进行系统学科知识的灌输,那样反而会妨碍幼儿智力的进一步发展。严重的会使幼儿早早地产生对学习的厌恶。

总之,幼小衔接是教育整体改革上的一个重要内容。只有搞好幼小衔接,才能使儿童身心健康发展,保证基础教育质量的提高。我们应对处于幼小衔接年龄阶段儿童的身心发展和学习规律做进一步探索,不断寻求符合我国国情的幼小衔接途径,帮助儿童顺利地解决好其间的过渡和衔接,使儿童健康、活泼、愉快地成长。

全面地看待幼小衔接工作,既要考虑到微观的幼小衔接,也要考虑到宏观的幼小衔接;既要考虑到认知内容的衔接,更要考虑到身体的、情感的、态度的、社会的等内容的衔接。儿童的发展既是阶段性的,又是连续性的,一个孩子绝不是在跨入小学的那一天,突然失去幼儿的特点。发展的连续性规律决定了衔接时间,幼儿园和小学两阶段的特点在孩子身上同时并存,且相互交叉。幼儿阶段的特点逐渐减弱,小学阶段的特点逐渐增强。为适应儿童在此时的身心发展特点和规律,促进其健康成长,幼儿园和小学的教育均需适合儿童的发展。即不能一味地要求儿童适应小学生活,而要强调让小学一年级的教育减小坡度,循序渐进地逐步适应儿童的发展。

资料吧

采取有效措施促进幼小衔接

在幼儿园大班，集体活动时间是30 min左右，注重动静交替，注重游戏，注重幼儿的活动与参与；小学上课时间是40 min，与幼儿园相比静多动少，并且要求遵守严格的课堂纪律。这对很多一年级新生来讲，无疑是一场严峻的考验。许多孩子对小学生活的向往在这时变成美丽的泡影，心里开始失望。为了使这种情况得到缓解，幼儿园在集体活动时间的安排上做了适当延长，大班下学期集体活动时间安排在35 min左右，让小朋友在心理上、时间概念上有好的准备。这种时间上的靠拢非常有效。

培养良好的学习习惯，使幼儿掌握正确的坐姿，写字、握笔姿势。坐姿，写字、握笔姿势是学校多年来一直强调的事情，如果这些基本姿势不正确，在高年级纠正往往收效甚微。因此，在幼儿园后期和小学一年级这样的起始阶段建立起上述几个良好习惯尤为重要。在大班后期可以进行专门的训练和指导，教幼儿学写一些简单的数字，不要求快，只要求规范。还可以组织大班年级的孩子进行“坐姿，写字、握笔姿势”比赛，组织幼儿观看有关录像，这些活动都可以收到很好的效果。

培养良好的学习习惯，还要在常规上有要求。如引导幼儿在集体活动的时间里逐渐保持注意力的稳定和持久，尽量在活动后喝水、上洗手间。集体活动时能专心听讲，积极发言。老师要加强对孩子注意力和思维敏捷性的训练。日常生活中，老师尽量少使用在小、中班时对幼儿常用的物质奖励法，注重激发幼儿对事物的专注和兴趣，培养幼儿内在的学习动力，使他们能顺利适应小学的学习生活。

幼儿园大班应加强生活能力的培养。如整理书包，管理自己的物品，准时上幼儿园，按时入睡，在自由活动时会结伴玩耍，听指令完成任务或听老师口头通知带指定物品等；使幼儿在自理能力、时间概念、任务意识、责任感、解决问题的能力、独立交往能力以及建立良好的人际关系能力等方面打下良好的基础。减少儿童上小学时丢三落四的现象，逐渐学会管理自己，进入小学后能适应快节奏的生活。

从语言环境上来讲，一方面要求教师注意语言的规范、优美、丰富多彩，另一方面要求教师鼓励幼儿多用普通话交流，还要提倡家庭里多用普通话交谈。阅读活动的主要形式包括自由阅读活动和老师指导下的阅读活动两种。这两种活动，使小朋友既有自由选择阅读内容的机会，又能得到老师的引导，在有目的、有计划的阅读中，阅读方法、阅读兴趣、阅读能力有了大幅度提高。这些能力又直接、有力地促进学习能力的发展。通常，班里有这样的情形，识字的小朋友喜欢读书，读书又能学到更多的字。人与书产生互动，学习能力和学习兴趣在互动中增长。拥有这样基础的幼儿能尽快适应小学的学习生活。如开学上课时，能听老师的要求正确理解拿、取书，能看通知，喜欢识字活动，能顺利地阅读报纸，能正确理解题意。识字兴趣、阅读能力、理解能力明显比不识字的小朋友强，学习的起点高。通过以上的这些活动为幼儿进入小学打下良好的基础，会使其能很快适应小学的生活。在日后的工作中我们要探索更多的方法，让孩子能更好地度过这个成长的转折点、关键期。

第三课 大班班级管理

一、大班班级管理目标

大班班级管理的目标是培养大多数幼儿养成良好的行为习惯。从小就培养幼儿良好的行为习惯，幼儿终身受益；反之，则将终身受害。幼儿良好行为习惯的形成具有一定的规律，而影响幼儿行为习惯形成的因素也是多方面的。作为教师，应遵循习惯形成的规律，分析多种影响因素，选择正确科学的方法。

二、大班班级管理内容和方法

（一）生活常规管理的内容和方法

良好的生活常规主要包括：良好的饮食、睡眠、盥洗和排便等习惯；知道保护眼、耳、口、鼻等器官及保持身体清洁和仪表整洁等卫生知识；在日常生活中有良好的行为习惯，如说话文明，友好地与人交往，乐于倾听别人的意见，形成初步的安全意识等。

大班幼儿已经形成了一些良好的生活习惯和行为习惯。随着年龄的增长，他们的自制能力也有所提高，辨别是非的能力有所增强。这为教师进行生活常规管理提供了有利条件，教师只需制订相应的计划、进行相关的引导即可。

（二）教育常规管理的内容和方法

1. 健康领域

➢ 教育幼儿要吃各种食物，不挑食，加强幼儿良好的饮食习惯的培养。

➢ 幼儿能克服畏惧和依赖心理，能独自一人在房间睡眠，并自觉做到早睡早起，形成良好的睡眠习惯。

➢ 能正确洗手，天天洗脸，勤洗头、洗澡，保持仪表整洁，知道讲究个人卫生和环境卫生，形成良好的卫生习惯。

➢ 学会自己添饭，能独立进餐，不撒饭菜，饭后主动收拾餐桌；能迅速有序地穿脱衣裤、鞋袜，会系鞋带，培养幼儿较强的生活自理能力。

➢ 知道换牙是一种正常的生理现象，掌握换牙期间的自我保健；知道吃饭前后不做剧烈运动；了解人体内部重要器官的主要功能和保健，知道基本的保健常识。

➢ 学习并初步掌握遇到火灾、雷电、地震等险情的自救方法；懂得不玩火、不玩煤气、不触摸插座，能迅速识别学过的安全标志并学习新的安全标志，提高幼儿的自我保护能力。

➢ 通过各种游戏，发展幼儿的走、跑、跳跃、投掷、平衡、钻爬、攀登等动作，发展幼儿的协调能力及创造力。

➢ 培养幼儿积极上进、自尊自信、独立自主、乐群合作、积极竞争等良好的心理品质和行为。

2. 语言领域

➢ 在日常生活中坚持说普通话，发音清楚、正确。

➢ 继续丰富词汇，学习一些常见虚词、介词（如在、从、把等）、连词（如因为、所以等），能使用一些常见的形容词和同义词。

➢ 养成运用文明语言交往的习惯，能清楚地表述自己的要求和见闻。

➢ 能完整、连贯地讲述自己的生活经验，突出讲述的中心内容，学习用语言来反映事物的本来面目。

➢ 喜欢学习文学作品和丰富优美的书面语言。

➢ 能有感情地朗诵诗歌，根据图文讲述故事，能正确评价别人的讲述。

➢ 喜欢阅读图画书，能讲述图画的主要内容，学习制作图画书，认读与幼儿生活密切相关的一些词汇。

3. 社会领域

➢ 使幼儿了解医院的任务、分科、医护人员的分工和看病的手续，懂得要配合医护人员治疗。

➢ 使幼儿知道图书馆是储存知识的宝库，是专供人们借书、阅读的地方；教幼儿学习借阅图书的手续，知道爱护图书，尊重管理人员的劳动。

➢ 知道公园是供人们游览的社会公共场所，必须遵守相关规定，教育幼儿爱护花草树木和游乐设施，做文明游客。

➢ 认识社会上各种各样的广告，教幼儿学编广告词，培养幼儿思维的灵活性和应变能力。

➢ 教幼儿认识家庭成员之间的关系、亲戚关系、朋友关系，学会各种称呼，培养幼儿有礼貌、讲文明的习惯，发展社会交往能力。

➢ 引导幼儿认识社会的进步需要每个成员遵守公共秩序，讲社会公德。

➢ 引导幼儿熟悉小学的环境，了解小学生的特点和常规，为升入小学做好准备。

4. 科学领域

➢ 帮助幼儿获取有关季节与人类、动植物、环境等关系的感性经验，了解它们之间的相互关系，形成初步的环保意识。

➢ 介绍幼儿身边的科技产品及其对人类的影响。

➢ 引导幼儿学习观察的方法，分类、测量的方法，表达自己的探索过程和方法。

➢ 使幼儿喜欢参与科学活动，主动探索自然界。会用数学方法解决生活中的问题。

5. 艺术领域

➢ 引导幼儿初步感受并喜爱环境、生活和艺术中的美。

➢ 引导幼儿运用较复杂的泥工技能塑造形态各异的组合体，发展幼儿的想象力和创造力。

➢ 进一步引导幼儿欣赏符合幼儿情感的美术作品，培养幼儿发现生活中美的能力。

➢ 教会幼儿能较准确地按音乐的内容和节奏特点，做较为复杂的模仿动作和组合动作。

➢ 鼓励幼儿根据音乐性质、内容大胆创造相应的音乐形象，发展音乐想象力、创造力及表达能力。

三、大班班级管理的实施过程

大班班级管理工作可分为4个环节：

1. 幼儿园大班班级工作计划的制订

计划是确定行动的纲领和方案、促使行为趋向于目标的管理活动。它是一种预先确定的目标和实现目标的手段。幼儿园班级工作计划是班级管理者为班级的未来确定目标，并提出达到这一目标的方法和步骤的管理活动。了解孩子的实际状况是我们制订计划的前提条件。例如：开学之初，认真了解升入大班幼儿的总体情况，针对本班实际工作情况制订本班学期工作计划，特殊幼儿要有针对性地选择本学期的教育内容和管理方案。

2. 幼儿园班级工作的组织与实施

班级工作计划制订得再好，也只是文字性的东西。计划与结果之间还需要有组织与实施。组织是指安排分散的人或事物，使之具有一定的系统性或整体性；实施即实行。幼儿园班级工作的组织与实施是指将班级中的教师、幼儿、材料、物品、空间、时间等要素进行合理安排，使之具有一定的系统性和整体性，并加以实行。

3. 幼儿园班级工作的检查与计划调整

检查是对计划的检查，同时也可以根据计划实施的实际情况对预先制订的计划进行调整。

4. 幼儿园班级工作的总结与评估

总结是管理过程的终结。它对班级工作计划的执行情况进行全面检查与评估，发现成绩和缺点，总结经验和教训。总结也是一个对以往工作进行全面检查、分析和研究的过程。

这 4 个环节是相互联系的，前一个环节是后一个环节的基础，后一个环节是前一个环节的落实与实施。每一次新计划的目标都比上一个计划的目标水平有所提高。如此不断循环，最终促进幼儿园工作质量的提高。

四、大班班级管理的案例

案例链接

帮助孩子建立秩序感

我们班有一个叫沈硕的男孩，是这个学期转来的。沈硕在集体教学活动中注意力很难集中，是个“坐不住的孩子”。他会因为“骚扰”周围的小朋友而打断教师正在进行的活动；对于教师布置的任务，他常常不能很好地完成；他想参与同伴的活动，却因为方式不适当而被拒绝。周围的小朋友实在驱逐不了他时还会找老师告状。教师对于这个经常惹麻烦的孩子也非常伤脑筋，经常当众批评他。教师在盛怒之下勒令全班的孩子不要理睬他，但这种教育方法的效果并不好。时间一长，在孩子们的眼中，沈硕成了一个调皮、只知道惹老师生气的坏孩子。

马上就要进行集体教学活动了，孩子们陆续回到自己的座位上坐好，老师开始讲述教学活动的主要内容。沈硕坐在自己的位子上没有仔细听，他正用手摆弄旁边张坤的小辫子。张坤皱了皱眉，将自己的小椅子往旁边挪了挪。沈硕想将张坤的椅子向自己这边拉近一点，于是两个孩子开始拉拉扯扯起来，发出了一些声音。老师向他们这边瞟了几眼，有点不高兴但没说什么，这时张坤突然叫了起来：“老师你看沈硕。”老师终于忍不住大声对沈硕说道：“沈硕，你给我坐好，再不听话，就让你出去！”本来和张坤僵持着的沈硕被老师的呵斥镇住了，他怯怯地坐直了身体，瞪大眼睛看着老师，脸上流露出内疚的表情。张坤接着又说道：“他刚才使劲地拽我的椅子……”“好了，好了，不许说了，你们以后听好了，从今天开始谁都不许招惹沈硕。谁去惹他我就找谁，听见没有？”老师厉声说完这些话后严肃地看着全班的孩子。对于老师的命令，孩子们异口同声地回答：“听到了。”沈硕使劲地咬着自己的手指，看起来有些难过的样子，但随着老师话题的转移，他又恢复了原貌，一副满不在乎的样子，东张西望，不知道在想什么。

分析：教师上述教育方式会产生的消极后果。

首先，旧的问题没有得到解决，又添新的问题。教师想通过孤立的方式迫使沈硕“改邪归正”，不再违反纪律，但是实际上这种教育方式反而对沈硕产生了消极的影响。沈硕在自己善意的行为受到同伴的误解并遭到拒绝之后产生了破坏性的行为。

其次，教师在意识到自己的教育方式不妥之后，想立即改变这种孤立带来的不良后果，已经是一件不容易的事情了，原因在于：

(1) 年龄越小的孩子向师性越强，老师说什么就是什么。大班孩子的道德认知还处于他律阶段。作为孩子眼中的权威，教师的话尤其是命令性的语言就是判断事物的标准。教师经常当众批评沈硕，甚至动员其他孩子“不要理沈硕”，很快被孩子接受并坚决地执行。

(2) 沈硕给同伴的坏印象部分是由于调皮经常受批评造成的，教师孤立的教育方式导致沈硕善意的动机和行为也会被其他孩子误解并拒绝。同伴的排斥，使沈硕受到了一定程度的挫折。在没有得到正确引导的情况下，他采取了消极的行为方式予以反击。这种情况造成的结果是一种恶性循环，即沈硕的负面行为反应越多，其他孩子越加肯定他是个捣乱的坏孩子，也会越加排斥他，同时强化他们从教师那里获得的对沈硕的消极态度。

(3) 教师这种孤立的教育方式使沈硕陷入与同伴交往的困境。在解决问题的过程中，教师没有利用集体力量中积极的因素，而是恰恰相反。教师的这种做法无形中在沈硕和其他孩子之间竖起了一道屏障，而学龄前幼儿的同伴交往对幼儿的社会认知、交往技能、个性和道德品质的发展有着十分重要的意义。如果沈硕始终被同伴这样孤立，将会失去更多的与同伴交往的机会，对日后的发展是不利的。另外，良好的人际交往是日常生活的调节器，会让人心情舒畅地从事各种活动。沈硕与同伴之间这种敌对的状态会干扰他正常的探索活动，降低他对外界环境的好奇心。

解决方式：

1. 教师首先要清楚沈硕的性格特点

从沈硕的日常表现可以看出，他活泼好动、注意力容易分散、对新鲜事物的好奇心比较强、自控能力比较弱、缺乏耐心。此外，他想和同伴交往却不知道该怎样被同伴接纳。从沈硕的园外背景来看，他是从其他幼儿园转过来的。据了解，沈硕的父母为孩子转园是因为原来的幼儿园教育环境不太好，孩子过于自由散漫，学到的东西也比较少。现在沈硕在新的幼儿园里受到的约束比以前要多。沈硕转园之后很快升入大班，由于大班与小学的紧密衔接，教师会在平时的教学要求中考虑到孩子对小学环境的适应问题，为孩子们顺利地升入小学做一些必要的准备。比较明显的一点就是集体教学的时间加长，会提出一些与小学教学要求相接近的要求，所有的这些对沈硕来说，都需要慢慢去适应。

2. 帮助建立与新环境相适应的秩序感

(1) 教师一方面要多关注沈硕的举动，同时对于沈硕不正确的行为要及时制止，并明确地告诉他错在哪里，应该怎么做。教师此时不适合说一些反话或隐语，因为年幼的孩子有时并不清楚教师话中暗含的意思，所以对孩子要说大白话。尤其是对沈硕来说，他对新环境的熟悉程度还不够，对新班级的一些具体要求还没有清楚地认识，在班级的要求严格，需要有一个适应过程。教师还可以在同伴中给沈硕树立一个学习的榜样，鼓励他向班上的好孩子学习，实际上是把抽象的要求具体化。

(2) 对于沈硕时常因为好奇心而违反了纪律的问题，教师一方面不妨告诉他，上课的时候要认真听讲，不可以做其他的事情；另一方面答应沈硕，等老师上完课之后，他可以和其他小朋友一起玩，前提是他必须要认真听讲。

(3) 教师要有耐心，对沈硕的违规要不厌其烦，反复提醒，不能因为急躁而出言不慎。

(4) 对于孤立的教育方式已经产生的消极后果，即沈硕在同伴中的不良形象，教师要有勇气寻找合适的机会，当着全班孩子的面承认自己的错误。可以向孩子解释自己是因为太生气才会这么说的，我们不应该不理睬沈硕，应该想办法帮助他才对。这种做法可以减少沈硕在同伴中的一些负面影响，同时，让孩子学会去关心别人。

(5) 教师要善于将集体力量用到积极的方面。可以鼓励孩子们帮助沈硕取得进步，让大家一起监督沈硕，在沈硕取得进步时为他鼓掌加油；在他犯错误时指出错误，并帮助他改正。让沈硕体会到集体的温暖、同伴的友爱，更加自信快乐地成长。

综上所述，在大班班级管理工作中，教师都要有一颗敏锐而细致的心，洞察一切事物，处理好方方面面的关系，切实为我们的幼儿、教师、家长营造一个宽松、和谐、安全、卫生、舒适的精神环境和物质环境。

实践对接

谷若岩是班内比较自由、精力充沛的孩子。课堂提问时，他总是不举手就大声嚷嚷；课间活动时，他总是带着一群男孩子追跑打闹，也常因各种攻击性行为而被其他小朋友告状。以前我总批评他为什么老喜欢打人，批评多了，慢慢就失效了。于是我改变策略，以积极的、欣赏的眼光来看待他、引导他。他语言表达能力强，就鼓励他在教育活动中积极发言；他自我服务能力强，就鼓励他热心为同伴服务；他号召力强，就引导他争做小老师。一段时间下来，他变成了班里的小骨干。

视频 晨间活动

通过这个案例可以发现，幼儿教师首先要努力发现幼儿的潜能，要走到孩子身边耐心地观察和了解，努力发现他的闪光点，并及时采取扬长避短的方法，促进孩子的进步。每个孩子都有多方面的潜能，需要老师充当伯乐去发现。其次就是要尊重每个幼儿。幼儿和成年人一样，同样希望受到尊重，所以无论幼儿所做的事是对是错，教师都要对事不对人，采用尊重与严格要求相结合的方法来教育幼儿。幼儿的心是很敏感的，我们作为老师，应多从他们的角度思考问题，即便他们犯了错误也应该循循善诱，少对他们斥责。另外，不是所有的道理都能立刻被幼儿接受，要给他们一定的时间，让他们自己体验、理解，给他们提供更多的机会，让他们去实践。

如果你是该老师，面对这样的幼儿，你会怎样做？说明理由。

思考与练习

1. 大班有哪些班级特点？如何根据大班班级特点组织和管理班级各项活动？
2. 如何做好幼小衔接工作？
3. 设计一份大班某学期班级管理计划。

拓展阅读

大班幼儿一日活动常规

一、生活活动

1. 自觉主动地向周围的人问好，主动接受保健医生的检查。

2. 到活动室后将带来的物品放在规定的地方。

3. 值日生提早到园整理种植园地，分工合作，协助保育员做好午餐活动的准备，自觉遵守并督促其他幼儿遵守常规。

4. 上下楼梯要自觉有秩序地靠右走，不互相推挤。

5. 口渴时随时喝水，大活动量后休息片刻再喝水。户外活动前后及时增减衣服，正确使用手帕擦汗、擦鼻涕。

6. 安静有秩序地进入盥洗室，用正确的方法迅速洗手、擦手，不玩水，正确使用肥皂。

7. 愉快专心地进餐，不挑食，保持桌面、地面的整洁。饭后，把废弃物倒进垃圾桶。

8. 正确漱口、擦嘴，将餐具放整齐，不做剧烈运动。

9. 安静进入寝室，迅速脱穿衣服，保持正确的睡姿，起床后能自己整理床铺。

10. 离园前主动整理桌椅和自己的仪表，带好自己的物品。

11. 在规定的地方等待家长来接，不跟陌生人走，不私自离园。离园时，主动向老师说再见。

12. 听到国歌响起要起立。

二、户外体育

1. 随着音乐精神饱满地做操，动作有力、准确，有表情地进行歌唱表演。

2. 参加体育活动前整理服装、系好鞋带。活动中不怕冷、不怕累，坚持完成锻炼任务。

3. 自觉在指定范围内活动，不玩危险游戏，不到危险地方玩，要控制运动量，不连续做剧烈运动，有自我保护能力。

三、集体活动

1. 主动参加集体教育活动，积极思考，踊跃发言，遇到困难自己首先想办法解决。

2. 听到老师的指令迅速作出反应，保持正确坐姿，活动中做到走路轻、说话轻、取放东西轻。

3. 保持正确的站立、行走、写字姿势。

4. 正确操作学具、材料，活动结束后物归原处。

四、游戏活动

1. 积极参加各种游戏活动，正确使用游戏中的材料，解决游戏中发生的问题。
2. 爱护玩具，轻拿轻放，玩后分类收拾，摆放整齐。
3. 遵守活动规则。在老师引导下，自己选择游戏材料、内容、同伴、场地。

五、分区活动

1. 按意愿选择区角进行活动，与同伴一起协商，不争抢玩具。
2. 遵守区角活动规则，要有始有终，不影响他人。
3. 积极参与游戏，爱惜玩具材料，与同伴友好合作，主动想办法克服游戏中的困难。

单元八　幼儿园混龄班级管理

知识目标

1. 了解混龄班级的概念和特征。
2. 了解混龄班级的理论渊源。
3. 了解混龄班级的优点——理论上的优点与实践中的优点。
4. 混龄班级管理中应注意的一些细节问题。

能力目标

能够组织混龄班开展促进各年龄段幼儿相互交往、促进幼儿社会化进步的活动。

素养目标

遵守职业道德，关心爱护幼儿，具有敏锐的洞察力，具有吃苦耐劳的精神。

知识导图

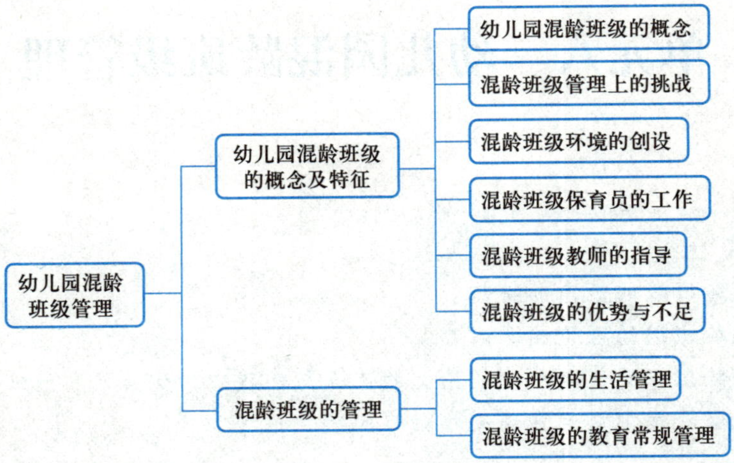
幼儿园混龄班级管理
幼儿园混龄班级的概念及特征
幼儿园混龄班级的概念
混龄班级管理上的挑战
混龄班级环境的创设
混龄班级保育员的工作
混龄班级教师的指导
混龄班级的优势与不足
混龄班级的管理
混龄班级的生活管理
混龄班级的教育常规管理

案例导入

幼儿自主活动时间到了，一部分小班的幼儿来到大班“作客”。

场景一：大班的一些哥哥姐姐正在操作区动手拼插学具，有的拼出城堡，有的拼出花朵，有的拼出坦克。小班的小朋友也迫不及待地坐下来参与到游戏当中。乔乔先是好奇地看着哥哥姐姐拼出的各种图案，不停地眨巴着眼睛，随后，好奇地问哥哥，这是什么？之后便动手操作起来。当拿起学具的时候，她转过身，望向其他的大班哥哥姐姐，仔细看着他们手中的学具，并按照他们的样子，动手操作起来。大班的天天看到乔乔小妹妹拿着拼插学具看了又看但不会操作，就主动走过来对她说：“你看，是这样做的。”

场景二：小班壮壮捂着肚子与大班贝贝争执起来，两个孩子都气势汹汹。壮壮说：“老师，贝贝欺负我。”贝贝说：“老师，壮壮说他在孵蛋，那明明不是蛋！”“是蛋！”两个孩子争执着。

点评：随着城市范围逐渐扩大，一些家庭托管式的小幼儿园逐渐在小区内兴起，此类幼儿园以混龄班居多。农村好多地区的幼儿园也实行混龄编班。能解决一些幼儿亲情淡漠、社会交往能力不足等现象，让混龄教育再一次得到了社会的关注。

基础理论

第一课　幼儿园混龄班级的概念及特征

一、幼儿园混龄班级的概念

《纲要》明确指出，幼儿与成人、同伴之间的共同生活、交往、探索、游戏是其社会学习的重要途径。

幼儿园混龄班级是一个相对的概念，是指在同一个班级内，幼儿的年龄存在差距。处于同一个班级的幼儿的年龄一般来说都有差距，在1周岁以内的差距在实际的班级编制过程中被忽略掉了。本书所指的幼儿园混龄班级指的是处于同一个班级内的幼儿的实际年龄差距在1周岁（12个月）以上的情形。章小芬认为：混龄班级类似一个家庭，不同年龄的孩子像兄弟姐妹般地在一起生活、游戏、学习。这样的环境对孩子的成长会有帮助①。李颖、赵海燕则认为：所谓混龄教育是指打破班级和年龄界限的幼儿，在教师的指导下共同游戏、共同学习、共同开展活动②。由以上几个定义我们可以得出幼儿园混龄班级的几个共同的特点：① 混龄班的幼儿年龄相差比较大，最少相差1周岁；② 混龄班是幼儿园中存在较长时间的班级组织形式，以区别于临时性的班集体；③ 幼儿园混龄班级的编班形式对幼儿

① 章小芬.让孩子在混龄班级中快乐成长[J].幼儿教育，2004，(12)：20.

② 李颖，赵海燕.蒙台梭利教育中的混龄教育[J].淄博师范高等专科学校学报，2008，(2)：16～18.

的成长有帮助；④ 幼儿园混龄班活动的正常开展需要幼儿教师的指导。由此我们可以得出幼儿园混龄班级的概念：在幼儿园的班级编制过程中，有意识地或者是出于其他条件限制的原因被迫将年龄相差在 1 周岁以上的幼儿编排在一个班级，在幼儿教师的引导下开展保教活动的一种特殊班级形式。

混龄班扩大了幼儿的接触面，利于他们学会与不同年龄阶段幼儿的交往。在此，较低龄幼儿参与了较高层次的社会性及认知性游戏。根据研究发现，混龄班的幼儿有较多的团体建构及团体扮演游戏，有较多的语言和肢体上的沟通。不同年龄的伙伴在一起，更经常出现模仿。可使他们每个人在一些时候成为别人的“教师”。对于一些有社会情绪困扰的幼儿，给他们提供了更多的社会互动机会，在班级中找到适合自己的立足点。艾伦研究发现，同伴教学对扮演教育者角色的儿童有着正向的影响。幼儿一般喜欢向比自己大两三岁的同伴学习，喜欢模仿那些能力比自己高的同伴。在混龄班中，形成了大带小、小促大的氛围。那些能互相为师的学前儿童，特别是那些能及时得到成人夸奖者，更善于互相帮助。他们还会调整和改进教学技能，乐于互教互学。汉密尔顿和斯图尔特发现，儿童在不同年龄组织的情境中，能互相学习词汇。儿童通常是在活动中，在受到身边较大儿童促进的情形下学习语言的。成人的语言对儿童可能太复杂了。

混龄班幼儿的年龄有大有小，彼此间如兄弟姐妹一般。这种家庭式的组织方式可以为幼儿提供更多的角色经验，促进角色承担能力的发展。对于解决我国独生子女对社会适应不良的问题有极为重要的作用。幼儿通过与不同年龄伙伴的相互接触、共同生活与活动，学习与人交往的正确态度和技能，克服自我中心，培养良好的社会行为方式，为形成积极健康的个性奠定良好的基础。

（一）混龄班级与同龄班级的区别

混龄班级管理是一种特殊的幼儿园班级管理体系，涉及的问题与同龄幼儿班级既有相同之处，也有不同之处，而且不同点要多于相同点。混龄班级的管理要充分估计到不同年龄的幼儿在同一个班级里给管理者带来的挑战。混龄班级的教师和保育员最好先经过专门的培训与学习后再上岗，学习或培训的内容应包括混龄班级的特点与意义，混龄班级管理的内容与方法等。否则按照管理同龄幼儿班级的方法去管理混龄班级，那么就失去了混龄编班的意义，达不到混龄班级应有的教育目的，不能发挥混龄班级的优势，还可能在管理混龄班级过程中出现一些意想不到的问题，比如在活动过程中出现大班幼儿欺负小班幼儿的行为等。

混龄班级管理同样要遵循教育规律。不管是同龄班级还是混龄班级，培养幼儿的目标是一致的，只是达到目的的手段不同而已。两种管理方法可以相互取长补短。即使是在同龄班级内，由于不同的幼儿的生长发育不同，也存在着混龄班级的一些特点，表现为有些幼儿比较成熟，女孩比男孩更加成熟。一般来说，在幼儿园进行编班的时候，只是考虑到了年龄的特点，而很少考虑同一年龄段的孩子在智力、身体发育上的差距，以及不同性别之间的差距等。实际上即使是同一年龄段的孩子在智力、身体的发育方面也存在着一些差距，从而使得同龄班也带有了某些混龄班的特点。因此混龄班级管理可以与同龄班级在管理经验方面互通有无。

在管理理念上，同龄班级与混龄班级存在较大的差别。在同龄班级中对幼儿生活进行管理时，说教多于示范。即使存在示范也是成人向幼儿的示范，是以成人的思维方式来对幼儿进行说教与示范；而在混龄班级，小班幼儿向大班幼儿学习的机会增多，学前教育方面的专家和学者普遍认为幼儿向同伴学习的效果要好于向成人学习的效果。所以在混龄班级的管理方式上，引导多于说教。混龄班级的自由活动时间多于在同龄班级的自由活动时间。大多数情况下，老师的责任是“陪着玩”，在玩的过程中用适当的语言加以引导。这种管理方式体现了由整齐划一的教育模式向多元、民主化教育模式的转变。

（二）幼儿园混龄班级管理的理论渊源

幼儿园混龄班级的概念起源于班杜拉的社会交往理论和观察学习理论。班杜拉认为人类的学习大多发生在社会情境中，只有站在社会学习的角度才能真正理解发展。苏联心理学家、文化-历史发展理论的创始人维果斯基在最近发展区的理论中，指出学生的发展有两种水平：一种是学生现有的发展水平，另一种是学生可能的发展水平，两者之间的差距就是最近发展区。实施混龄学前教育，让大小幼儿在一起，大孩子的发展水平就成了小孩子的最近发展区。新精神分析学派的代表人物之一沙利文强调人这个有机体与其环境之间的关系。他认为人格不是别的，乃是一个人在一定文化背景的人际关系中的一种日趋完善的相对持久的模型或完形。在符号交往理论以及蒙台梭利的幼儿教育理论中，蒙台梭利认为教育具有双重目的，从生物学的角度讲，教育在于帮助个人自然地发展；从社会学的角度讲，教育的目的在于使个体对社会环境做好准备。教育的原则就是“自由”，教育者应当为儿童创造一种自然、自由的生活，尽量少干扰儿童。从以上几种理论中我们可以看出的一个共同特点是：教育的本质在于从社会交往中获得真知。其中，对幼儿园混龄班级管理起重要影响作用的是蒙台梭利的幼儿教育理论。

（三）几组概念的区别与联系

1. 混龄班级与混龄活动

混龄班级是以班级的形式把混龄活动固定下来的一种教育组织形式。混龄班级是固定的班级管理的方式；而混龄活动则是临时组织起来在一起活动的一个非正规的组织。混龄活动是混龄班级活动的主要方式，混龄班级的管理就是由一个个混龄活动组成的。

2. 异龄交往与混龄班级

异龄交往是混龄班级幼儿交往的主要方式。异龄交往是一个比混龄班级概念更加宽泛的概念。异龄交往的范围不仅仅限于班级内部的不同年龄之间幼儿的交往，而且包括班级之外的不同年龄之间的幼儿的相互交往，还包括在社区与其他幼儿的相互交往。在混龄班级，异龄交往是幼儿之间主要的活动形式。

（四）混龄班级的组成

1. 混龄班级的幼儿构成

混龄班级由多个年龄段的幼儿构成。在班级中各个年龄段的幼儿的比例要适当。一般认为，混龄班级中各个年龄段的幼儿的比例应该以活动能够顺利开展为宜。如果各个年龄段的幼儿的比例失调，结果可能是某一个年龄段的幼儿被边缘化、被忽视，这样就会失去混龄班级应有的意义，给幼儿的正常成长带来影响。

混龄班的幼儿相对于同龄班的幼儿，选择游戏的范围更大，从游戏中获得的经验也更多一些，社会交往能力发展的效果也更加明显。各个年龄阶段的幼儿可以与不同于自己年龄阶段的幼儿在一起共同玩一种玩具，小班年龄段的幼儿（简称小龄幼儿）可以尝试中班年龄段的幼儿（简称中龄幼儿），甚至是大班年龄段的幼儿（简称大龄幼儿）的玩具；大龄幼儿也可以与中龄、小龄幼儿一起玩小龄幼儿的玩具。小龄幼儿在与大龄、中龄幼儿一起玩玩具时，他们有机会向大龄、中龄幼儿学习；而大龄、中龄幼儿在与小龄幼儿一起玩玩具时，很明显带有示范的性质，他们也会乐此不疲。

2. 混龄班级的规模

混龄班级的规模不宜过大，适合小班教学，但也不能太小，否则会削弱混龄教育的教育效果。在目前的学前教育办学由国家与私人办学并举的情况下，公办幼儿园因为设施完善，师资配备合理等因素的影响，会吸引更多的幼儿家长选择公办幼儿园，使得幼儿园的班容量大；而私立幼儿园的举办者为了追求经济利益的最大化，会有意无意地使用大容量班。班容量过大会给幼儿教师带来过于严重的工作负担，使得混龄班的教育效果大打折扣，不能达到培养幼儿良好的生活习惯、激发幼儿对科学的兴趣的教育目的。所以混龄教育的班容量应该控制在幼儿教师能够掌控的范围内为宜，一般来说，按照《幼儿园工作规程》的规定，班容量规模在25~30人比较适合。

3. 混龄班级的形成

混龄班级的形成有两种：第一种是有意为之的混龄班级，一些条件成熟的幼儿园在一定理论的指引下，为了锻炼幼儿的社会交往能力而有意创设；第二种是一些小城镇或者是农村偏远地区的幼儿园，由于师资的缺乏、场地的不足，不得已将不同年龄的幼儿编排在一个班级，实行混龄幼儿教育。幼儿园混龄班级的管理一定要考虑这两种不同情形，有针对性地进行理论引导。对于那些被迫采取混龄班级的幼儿园，要因势利导，将“不利因素”转化为“有利因素”，促进幼儿的全面发展。

4. 混龄班的班级管理制度

混龄班的班级管理制度要适当地照顾到各个不同年龄段的幼儿，是综合的管理制度，例如，在以大带小的过程中要制订大龄幼儿、中龄幼儿与小龄幼儿各自的行为规范。行为规范要兼顾到大龄幼儿、中龄幼儿与小龄幼儿的共同点与不同点。例如，同样是用餐时的规矩，针对不同年龄段的幼儿，要求不同。用餐时可以要求小龄幼儿不能把米粒掉到地上或者餐桌上，培养幼儿爱惜粮食，勤俭节约的美德；要求中龄幼儿在用餐时要按量索取，不剩饭；对大龄幼儿则要求他们不仅仅要节约粮食，而且在用餐时不能大声喧哗，以培养他们遵守社会公德的良好品德，要给中龄、小龄幼儿起好的带头作用。

二、混龄班级管理上的挑战

在我国，大多数的幼儿园采取的是同龄幼儿编班的班级管理模式。对于大多数的幼儿教师而言，混龄编班是一种全新的尝试，管理要更细致，对幼儿教师来讲也是一种挑战。

混龄编班的管理模式也会受到幼儿家长的质疑。混龄编班的管理模式引入我国的时间不长，家长们和幼儿园的老师们一样，对于这种全新的班级管理模式的认同需要一定的时间。大龄幼儿的家长担心，孩子与年龄小的幼儿待在一起，会影响其对于知识的掌握；小龄幼儿的家长会担心，孩子和年龄大的幼儿待在一起会不会受气、被欺辱。

对于家长的担心，如果条件允许，幼儿园可以开设家长课堂对家长们进行培训，为家长答疑解惑。也可以采取自愿的办法,把是否参加混龄班的选择权交给家长。这样在后续的工作中,来自家长的压力会小一些。

案例链接

混龄班里大孩子变自信

我班的孩子冯洋楸,平时喝牛奶总喜欢抢先,玩玩具时常常要与人争夺。在混龄教学中,我发现他会主动帮小弟弟拿牛奶,主动带小弟弟上厕所,还细心地帮助弟弟把裤子穿好,这和他平时的表现有很大的区别。和小班孩子一起活动时,他变得自信、懂事、宽容,能让小班的孩子体会到一种他们更能接受的指导和帮助。

(根据有关网络资料整理)

三、混龄班级环境的创设

(一)材料的投放

混龄班级玩具的投放应遵循以下几条原则:其一,适宜班内幼儿活动开展。玩具的投放应该让所有的幼儿都能够参与到活动当中。既不能让大龄幼儿因觉得太容易而失去兴趣,也不能让小龄幼儿觉得太难而不能参与活动。其二,能够同时吸引大龄、中龄和小龄幼儿共同参与。如果一件玩具只是大龄幼儿或者是小龄幼儿感兴趣,那么这件玩具的摆放实际是失败的,没有起到吸引所有幼儿的作用。其三,玩具摆放的安全原则。对于幼儿来说,嘴巴是他们探索世界的一个工具,所以他们有把任何他们认为能吃的东西放到嘴里啃咬、吸吮的习惯。所以要特别注意不能把那些小班幼儿能够放到嘴里的东西当成玩具,也就是说,玩具不能太细小了。玩具要结实同时又不能太坚硬了,防止幼儿在搬动的时候互相磕碰受伤。其四,玩具之间的距离要适当。幼儿的注意力集中的时间比较短,只有短短的几分钟的时间。如果玩具摆放的距离太近,幼儿就会不断地在不同的玩具之间相互转换,不能集中注意力。其五,玩具的摆放要有利于教师指导开展活动,激发幼儿对于科学的热爱。

(二)活动区的设置

活动区是幼儿活动的主要场所,活动区设置的原则主要有:其一,安全性原则。幼儿的自控能力差,身体的协调性还不能达到收放自如的水平,自身还不能识别比较危险的动作和事物。而活动区是幼儿们自由活动的场所,或者说是自由度比较大的一个场所。教师和保育员难以保证所有的幼儿的活动都在他们的视线范围之内。如果活动区内有一些能够给幼儿带来伤害的东西,是十分危险的。例如,玩具的棱角比较突出,地面比较光滑等。在中国北方的农村地区,冬天的取暖设备应该设置适合的隔离栏,隔离栏不能距离取暖设备太近。其二,幼儿活动区空间的适宜性原则。活动区不能太大,否则不利于教师照顾所有幼儿的活动;活动区的空间也不能太小,否则幼儿活动的时候比较拥挤,容易发生磕磕碰碰的事情。幼儿园活动场地大小要严格执行国家标准。其三,干净整洁的原则。要让幼儿做一些力所能及的整理环境工作,培养幼儿爱护环境的意识。其四,材料的投放要分层次。材料的投放要考虑到不同年龄段幼儿的特点,当然如果小龄幼儿喜欢大龄幼儿的玩具,教师也可以适当放手,让幼儿自己去选择。

（三）生活区的设置

生活区的设置应注意的原则：其一，颜色的搭配。生活区的颜色的搭配要能够让幼儿很好地休息。太过明快的颜色搭配会让幼儿不能很好地入睡，影响睡眠的质量。其二，大龄幼儿要与小龄幼儿相邻。小龄幼儿得到大龄幼儿的照顾，同时小龄幼儿又能够从大龄幼儿身上学到生活自理的能力。

四、混龄班级保育员的工作

混龄班级保育员的工作强度一定会大于同龄班级吗？答案是否定的。两种班级的管理方式存在着很大的差异。对于同龄班级的幼儿来说，他们处于同一年龄段，所表现出来的问题几乎是相同的，保育员可以按照统一的标准来要求他们，这是同龄班保育员工作的便利所在。对于混龄班的幼儿来说，情况发生了很大的改变，在同一个班集体内的幼儿的年龄各不相同，而不同的年龄段的幼儿有不同年龄段的诉求，他们所表现出来的问题可能是各不相同的，自然就增加了保育员的工作量。我们也要看到事物的另一个方面，那就是混龄班的幼儿能以大带小的优势与便利。也就是说，在混龄班，保育员可能只需管理好年龄大的孩子就可以了，保育员可以让大孩子给小孩子树立榜样，让大孩子用孩子们之间的语言去交流，可能会比大人与孩子之间的交流更加顺畅。让大孩子去带动、管理小孩子可能比大人直接管理小孩子的效果更好一些。幼儿更喜欢与他们年龄相近的孩子在一起玩，为了获得大孩子的认可，年龄小的孩子甚至会“委屈”自己，这种现象在大人的管理模式下几乎是不可能的事情。

五、混龄班级教师的指导

任何班级都需要老师的管理、引导、协调，混龄班级也不例外。混龄班级的一个特点是以大带小，年龄大的幼儿对年龄小的幼儿的影响是非常大的。年龄大的幼儿在混龄班级中有更多的话语权，在日常的生活过程中难免有欺负低龄幼儿的不良倾向，教师在班级管理过程中要特别注意观察有没有高龄幼儿欺负低龄幼儿的情形出现。班级中如果有这种现象，就不会有不同年龄幼儿之间的友好相互交往氛围。幼儿教师要以自己的爱心去感动高龄幼儿的爱心，使他们产生对低龄幼儿的爱心。

六、混龄班级的优势与不足

（一）优势

教师比较容易为同一年龄段的儿童（相差不到 1 岁）提供适合每一个儿童发展的机会。但是，年龄大小并不是衡量儿童成熟的唯一标准。在任何一个班级里，不论年龄的差距如何，儿童发展水平的差距总是相当大的。特别是 3—6 岁的儿童，虽然在身心发展上存在一些差异，但也有着许多共性，有着一些共同的发展目标，不同年龄的幼儿，只是要求达到的水平不同而已。与同龄编班相比，混龄编班有着十分重要的意义，具体如下：

1. 差异互补

从国外较早开始的关于混龄幼儿教育的研究中发现，混龄班级的儿童在活动中比同龄班级的儿童有更复杂的角色游戏。以 5 岁和 2 岁的儿童为例，在混龄班级中的幼儿会用更多言语来协调各自的行动。而 2 岁的幼儿在混龄班级中则常常模仿同伴。混龄班级的教育形式，能够促进幼儿身心发展。

在混龄班级里，年龄小的儿童与年龄大一些的儿童在一起游戏与生活，因而有机会向大龄儿童学习，得到大龄儿童的帮助，减少竞争压力，增多合作的机会。幼儿喜欢模仿年龄、能力与地位比自己高的同伴。年龄大一些的儿童也可以帮助年龄小的儿童，通过与他们一起活动而得到益处。他们通过帮助低年龄的儿童，获得快乐的体验。研究发现，同伴教育对扮演教育者的儿童有正向的影响。他们由于帮助了别人，又得到成人的赞扬，会更加乐于互相帮助别人。

幼儿期是观察和模仿的重要阶段。良性的同伴活动，有利于促进幼儿之间情绪情感的发展，增强幼儿的责任心和自信心。美国心理学家班杜拉认为："儿童通过观察他们生活中重要人物的行为而习得社会行为，这些观察以心理表象或其他符号表征的形式储存在大脑中，来帮助他们的模仿行为。"混龄教育为幼儿提供了大量的素材，可供幼儿在最近发展区内提高各项技能。

2. 培养人格

对于幼儿来说，班级就是一个小社会，混龄教育的班级形式，扩大了儿童的接触面，利于他们与不同年龄儿童交往。混龄班级幼儿的年龄各不相同，彼此之间如兄弟姐妹一般。这种类似于家庭的编班方式可以为儿童提供更多的角色经验，促进儿童角色承担能力的发展。从我国目前的社会状况来看，随着社会的发展，独生子女较多，而解决独生子女的社会适应不良问题则是一个公认的难题。这种类似于家庭的编班方式，对克服独生子女社会适应不良的现状，有着极为重要的作用。通过与不同年龄同伴的相互交往、共同生活与活动，儿童学习了与人交往的正确态度与技能，克服了以自我为中心，培养了良好的社会行为方式，为形成积极健康的个性奠定了良好的基础。

社会的发展已经从工业社会发展到后工业社会。在工业社会，以泰勒为代表的管理学者认为："整齐划一地培养人才是学校的责任。"后工业社会，随着人文思想的回归，人的需要成为社会进步的动力源泉。幼儿以后要走向社会，面对竞争与压力，这些竞争与压力不单来自同龄人，而且来自社会各年龄阶段的人。混龄班级有利于锻炼幼儿的社会适应能力，幼儿之间的合作大于竞争。

对混龄儿童开展角色游戏，在同伴交往中，幼儿能体验到具有一定层次的多元化角色和社会性分工，并通过语言表述体现丰富的情绪情感。由于存在年龄差异，幼儿会对扮演"哥哥、姐姐、弟弟、妹妹"的游戏更感兴趣。并通过同伴交往中的互助互爱体会感知对年龄较小幼儿的关心和爱护等，促进情绪情感的体验。

3. 发挥潜能

混龄班级中的儿童年龄不尽相同，决定了所实施的教育必须个别化、个性化。教师要仔细观察每个孩子的特点，制定出具有针对性的教育方案，因人而异、循序渐进地进行教育，这样可以使每个儿童发挥自己的潜力，在原有水平上获得发展。

同时，混龄班级幼儿的生活、游戏、学习等各种不同的活动有多种组织形式。一般来说，在生活环节上，更多地以形式混龄进行；在学习环节上，也可根据不同的能力、爱好进行自由的组合。这种组合方式需要教师进行个别化的教育。混龄教育在客观上促进了开放式个别化教育的实施，提高了教师的教育教学水平。

混龄教育中，不同发展水平的幼儿通过交流合作，能加大认知领域的融合。在游戏活动中，幼儿的创造性思维得到碰撞，知识领域逐渐扩大，是幼儿进行同伴学习、同伴交流和同伴合作的重要过程。幼儿在活动过程中，逐渐从认识问题、发现问题到解决问题，提高主动性，根据自己的兴趣爱好进行活动，达到自主的学习状态，从而更加有效地促进幼儿自主性学习。

在混龄教育中，大带小、传帮带的教育特点得到体现。年龄稍大的幼儿带动年龄较小的幼儿，在同伴交流过程中，年长幼儿的语言表述能力得到锻炼，年龄较小幼儿的理解能力得到提高，并参照学习模仿，在最近发展区内得到能力的提高。

4. 容易发挥活动区的教育价值

混龄儿童的区域活动内容，主要体现在不同层次性的材料操作和不同年龄段幼儿的互动学习中；体现在同伴交往、幼儿的互动、同伴合作等关系上。对年龄小的幼儿来讲，混龄交往有利于幼儿模仿，提高语言表述能力与社会性交往能力。对年龄稍大的幼儿，混龄交往有益于促进幼儿的情绪情感发展，对建立初步的责任感，培养幼儿爱护弱小、互帮互助的行为也具有重要的意义。

（二）劣势

当然，混龄教育也存在着一定的劣势。

1. 课程设计与实施难度较大，对教师要求高

混龄教育中，教育方案的设计与实施较为复杂。教师只有掌握不同年龄阶段幼儿和每个幼儿发展的不同水平，才能将幼儿准确恰当地分成几组，然后还要根据幼儿的特点因材施教。幼儿有时要按年龄或能力分组进行教学，有时则是同一内容需要提出不同要求。如此操作难度很大，一般水平的教师难以胜任。

2. 容易造成教育时间上的浪费

有的教育活动在同龄班级中只需要一个单位时间就能完成，在混龄班级中却需要几个单位时间才能完成。如果组织得不好，还会造成部分幼儿无所事事、造成时间上的浪费。

3. 容易造成顾此失彼的局面，影响幼儿的发展

混龄班级容易造成大年龄儿童争强好胜，从而影响小年龄儿童的发展，使他们自信心的树立受到一定的影响。教师常常对小年龄儿童比较重视，对大年龄儿童要求过低，在一定程度上影响了大年龄儿童的发展。

第二课 混龄班级的管理

一、混龄班级的生活管理

对混龄班级的生活管理，应注意如下几个方面：

1. 加强分层指导，促进幼儿原有水平的提高

鉴于混龄班级幼儿年龄不同，教师要注意采用分层指导的方法。对于年龄较大的幼儿，要提出较高的要求，注意指导其在原有基础上的提高；对于年龄较小的幼儿，要求不能和对大孩子一样，要注意指导的细致程度，注重规范。

案例链接

周周的带头作用

周周小朋友在混龄班里是年龄较大的孩子，做起事来总会比别人快一些。老师也经常鼓励他、表扬他，并指导他在原有的基础上，不仅自己做事更好、更快，还让他去帮助其他同学。老师发现，其他幼儿都不自觉地向他学习，生活自理能力提高很快。

2. 儿童教育儿童，发挥“混合”优势

教师的教育有时会比较直接，对于幼儿来说，可能只会当时发生作用。幼儿之间的教育，其效果会更持久。

案例链接

“混合”的优势

“虹虹姐姐，这个苹果画得像不像？”2 月 9 日，在和平区南宁幼儿园混龄班级的教学课上，3 岁的明明正在向比他大两岁的虹虹姐姐“请教”。

虹虹和明明相差两岁，两人都在混龄班级里。把年龄不同的孩子编排在一个班级里，实施混龄教育，这是南宁幼儿园的一种尝试。记者在一个混龄班级里看到，班里有 30 多名孩子，个头高矮不一，却在一起玩耍和活动。老师在前面做完一遍示范后，孩子们就在下面一起模仿，且领悟快的大孩子还能不时地纠正小孩子的一些错误。（选自东北新闻网）

3. 持之以恒，建立合理常规，培养良好习惯

一个班级的常规好不好，直接关系到幼儿的成长和教师组织一日活动的质量。如果常规没有建立好，幼儿就无法形成良好的习惯，教师也会因为在组织各环节的活动中需要分散精力去维持秩序而影响活动的质量。所以，常规培养是教育过程中不可忽视的一部分。教师不妨采用以下几种方法。

（1）激励法。激励法在幼儿教育中非常重要，分精神激励法和物质激励法。小年龄的幼儿可以偏重物质激励，大年龄的幼儿则偏重精神方面的激励，但二者都不可缺少。在物质方面，当幼儿表现出良好的品行和行为时，成人可以给予奖励；在精神方面，让幼儿在心理上得到最大的满足，成为最棒的孩子和别人的榜样。

（2）引导法。引导法实际上也是一种榜样教育，主要是运用一些有教育意义的故事向幼儿介绍遵守常规的典型，启发幼儿向文艺作品中的榜样学习，以养成良好行为习惯。幼儿喜欢听有趣的故事，教师可以充分利用这一特点。如某教师向幼儿讲述了《大公鸡和漏嘴巴》的故事，再组织幼儿讨论故事中的不同角色，启发幼儿爱惜粮食。在故事教育之后的进餐过程中，幼儿扔饭菜的行为明显减少了。为了强化教育效果，教师有时还需要组织幼儿模仿故事中的不同角色进行表演，使幼儿在游戏中学习和养成良好的社会性行为品质。

案例链接

学着姐姐这样做

午餐后，大班的贝贝姐姐先将空碗放进餐车下的大箩筐里，再把空碟放进中箩筐里，最后将用过的筷子插进筷笼内。中班的卓卓也差不多同时吃完，她正要一股脑地将碗、筷、碟扔进大箩筐里，一见姐姐做得如此有条理，赶紧打住，模仿着姐姐的样子也把碗、碟、筷子“各就各位”了。

“好老师”遥遥

遥遥是个性格活泼开朗但比较毛糙的小男孩，在游戏中经常显得兴趣不大，学习一个区域活动的时间也不长。有一次，他正准备将玩了一半的数学游戏放回去，比他小的琪琪小朋友好奇地问他：“遥遥哥哥，你这是在玩什么呀？一定很难吧？”遥遥一听，马上神气地说：“这是加法，一点也不难。我来教你吧。”于是遥遥像一名小老师一样，用半小时的时间，带着琪琪完成了两道五十以内的加法。在这以后，琪琪经常在学习中请教他。这促使遥遥主动探索的欲望不断增强。

在混龄班级的生活活动中，这种“大带小”的现象很常见，它的作用远胜于教师讲一百遍。同时，“大带小”的现象还能更好地帮助幼儿增强自信心，幼儿认为这是通过他们自己努力而习得的技能，觉得自己很能干，真正是事半功倍！

（3）欣赏法。欣赏法是指教师经常组织幼儿进行生活方面的自我服务活动，在活动达到目的之后，教师组织幼儿观赏和评价自我服务的劳动成果，让幼儿从中欣赏到规范生活的美感及进行良好的情绪体验。幼儿能够正确欣赏自我服务的劳动成果，不仅会对生活常规教育要求产生迎合的心理，而且能够获得成功感，从而产生良好的心理体验。如在“小棉被叠整齐”的自我服务教育活动中，教师先让小龄幼儿参观大龄幼儿整齐有序的床铺，使其产生“要学习”的心理氛围。然后要求幼儿在每天午休起床之后自己学着整理床铺。这种活动使得大龄幼儿更有成就感，小龄幼儿也学会了一些生活技巧。当幼儿通过自己的小手把棉被叠整齐，使休息室变得整洁时，教师再组织幼儿进行其他活动。

（4）行为巩固法。行为巩固法是指通过定期对幼儿的行为进行检查和评比，使其能够在生活常规的制约下自觉养成良好的生活常规和巩固已经形成的良好行为习惯的教育方法。行为巩固法有定期检查、评比、值日生活动等。定期检查有每日的晨检、午检、晚检和每周一次的周检，在检查中要注意参照最近发展区原则，只要有进步的就经常给予表扬，不分年龄大小。对常规行为表现较差的幼儿给予个别帮助。评比可以每日一次，也可以每周一次，对评比中行为表现突出的幼儿在墙报上挂上小红花，使其产生自豪感和荣誉感，以激励其他幼儿向他学习。由于幼儿年龄较小，每天评比一次效果较好。如为了养成幼儿的良好生活习惯，可以根据班级幼儿的常规要求，在值日生活动中开展“小老师”的活动，每天安排一名幼儿担任班级的“小老师”，让他检查和评价全班小朋友的生活常规表现，对幼儿的良好行为的养成作用很大。让幼儿成为常规教育的检查者和评价者，能够有力地促进幼儿良好行为习惯的养成。

4. 合理安排一日活动的作息时间

对于混龄班级的幼儿来说，一日生活的作息安排非常重要。教师要根据幼儿的特点，合理安排活动内容。在一日活动的时间安排上，可以有多种尝试，如大孩子入园早，先安排小组学习，小孩子来园后可自主游戏；小孩子们午睡时间长，起床动作慢，也要组织大孩子进行小组或个人活动。教师组织某个小组活动时，其他幼儿以不影响该组幼儿的活动为前提进行个人学习活动。混龄集体教育时间较长，如果小孩子不感兴趣了，允许他安静地到旁边自主游戏。

总之，混龄班级教师要善于见缝插针，灵活安排各时间段和不同年龄段幼儿的活动。

5. 生活活动的组织与领导

根据混龄班级幼儿的特点，教师在组织生活活动时，要选择一些适合于各年龄阶段幼儿同时进行的活动项目，采用分组活动的形式，即通过小组活动或个别教育来扩大每个幼儿的活动，使其生活自理能力及社会交往能力得到最大程度的发展。

在生活活动的组织中，教师要将爱心浸注其中。在混龄班级幼儿的生活活动中，自然呈现大帮小、大教小的场面。教师要刻意安排幼儿之间的合理搭配，使小孩子能够得到更周全的照顾与帮助，体会到伙伴的关爱，认识到他人的重要；让大孩子在帮与教的过程中表现出较高水平的自觉性和意志行为，学会理解和帮助他人，并逐步改变以自我为中心的不良习惯。如在新生早晨入园时，大孩子牵着弟弟妹妹的手一起进教室，哥哥姐姐的结伴同行使小孩子有了安全感，减缓了入园的焦虑，也分担了教师和家长的工作量。此外，小孩子们在吃饭、穿衣、如厕、洗手等环节都少不了大孩子的帮助。

二、混龄班级的教育常规管理

常规就是幼儿必须遵守的日常生活规则。它把一日生活活动中对幼儿的基本要求规范化、固定化、制度化。通过常规教育让幼儿知道什么时候可以做什么，应该怎么做，可提高动作的自主性程度，减轻幼儿在日常生活中不必要的紧张。少年若天性，习惯如自然。养成良好的生活习惯，幼儿就会吃得香、玩得欢、入睡快，有益于健康。幼儿年龄小，可塑性强，最易培养习惯。要注意不要轻易打破常规，以免破坏已经形成的习惯。

（一）教学管理

1. 根据幼儿的年龄特点和原有水平进行分组教学

在进行活动时，要根据幼儿的年龄特点进行安排，如采用“以大带小、以小促大”的方法。在活动过程中，让孩子在交往中学会合作，异龄孩子间的交往合作成为一种很好的教育资源。这些教育活动最大限度地满足了幼儿发展的需要，主要表现在以下几个方面：首先，能力强的大龄孩子用自己的学习秩序、学习方法和自己的经验、自己的语言用心地教弟弟妹妹，担任着领导角色，对自己充满信心。其次，能力弱的大龄孩子和小龄孩子在一起，仍然能看到自己的优势，不至于对自己灰心，维护了自尊。再次，能力强的小龄孩子能和大龄孩子一起活动，解决了自己原来“吃不饱”的现象，满足了自身发展的需要，同时，认为自己有时可以超过哥哥姐姐，树立起“我能行”的信念。最后，能力弱的小龄孩子在大龄孩子的细心帮助下，没有太大的压力，可以放松地进行模仿和学习，反而轻松地掌握了一些技能、技巧，掌握了游戏方法，这就使得他们在爱和关怀的氛围中对自己也充满了信心。

2. 科学安排一日活动

在安排一日活动的时候，要充分考虑不同年龄段幼儿的特点，每项活动时间的安排要有弹性。这样，不同年龄段的幼儿都能进行科学合理的活动，有利于幼儿的发展。

3. 精心编排教学内容

教学内容的编排更要照顾混龄的特点。在遵循目标性原则、生活化原则、主体性原则的基础上，应该灵活采用混龄、分龄、个别教育等多种组织形式，在集体教学、小组活动、生活活动、游戏中有效地促进大小幼儿的互动。

（1）巧妙设计混龄集体教学。由于混龄班级的特点，教师要努力设计教学内容，以便在同一时间内通过适宜讲授或引导把教学内容传递给全班幼儿，或在教师的引导下全班幼儿共同探索普遍感兴趣的同一内容。教师组织混龄幼儿集体教学要有一定讲究，设计的问题或提供的材料要体现层次性。在设计问题时，就要把简单的指向小龄幼儿，复杂的留给大龄幼儿，但都可以共同思考、互为启发。如认知活动“谁偷吃了蛋糕”，针对小老鼠吃东西的问题，可以让小孩子猜猜“图片上有哪些食物，小老鼠喜欢吃什么？不喜欢吃什么？”引导大孩子思考“小老鼠是如何找到食物的？”

混龄集体教学中，大小孩子各抒己见，大孩子学会出谋划策、解决问题，小孩子学会提出问题，领悟学习方法，共同分享经验，汲取知识养分。

（2）灵活组织小组活动。组织混龄班级的小组活动时，可以采用以下两种方式：一种是同龄小组活动，这种是以年龄为单位，小组内为同一年龄段的幼儿，每组分别组织不同的活动内容；另一种是混龄小组活动，这种是以探究兴趣为单位，小组内有大孩子也有小孩子，活动时以大孩子为主导，小孩子为配角，教师提出不同的要求，使各年龄层的孩子都能在自己的水平上得到提高。

总之，小组活动增加了幼儿表现自己的机会，利于互动，是混龄班级常用的组织形式。教师在组织活动时，要注意照顾不同年龄段的孩子。知识性较强，需要更多互动或需要更多合作内容的，可以采用该形式，如大孩子的幼小衔接教育、科学实验、数学活动、手工活动等。

（3）自主选择个人学习活动。教师要为混龄班级的幼儿创设学习环境、提供不同层次的学习材料。可以让幼儿根据兴趣自主选择活动材料，根据自己的学习节奏和学习习惯，独立自主地学习，接受教师一对一的实时协助与指导。同时，教师为孩子准备的活动材料要区分难度，并按从左到右、从上到下的顺序由简单到复杂地摆放材料。如练习“穿”的动作，从左到右摆放了“穿木珠”“穿项链”（用剪好的吸管或彩电电线穿）和“穿鞋带”。

（二）游戏的管理

不同年龄段的孩子对一日活动的内容必然有不同的兴趣与兴奋点。混龄班一日活动的作息时间要兼顾差异，就必须采用混龄、分龄、个别等多种组织形式，在混龄集体活动、小组活动、生活活动及游戏活动中有效地安排大小幼儿互动。

当大小孩子对某一内容都有兴趣，而又无须过多的直接操作时，教师可以考虑采取集体活动形式，如讲述与谈话等语言活动、开展社会性的活动、欣赏活动、游戏活动等。当不同年龄段的幼儿兴趣不同时，分组活动的必要性就体现出来了，如对大孩子实施的幼小衔接教育、科学实验、数学活动等。当学习内容可以通过独立思考、个别操作方式完成时，教师就应提供个人学习的机会，如寻找知识性资料、锻炼生活和动作技能、美工等操作性较强的活动。每一种组织形式都有自身的优点和局限性，只有互相配合才能促使每个年龄段的幼儿在现有水平上获得发展。

教师可以根据主题和需要，一周综合考虑既有 2~4 次的混龄集体教学，又有多次的小组活动，而每天都安排有个人学习活动和混龄游戏。在进行游戏管理过程中，要注意以下几点：

1. 确定游戏目标

每次进行游戏活动时，教师都要根据混龄班级中不同孩子的特点，综合确定游戏目标，这样游戏进行起来才能很好地起到相应的作用。

资料吧

混龄音乐游戏:铃儿响叮当

活动目标:

(1) 能随着音乐用肢体表达滑雪动作。

(2) 混龄同伴感受共同学习表演的快乐。

活动准备:

(1) 音乐及若干小红帽、有关滑雪的录像。

(2) 音乐磁带等。

活动过程:

(一) 欣赏音乐,激发学习的兴趣

(1) 教师提问:"你们喜欢这首歌儿吗? 为什么? 这首歌儿听上去感觉是怎样的?"(用问题导入,通过欣赏音乐,产生问题,激发孩子的学习兴趣。孩子们会根据对此音乐的理解,从不同角度表达自己的想法。)

(2) 归纳小结:"这是一首两拍子的歌儿,是一首欢快的乐曲。"

(二) 动作探索

(1) 幼儿听音乐,做各种滑雪动作。

(用观察录像等资料引导幼儿观察,理解有关滑雪的动作,初步懂得滑雪是一项运动,并会创编各种滑雪的动作。)

(2) 混龄幼儿观看表演"铃儿响叮当"。

提问:"舞蹈中的小朋友是怎样滑雪的?"

归纳总结:出示动作图解,帮助幼儿了解滑雪的舞蹈动作。

(3) 混龄幼儿以大带小跟着小红帽一起练练滑雪动作。

(重点突出:大朋友看图意教小弟弟妹妹做滑雪动作。)

(4) 提问:"除了这些动作外,还有哪些滑雪动作?"

(交流自己了解的各种滑雪表演的动作,如双人滑、单腿滑、转身滑、抬腿滑等。)

(5) 幼儿以大带小在音乐的伴奏下合作做滑雪的动作。

(三) 混龄幼儿共同表演引发幼儿创编

(1) 使用道具:"这里有许多小红帽,你们戴上小红帽找伙伴去滑雪。"

(此环节激励幼儿以大带小,会探索做出各种滑雪动作。)

(2) 混龄幼儿共同表演"铃儿响叮当"。

(在表演中,教师将花环戴在动作有创意的小朋友头上。)

(四) 活动延伸

引导幼儿在平时的大舞台进行表演。

(资料来源:淄博市周村区实验幼儿园 贺建华)

《纲要》指出:“提供幼儿自由表现的机会,鼓励幼儿用不同的形式大胆表达自己的情感、理解和想象。”2022 年,我国成功举办了冬奥会。幼儿对冰雪积累了一些知识,知道冬季人们最喜欢的体育活动是滑雪。选滑雪内容开展混龄集体活动,可以进一步激发幼儿热爱运动的情感。活动借助世界著名的“铃儿响叮当”音乐,让混龄同伴充分感受音乐的美,并合作表演滑雪,共同体验活动的快乐。活动要遵循幼儿身心发展的规律,可丰富幼儿的审美观,增强孩子的自信心,满足每个混龄孩子的兴趣和需要。让混龄幼儿在优美的音乐情境中,想象用肢体动作来体验和表达音乐的形象,提高了混龄幼儿对生活中美的向往。

2. 安排好游戏过程

混龄班级的游戏为大孩子提供了更多展现自我的机会。游戏中,他们的聪明才智、组织能力和解决问题的能力都表现得淋漓尽致,同时,也表现出较强的责任感及对小孩子的包容心。小孩子在游戏中学会了观察与模仿,学会了对哥哥姐姐的遵从,发展了领会能力,体现了社会性的缩影,促进了良好社会化的形成。但由于混龄的特点,在游戏的过程中,教师要注意管理好游戏过程,关注不同年龄段的孩子,以便游戏能顺利、有效地进行下去。

总之,混龄班级的游戏就是要通过多元化和灵活性的活动组织,使混龄幼儿之间形成一种非常自然的教育生态环境;混龄孩子之间有良性互动和互相影响,不同年龄段的每个幼儿都能在其间找到自己的定位和发展空间①。

(三)教学的方式方法

1. 主题综合教育

根据混龄班级幼儿的年龄、智力差异,以某一季节节日或其他社会生活事件为主,确定一个教育主题。围绕这个主题,对各年龄段小组提出相应的教育目标,运用各种教育手段,注重整体效益,使教育内容互相渗透,有机结合。例如,“国庆节”主题教育活动,通过选择一定的内容,对各年龄段小组提出不同的要求,利用各种教育手段,达到教育目标。如在科学教育活动中认识“天安门”“国旗”;语言教育活动中朗诵诗歌“天安门”;音乐教育活动中教唱歌曲“国旗多美丽”;美术教育活动中绘画“天安门”“国旗”(以上均为同教材异要求);计算教育活动中利用幼儿的画面做教具;体育活动中玩体育游戏“跑向天安门”;日常活动中组织幼儿装饰活动室,充分发挥环境的教育作用,也可组织幼儿举行各种庆祝活动。通过一系列的教育活动,激发幼儿热爱祖国的美好情感。

2. 同领域、同内容、不同要求

有些领域的教育活动组织起来两组间干扰较大,容易分散幼儿的注意力,此时可把两组幼儿合起来教授统一内容,教学中分别对大、小组提出不同的要求。如计算教学 5 的第一组加减法。让大龄幼儿掌握 5 能分成 1 和 4,4 和 1;1 和 4、4 和 1 合起来是 5,$1+4=5$,$4+1=5$,$5-1=4$,$5-4=1$;让低龄幼儿点数 5 以内的事物,报出总数,按数取物。再如同时给幼儿讲一个故事,但要求不一样。要求大龄幼儿理解故事的内容,能用连贯的语言把故事的主要情节讲出来,能简单地概括故事的主题思想;要求低龄幼儿喜欢文学作品,能安静听故事,能用简单的语言把故事中的主要人物、主要情节讲出来。

3. 同领域、不同内容、不同要求

此方法运用较多,组织较容易,幼儿便于接受。如美术课绘画“给老师画像”,要求小组幼

① 杨再鹏.幼儿园班级管理[M].北京:首都师范大学出版社,2008.

儿在没有五官的头像上添画五官；要求大组幼儿通过观察，画出老师的不同表情。

4. 同内容、不同领域、不同要求

此方法幼儿较感兴趣，大、小组的幼儿相互影响，共同发展。如认识“猪”，大龄幼儿是绘画“可爱的小猪”；低龄幼儿是科学活动“认识猪”。教学的步骤是，第一步，全体幼儿到饲养场观察猪，认识猪的外形特征，了解猪的生活习性、用途，同时要大龄幼儿观察猪的动态。第二步，大龄幼儿绘画“可爱的小猪”，教师启发幼儿用语言描述猪的外形特征，如圆圆的头上有两只大耳朵，椭圆形的胖胖身体下面有四条短短的腿，还有一条尾巴，并辅导个别幼儿绘画；低龄幼儿讲述观察到的猪的外形特征（声音要小些）。第三步，两组幼儿同时欣赏画作，让大龄幼儿说说自己是怎么画的；让低龄幼儿再次讲述猪的外形特征（按照画面讲述）。

以上四种方式方法是混龄班级常用的，也较为行之有效。当然也还有其他方式方法，如不同领域、不同内容、不同要求等。不论采用哪一种方式方法，教师都当依照《指南》的精神和要求对大、小不同的两组幼儿，确定各自的活动目的，设计合理的活动过程，认真组织教学，让大小幼儿完成各自的活动任务。教师在组织教学中，可培养小助手。如在大龄幼儿中建立值日生制度，让幼儿轮流担任，协助教师分发物品等，以免教师顾此失彼。

实践对接

场景一：户外混龄活动开始了。在钻爬区，教师设计了“虫虫危机”的游戏情境，小朋友们身临其境地钻过不同的蜘蛛网。大班小朋友的控制能力和钻爬能力都很强，教师就会将蜘蛛网调整到相对很低的位置，以便增加幼儿的兴趣和挑战的欲望。而对于中班的小朋友，教师就会将蜘蛛网调高，以满足中班幼儿的活动特点。在整个活动中，孩子们都是积极主动地参与，他们反复地钻过蜘蛛网，享受着快乐、体验着成功。

场景二：户外混龄区域活动开始了，活动前我要求孩子们在指定的区域玩游戏，如玩圈的和玩布制玩具的小朋友在塑胶跑道上玩，跳绳的在中间。活动开始了，孩子们根据自己的喜好选择了布条、飞盘、塑料圈和跳绳，开始玩游戏。不一会儿我发现孩子们不仅没有在规定的区域玩，甚至有了打闹行为，一会儿争抢玩具，一会儿又是告状：某某小朋友把我打了，某某小朋友把我撞了……一眼望去都是孩子们无休止地疯跑、打闹。孩子们乱成一团，怎么叫停都停不下来。

问题：请结合案例分析在混龄活动的组织管理中应注意哪些问题。

思考与练习

1. 混龄班级有哪些优点？
2. 设计一份混龄班级某学期的班级管理计划。

拓展阅读

张燕.四环游戏小组的故事.北京:北京师范大学出版社,2009.

单元九　幼儿园特色班级建设

知识目标

1. 理解幼儿园特色班级的含义及特色班级建设的重要性。

2. 了解建设特色班级及展示特色成果的途径与方法。

3. 能够根据实际情况确定班级特色方向并制订特色班级建设计划。

4. 能够利用多种教育资源开展特色班级建设工作及进行特色成果展示活动。

能力目标

1. 能够根据实际情况确定班级特色方向并制订特色班级建设计划。

2. 教师应结合本园的传统和优势、幼儿的兴趣和需要以及教师自己的特长和兴趣而开展具有各自特色的课程。

3. 能够利用多种教育资源开展特色班级建设工作及特色成果展示活动。

素养目标

能够在特色班级建设过程中不断地总结、反思、创造性实践，促进自身的专业发展和成长。

知识导图

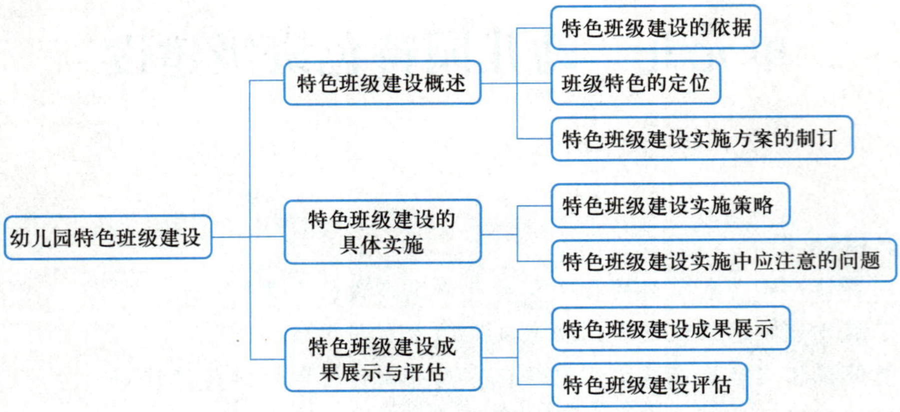
幼儿园特色班级建设
特色班级建设概述
特色班级建设的依据
班级特色的定位
特色班级建设实施方案的制订
特色班级建设的具体实施
特色班级建设实施策略
特色班级建设实施中应注意的问题
特色班级建设成果展示与评估
特色班级建设成果展示
特色班级建设评估

案例导入

某幼儿园将木偶剧教育作为特色班级建设的特色课程，构建和开发了木偶剧教育园本课程体系。各班以木偶剧教育为纽带，有机整合各领域的教育内容，开展了不同类型的木偶剧特色教育活动，从不同角度促进幼儿的情感、态度、能力、知识、技能等方面的发展。如大一班请木偶剧团的专业演员来园当老师，为幼儿介绍世界各地的木偶知识，带领幼儿到木偶剧团观摩木偶表演和木偶制作。大二班让幼儿利用各种废旧材料制作木偶，教师与幼儿共同探索，创造了一系列新型科学玩偶，促进了幼儿多元智能的发展。中一班选择、整理有利于幼儿社会性发展并适合中班幼儿表演的木偶剧，通过木偶游戏促进幼儿社会性发展。小一班着重研究木偶化的环境创设，用木偶化的墙饰吸引幼儿与环境积极互动。教师还开发了很多符合幼儿年龄特点的木偶化区域活动材料，把各领域的目标融入班级环境中。各个班级的木偶教育各具特色，拓展了教育的空间，取得了显著的教育成效（图 9－1，图 9－2）。

问题讨论：作为未来的幼儿园老师，你怎样看待该幼儿园的班级特色——木偶剧教育？

图 9－1 孩子们在操作提线木偶

图 9－2 孩子们在老师的指导下制作木偶

幼儿教育面对的是具有不同个性的孩子，促进幼儿个性发展是幼儿园教育的一个重要方面。在幼儿园中，班级既是开展各种教育活动的基本单位，也是幼儿社会性发展和社会化的重要园地。幼儿渴望丰富多彩的生活，不同的幼儿有不同的兴趣、爱好和需求。在富有特色的班级文化氛围中，幼儿的个性得以发展，从而可以避免对幼儿人格塑造的同一化倾向。从教师的角度来看，班级特色既是班级任课教师的教育思想和观念的集中体现和反映，也是任课教师精神力量和人格魅力的集中体现和反映；从幼儿的角度来看，班级特色是幼儿发展个性、发展自我的园地和阵地。在富有特色的班级活动中，每个幼儿都可以找到适合自身发展的活动内容和形式，并在活动中健康快乐成长。一个有特色的班级是一部多彩的、富有魅力的教科书。它能潜移默化地对幼儿进行熏陶、塑造，能培养幼儿的才能，提升幼儿的素养，对幼儿具有极大的教育功能。

幼儿园的特色班级建设，就是每个班级在完成幼儿园常规教学工作的同时，教师结合本园的传统和优势、幼儿的兴趣和需要以及教师自己的特长和兴趣而开展的某一类型的课程建设。这种课程就是特色课程。特色课程应整合幼儿园各领域的教育内容，从不同角度促进幼儿的情感、态度、知识、技能等方面的发展，并以特色教育活动满足幼儿的发展需要，促进幼儿社会性和个性的发展。特色课程是特色班级建设的支撑点和核心;特色班级建设应以特色课程建设为突破口和着力点。在特色班级建设过程中,教师可以从接受培训、设计和组织开展活动、课题研讨中不断提高课程实施的能力。通过特色班级建设,教师能够不断地总结、反思、创造性实践,促进自身的专业发展和成长。

基础理论

第一课 特色班级建设概述

一、特色班级建设的依据

特色班级建设是特色幼儿园建设的重要支撑点和落脚点,是幼儿园特色品牌最好的平台和载体。特色班级建设不仅能够凸显幼儿园的特色品牌,还在于通过富有特色的活动促进幼儿的个性化发展。在特色班级建设中,特色活动课程不仅是特色班级建设的依托和载体,还是特色班级建设的核心和关键所在。特色活动课程的开发和建设应具有政策、理论和应用价值依据。

(一)政策依据

《国务院关于基础教育改革与发展的决定》中指出:“实行国家、地方、学校三级课程管理。在保证实施国家课程的基础上,鼓励地方开发适应本地区的地方课程。”《基础教育课程改革纲要(试行)》中明确指出:“学校在执行国家课程和地方课程的同时,应视当地社会、经济发展的具体情况,结合本校的传统和优势、学生的兴趣和需要,开发或选用适合本校的课程。”开发幼儿园特色活动课程既符合国家教育政策要求,还可以更好地发挥幼儿园的教育功能。

(二)理论依据

哈佛大学教授、发展心理学家加德纳(Howard Gardner)提出了多元智能理论。在加德纳看来,智能是在某种社会或文化环境的价值标准下,个体用以解决自己遇到的真正难题或生产及创造出有效产品所需要的能力。加德纳所倡导的是一种多元的、开放的、尊重文化差异和个体差异的智能观和教育理念。特色活动课程以幼儿园的文化资源为依托,给儿童提供多种多样的智能活动机会,在充分尊重儿童发展的独特性的同时,以促进幼儿的个性化发展为目标,符合多元智能理论的要求。

(三)应用价值依据

特色活动课程从幼儿园和班级的实际出发,以人为本,具有很强的实用性、针对性和时效性,既贯彻了《纲要》和《指南》的精神,又体现了独特价值和开创意义。特色活动课程与五大领域的教育内容有机结合,从不同角度促进幼儿的情感、态度、知识、技能等方面的发展,满足了幼儿发展的需要。此外,教师在特色班级建设过程中,可以从接受培训、组织开展活动、课题研究探讨等活动环节中提高自己实施课程的能力,从各方面促进自身的专业成长。

二、班级特色的定位

特色班级的创建离不开班级中的幼儿、教师以及家长。幼儿、教师以及家长是形成特色班级的三个决定因素。三者是相互依存、相互促进的关系。在定位幼儿园班级特色时要依据幼儿的兴趣爱好、教师的兴趣特长、家长的需求这三个因素来综合考虑。这样就形成了班级特色定位的三种主要路径选择。

（一）班级特色以班级幼儿的兴趣和能力为出发点来确定

幼儿教育面对的是一个个具有独特个性的孩子，不同的孩子具有不同的兴趣爱好。在确定班级特色时，教师要充分了解幼儿的兴趣爱好，客观分析班内幼儿的实际情况，找到自己班级幼儿的某些共同特点，进而再确定班级的特色。教师在带班过程中，可以通过游戏等日常教育活动以及和家长的互动交流来了解幼儿的兴趣爱好等个性特征，并根据幼儿的年龄与能力特点来确定班级特色。如根据小班幼儿喜欢撕纸的年龄特点，通过撕成纸条、撕出各种形状的物体，层层深入，提高幼儿的手部活动能力；中班幼儿爱好美术的比较多，可以将绘画作为特色，开展涂鸦绘画活动，增强幼儿对涂鸦绘画的乐趣和积极性；大班创设适合幼儿的语言情境，让幼儿进行情景表演，凸显了班级的语言特色。

（二）班级特色以教师自身的特长和经验为依托来确定

班级教师在班级特色活动中处于主导地位，班级教师自身的特长和经验在班级特色活动开展过程中发挥着主导作用。当确定了班级特色之后，在开展特色活动的过程中，教师可以根据自己的专业水平及幼儿在活动过程中的实际情况对活动进行调整，以使幼儿得到更好的发展。教师在确定班级特色时要更多地考虑和发掘自身的特长，以便于以后的班级特色活动能深入持续地开展。幼儿教师应努力加强自身学习，发展自己一个或几个方面的教育特长，努力成为一名具有较强特色教育能力的幼儿园教师。

案例链接

美术特色班级

我和李老师搭班。她特别擅长美术，而我也很喜欢绘画及动手方面的活动。于是我们就充分利用这一点，多方激起我班幼儿学习美术的兴趣，进而建构“美术特色”班级。我们根据幼儿的兴趣开设了美术创意活动区。以往单一的美术材料往往使幼儿学得较为乏味，也无法使其对美术活动保持长久而浓厚的兴趣，而美术区域活动改变了传统的教学模式，让幼儿体验到了丰富的材料所带来的快乐。我们为幼儿准备的绘画工具有纸、笔、油画棒、颜料等；纸工、泥工工具有剪刀、糨糊、橡皮泥、牙签、抹布等；一些辅助工具，如棉签、石头、各种纸、布，废旧材料如塑料管、蛋壳、水果网、木条、泡沫板等，用于自创作品。当幼儿在实际操作时，他们就会运用各种感官探索材料的性质，选择不同的方法使用，促进了其创造能力的发展。美术区域中材料的丰富性和多样性，使幼儿的想法不受材料的限制，可以自由选择，尽情发挥。因此，幼儿创作的作品可谓千姿百态，充分表达了自己的想法。如在“美丽的春天”主题表现中，有的幼儿选择用多种绘画工具（油画棒、水彩笔、水粉笔等）在纸上进行勾画；有的幼儿则用橡皮泥捏出千姿百态的花或用纸剪出各种各样的花、草、树、木，然后再进行描绘。在幼儿与材料的互动中，幼儿新奇的构思与大胆的表现使画面活泼而富有生气，不仅画得形态各异，表情、动作都非常生动、有趣，而且增强了幼儿对美术的创作兴趣。

（三）班级特色以家长需求和家长优势为依托来确定

教师在研究确定班级特色时，家长的需求和家长的优势是必须予以考虑的一个重要因素。

特色班级建设离不开家长的配合和支持。好多幼儿家长都有自身在幼儿文化教育方面的独特优势，充分利用好这种优势，让家长有机会参与到班级特色教育活动中，不仅能为幼儿提供更为科学的教育和帮助，而且能够提高特色教育活动的实效。家长最了解自己的孩子，在确定班级特色时，可以通过座谈、调查等方式了解家长的需求，并充分考虑家长的意见和要求。只有这样才能让家长了解本班级的特色活动，才能获得家长更多的认可、支持和配合。但要注意的是，考虑家长的需求绝不意味着要放弃教育原则。

在这三种途径之外，幼儿园的文化背景、当地的历史文化资源也可以作为教师在确定班级特色时的重要参考。此外，由于幼儿园班级与班级之间的情况、特点不同，教师可以根据自己班级所凸显出的特点，从不同的角度来定位班级特色。

资料吧

幼儿园各年龄班级特色活动项目

小班：儿童画、折纸、陶泥、儿歌朗诵、快乐美工、快乐故事会、我爱拍皮球等。

中班：剪纸贴纸、乡土美术、废旧材料的利用和制作、韵律舞蹈、快乐口语、木偶表演和制作、乡土童谣、围棋、象棋等。

大班：奥尔夫音乐、木偶剧、儿童剧、手工制作、早期阅读、轮滑、武术、象棋、围棋、乐器、舞蹈、手工制作等。

三、特色班级建设实施方案的制订

带班教师在对影响本班特色建设的各方面因素进行系统研究分析后，就可以确定本班的班级特色。班级特色确定后，应当制订详细的特色班级建设实施方案，并上报幼儿园班级特色建设领导机构审核。审核通过后，就可以班级特色活动课程开发为重点，分步实施。班级特色活动课程是特色班级建设的载体和依托。

（一）特色班级建设实施方案包括的内容

特色班级建设实施方案主要包括如下内容：

(1) 实施方案的组成人员及分工。一般情况下负责人由班主任担任，配班老师协助班主任开展工作。

(2) 特色活动课程的形式、具体内容以及相关材料的来源及准备。

(3) 以周为单位的特色活动课程实施计划，一般情况下每周活动 2~3 次。

(4) 特色活动课程计划与班级学期工作计划衔接、融合的方案。

(5) 特色环境的创设实施方案。

(6) 特色区角的设计实施方案。

(7) 班级特色建设专题研讨交流活动计划。

(8) 特色成果展示活动方案。

（二）制订特色班级建设实施方案应注意的问题

班级特色的形成是一个较长时间的过程。班级特色建设实施方案是班级特色建设的基石，是成功的前提和基础。教师在制订特色班级建设实施方案时，要从幼儿的实际出发，综合考虑各方面因素，精心设计，确保实施方案具有可操作性。在制订实施方案时，应注意以下一些问题：

（1）教师在深入了解本班幼儿以兴趣爱好为中心的个性特征后，要重点做好和家长的沟通工作，认真听取家长的意见和建议，从工作开始就争取每一个幼儿家长的理解、配合、支持和帮助，以更好地促进家园共育。方案中要制订专门的措施，以充分了解家长的意见。

（2）班级特色要力求新颖。新颖就要给人一种耳目一新的感觉，无论形式还是内容都要力求创新。这种创新可以从内容上寻求，如确定与众不同的特色项目；也可以从组织形式上考虑，如同样是美术特色，课程的组织形式不同，特色也就不同；还可以从创新班级管理方式入手，从管理上凸显自己的班级特色；最后从幼儿的游戏活动中发掘，寻找适合自己班级的特色活动项目。

（3）教师要正确认识自己，要量力而行，切忌贪多求全、相互攀比。每个教师都有自己的特长和优势。制订实施方案，确定班级特色时，要尽量使特色活动项目和自己的专业特长和优势相结合，充分发挥自己的特长和优势，为方案的持续实施提供保证。与教师的特长和优势相结合的实施方案具有更强的可行性和可操作性。

（4）要重视班级特色建设研讨交流活动。班主任和配班老师之间要经常进行沟通和交流，及时分析班级工作情况，才能开展好班级特色建设。各个班级教师之间要定期就特色班级建设的实施情况进行沟通和交流，以实现思想碰撞、共同提高的目的，保障建设方案实施的有效性。在实施制订方案的同时，要确定研讨交流机制。一般情况下，可每月开展一次研讨交流活动。

（5）做好特色班级建设成果展示工作。特色建设成果展示活动一方面可以提高幼儿的成就感，增强幼儿的自信心，另一方面也可以让家长充分了解幼儿在园活动情况，争取家长更多的支持和配合。特色成果展示活动也是幼儿园形象品牌宣传的一个重要手段。在制订方案时要充分考虑利用多种途径、多种方法和角度进行特色成果展示活动，同时要有一定的经费保障，以确保特色班级成果展示活动的顺利进行。

资料吧

音乐特色班活动安排

某幼儿园中班确定以音乐活动为特色。经过一个学期的学习，孩子们对音乐有了很敏感的反应，听到音乐后会随着节奏，自然地进行简单的身体律动或跟着节奏拍手，并能大胆地演唱歌曲；能用肢体动作来表现音乐；能看懂简单的节奏型并拍打出节奏。平时孩子们很喜欢听着老师的鼓点自己拍出不同的节奏，对乐器充满了好奇和兴趣。在上学期的几次打击乐活动中，孩子们在活动中表现得非常积极和投入。基于此，本学期的音乐特色教育活动重点放在打击乐教学活动上。下面是该特色班的具体活动安排：

九月份：

常规要求：

1. 乐器拿起后或在打击乐停下时放于腿上，不发出声响。

2. 乐曲开始前拿好乐器听从指挥信号。

技能：
1. 学习看乐谱打拍子。
2. 认识几种常见打击乐器及其使用方法。
十月份：
常规要求：徒手模仿各种乐器演奏。
技能：尝试看乐谱，创编身体动作来表现相应节奏。
十一月份：
常规要求：
1. 学习各种打击乐器的演奏方法。
2. 指挥和演奏者之间的注意事项。
技能：
1. 尝试看乐谱并能根据节奏型设计出配乐方案。
2. 尝试分组听从指挥进行演奏。
十二月份：
常规要求：养成演奏时相互倾听的习惯。
技能：幼儿尝试做指挥进行演奏（图 9－3，图 9－4）。
以上是预设，可根据幼儿的学习情况进行调整。

图 9－3　孩子们在练习打击乐

图 9－4　孩子们学习打击乐

第二课　特色班级建设的具体实施

一、特色班级建设实施策略

特色班级建设实施方案确定后，可以考虑主要从特色课程方案设计、特色环境创设、特色主题活动、家园合作四个方面组织实施。具体的实施策略如下：

（一）特色课程方案的设计

在幼儿教育中，特色课程不只是特定知识的载体，也不只是幼儿对知识的经历和体验，而是幼儿各种自主性活动的总和。特色课程是在具有特色的教育情境中由教师与幼儿共同创造的一系列活动事件，是一种富有特色的、开放的、动态的生命体验。特色课程是特色班级建设的载体和依托，在特色班级建设中具有重要地位和作用。

1. 特色课程方案的设计首先应制订明确的课程目标

特色课程目标是特色班级建设目标的重要环节和组成部分，实现课程目标是最终实现特色班级建设目标的重要步骤。在制订特色课程目标时，一方面要面向全体幼儿，使每个幼儿都能得到发展；另一方面要有利于促进幼儿在健康、语言、社会、科学和艺术五个领域的全面发展；同时，课程目标还应考虑幼儿在达到目标上的个体差异以及目标的层次问题，即要有明确的月度目标、学期目标和年度目标。一般情况下，特色课程目标可以从认知、情感、行为技能三个方面进行设定。

2. 特色课程方案设计要与主题教学活动相结合

主题教学活动是当前幼儿园流行的一种教学方法，通常围绕一定的主题进行教学。例如，保护环境、遵守规则等主题，把主要概念从这些主题中抽取出来，通过多种多样的活动对概念进行教学。主题教学活动实质上是整合课程的一种表现形式。特色课程与主题教学活动相结合就要求特色课程在内容上能够充分体现出主题，并通过特色教学活动实现主题教学的目标要求。

3. 特色课程方案设计要多采用游戏的形式

维果斯基认为："游戏是儿童学习和发展的源泉。"游戏既是一个学习的过程，同时又是儿童学习最重要的途径。特色课程方案要多采用游戏的形式，对教师来讲至关重要的是如何积极引导幼儿了解游戏，并将幼儿需要学习和掌握的"知识和技能"以及"情感体验"融入游戏之中。以游戏为主要形式的特色课程设计体现了以幼儿为中心的教育理念，这样的特色课程方案设计能够极大地开发儿童的潜能，提高特色课程实施的实际效果，但对教师的素质和能力是一个极大的挑战。

4. 特色课程在设置上要与常规课程相结合，并促进二者的融合

当前很多幼儿园所谓的特色就是简单地在每周常规课程中加入几节特色课。这种做法的优势在于设计简单、易于操作，教学结果也易于评价。不足之处在于特色课程容易脱离幼儿的实际生活环境，幼儿也难以将所学的知识应用于生活，实际上是特色课程开发建设不成熟的表现。教师应努力实施课程整合，促进特色课程与常规课程的深度融合，实现特色课程对常规课程在一定程度上的替代，并最终实现常规课程的特色化。

案例链接

英语口语特色课程

幼儿期是口语发展的关键期。对于大班的孩子来说，学习英语有其可能性和必要性。为适应社会的发展需求，我们综合考虑大二班的实际情况，决定将"英语学习"作为本班的班级特色。我们首先确立了英语学习的六个主要目标：① 能说出简单的、常见的英语单词。② 在老师用英语提问时，知道用英语回答问题。③ 能听懂并愿意模仿教师经常使用的生活用语和教学用语。④ 能用简单的英语介绍自己。⑤ 能用简单的英语表达自己的感受。⑥ 愿意并能

够尝试用简单的英语与他人进行口语对话。

在具体的实施过程中，我们以游戏为主，各种教学方法灵活交替使用，以此来吸引幼儿，从而有效地调动幼儿的学习兴趣；我们借助实物、直观教具和模型玩具等幼儿喜爱的事物，让幼儿在玩乐中学习英语，提高学习英语的兴趣。如在教幼儿学动物类的单词时，我可以准备各种动物的玩具和图片，以游戏的形式让幼儿学习相应的单词，使幼儿学习的兴趣大增。我们还创设了读读讲讲的语言环境，以培养幼儿的英语语感和听力。每天进园时老师都会和幼儿用英语打招呼，长此以往就会形成“双语问候”的习惯。在其他生活环节中，我们注重创设一些英语情境。洗手前，教师说一声“Wash hand”，游戏前说一声“Are you ready?”午睡时说一声“Keep silent”，请别人帮忙要说“please”等。另外，我们还设置了一个英语角，让幼儿可以自由学、自由练、自由交往。

问题讨论：在以上案例中，你认为在班级“英语”特色的创建中有哪些不足之处？你有更好的方法吗？

（二）特色班级环境的创设

《纲要》明确提出：“环境是重要的教育资源，应通过环境的创设和利用，有效促进幼儿的发展。”教育环境作为一种“隐性课程”，在促进幼儿个性和谐发展等方面发挥着独特的作用，是孩子的第三位老师。班级环境（这里主要指物质环境）与幼儿“朝夕相处”，可以诱发幼儿的积极行为。因为环境对幼儿的影响是潜移默化的，所以往往比教师的言传身教更有效。经过精心设计的班级环境能够凸显出一个班级的文化底蕴与内涵特色，在特色班级建设中发挥着重要作用。班级特色环境创设主要包括特色墙饰、走廊与悬挂物创设、特色区角创设等。

1. 班级特色墙饰、走廊与悬挂物的创设

生动美观的班级环境装饰，既能够带给幼儿有关色彩、构图、造型等因素的审美体验，又能延伸孩子对于各种知识技能的兴趣，还能在情感上带给他们愉悦感。班级环境装饰作为促进幼儿发展不可缺少的“环境”，已经成为幼儿园班级教育教学的有效辅助手段。在班级特色墙饰、走廊与悬挂物的创设中，应遵循以下原则：

（1）一致性原则。班级特色墙饰、走廊与悬挂物不是唯美的，也不是纯粹的装饰，而是为了发挥环境的教育作用。为了保证环境的教育作用，环境必须有利于幼儿德智体美劳全面发展，应与班级特色教育的目标相一致。此外，班级特色墙饰、走廊与悬挂物环境还应有利于促进幼儿社会认知、社会行为、社会情感的全面发展。

（2）适宜性原则。班级特色墙饰、走廊与悬挂物要与幼儿的年龄特点相适应。不同年龄段幼儿的身心特点有很大的差异，特色墙饰、走廊与悬挂物在追求特色的同时，也要随着幼儿年龄的增长有所变化，不能装饰好之后长年不变。

（3）参与性原则。幼儿是在与环境积极互动的过程中实现自身发展的。参与性原则就是指幼儿要参与班级特色墙饰、走廊与悬挂物的创设过程。特色环境装饰包括前期准备、装饰内容、装饰物制作以及装饰布局的安排等。让幼儿参与装饰过程，可以让幼儿更好地掌握知识、技能，发展情感，更好地促进幼儿的自主发展，也为以后幼儿和环境之间的良性互动奠定基础。

（4）经济性原则。在班级特色墙饰、走廊与悬挂物创设的过程中，要因地制宜。要尽可能多地利用各种自然材料和废旧物品，做到既经济节俭又自然环保。这样做一方面有利于培养幼儿的节俭和环保意识，另一方面又能体现勤俭办园的方针。在乡镇、村幼儿园，可以利用乡土材料去创设班级特色装饰。

案例链接

乡村风情墙饰

幼儿园的环境应呈现当地的文化风情，这是我们创设环境的一大特色。从材料、器具的使用以及呈现在墙面上的装饰，都可以体现出幼儿园所处地域的风土人情。A楼二楼的竹文化吊饰就是收集我们地方常见的竹制品——蒸笼、筲箕、簸箕、蒲扇进行涂色，用中国结装饰，最后贴上小朋友的作品制作而成的。三楼的江南风情吊饰则用的是幼儿园几年前跳舞用过的油纸伞，放在资料室没派上什么用场，久了就废掉了。我们把它拿出来做吊饰，错落着挂在走廊上，加上一些老师和小朋友用卡纸共同剪出的螺旋形彩条，又构成了一道乡土风景线。一楼有木饭瓢组合成的葡萄、辣椒、大蒜、金瓜串等。这些吊饰，具有独特的地方韵味，源自老师、幼儿及他们家庭的收集(图9-5，图9-6)。

图9-5　乡村风情装饰

图9-6　精美的吊饰

2. 特色区角的创设

区角活动以其个别化的教育形式尊重了幼儿的个体差异，满足了幼儿个体发展的需要，成为幼儿园所普遍采用的活动形式。良好的特色区角环境一方面能为幼儿提供相对自由、宽松宽敞的活动空间；另一方面又能潜移默化地引导幼儿自由探索、学习和交流。特色区角的创设可以从场地设置和材料投放两个方面综合考虑。

(1) 区角活动场地设置。一般情况下，幼儿园的班级区角活动室可以设置4~6个活动场地。这些活动场地在设置上除了要遵循场地设置的一般规律和原则之外，还要结合班级特色进行设置。通常情况下有两种做法，一种做法是使其中几个活动区与班级特色相关联，或活动区本身具有明显的班级特色；另一种做法是将其中一部分活动区直接设置为本班特色活动区。具体怎么设置，应根据本班特色项目综合考虑。

(2) 材料投放。在保证安全卫生和科学性的前提下，教师可以从自己擅长的领域着手，投放更能体现班级特色的材料。透过材料投放可以看出班级教师分别在手工、音乐、舞蹈等不同方面的特长以及与之相对应的班级文化特色。

班级特色区角的创设一方面要体现班级特色，另一方面要发挥区角活动固有的功能和作用，促进幼儿的全面发展，二者不能偏废。

（三）特色主题活动

主题活动不同于某个领域的单独活动，它是指教师根据幼儿的学习兴趣和生活经验设计一定的主题，在一个阶段内持续开展的教育活动。开展特色主题活动是幼儿园特色班级建设的一个重要途径。幼儿园的主题活动是多种多样的，在选择和确定主题时，有三种具体的路径。

第一，所选的主题活动要包含一定的班级特色元素。所选主题活动的部分内容要与本班特色有一定的联系，一方面可以体现班级特色，另一方面也能实现特色教育在主题活动中的渗透。

第二，设计与本班特色相关的主题活动。教师可以设计一系列与本班特色相关的主题活动，并将这些活动固定为每周的教学活动内容。这样的做法能够在很大程度上促进班级特色的形成，并起到强化班级特色的作用。

第三，设计专门的特色主题活动。专门的特色主题活动本身就是班级特色课程的一个重要组成部分，以更好地促进班级的特色建设，实现班级特色建设与幼儿其他领域发展的融合，从而促进幼儿在各领域的全面发展。

（四）家园合作

幼儿的学习与发展离不开家长的参与配合。特色班级建设同样需要教师与幼儿家长的合作、沟通与交流。家园合作是幼儿园特色班级建设的一个重要途径。在特色班级建设过程中，可以从四个环节发挥家园合作的作用。

1. 班级特色定位环节

确定什么样的班级特色必须考虑家长的需求和家长的背景优势。家长最了解自己的孩子。听取家长的意见和建议，教师所确定的特色项目才会符合幼儿的兴趣和爱好，才能取得家长对班级特色项目的理解、认同和支持。此外，家长的优势也是以后开展班级特色活动的重要资源。

2. 特色班级建设实施环节

在特色班级建设过程中，幼儿家长有参与班级特色教育活动的积极性。许多家长都愿意和班级教师一起策划、组织幼儿的特色教育活动，愿意担任一定的角色，做一些具体的工作。家长的意愿和幼儿家长的优势就会成为班级特色建设的重要资源。家长可以从两方面为班级特色建设提供帮助。第一是特色课程实施方面可以邀请部分家长与教师共同实施课程。比如幼儿园某班以戏剧表演为特色，该班有一位家长正好是一位京剧演员，那么该家长就可以与教师共同组织开展一些活动，如让幼儿了解京剧艺术，与幼儿共同表演并指导幼儿的表演活动等。第二是特色环境建设方面，家长可以为特色环境创设提供建议和物质支持，比如提供一些特色的装饰材料等。

3. 班级特色成果展示环节

特色成果展示活动的一个重要目的在于获得家长对特色班级建设的理解、认同和支持。展示活动实质上也是一种宣传活动，客观上会扩大幼儿园的影响。在这一环节中，家园合作主要表现为家长能积极参加幼儿园组织的班级特色亲子活动。这种亲子活动本身也是特色成果展示的组成部分，家长的参与在强化班级特色氛围的同时，将会有利于特色成果展示目的的实现。

4. 特色班级评估环节

特色班级评估可以促进班级特色教育的发展。幼儿是班级特色活动的主体，家长能够在家庭生活中细致、系统地了解自己的孩子，也希望能够了解自己孩子在特色活动中的发展和进步。让家长参与特色班级评估，能够使班级特色教育更贴近幼儿的实际，提高班级特色教育的质量。

二、特色班级建设实施中应注意的问题

特色班级建设是一个长期的过程。当班级特色确定之后，班级的各项工作要尽可能围绕这一中心工作展开。特色班级建设在具体实施中会遇到各种各样的困难和问题，应主要注意以下一些问题：

1. 教师之间要团结

教师团队是特色班级建设的核心力量。作为班主任，要团结配班老师和保育员，形成一个有战斗力的团队。班内教师之间和谐配合直接关系到班级特色活动开展的质量，关系到班级特色建设的成效。教师之间要以诚相待，工作中要经常交流沟通，及时分析班级情况，要相互理解、相互信任、相互帮助，共同为幼儿营造一个和谐温馨、充满爱的学习生活环境。

2. 特色不能等同于特长教育

有些幼儿园以牺牲幼儿的全面发展为代价发展幼儿的某种特长，以彰显所谓的特色，幼儿园的特色成为特长班、兴趣班的代名词。这种特色范围狭隘，仅特指艺术教育、体育等方面的特长，背离了幼儿教育的基础性原则，不是真正的特色，而是一种功利化的手段。在特色班级建设中，要避免把特色教育搞成特长教育。

3. 班级特色创建重在求特不能求全

求全，就会要求面面俱到，不仅无法彰显特色，反而会导致普通和平庸。求特，不是搞单一化，而是以某个点作为突破口和切入点，再通过以点带面，促进幼儿全面发展。教师要从实际出发，集中精力把核心项目做好，不要什么项目都想打造成特色。什么项目都想做，就可能什么项目都做不好，最后成果不突出，特色不鲜明。

4. 教师要注重提高自身素质

在特色班级建设过程中，教师起主导作用。教师的素质制约着特色班级建设的水平。教师是幼儿园的生命和活力所在，班级特色的形成，教师是关键。教师要努力提高自身素质，具有先进的教育理念、深厚的知识功底、高超的教育教学水平，并能不断追求创新。

5. 特色班级建设工作要持之以恒

在建设特色班级的过程中肯定会遇到很多问题和困难，这就需要教师要有“恒心”，要持之以恒地把特色班级建设工作做下去，切忌半途而废和注意力转移。如果教师受到外在因素的干扰，弱化并抛弃了自己的强项，而去刻意模仿别人的特色，最后只能导致班级建设从有特色到无特色。坚持才会有积淀、才能形成特色，教师要对自己的特色班级建设方案有信心，要持之以恒地做下去。

第三课　特色班级建设成果展示与评估

一、特色班级建设成果展示

成果展示是特色班级建设的重要环节，本质上是幼儿园的一种宣传活动。幼儿园定期开

展特色成果展示活动,既是对特色班级建设成果的检验,也可以使家长对幼儿园特色班级建设情况进行了解,从而有效促进家园共育的开展。此外通过成果展示,幼儿园可以开展优秀成果评选、先进班级和个人表彰,从而促进幼儿园特色班级建设活动的开展。

特色班级建设成果可以从组织活动和开展宣传两类途径进行展示。

(一) 组织活动

活动组织主要通过家、园、社区三方共育的形式,包括特色项目比赛、家长开放日、社区展示等。

1. 特色项目比赛

幼儿参与班级特色项目比赛,一方面能够有效地激发幼儿对特色活动的兴趣以及参与活动的积极性;另一方面能够培养幼儿良性的竞争意识和良好的个性品质。

2. 在家长开放日进行特色成果展示

特色成果展示在家长开放日进行,可以使更多的家长了解班级特色,更好地认可和支持特色班级建设活动。家长参与相关的特色亲子活动,还可以体验活动乐趣、增进亲子情感。

3. 在社区进行成果展示

在社区进行特色班级建设成果展示是幼儿园与社区合作共育的重要方法。通过特色成果展示活动,幼儿园可以利用自身的优势向社区提供幼儿教育服务。某些特色项目本身就是一种文艺表演活动,这些项目的成果展示实质上就是文艺节目表演。特色班级建设到最后可以通过节目表演来服务社区。这样的成果展示既能增进幼儿对社区的了解,又能够使幼儿园更好地宣传自己。

(二) 开展宣传

在现代幼儿教育理念不断革新以及新媒体技术广泛应用的大背景下,充分利用多种途径扩大宣传,促进特色班级建设,提高家长对特色班级的认可度,已然成为大趋势。特色班级建设成果的宣传途径有许多,包括使用电子屏(滚动电子屏和 LED 显示屏)、宣传橱窗、互联网等。

1. 电子屏

电子屏可以 24 h 不间断运行,滚动播放幼儿园近期活动与喜报,介绍特色班级建设的成效,用新颖简洁的话语和亮丽的画面吸引路过的家长,树立幼儿园良好口碑。

2. 宣传橱窗

幼儿园的宣传橱窗一般有时事政治、园所简介、园所资讯、保健专栏、班级之窗和特色专栏等。除前两项外,其他专栏均要求及时更新。要充分利用好“特色专栏”这个小小的空间,充分展示班级特色墙饰、特色区角、特色活动的组织成效等。

3. 互联网

每个幼儿园基本上都建立了微信公众号、微信视频号等新媒体平台,幼儿园的每个班级也基本上都建立了本班的 QQ 群、微信群、钉钉群。幼儿园要充分利用新媒体平台,扩大特色班级建设的宣传影响。班级教师要充分利用线上形式,发布消息、微视频等,向家长宣传介绍幼儿园特色班级建设的进度及成效,让家长、社会及时了解幼儿园特色班级建设的成果。

案例链接

特色班级建设成果展示

为了让家长了解特色班级建设活动,展示特色班级建设成果,某幼儿园开展了特色班级建设成果展示活动。美术特色班幼儿的作品琳琅满目,色彩鲜艳,线条流畅,孩子们用画来表达自己的思想。一画一世界，透过画面我们看到每个幼儿内心的小小世界的美好和精彩。手工制作组的幼儿也忙得热火朝天，他们灵巧的双手创造出一个个精美的作品，有折纸、剪贴画、泥塑，创意无限（图9－7，图9－8）。舞蹈特色班幼儿优美的舞姿、活泼的歌唱表演、创造性的韵律动作和较强的节奏感表现，令一旁观摩的家长啧啧称赞！

思考：在以上案例中，你认为这种成果展示活动是否恰当合适？如果你是园长，你会怎样开展成果展示活动？

图9－7　精美的纸杯手工作品

图9－8　漂亮废旧瓶子手工作品

二、特色班级建设评估

为了更好地开展特色班级建设活动，提高班级特色教育的水平和质量，幼儿园可以根据本园的实际情况制订符合本园特点的特色班级建设评估标准，并依据标准对特色班级建设进行评估。表9－1，表9－2是××镇中心幼儿园特色班级评估标准和评估申报表，以供参考。

表9－1　××镇中心幼儿园特色班级评估标准

项目指标	具体内容	分值
一、理论支撑 10分	1. 创建的特色项目有一定的理论依据、现实需要和教育价值，实践中具有可操作性。	5分
	2. 积累起相应的特色项目理论资料，所创设的特色项目能符合教师能力、班级实际情况及幼儿的年龄特征。	5分
二、计划落实 14分	3. 特色创建主题明确，有比较清晰的近期和远期创建思路或计划。	8分
	4. 把特色项目列入班级学期工作计划。	6分
三、环境创设 16分	5. 重视班级环境创设，能净化、美化环境，特色氛围浓厚，整体和谐。	10分
	6. 一日活动各环节中能充分培育和体现师幼的人文素养。	6分
四、课程开展 15分	7. 在日常教育教学活动中落实相应的课程或活动，有时间保证。	8分
	8. 注重活动后的反思与小结，有相应记录。	7分
五、家园联系 14分	9. 通过各种途径，向家长宣传本班级特色，明确目的和意义。	7分
	10. 密切家园联系，家长能主动参与到特色创建过程中。	7分

续表

项目指标	具体内容	分值
六、特色成果 31 分	11. 特色展示活动在一定的区域范围内有创造性和影响力，得到大家认可。	7 分
	12. 积累起丰富的文字、图片及影像等实践资料。	10 分
	13. 积极撰写与班级特色活动项目相关的论文和案例。	7 分
	14. 有关特色项目的活动、经验、总结在园级及以上的教育行政部门组织的活动中获奖或在各级各类的报纸杂志上发表。	7 分

注：积极争取班级特色展示活动，一学期内如能在年段中展示加 2 分，能在幼儿园中展示加 5 分，能在镇级及以上展示加 10 分。

表 9－2 ××镇中心幼儿园特色班级评估申报表

班级： 填报日期：

特色项目名称		主要负责人	
申报理由	创建特色班级条件分析、前期主要准备工作：		
创建计划	阶段性目标及具体措施：		
特色班级创建情况			
幼儿园审核评估意见	年 月 日		

实践对接

1. 确定幼儿园班级特色需要考虑多种因素。如果你是一名幼儿园教师，请主要从自身因素考虑，确定一个班级特色项目，并写出实施方案。

2. 某幼儿园各班依据本班实际情况确立了班级特色教育内容。小二班的班级特色为“快乐撕纸拼画”。幼儿撕纸活动是一种类似剪纸的平面镂空艺术，是一种创造性地撕出一些物体图案的过程。撕纸拼画是一门艺术，每一次撕纸，对于幼儿都是一次美的熏陶和教育。撕纸拼画活动不仅是一种艺术教学手段，也是引导幼儿欣赏美、感受美的途径。对于能力较弱的幼儿来说，这个活动锻炼了动手能力并增强了其自信心，体验到成功的喜悦。中三班的班级特色为“油水分离画”，它是综合运用绘画材料的一种很有意思的绘画形式，是丰富绘画效果的有效手段。在儿童美术教育中，手段的变换和丰富也是激发和调动孩子们学习积极性的有效方式。该班以“童心童画——油水分离画”作为班级特色，每周开展一次。孩子们先在画纸上用油画棒进行勾勒，然后用刷子蘸上稀释过的水粉颜料进行底色的晕染。瞧，可爱的孩子们拿起画笔，一张张美丽的绘画作品一一展现！大一班的特色是把剪纸和童话合二为一，以“剪子里的童话”这样一种艺术形式呈现给大家。通过故事导入，吸引幼儿对每次特色课的兴趣，让孩子们在剪一剪、贴一贴中，体验剪纸的乐趣，潜移默化地锻炼了孩子们的创造能力。

请依据各班特色设计一次特色成果展示活动。

3. 请结合幼儿园实习经验填写一份“幼儿园特色班级评估申报表”。

思考与练习

1. 建设特色班级及展示特色成果有哪些途径与方法？
2. 根据实际情况确定班级特色方向并制订一份特色班级建设计划。

拓展阅读

小巧手，展创意——美丽班级创建方案

一、美丽班级创建背景

“玩”是幼儿教学的主旋律。“玩”可以让幼儿开发智力、拓宽视野、培养能力，促进幼儿社会性发展。近几年来，我园已在玩纸的教学过程中积累了丰富的经验。苏联著名教育家苏霍姆林斯基曾说：“儿童的智慧在他的手指尖上”。让幼儿得到更好的发展，可从锻炼幼儿的小手开始，让幼儿多想、多动、多操作。纸质材料（包括废纸）取材方便，来源于日常生活，是幼儿熟悉的材料并且几乎不占地方，颜色、软硬种类等应有尽有，符合“生活即教育”的理念。幼儿特别喜欢折纸、撕纸、剪纸等玩纸活动，玩纸不但能培养幼儿的动手操作能力，也符合小班幼儿体力弱的年龄特点。我班教师已经申报了玩纸项目的省级课题，因此将创意玩纸游戏定为班级特色。

二、创建口号

动动小手变变变

三、创建目标

（一）幼儿方面

1. 通过一学年的班级特色活动，激发幼儿的学习兴趣，锻炼和开发幼儿的智力。
2. 使幼儿掌握更多玩纸的方法和技能，发展幼儿的观察能力和动手操作能力。
3. 使幼儿喜欢参加玩纸活动，在玩纸游戏中体验艺术活动成功的喜悦，满足自身的情感需要。

（二）教师方面

1. 挖掘出多种创意玩纸的种类。
2. 发展教师在玩纸活动中的实践能力、整合能力、指导能力和鉴赏能力。

（三）家长方面

1. 家长能积极主动地参与到玩纸游戏中来，为玩纸游戏提供更多的创意玩法。

2. 通过玩纸游戏，促进亲子间、师幼间良好的情感交流。

四、创建措施

（一）班级环境创设

1. 与幼儿共同创设生态化、创新化、动感化的班级环境，彰显幼儿个性特点，凸显班级玩纸特色。

2. 在抓好教育常规的前提下，以玩纸为主要特色，将玩纸活动列入周计划之中，作为日常教学任务来抓并长期坚持。

（二）丰富多彩的活动

1. 通过故事讲述，观看视频、图片，翻阅图书，亲子上网查阅等方式，让幼儿初步认识各种类型的纸，激发幼儿对纸的探索兴趣。

2. 开设特色玩纸区域，提供不同种类的纸，满足不同能力水平、不同兴趣需要的幼儿。

3. 通过集中教学、每日半小时自由玩纸、亲子制作等形式，使幼儿的动手能力和想象能力在看看、玩玩、做做中得到发展。

4. 开展各类创意玩纸游戏，如“赶小猪”“踩尾巴”“开汽车”等游戏，激发幼儿参与玩纸活动的兴趣。

5. 结合节日制作各种纸工艺品，感受节日活动的氛围，体验玩纸游戏的无穷魅力。

6. 利用家长资源，开展玩纸亲子活动，增进亲子情感（图 9－9，图 9－10）。

图 9－9　孩子们在撕纸

图 9－10　老师和孩子们玩纸互动

五、具体活动安排

三月份：

1. 共同完成美丽班级的班牌和宣传标语。

2. 自制纸玩具。

四月份：

1. “揉、捏”玩纸日常教学活动。

2. 家长助教——“好玩的纸”。

五月份：

1. “撕、搓”玩纸日常教学活动。

2. 劳动节系列活动“变废为宝”

3. 亲子活动——“风筝制作大赛”。

六月份：

1. “剪、贴”玩纸日常教学活动。
2. 家长开放日——“亲子创意大比拼”。
3. 亲子纸工艺展。

附录 真题选集

一、综合素质

(一) 单项选择题

1. 公办幼儿园教师张某多次申报职称未果,认为是幼儿园领导故意为难他。此后,张某经常迟到、早退,教学敷衍了事。园长对其进行批评教育,但张某仍然我行我素,幼儿园上报教育主管部门后将其解聘,该幼儿园的做法(　　)。【2017 年上半年】

A. 正确,张某的行为给教学造成损失　　B. 正确,应同时追究张某的民事责任

C. 不正确,侵犯了张某的教育教学权　　D. 不正确,事业单位的人员不能解聘

2. 关于幼儿园教育的性质和地位,下列说法正确的是(　　)。【2017 年下半年】

A. 幼儿园教育是基础教育的预备阶段

B. 幼儿园教育是义务教育的组成部分

C. 幼儿园教育是学校教育制度的基础阶段

D. 幼儿园教育不属于学校教育制度的范畴

3. 周老师在活动课中趁孩子自主游戏的时候,拿出手机看微信,并给有些孩子看手机上漂亮的图片和有趣的小视频。周老师的做法(　　)。【2017 年下半年】

A. 不正确,不利于公平地对待幼儿　　B. 不正确,不利于保护幼儿的安全

C. 正确,有助于拓宽幼儿的知识面　　D. 正确,有助于建立和谐的师幼关系

4. 小(2)班的孩子们在排练“六一”会演的节目时,洋洋和健健总是不能跟着刘老师做动作,站在原地发呆。为了不影响班集体的表演效果,刘老师不让他俩参加演出。刘老师的做法(　　)。【2018 年上半年】

A. 恰当,教师应尊重幼儿的选择

B. 恰当,教师应维护班集体荣誉

C. 不恰当,教师应引导全体幼儿参与集体活动

D. 不恰当,教师应要求幼儿必须参与集体活动

5. 陈老师发现班里的幼儿玲玲有遭受家庭暴力的迹象。对此,陈老师应当采取的措施是(　　)。【2019 年上半年】

A. 对玲玲的家长进行批评教育　　B. 向当地公安机关报案

C. 对玲玲的家长处以一定的罚款　　D. 向当地法院提起诉讼

6. 中班幼儿正在做手工,佳佳尿裤子了。刘老师发现后,对嘲笑佳佳的幼儿说:“佳佳可能是做手工太认真,忘记上厕所了。以后我们要学习她认真做事的态度。当然,我们在认真做事时记得上厕所,那就更好了。”刘老师的做法(　　)。【2019 年上半年】

A. 有利于保护幼儿的自尊心　　B. 有利于提高幼儿的操作能力
C. 有利于增强幼儿的秩序感　　D. 有利于培养幼儿的时间观念

7. 自由活动时，幼儿三五成群地在沙坑里玩耍，只有杰杰孤零零地站在旁边，一动不动。对此，老师恰当的做法是（　　）。【2020 年下半年】

A. 询问杰杰不与大家玩的原因　　B. 只关注其他孩子，不理会杰杰
C. 告诉杰杰可以自己一个人玩　　D. 要求杰杰过去与大家一起玩

8. 中班的小林喜欢表现自己，组织能力比较强。王老师每次在开展表演游戏时总让小林扮演主角。王老师的做法违背的素质教育要求是（　　）。【2021 年上半年】

A. 促进学生全面发展　　B. 面向全体学生
C. 促进学生个性发展　　D. 培养创新精神

9. 一次活动后，夏老师看到一个孩子钻到桌子底下，趴在地上。于是夏老师将他叫起，问他地上这么脏，为什么趴在地上。他听后委屈地落泪，小声说："老师，地上有纸屑，我想把他捡干净。"夏老师点了点头。该案例表明师幼关系具有（　　）。【2021 年下半年】

A. 选择性　　B. 教育性　　C. 互动性　　D. 自觉性

10. 小班的保育员徐老师正在照顾两个不肯吃饭的孩子，这时京京端着空碗还想吃饭。徐老师转头对正在使用电脑的陈老师说："帮京京舀一点饭。"陈老师回应："这是你的工作，我有我的事情要做。"陈老师的做法违背的教师职业道德要求是（　　）。【2022 年下半年】

A. 关系性　　B. 长期性　　C. 协作性　　D. 制度性

【答案】1. A　2. C　3. B　4. C　5. B　6. A　7. A　8. B　9. C　10. C

（二）材料分析题

材料一【2017 年下半年】

5 岁的小熙生活在一个单亲家庭，现在主要和外婆住在一起。

一天午餐过后，小朋友们都在认真地看书。突然，林老师听见了轻轻的抽泣声，发现小熙双手捂着脸，伤心地哭着。旁边的浩浩四处张望，眼里掠过一丝不安。林老师走过去把小熙搂到怀里，轻轻地拍着她，问："小熙，怎么了？"小熙指着浩浩说："他打我！"说完哇地一声哭起来。林老师帮她整理好衣服，并夸夸她的裙子，摸摸她的小辫，安抚了好一会，她才平静下来。林老师问浩浩："怎么回事啊？"浩浩委屈地说："我想拉她跟我一起去搭积木，她就哭了。"小熙说："他弄疼我了。"林老师对小熙说："浩浩不是故意的，你就原谅他吧。"林老师把浩浩和小熙的小手拉到一起，鼓励他们一起去搭积木。

下午外婆牵着小熙的手准备离园时。林老师对外婆说："小熙这孩子什么都好，就是太内向、太敏感，回去您好好跟她说说吧。"

问题：请结合材料，从教师职业道德的角度，评析林老师的教育行为。

材料二【2022 年上半年】

杨老师带班后不久就遇到一件麻烦事。午餐时，小强被小斌打了。杨老师立刻打电话通知双方家长。没想到家长来后都认为自己的孩子没有错，吵得不可开交，最后竟然动起手来……幼儿冲突的问题并没有解决，类似这样的事情杨老师又遇到了过几次，很是头疼。为有效处理幼儿冲突问题，杨老师主动向有经验的老师请教，还查阅了许多幼儿心理发展方面的书

籍,咨询幼儿教育专家,了解幼儿心理发展知识,探寻幼儿冲突行为的诱因,寻求破解良策。经过长期理论和实践的积淀,杨老师逐渐成为处理幼儿冲突方面的专家,并出版了《杨老师教你应对幼儿冲突50招》。为妥善处理孩子之间的冲突,杨老师定期在幼儿园为家长做专题讲座,还经常与家长沟通幼儿的情况。幼儿园孩子之间的冲突逐渐减少,家长之间因孩子冲突而产生矛盾的问题也渐渐消失了。

问题:请结合材料,从教师观的角度,评析杨老师的教育行为。

二、幼儿保教知识与能力

(一)单项选择题

1. 下列不属于幼儿园教师工作职责的内容是(　　)。【2017年下半年】

A. 观察了解幼儿,制定教育工作计划

B. 知道调配幼儿膳食,检查食品安全

C. 创设良好的教育环境,合理组织教育内容

D. 与家长保持经常联系,共同完成教育任务

2. 幼儿园教师应该是(　　)。【2018年下半年】

A. 幼儿学习的引导者、决策者和管理者

B. 幼儿学习的支持者、合作者和引导者

C. 幼儿学习的引导者、传授者和控制者

D. 幼儿学习的管理者、决策者和传授者

3. 教师在重阳节组织幼儿到敬老院探访老人,反映幼儿园教育内容选择的什么原则(　　)。【2018年下半年】

A. 兴趣性　　B. 时代性　　C. 生活性　　D. 发展性

4. 幼儿园的双重任务是(　　)。【2019年上半年】

A. 保教幼儿和服务家长

B. 看护幼儿和服务家长

C. 培养习惯和传递知识

D. 保育和教育幼儿

5. 教师与家长沟通的根本目的是(　　)。【2021年下半年】

A. 让家长了解幼儿在园的表现

B. 了解幼儿在家的表现

C. 家园合作,形成教育合力

D. 完成园长交给的任务

【答案】1. B　2. B　3. C　4. A　5. C

(二)简答题

简述幼儿园教师的工作职责。【2018年上半年】

(三)论述题

试述幼儿园班级管理工作的主要内容。【2020年下半年】

（四）材料分析题【2021年下半年】

毛毛是个活泼的孩子。这学期体检时，毛毛被检查出弱视，需要戴眼镜治疗。李老师发现毛毛戴眼镜后变得沉默了，还时不时把眼镜摘下来。李老师关心地问毛毛，毛毛说怕被小朋友笑话，所以不想戴。于是李老师组织了一次"眼睛生病怎么办"的集体活动。活动后，幼儿都知道了眼睛生病要治疗，毛毛戴眼镜也是为了治疗。毛毛又戴上了眼镜，和往常一样活泼好动了。

问题：

（1）李老师组织这次活动要解决的问题是什么？

（2）李老师的做法哪些方面值得学习？

参考文献

[1] 景春.幼儿园管理[M].3版.北京:高等教育出版社,2021.

[2] 陈静,杨己洁,朱静芸.生活取向的幼儿园班本课程[M].南京:南京师范大学出版社,2005.

[3] 戴士弘.职业教育课程教学改革[M].北京:清华大学出版社,2007.

[4] 赵春龙,王国昌.幼儿园班级管理[M].3版.长沙:湖南大学出版社,2014.

[5] 袁爱玲.幼儿园教育环境创设[M].北京:高等教育出版社,2010.

[6] 莫源秋,韦凌云,刘揖建.幼儿园常规教育指导手册[M].北京:中国轻工业出版社,2013.

[7] 李生兰.儿童的乐园[M].南京:南京师范大学出版社,2011.

[8] 李学农.班级管理[M].2版.北京:高等教育出版社,2010.

[9] 金晓梅.幼儿园班级管理[M].武汉:华中师范大学出版社,2012.

[10] 万钫.学前卫生学[M].3版.北京:北京师范大学出版社,2012.

[11] 施燕,韩春红.学前儿童行为观察[M].上海:华东师范大学出版社,2011.

[12] 张燕.幼儿教师常用资源包[M].北京:北京师范大学出版社,2013.

[13] 王春燕.幼儿园课程概论[M].北京:高等教育出版社,2007.

[14] 霍力岩.学前比较教育学[M].3版. 北京:北京师范大学出版社,2015.

[15] 刘晓东,卢乐珍.学前教育学[M].2版.南京:江苏教育出版社,2009.

[16] 宋宁.班级心理教育手册[M].太原:希望出版社,2009.

[17] 李志宇.幼儿园教师实践操作手册[M].南京:南京师范大学出版社,2012.

[18] 张燕,邢利娅.幼儿园管理案例及评析[M].北京:北京师范大学出版社,2002.

[19] 张金陵.幼儿园班级管理.上海:华东师范大学出版社,2015.

[20] 周弘.赏识你的孩子[M].武汉:武汉出版社,2010.

[21] 李麦浪.幼儿园教师治班之道[M].北京:中国轻工业出版社,2012.

[22] 左志宏.幼儿园班级管理[M].北京:华东师范大学出版社,2015.

[23] 赛福尔.幼儿园班级管理问题与应对[M].曹宇译.北京:中国轻工业出版社,2018.

[24] 张莅颖.幼儿园班级管理[M].北京:高等教育出版社,2010.

[25] 中国福利会学前教育研究室.幼儿园保育工作指南[M].杭州:浙江科学技术出版社,1993.

[26] 吴先惠.细中有粗:幼儿园班级精细化管理重构[J].今日教育(幼教金刊),2021(Z1):46-48.

[27] 刘鲜茹.在幼儿园班级管理中幼儿自我意识的培养[J].科学咨询(教育科研),2021(08):

126 -127.

[28] 卢娅柠,闵慧祖,黄伊瑾.幼儿园教师有效实施班级管理的路径探析[J].教育导刊(下半月),2021,(08):78-81.

[29] 戴璐,王春燕.幼儿园一日生活管理现状分析——以杭州G区幼儿园为例[J].学前教育研究,2013,(11):54-59.